Wolfgang Thönissen / Josef Freitag /
Augustinus Sander (Hrsg.)

Luther: Katholizität & Reform

Wolfgang Thönissen / Josef Freitag /
Augustinus Sander (Hrsg.)

Luther: Katholizität & Reform

Wurzeln – Wege – Wirkungen

EVANGELISCHE VERLAGSANSTALT
Leipzig

BONIFATIUS

Bibliografische Information der Deutschen Nationalbibliothek
Die deutsche Nationalbibliothek verzeichnet diese Publikation in der Deutschen Nationalbibliografie; detaillierte bibliografische Daten sind im Internet über http://dnb.ddb.de abrufbar.

FSC
www.fsc.org
MIX
Papier aus verantwortungsvollen Quellen
FSC® C011558

ClimatePartner
klimaneutral gedruckt

Die CO_2-Emissionen dieses Produkts wurden durch CO_2-Emissionszertifikate ausgeglichen.

Zertifikatsnummer:
53323-1611-1027
www.climatepartner.com

Umschlaggrafik: Sabine Pelizäus

ISBN 978-3-89710-630-7 (Bonifatius)
ISBN 978-3-374-04091-9 (Evangelische Verlagsanstalt)

Gesamtherstellung: Bonifatius GmbH Druck · Buch · Verlag Paderborn

Inhalt

Vorwort

Für Katholiken war Martin Luther als der Reformator jahrhundertelang Häretiker und Kirchenspalter. Seit dem päpstlichen Bann von 1521 galt er nicht mehr als Katholik. Erstmals Ende des 19. Jahrhunderts begannen katholische Theologen eine vorsichtige Annäherung an die Person Martin Luthers. Anfang des 20. Jahrhunderts initiierte die Gründung der Reihe *„Reformationsgeschichtliche Studien und Texte"* durch den damaligen Bonner Privatdozenten Joseph Greving eine erste innerkatholische Auseinandersetzung um ein katholisches Neuverständnis der Reformation. Im Kampf um ein katholisches Lutherbild, das in Zeiten des Kulturkampfes durch die Werke Heinrich Denifles OP und Hartmann Grisars SJ nochmals nachhaltig negativ geprägt worden war, gelang es der katholischen Theologie allmählich, sich von der einseitig polemischen Herangehensweise an Person und Werk Martin Luthers frei zu machen. Befreiend wirkte die These des katholischen Kirchenhistorikers Joseph Lortz, dass Luther in sich einen Katholizismus niedergerungen hatte, der nicht katholisch war. Katholiken konnten Luther als wirklich religiösen Menschen und gewissenhaften Beter sehen lernen. Peter Manns nannte Luther im Jubiläumsjahr 1983 „Vater im Glauben". Zu Beginn des 21. Jahrhunderts würdigte Papst Benedikt XVI. bei seinem Besuch im Erfurter Augustinerkloster Luthers leidenschaftliche Gottsuche und sein Zeugnis und seinen Einsatz für Gottes Suche nach dem Menschen.
Die katholische Lutherforschung des 20. Jahrhunderts hat den Weg für eine sachgerechte Auseinandersetzung mit der Person und der Theologie Martin Luthers geebnet. Sie fand einen tief im Denken mittelalterlicher Theologie und des Mönchtums eingebetteten Theologen und Professor, der sich in seiner theologischen Arbeit auf die Auslegung der biblischen Schriften konzentrierte. In lebendiger Aufnahme der Kirchenväter von Augustinus bis hin zu Bernhard von Clairvaux und geprägt durch die monastische Tradition, die er in seinem Orden kennenlernte, entfaltete Luther seine Theologie in Auseinandersetzung mit der scholastischen Theologie seiner Zeit. Gegenüber der Philosophie des Aristoteles nahm er eine kritische Haltung ein. Wir wissen heute viel besser, dass Martin Luther mit beiden Beinen in den großen geistigen Traditionen des Mittelalters stand. Ihn verstehen zu wollen, ohne auf diese Wurzeln zurück zu gehen, ist schier unmöglich. Gerade als Reformkatholik ist Martin Luther in seiner Kirche, der lateinischen Kirche des Westens, bleibend verankert. In seinem Anliegen, die reformbedürftige Gestalt der Kirche des beginnenden 16. Jahrhunderts zu erneuern, beschreitet er zugleich neue Wege,

die in das später so genannte Zeitalter der Reformation hinüberführten. Dass sich die Wittenberger Reformbewegung zu einer eigenständigen lutherischen Konfessionskirche entwickelte, ist ein wirkungsgeschichtliches Faktum. Darin liegt aber auch die ökumenische Herausforderung, der sich dieses Luthersymposium stellen wollte. Die Wirkungen, die von seinem und der anderen Reformatoren Handeln ausgingen, können Katholiken und Lutheraner heute gemeinsam besser reflektieren, ohne gegenseitig in Schuldzuweisungen zu verfallen bzw. in ihnen zu verbleiben.

Anstöße, sich mit diesen katholischen und reformerischen Aspekten im Blick auf die Reformationsdekade zu befassen, gingen zunächst von Walter Kardinal Kasper, dem früheren Präsidenten des Päpstlichen Rates zur Förderung der Einheit der Christen, aus. Der jetzige Präsident, Kurt Kardinal Koch, unterstützte dieses Vorhaben der Katholisch-Theologischen Fakultät der Universität Erfurt und des Johann-Adam-Möhler-Instituts für Ökumenik in Paderborn nachhaltig. So luden sie vom 21. bis 25. September 2014 zu einer Tagung ins Erfurter Augustinerkloster ein, in dem Martin Luther seine Profess ablegte, seine theologischen Studien vorantrieb, Primiz feierte, erste Erfahrungen im Ringen um Reformen sammelte.

Diese Tagung verdankt sich dem Wunsch der katholischen Lutherforschung, einen Beitrag zum Reformationsgedenken des Jahres 2017 zu leisten. Im ökumenischen Zeitalter kann das nur ökumenisch gelingen. So gilt den evangelischen Referenten der Tagung ein ganz besonderer Dank! Selbstverständlich standen im Hintergrund die Arbeiten der internationalen lutherisch-katholischen Kommission für die Einheit, die 2013 den Bericht „Vom Konflikt zur Gemeinschaft" veröffentlicht hat. Wesentlich zum Erfolg dieser Tagung haben die lutherischen und katholischen Theologinnen und Theologen beigetragen, die aus Skandinavien, Amerika und vielen Ländern Europas nach Erfurt gekommen waren. Großer Dank gebührt auch den Vertretern der Vereinigten Evangelisch-Lutherischen Kirche Deutschlands, allen voran Landesbischof Gerhard Ulrich, und dem Catholica-Referenten der VELKD, Landesbischof Karl-Hinrich Manzke, die aktiv an unserer Tagung teilgenommen haben.

Danken wollen wir, stellvertretend für viele andere, die sich für die organisatorischen Abläufe und um die Drucklegung des Tagungsbandes verdient gemacht haben, dem Erfurter Team um Martin Grimm.

Wir haben mehr erreicht, als wir zu hoffen wagten! Die 150 Teilnehmerinnen und Teilnehmer aus lutherischen und katholischen Kirchen vieler Länder, besonders aus den USA, Skandinavien, Frankreich, Italien, den Niederlanden, Österreich, Polen und Deutschland, Theologinnen und

Theologen vieler akademischer und universitärer Einrichtungen und Institutionen, Verantwortliche aus den Kirchen, Ökumenereferenten und Ordensleute, haben dazu beigetragen, dass es zu einem fruchtbaren und offenen ökumenischen Austausch über Martin Luther gekommen ist. Luther kann zusammenführen.

Maria Laach, Erfurt und Paderborn, Pfingsten 2015

Pater Dr. Augustinus Sander OSB

Prof. Dr. Josef Freitag

Prof. Dr. Wolfgang Thönissen

Sonntag
21. September 2014

„Die Frage: Wie steht Gott zu mir, wie stehe ich vor Gott – diese brennende Frage Luthers muss wieder neu und gewiss in neuer Form auch unsere Frage werden, nicht akademisch, sondern real. Ich denke, dass dies der Anruf ist, den wir bei der Begegnung mit Martin Luther hören sollten."

Aus der Rede Papst Benedikts XVI. im Kapitelsaal des Erfurter Augustinerklosters am 23. September 2011

Augustinerkloster Erfurt und Haus der Versöhnung:
Symbolorte der Ökumene

Eröffnung des Symposiums

Zum Mönch gehört das Gebet. Es bestimmt seinen Tagesablauf vom Morgen bis zum Abend. Auch für Martin Luther kam diese Regel zur Geltung. Hier in Erfurt, wohl nicht in diesem Dom, hat er diese Regel täglich gelebt. Wir begannen unsere Veranstaltung mit einem Abendlob. Ich danke dem Dompropst für diese außergewöhnliche Möglichkeit und grüße zugleich den Diözesanadministrator Weihbischof Dr. Reinhard Hauke. In diesen Dank schließe ich den Altbischof von Erfurt, Dr. Joachim Wanke, mit ein. Ihm verdanken wir das Motto unseres Symposiums, zu dem ich Sie jetzt ganz herzlich begrüße möchte.

Sie sind gekommen aus aller Welt. Teilnehmer kommen aus den USA, aus Finnland, Schweden, Norwegen und Dänemark, aus Österreich, aus Italien, aus Polen, natürlich aus Deutschland. Sie repräsentieren Kirchen, kirchliche Akademien, theologische Fakultäten und staatliche Universitäten, kirchliche Behörden, allen voran die Ökumenereferate und die Bildungseinrichtungen unserer Kirchen. Wir freuen uns über so viel Zustimmung zu unserer Idee, in Erfurt ein Symposium zu Martin Luther zu veranstalten.

Ich begrüße insbesondere unsere Ehrengäste und unsere Referenten, die mit uns gemeinsam diese Tagung gestalten. An erster Stelle den Vorsitzenden der Ökumene-Kommission der Deutschen Bischofskonferenz, Bischof Gerhard Feige, dann den Leitenden Bischof der Vereinigten Evangelisch-Lutherischen Kirche in Deutschland (VELKD), Landesbischof Gerhard Ulrich, und seine Stellvertreterin im Amt, Landesbischöfin Ilse Junkermann, und ebenso den Catholica-Beauftragten der VELKD, Landesbischof Karl-Hinrich Manzke, dann aus Finnland Bischof Simo Peura. Schließlich darf ich noch stellvertretend für alle anderen Referenten den emeritierten Bischof von Helsinki, Eero Huovinen, in unserer Teilnehmerschar begrüßen.

Wie kommen Katholiken dazu, eine Tagung über Luther zu veranstalten? Überlegungen hierzu gingen von katholischer Seite aus, sozusagen als Ausdruck für den Wunsch, einen Beitrag zum Reformationsgedenken des Jahres 2017 zu leisten. Aber eine Tagung zu einem solchen Thema kann man im ökumenischen Zeitalter nur ökumenisch anpacken. Ganz selbstverständlich stehen im Hintergrund die Arbeiten der lutherisch-katholischen Kommission, die zuletzt den Bericht „Vom Konflikt zur Gemeinschaft" veröffentlicht hat. Aber auch das genuine katholische Interesse an Luther war ausschlaggebend. So hätten wir uns sehr gefreut, wenn einer der letzten deutschen katholischen Lutherforscher noch hätte bei uns sein können. Es war ihm nicht mehr vergönnt. Vor wenigen Tagen ist Otto

Hermann Pesch kurz vor Vollendung seines 83. Lebensjahres in München verstorben.
Wurzeln, Wege, Wirkungen. Wir wissen heute viel besser, dass Martin Luther mit beiden Beinen im Mittelalter stand. Ihn verstehen zu wollen, ohne in das Mittelalter zu blicken, ist schier unmöglich. Dass Luther Wege aus diesem Mittelalter gefunden hat, die in das später so genannte Zeitalter der Reformation hineinragen, ist auch keine Frage. Die Wirkungen, die von seinem und der anderen Reformatoren Handeln ausgingen, können wir heute gemeinsam besser reflektieren, ohne uns gegenseitig Schuldzuweisungen vorhalten zu müssen. So wie es keinen Luther ohne die Wirkungen gibt, so auch keinen Luther ohne Wurzeln, die für unsere Reflektionen von Bedeutung sind.
Gerne hätten wir Kurt Kardinal Koch bei uns, den Präsidenten des Päpstlichen Rates zur Förderung der Einheit der Christen. Er weilt derzeit in Amman bei der orthodox-katholischen Dialogkommission und ist dort unabkömmlich. Er hatte uns seine volle Unterstützung zugesagt. Ich bin deshalb besonders erfreut darüber, dass er uns ein Grußwort übermittelt hat.

Prof. Dr. Wolfgang Thönissen

Mut zum Gedenken aufbringen

Historische Konflikte und Folgelasten gemeinsam aufarbeiten

Das heute beginnende Symposion ist eine weitere und gewiss hilfreiche Etappe auf dem geschichtlichen Weg zu mehr Gemeinschaft zwischen Lutheranern und Katholiken. Dieser Weg hat mit einer kritischen Überprüfung und Überwindung des traditionellen polemischen katholischen Bildes von Martin Luther begonnen, das bereits zu seinen Lebzeiten von Johannes Cochläus, der Luther als Zerstörer des Christentums und als Verderber der Moral inkriminiert hat, vertreten und zu Beginn des vergangenen Jahrhunderts von Heinrich Suso Denifle nochmals aufgegriffen worden ist. Eine entscheidende Wende im Ringen um ein historisch adäquates und auch theologisch angemessenes Lutherbild in der katholischen Lutherforschung hat eigentlich erst der katholische Historiker Joseph Lortz mit seiner berühmt gewordenen These eingeleitet, Luther habe in sich selbst einen Katholizismus niedergerungen, „der nicht katholisch war".

Damit einher ist in der protestantischen Geschichtsschreibung das Bemühen um ein gerechteres Bild des Mittelalters und der katholischen Kirche in dieser Zeit gegangen, so dass sich gezeigt hat, dass auf der einen Seite das Mittelalter keineswegs so dunkel gewesen ist, wie es zu lange und zu gerne gezeichnet worden ist, und dass Martin Luther viel mehr im mittelalterlichen Denken beheimatet gewesen ist, als man zugestanden hat. Auf diesem Hintergrund ist es schließlich möglich geworden, auch unbefangen die Schattenseiten im Leben und Wirken Martin Luthers beim Namen zu nennen.

Diese selbstkritische Einstellung von lutherischen Theologen zu Martin Luther und der Wittenberger Reformation hat aber die Entwicklung eines im Ganzen doch positiven katholischen Lutherbildes gefördert. Dies zeigt sich beispielsweise in der Stellungnahme der Gemeinsamen Römisch-katholischen/Evangelisch-lutherischen Kommission zum Augsburger Bekenntnis im Jahre 1980 mit dem Titel „Alle unter einem Christus", mit der ein gemeinsames Verständnis in grundlegenden Glaubensfragen bezeugt und dabei auf Jesus Christus als die lebendige Mitte des christlichen Glaubens verwiesen wird. Anlässlich der 500. Wiederkehr des Geburtstages von Martin Luther im Jahre 1983 sind ebenfalls wesentliche Anliegen des Reformators Luther in ökumenischer Gemeinschaft in der Überzeugung gewürdigt worden: „Weder die evangelische noch die katholische Christenheit kann an der Gestalt und an der Botschaft dieses Menschen

vorbeigehen." Die besondere ökumenische Bedeutung Martin Luthers ist dabei mit der Ehrenbezeichnung „Zeuge des Evangeliums" zum Ausdruck gebracht worden.
Diese positive Würdigung von Person und Werk Luthers haben auch verschiedene Päpste aufgegriffen, vor allem der heilige Papst Johannes Paul II. während seines Deutschlandbesuchs im Jahre 1996 und Papst Benedikt XVI. bei seinem Besuch im Jahre 2011 im Augustinerkloster Erfurt, wo er in besonderer Weise die Christozentrik der Spiritualität Luthers und seine leidenschaftliche Gottsuche gewürdigt hat: „Was ihn umtrieb, war die Frage nach Gott, die die tiefe Leidenschaft und Triebfeder seines Lebens und seines ganzen Weges gewesen ist."
Von dieser positiven Würdigung Martin Luthers fällt auch Licht auf sein entscheidendes Anliegen, das in einer durchgreifenden Reform der ganzen Kirche lag. Wenn es Luther um eine umfassende Erneuerung der ganzen Kirche und nicht um die Entstehung von neuen Kirchen gegangen ist, dann muss man in der historischen Tatsache, dass die wahren Intentionen Luthers in der damaligen Zeit nicht zur Erfüllung gelangen konnten, nicht nur das Versagen der damaligen römischen Kirche erblicken, sondern auch das Nicht-Gelingen der Reformation selbst. Den Reformatoren lag nichts ferner als die „Abtrennung evangelischer Sonderkirchen von der einen katholischen Kirche. Das Entstehen eines besonderen evangelischen Kirchentums war eine Notlösung; denn das ursprüngliche Ziel der Reformation war die Reform der ganzen Kirche." Diese Sicht des kürzlich verstorbenen evangelischen Ökumenikers Wolfhart Pannenberg bedeutet, dass man das wirkliche Gelingen der Reformation erst von der Überwindung der ererbten Spaltungen in einer erneuerten Kirche aller Christen wird erwarten können.
Wenn wir im Blick auf das bevorstehende Reformationsgedenken den Mut aufbringen, uns auch den historischen Konflikten und ihren Folgelasten gemeinsam zu stellen, wird dieses Gedenken in einer glaubwürdigen Weise ökumenisch begangen werden können. Es ist mir daher eine große Freude, die Teilnehmerinnen und Teilnehmer an dem von der Katholisch-Theologischen Fakultät der Universität Erfurt und dem Johann-Adam-Möhler-Institut veranstalteten Symposion zu grüßen. Es stellt eine große Herausforderung dar, wenn zwei verdiente katholische akademische Institutionen im Vorfeld des Reformationsgedenkens im Jahr 2017 erstmals die Chance wahrnehmen, Person und Werk Martin Luthers in der für Luther selbst so bedeutenden Stadt seines Ordenslebens und seines Theologie-Studiums in der Spannung zwischen seiner katholischen Herkunft und seinem reformerischen Weg nachzugehen. Die ökumenische Ausrichtung dieses Symposions kommt vor allem darin zum Ausdruck, dass Lutheraner und Katholiken gemeinsam die Wirkungen bedenken, die

von seinem Handeln ausgingen, um so die Einheit unter den Christen zu befördern.

Dem Symposion „Luther: Katholizität und Reform" wünsche ich gutes Gelingen – verbunden im gemeinsamen Anliegen der Einheit der Christen.

Kurt Kardinal Koch

Von- und miteinander lernen

Selbstvergewisserung und Fremdvergewisserung gehören zusammen

Herzlich grüße ich Sie als leitender Bischof der VELKD und auch im Namen der Landesbischöfin Ilse Junkermann hier zum Beginn Ihres Luther-Symposiums! Ich danke, dass ich eingeladen worden bin und dass ich hier zu Beginn sprechen darf! Ich nehme das als ein Zeichen unseres gemeinsamen Weges. Ein Weg, auf dem das Trennende uns immer wieder bewusst wird, ein Weg aber, auf dem das Gemeinsame uns immer wieder vor Augen steht und tritt. Papst Benedikt hat bei unserem Besuch als Kirchenleitung der VELKD 2011 in seinem Gruß gesagt: die Kirchen würden Schaden nehmen, wenn sie aufhörten, ökumenisch zu denken und zu handeln.

Das Jahr 2017, auf das wir Evangelischen zugehen, um der Reformation zu gedenken, ist einerseits ein schwieriges Datum für den gemeinsamen Weg. Sorgen, die Evangelischen könnten vor lauter Feierrausch die Gräben vertiefen und die Schmach der Trennung ganz und gar vergessen, sind ernst zu nehmen. Zum Feiern eines solchen Ereignisses gehört immer auch die Fähigkeit, gemeinsam Buße zu tun, genau hinzuschauen. Und andererseits ist dieses Datum eine Chance, das Gemeinsame erneut und stark zu betonen. Wir in der VELKD wollen nur gemeinsam auf 2017 zugehen, mit unseren Partnern und Geschwistern. Trotz aller Irritation. Gemeinsam wollen wir uns auf den Weg nach 2017 machen. Noch knirscht es immer wieder zwischen unseren Kirchen auf diesem Weg. Jubiläum oder Gedenken? Manche sind über das Dokument „Vom Konflikt zur Gemeinschaft" enttäuscht, andere über den Text „Rechtfertigung und Freiheit". 2017 als Christusfest begehen, darauf können wir uns alle verständigen – doch wie geht das genau?

Aber vielleicht ist es ja auch völlig normal, dass es immer wieder zu solchen Debatten und Aufregungen kommt. Schließlich gibt es für diesen gemeinsamen Weg keinerlei Blaupause. Nie zuvor wurde ein Reformationsjubiläum mit dem festen Willen nach so viel ökumenischer Beteiligung wie irgend möglich anvisiert. Und wenn man es ernsthaft anvisiert, dann muss man den Mut haben, auch auf die Stellen der Geschichte zu schauen, die belastet sind. Dann gilt es, die Sache, die es zu begehen gilt, auch mit den Augen und Sinnen der anderen zu betrachten.

Und wir sollten auch nicht aus dem Blick verlieren, was sich bereits alles Erstaunliche tut auf dem Weg nach 2017: Es ist z.B. äußerst bemerkens-

wert, dass dieses fünftägige Luther-Symposium veranstaltet wird. Meines Wissens ist es das erste Mal, dass die katholische Theologie eine solch hochkarätige Tagung zu Martin Luther organisiert hat und dies unter Beteiligung vieler evangelischer Wissenschaftler. Es ist gut und wichtig, dass sich Katholiken in Ruhe und intensiv mit der Person und der Theologie Martin Luthers beschäftigen – nach den bahnbrechenden Beiträgen von Theologen wie Erwin Iserloh oder Otto Hermann Pesch, der vor kurzer Zeit verstorben ist, nur Tage nach dem Tod von Wolfhart Pannenberg, einem anderen ökumenisch denkenden Theologen. In der katholischen Lutherforschung ist es in den letzten Jahren etwas ruhiger geworden, scheint mir. Daher freut sich die VELKD, dass Sie sich mit diesem Symposium der Herausforderung Luther erneut stellen.
Mit den beiden Schlagwörtern Katholizität und Reform wird zudem ein wichtiger Raum eröffnet. Betreffen sie doch Fragen, die wir in der Ökumene immer wieder intensiv zu bedenken haben. Im jüngsten internationalen lutherisch/römisch-katholischen Dialogdokument „Vom Konflikt zur Gemeinschaft" heißt es dazu: „Im Licht der Erneuerung der katholischen Theologie, die im Zweiten Vatikanischen Konzil sichtbar geworden ist, können Katholiken heute Martin Luthers Reformanliegen würdigen und sie mit größerer Offenheit betrachten, als dies früher möglich schien. Eine implizite Annäherung an Luthers Anliegen hat zu einer neuen Beurteilung seiner Katholizität geführt. Dies geschah im Kontext der Erkenntnis, dass es seine Absicht war, die Kirche zu reformieren, und nicht, die Kirche zu spalten. [...] Die Wiederentdeckung dieser beiden wesentlichen Merkmale seiner Person und Theologie hat zu einem neuen ökumenischen Verständnis Luthers als einem Zeugen des Evangeliums geführt."[1]
Immer wieder in unseren Gesprächen merken wir an, dass wir alle durch die Reformation gegangen sind – wenn wir die Ereignisse im 16. Jahrhundert nicht zusammenschnurren lassen auf Thesenanschlag und Reichstag. Wenn wir hinsehen auf die großen Reformbewegungen jener Zeit, und wenn wir nicht nur hinschauen auf Figuren, die wir nur zu gern medial zu Heldenfiguren machen, sondern wenn wir herausarbeiten, inwiefern sie für geistesgeschichtliche und theologische Entwicklungen stehen, von denen beide profitieren.
Ich bin kein Lutherforscher und als Praktischer Theologe auch kein herausragender Systematiker. Aber meine persönliche Entdeckung des Glaubens und meine Vergewisserung des Glaubens hängen sehr an Martin Luthers Frühschriften von 1520. „Von der Freiheit eines Christenmenschen" ist für mich eine Summe der Neujustierung des Glaubens auf das Evangelium. „Der Christenmensch ist ein freier Herr und niemand untertan; der Chris-

[1] Vom Konflikt zur Gemeinschaft, §§28f.

tenmensch ist ein dienstbarer Knecht und jedermann untertan!" – Freiheit definiert nicht als Beliebigkeit oder Libertinität, sondern Freiheit verstanden als Freiheit, die nur in der Bindung wirklich frei macht: in der Bindung an Gottes Wort und in der Bindung an die Verantwortung, die aus ihr wächst: frei aus Glauben, und frei für das Tun der Werke! Darin finde ich schon etwas von der Spannung von Katholizität und Reform! Und ich sperre mich mit Martin Luther und mit Katholischer und Evangelischer Theologie gegen einen Freiheitsbegriff, der sich von jeder Bindung und Verantwortung loszusprechen versucht. Das ist unsere gemeinsame Verantwortung auf dem Weg nach 2017: die gemeinsamen theologischen Erkenntnisse dessen, was wir gemeinsam für wahr erkannt haben, wachzuhalten nach innen und nach außen.

Wenn in den nächsten Tagen auf dieser Spur weiter gedacht und Wechselbeziehungen der Themen Katholizität und Reform vertieft werden, gehen von diesem Symposium ganz sicher wichtige Impulse für die innerkatholische Debatte um Luther, aber auch für das ökumenische Miteinander aus.

Der EKD-Text „Rechtfertigung und Freiheit" nennt die Reformation eine „offene Lerngeschichte"[2]. Diesen Ausdruck finde ich hilfreich. Jede Konfession für sich, aber auch alle gemeinsam sollten lernfähig sein, und ich bin überzeugt, dass wir es auch sind. Lernen beginnt für mich mit der Wahrnehmung der eigenen Tradition. Lernen setzt das Hinhören auf die anderen voraus. Selbstvergewisserung und Fremdvergewisserung gehören zusammen. Darum greift jedes Lernmaterial, das sich nach innen richtet, zu kurz, wenn es die Bewegung hin zum anderen und her vom anderen verschweigt.

Eine offene Lerngeschichte umfasst für mich zum einen den neugierigen Blick zurück, d.h. das Miteinander-Lernen, wie wir eigentlich Begriffe wie Reformation, katholische Reform, Gegenreformation verstehen und wie wir die Ereignisse und theologischen Aufbrüche dieser Epoche interpretieren. Das Stichwortdoppel „Katholizität und Reform" könnte z.B. für uns Lutheraner ein wichtiger Ansporn sein, die Erkenntnisse Luthers so zu formulieren, dass sie nicht verwässert werden, aber zugleich offen und anschlussfähig für die Ökumene – kurz: für die Katholizität der Kirche – sind. Wie bringen wir z.B. die vier Exklusivpartikel unserer Tradition so ins Gespräch ein, dass sie nichts von ihrer theologischen Kraft verlieren, aber zugleich nicht Türen schließen, sondern der ganzen Kirche Jesu Christi dienen? Ich glaube, in der „Gemeinsamen Erklärung zur Rechtfertigungslehre" ist dies 1999 vorbildlich gelungen.

---

[2] Rechtfertigung und Freiheit, 34.

Zum anderen gilt es, voneinander und miteinander zu lernen, vor welchen Veränderungen und Herausforderungen wir heute stehen und welche Prozesse der Reform heute nötig sind. Dabei stellt sich z.B. auch immer wieder die Frage, wie Reformen innerhalb einer Konfessionskirche immer auf die Gesamtheit der einen, katholischen Kirche bezogen werden. Wie kann vermieden werden, dass Reform- und Erneuerungsprozesse zu neuen Spaltungen und Verwerfungen führen?

Der gemeinsam verabredete Prozess des *Healing of memories* wird uns helfen, weiterzugehen. Wird uns helfen, von der Einheit her zu denken, von dem, was uns seit mehr als 2.000 Jahren gemeinsam war und ist und was Jesus im Hohepriesterlichen Gebet als Einheit beschreibt: Vater, lass sie eins sein, wie ich eins bin mit dir! Die Einheit in Gott ist das Zentrum.

Mit folgender kurzen Begebenheit hier im Erfurter Dom möchte ich schließen: Kurz vor dem Papstbesuch in Erfurt konnte ein Kollege in diesem Gotteshaus folgende Frage eines offensichtlich sehr kirchenfernen Touristen an seine Begleiterin nicht überhören: „Warum muss sich der Papst eigentlich immer mit den Christen streiten?"

Gott sei Dank, dass diese Frage eher die Unkenntnis des Touristen aufdeckt als der Realität entspricht. Aber schade eigentlich, dass er offenbar überhaupt nicht mitbekommen hat, wie unendlich viel im ökumenischen Miteinander der letzten 50 Jahre erreicht wurde – im praktischen Miteinander zum einen, aber auch in den kontroverstheologischen Fragen, wovon z.B. das Dokument „Vom Konflikt zur Gemeinschaft" eindrücklich Zeugnis gibt und sicherlich auch diese Tagung geben wird. Zugegeben, manchmal müssen Christen weiterhin streiten – oder besser gesagt: um des Evangeliums willen miteinander ringen. Aber wir tun dies heute immer im tiefen Bewusstsein, es gemeinsam als Christen und Christinnen zu tun. Wir ringen miteinander, als Geschwister. So wie es uns der heutige Lehrtext der Herrnhuter Losungen zusagt: „Ihr seid nicht mehr Gäste und Fremdlinge, sondern Mitbürger der Heiligen und Gottes Hausgenossen." (Eph. 2,19)

Kurzum: Ich freue mich, dass meine katholischen Mitbürger der Heiligen und Mithausgenossen Gottes sich die nächsten Tage mit Martin Luther beschäftigen und wünsche diesem Symposium Gottes reichen Segen.

Leitender Bischof der VELKD Gerhard Ulrich

Neubelebung der katholischen Lutherforschung

Als Vorsitzender der Ökumenekommission der Deutschen Bischofskonferenz freue ich mich, heute bei diesem Symposium anwesend sein zu können, und grüße Sie alle sehr herzlich. Kardinal Kurt Koch, mit dem ich vor drei Tagen noch in Amman (Jordanien) bei der 13. Vollversammlung der internationalen orthodox-katholischen Dialogkommission zusammen war, hat mich ausdrücklich gebeten, auch von ihm noch einmal ganz herzliche Grüße auszurichten.
Eine lange Planungs- und Vorbereitungsphase ging dem heute beginnenden Symposium voraus. Angeregt durch Kardinal Walter Kasper, aufgenommen und vermittelt durch die Ökumenekommission der Deutschen Bischofskonferenz, steht es in der gemeinsamen Verantwortung des Johann-Adam-Möhler-Instituts für Ökumenik in Paderborn und der Katholisch-Theologischen Fakultät Erfurt. Ihnen, lieber Herr Professor Thönissen und lieber Herr Professor Freitag, und Ihren Mitarbeiterinnen und Mitarbeitern, ist es zu verdanken, dass wir zusammenkommen können, um uns bis Donnerstag mit ausgewiesenen Experten der Kirchen- und Reformationsgeschichte über den Reformator Martin Luther auszutauschen. Wir tun dies bewusst aus katholischer und ökumenischer Perspektive und sehen darin einen Beitrag im Vorfeld zum 500. Jahrestag der Reformation. Nachdem alle bisherigen Jahrhundertfeiern zum größten Teil antikatholisch und bzw. oder von nationalen Interessen bestimmt waren, ist für das kommende Reformationsgedenken bezeichnend, dass es im Kontext der gewachsenen ökumenischen Beziehungen des letzten Jahrhunderts stattfindet und die katholischen Christen eingeladen sind, es mit zu begehen. Das fordert sowohl evangelische wie katholische Christen in besonderer Weise heraus. Auf diesem Hintergrund ist auch das Symposium zu verstehen, das heute hier seinen Anfang nimmt. Die Fortschritte in den wissenschaftlichen Erkenntnissen und im Bewusstsein der Gemeinsamkeiten machen es möglich.
Das Vorhaben, Martin Luther aus katholischer Perspektive zu beleuchten, ist eine Herausforderung. In der Vergangenheit überwogen oftmals polemische Äußerungen, da er für die Kirchenspaltung des 16. Jahrhunderts verantwortlich gemacht wurde. Erst allmählich arbeiteten Kirchenhistoriker heraus, wie tief der Wittenberger Reformator in der Frömmigkeitstradition und Mystik seiner Zeit verwurzelt war. Indem seine Anliegen in den Kontext spätmittelalterlicher Reformbewegungen eingebettet werden, wird deutlich, dass Luther zwar als ein wichtiger Reformator unsere Aufmerksamkeit verdient, aber nicht der einzige war, der eine Notwendigkeit zur Veränderung sah. Heute wissen wir, dass Luther die Spal-

tung der Kirche nicht wollte. Er war, wie es in der Einladung zum Symposium heißt, ein „Reformkatholik", der beabsichtigte, die Missstände in der Kirche zu beseitigen und einen Reformprozess *innerhalb* der Kirche anzustoßen. Diese Perspektive ermöglicht es auch katholischen Christen, sich unbefangener mit Martin Luther, seinen „Wurzeln, Wegen und Wirkungen" auseinanderzusetzen.

Das bevorstehende Reformationsgedenken lädt dazu ein, danach zu forschen, was Reformation sowohl historisch als auch in unserer heutigen Gegenwart bedeutet, welche Impulse von ihr ausgingen und welche Auswirkungen sie auf die weitere Geschichte der Christenheit hatte und immer noch hat. Um sich mit diesen Überlegungen auseinanderzusetzen, bietet die nächste Woche viele Gelegenheiten. In Vorträgen und Seminaren, die das katholische Lutherbild jeweils von einer anderen theologischen Seite her beleuchten, wird der Frage nachgegangen, wie sehr der Reformator vom Denken des Mittelalters beeinflusst war. Eine besondere Herausforderung wird es dabei sein, die internationale Perspektive, besonders die der finnischen Lutherforschung, mit einzubeziehen.

Ich wünsche den Veranstaltern, den Mitwirkenden und den Teilnehmerinnen und Teilnehmern eine inspirierende Tagung, die neue wissenschaftliche Erkenntnisse zugänglich macht und zur Diskussion und Beschäftigung mit Martin Luther, seinen Anliegen und seiner Zeit einlädt. Es wird sicherlich auch Raum zum persönlichen Austausch, zur inhaltlichen Debatte und zum Erkunden der Stadt Erfurt geben, die als geistige Heimat des Reformators gilt. Es wäre mir eine Freude, wenn durch dieses Symposium die katholische Lutherforschung eine Neubelebung erfährt. Davon könnte dann auch die ökumenische Forschung profitieren, und ein noch intensiveres Verständnis und Kennenlernen der christlichen Konfessionen möglich werden. Ökumenisches Miteinander kann nur dort entstehen, wo der Wille da ist, sich auf Neues und Fremdes einzulassen. Diese Offenheit wünsche ich uns allen!

Bischof Dr. Gerhard Feige

Montag
22. September 2014

„Für mich als Bischof von Rom ist es ein tief bewegender Augenblick, hier im alten Augustinerkloster zu Erfurt mit Ihnen zusammenzutreffen. Wir haben es eben gehört: Hier hat Luther Theologie studiert. Hier hat er seine erste heilige Messe gefeiert. Gegen den Wunsch seines Vaters ist er nicht beim Studium der Rechte geblieben, sondern hat Theologie studiert und sich auf den Weg zum Priestertum in der Ordensgemeinschaft des heiligen Augustinus gemacht. Und auf diesem Weg ging es ihm ja nicht um dieses oder jenes. Was ihn umtrieb, war die Frage nach Gott, die die tiefe Leidenschaft und Triebfeder seines Lebens und seines ganzen Weges gewesen ist. „Wie kriege ich einen gnädigen Gott“: Diese Frage hat ihn ins Herz getroffen und stand hinter all seinem theologischen Suchen und Ringen. Theologie war für Luther keine akademische Angelegenheit, sondern das Ringen um sich selbst, und dies wiederum war ein Ringen um Gott und mit Gott.“

Aus der Rede Papst Benedikts XVI. im Kapitelsaal des Erfurter Augustinerklosters am 23. September 2011

Die (rekonstruierte) Lutherzelle:
Ursprungsort persönlicher und kirchlicher Erneuerung

Luther und der letzte der Kirchenväter, Bernhard von Clairvaux

Der Bernhardfaktor in Luthers Leben und Werken

Franz Posset

Für Martin Luthers Leben und Werk ist der sogenannte Bernhardfaktor (Bernhards Erste Predigt zum Fest Mariae Verkündigung) in seiner Erfurter Zeit von grundlegender, entscheidender und lebenslänglicher Bedeutung. Wenn Luther in späteren Jahren auf Bernhard zu sprechen kommt, denkt er vor allem an den predigenden und seelsorgerlichen Kirchenvater. Als Leitfaden darf sein Spruch von 1538 gelten: „Und er [Bernhard] ist auch allein wert, dass man ihn Pater Bernhardus nenne und den man mit Fleiss ansehe."[1]

Einleitung: Lutherforschung und Lutherbilder

Die Geschichte der Lutherforschung zeigt, dass es das allgemeingültige Bild von Martin Luther nie gegeben hat, gegenwärtig nicht gibt, und wohl auch nicht geben wird. Schon vor mehr als 100 Jahren (1906) klagte Heinrich Boehmer (1869-1927): „Es gibt so viele Luthers, als es Lutherbücher gibt."[2] Wenn man katholischerseits das Lutherbild der letzten 100 Jahre nachzeichnet, kommt man vom Ketzerfürst zum Kirchenlehrer,[3] vom ‚Verderber des Glaubens' zum ‚Vater im Glauben',[4] von Ablehnung zu

---

[1] Predigt über Joh 3,19. 14. September 1538, in: WA 47, 104-111, hier 109, 18-19.

[2] H. Boehmer, Luther im Lichte der neueren Forschung, Leipzig ^{5}1918, 5.

[3] Vgl. O. H. Pesch, Ketzerfürst und Kirchenlehrer. Wege der katholischen Begegnung mit Martin Luther, in: CwH 114 (1971). Vgl. ders., „Ketzerfürst" und „Vater im Glauben". Die seltsamen Wege katholischer „Lutherrezeption", in: H. F. Geißer u.a., Weder Ketzer noch Heiliger. Luthers Bedeutung für den ökumenischen Dialog, Regensburg 1982, 123-174.

[4] Man kann in etwa fünf Epochen der katholischen Lutherforschung seit dem Beginn des 20. Jahrhunderts erkennen: (1) 1900-1915: neurotischer Glaubensverderber. Anstoss zur lutherischen "Luther Renaissance" (Denifle, Grisar). (2) 1915-1930: Eine neue Sicht kommt auf: Luther als Homo religiosus. (3) 1930-1960: Der Prophet für die Kirche, subjektivistischer Hörer des Wortes (Merkle, Lortz, Herte, Hessen, Una-Sancta-Bewegung). (4) 1960- in die 80ziger Jahre: Luther als Klassiker

Anerkennung,[5] zumindest in der etablierten Forschung. Ob das neuere Bild von Luther als ökumenischer ‚Vater im Glauben' auch in alle Kreise durchgesickert ist, kann man bezweifeln, und ferner, ob die ‚Gemeinsame Erklärung zur Rechtfertigungslehre' von 1999 zwischen der Katholischen Kirche und dem Lutherischen Weltbund allgemein anerkannt ist.[6] Das scheint nicht der Fall zu sein, da die kirchlichen Profilneurosen seither eher zugenommen haben.[7]

Man muss auch mit Otto Hermann Pesch (†2014) fragen, ob das „fortschreitende Erlöschen der katholischen Lutherforschung"[8] aufzuhalten ist. Ich denke, man kann es aufhalten, wenn man Luther aus seiner eigenen, verzerrten Wirkungsgeschichte herauslöst (Gerhard Ebeling, Karl Lehmann).[9] Die Suche nach dem historischen Luther ohne Aureole[10] (Abb. 1)

---

der Theologie, Gemeinsamer Lehrer, Vater im Glauben – das goldene Zeitalter der katholischen Lutherforschung (A. Brandenburg, Lortz-Schule, Fries-Schule; gemeinsame ökumenische Kommission der EKD und der katholischen Bischofskonferenz in Deutschland [1980-1986]). (5) 1980ziger Jahre: Das Abendrot der katholischen Forschung und die Suche nach neuen Paradigmen. Katholischerseits rückt die Bedeutung von Bernhard als paulinischer, monastischer Theologe in den Vordergrund. Vgl. F. Posset, From the Corrupter of the Faith to the Father in the Faith: 100 Years of Catholic Luther Research, (Presentation at the Seminar of the North American Forum for Luther Research in St. Paul, MN, August 2-5, 1999), in: Luther Study 14 (Korea 2000) 79-141. O. H. Pesch, ‚Nun fühlte ich mich neugeboren'. Luthers Weg zur Reformation: Rückblick und ein Urteil aus katholischer Sicht, in: Luther in Erfurt und die katholische Theologie, hg. v. J. Freitag, Leipzig 2001, 29-58, 31-47.

[5] Vgl. T. M. M. A. C. Bell (=Theo Bell), Roman Catholic Luther Research in the Twentieth Century: From Rejection to Rehabilitation, in: The Oxford Handbook of Martin Luther's Theology, Chapter 43, hg. v. R. Kolb u.a., Oxford 2014, 584-597: I. Under the Ban of Cochlaeus. II. The Dawn of a New Appraisal. III. The Golden Years of Catholic Luther Research. IV. The Roman Catholic Hierarchy and Luther Research. V. Another Face of Catholic Luther Research. VI. Catholic Luther Research Today.

[6] Das scheint nicht der Fall zu sein, da diese Erklärung „weithin mit einer Hermeneutik des Misstrauens" gelesen wird. Vgl. W. Pannenberg, Ökumenische Aufgaben im Verhältnis zur römisch-katholischen Kirche, in: ‚Kein Anlass zur Verwerfung' Studien zur Hermeneutik des ökumenischen Gesprächs. FS für Otto Hermann Pesch, hg. v. J. Brosseder / M. Wriedt, Frankfurt 2007, 266-279, 267.

[7] Das Problem der kirchlichen Profile und der ‚Ökumene der Profile' durchzieht die Beiträge der Festschrift für O. H. Pesch von 2007, a.a.O.

[8] O. H. Pesch, ‚Nun fühlte ich mich neugeboren', a.a.O., 44. Peschs Buch Hinführung zu Luther, Mainz 1982, Mainz 2004 (erweiterete Ausgabe), ist ein Meilenstein und hat meine Lutherforschung entscheidend mitgeprägt.

[9] Vgl. G. Ebeling, Umgang mit Luther, Tübingen 1983, 221. Vgl. K. Lehmann, Worüber jetzt zu sprechen wäre: Luther und die Einheit der Kirchen heute, in: HerKorr 37 (1983) 555-561, 560: "[Luther] muss nicht nur aus einer vielfachen

lohnt sich nach wie vor, vor allem für den, der bereit ist, sich auf das „Abenteuer Lutherforschung" einzulassen[11] und damit rechnet, dass Luthers Theologie eine katholische Möglichkeit ist.[12]

Abb. 1 Luther mit Bibel, mit und ohne Aureole. Im Bild links: Acta et res gestae D. Martini Lutheri, in comitijs principum Vuormaciae (1521). Rechts, der ältere Holzschnitt: Von der Babylonischen gefengknuss der Kirchen (1520).

Dabei muss die katholische Lutherforschung (sofern es sie noch gibt) darauf bestehen, dass der Bernhardfaktor voll zum Tragen kommt. Eine Lutherbiographie ohne Bernhard kann nur ein verzerrtes Bild bieten. Ein Lutherbild ohne einen Blick auf seine prägenden Jahre im Augustinerorden in Erfurt ist undenkbar geworden. Damit soll nicht behauptet werden,

neuzeitlichen Wirkungsgeschichte ... befreit werden, sondern er muss nicht minder auch im Blick auf die ganze Geschichte der Kirche aus seiner Isolierung und Verabsolutierung befreit werden." Vgl. F. Posset, Luther's Catholic Christology According to his Johannine Lectures of 1527, Milwaukee 1988, 250-251.

[10] Vgl. H. Schwarz, „Neuerdings mit dem Sinnbilde des heiligen Geistes" – Die frühen Lutherbildnisse in den Druckschriften der 1520er Jahre, in: Beyssig sein ist nutz und not: Flugschriften zur Lutherzeit; ein kurzweiliger Begleiter durch den „Blätterwald" der Sonderausstellung vom 6. August bis zum 31. Oktober 2010 auf der Wartburg, hg. v. J. Krauß, 43-55.

[11] Vgl. O. H. Pesch, Abenteuer Lutherforschung. Wandlungen des Lutherbildes in katholischer Theologie, in: NOrd 20 (1966) 417-430.

[12] Vgl. O. H. Pesch, Luthers theologisches Denken – eine katholische Möglichkeit, in: NOrd 23 (1969) 1-19.

dass das gesamte spätere Werk des Reformators nur durch den Filter seiner frühen Erfurter Erfahrungen erklärt werden müsse.
Meine Arbeitshypothese lautet: Für Luthers Leben und Werk ist seine Erfurter Entdeckung des Bernhardfaktors von grundlegender, entscheidender und lebenslänglicher Bedeutung, aber natürlich nicht ausschließlich. Jedoch ist der Bernhardfaktor durchaus das produktivste Element seiner Entwicklung; und nicht einfach Teil einer frühen Phase, die von mönchischer Selbstquälerei bestimmt gewesen sein soll. Dass der Bernhardfaktor lebenslang seine Wirkung erzielte, kann man aus einer chronologischen Liste ersehen, in der für fast jedes Jahr von 1509 bis 1546 mindestens ein Bernhardzitat oder Hinweis auf Bernhard auftaucht.

1. Zuerst soll die bei Luther vorherrschende Sicht des heiligen Bernhard umrissen werden: Bernhard ist für Luther vornehmlich weder Mystiker noch Scholastiker, sondern „der letzte der Väter" und als solcher der predigende, vom Heiligen Geist begabte Seelsorger. Luther will mit Bernhard von den getrübten Bächen wegkommen und zu den biblischen Quellen aufbrechen.

2. Worauf beruht Luthers hohe Wertschätzung des Kirchenvaters Bernhard und wann beginnt sie und dauert sie an? Es geht um den alles entscheidenden Bernhardfaktor beim frühen Luther in Erfurt, dem er so ziemlich alles aus der Erbschaft der monastischen Theologie verdankt. Luthers Selbstzeugnis von 1545 und Melanchthons biographische Skizze von 1546 müssen zusammen interpretiert werden im Blick auf den Bernhardfaktor (Sermo de Annuntiatione 1). Wie stark Luther von dieser Bernhardpredigt beeindruckt war, können wir an mehreren Stellen in seinem Werk sehen, an denen er sie zitiert.

3. Ein weiterer wichtiger Bezug zwischen Luther und Bernhard ist die Kreuzestheologie, wie Luther ihr in Bernhards ‚Fasciculus myhrrae' begegnet war. Es geht um Bernhards und nicht um Augustins Betrachtung des Schmerzensmannes, wie sie in der zeitgenössischen Ikonographie zur Darstellung gekommen ist.

4. Zum Schluss sollen Konsequenzen für ein ökumenisches Lutherbild gezogen werden zusammen mit einem Plädoyer für das Festhalten an der gewonnenen ökumenischen Sicht von ‚Bernhard und Luther'. Und: Was man in der Lutherdekade als Ergebnis katholischer Lutherforschung festhalten sollte, ist dies: Der Bernhardfaktor bei Luther ist eine solide Grundlage für eine insgesamt ökumenische Theologie.

Abb. 2 Bernhard mit offener Bibel. Polychrome Steinstatue, ca. 1470, Kirche von Fontaine-les-Dijons.

Wenn wir zumindest versuchen würden, den historischen Luther und seine wie auch immer geartete Wirkungsgeschichte auseinanderzuhalten, haben wir eine Chance, nicht nur Luther selbst, sondern auch den historischen Bernhard[13] näher kennenzulernen, wobei Bernhard ein durchaus „schwieriger Heiliger" bleiben wird („A Difficult Saint"[14]). Der recht verstandene Luther kann uns sogar helfen, Bernhards christozentrische Theologie der Gnade und des Glaubens zu entdecken.

---

[13] Zur Schwierigkeit, eine adäquate Bernhardbiographie zu verfassen, siehe M. Casey, Toward a Methodology for the Vita Prima: Translating the First Life into Biography, in: Bernardus Magister. Papers Presented at the Nonacentenary Celebration of the Birth of Saint Bernard of Clairvaux, Kalamazoo, MI, hg. v. J. R. Sommerfeldt, Cîteaux 1992, 55-70. Die noch ausstehende Aufgabe, eine Bernhardbiographie zu schreiben, werde noch weiter dadurch erschwert, dass es keinen Konsens über die Rolle der Vita Prima als Quelle gibt.

[14] B. P. McGuire, A Difficult Saint: Bernard of Clairvaux and His Tradition, Kalamazoo, MI, 1991.

1. Die bei Luther vorherrschende Sicht: Bernhard ist ‚der letzte der Väter' und der vom Heiligen Geist begabte Seelsorger

1.1. Der letzte der Väter

Wenn wir von ‚Luther und Bernhard' sprechen, versuchen wir, von Luthers eigenem Bernhard-Bild auszugehen. Dabei vernachlässigen wir die Elemente des Pseudo-Bernhard, die zweifelsfrei in Luthers Bernhard-Bild enthalten sind. Wir konzentrieren uns auf die paulinisch orientierte Spiritualität des echten Bernhard,[15] auf welche es Luther vor allem ankam. Der Titel für Bernhard als „der letzte der Väter", ultimus inter patres, stammt zwar nicht von Luther, doch sieht Luther ihn genau in dieser Gruppierung.[16] In humanistischen Kreisen jener Zeit war Bernhard der letzte der Väter, wie der französische Humanist Nicolas Faber (Lefèvre, 1544-1612) es einmal formuliert hat: Bernhard – „Der letzte der Väter, aber sicherlich nicht geringer als die ersten."[17] Bernhard dachte und schrieb in der Weise der alten Kirchenväter. Daher wird er als einer der letzten von ihnen angesehen.[18] Auch war Bernhard mit Augustinus der bekannteste Autor

---

[15] Zu Bernhards paulinischer Theologie siehe G. Frischmuth, Die paulinische Konzeption in der Frömmigkeit Bernhards von Clairvaux, Gütersloh 1933. Vgl. D. Farkasfalvy, The Use of Paul by Saint Bernard as Illustrated by Saint Bernard's Interpretation of Philippians 3:13, in: Bernardus Magister, a.a.O., 161-168. Vgl. F. Posset, Pater Bernhardus: Martin Luther and Bernard of Clairvaux, Kalamazoo, MI, 1999, 247.

[16] Vgl. F. Posset, Pater Bernhardus, a.a.O., 53-61.

[17] „Ultimus inter patres, sed primis certe non impar." Faber war Prinzenerzieher am französischen Königshof, Philologe, Historiker, und Sammler von Manuskripten. Dieser Titel findet sich auch im Vorwort des Benediktiners J. Mabillon (1632-1707) zu den Werken Bernhards: Praefatio Generalis, XXIII (De Bernardi sanctitate, doctrina, et auctoritate in Ecclesia), PL 182,26. O. Rousseau, Le dernier des Pères, in: Saint Bernard Théologien, in: ASOC 9 (1953) 300-308. M. B. Pranger, Bernardus van Clairvaux, de laatste der Vaders?, in: Millennium: Tijdschrift voor Middeleeuwse Studies 2 (1988) 41-46. T. M. M. A. C. Bell, Luther's Reception of Bernard of Clairvaux, in: CTQ 59 (1995) 245-277, 254 mit Anmerkung 39. Bernardus vel ulli scholastici; Loci Communes 1, 70. H. G. Pöhlmann, Loci communes 1521: Lateinsch-Deutsch, Gütersloh 1993, 47. Dazu T. M. M. A. C. Bell, Divus Bernhardus: Bernhard von Clairvaux in Martin Luthers Schriften, Mainz 1993, 348. F. Posset, The Real Luther: A Friar at Erfurt and Wittenberg. Exploring Luther's Life with Melanchthon as Guide, Saint Louis 2011, 131-133.

[18] Vgl. G. B. Winkler, Einleitung zu Band I von Bernhard von Clairvaux. Sämtliche Werke lateinisch / deutsch, 10 Bände, hg. v. G. B. Winkler, Innsbruck 1990-1999 [= BSW], 23, mit Bezug auf W. v. d. Steinen, Der Kosmos des Mittelalters: Von Karl dem Grossen zu Bernhard von Clairvaux, Bern 1959, 335-354.

innerhalb des Augustinerordens.[19] Luther übernahm humanistisches Gedankengut aus dem Milieu seines Ordens, denn das geistige Leben im Augustinerorden am Ende des Mittelalters und zu Beginn der Neuzeit war vom Renaissance-Humanismus geprägt.[20] Ferner kann man wiederholen, was Lutheraner bereits und immer wieder gesagt haben: Das paulinische Erbe ist Luther besonders durch die Tradition des Augustinerordens übermittelt worden.[21]

Wenn wir Luthers Sicht von Bernhard als einem der an Paulus orientierten Väter vernachlässigen, verbauen wir uns leicht einen fruchtbaren Zugang zum Thema. Dies ist geschehen und geschieht immer wieder, wenn man bei der ersten Erwähnung von Bernhard sofort an die mittelalterliche Mystik denkt[22] oder an Bernhards Opponenten Peter Abaelard oder an die Kreuzzüge und Kirchenpolitik. Köhler hatte aber recht, wenn er festellte: „Die kirchenpolitischen Schriften Bernhards sind ihm [Luther] fremd... ja selbst seine Kreuzzugspredigt ist ihm unbekannt geblieben."[23] Wenn wir Luthers Sicht von Bernhard mit dem schwer definierbaren Konzept von ‚Mystizismus' belasten, laufen wir Gefahr, auf den Holzweg zu geraten. Stilisieren wir Bernhard primär als Mystiker, könnten wir uns schnell im mittelalterlichen, finsteren Wald verlieren. Luther hat Bernhard nämlich nicht primär als Mystiker verehrt, sondern als biblisch-patristisch-monastischen Theologen. „Die monastische Theologie hat engen Anschluss an die patristische Theologie, mit der sie auch methodisch eng verwandt ist."[24] Ich ziehe es vor, von Bernhards biblisch orientierter

---

[19] Vgl. H. Zschoch, Klosterreform und monastische Spiritualität im 15. Jahrhundert: Conrad Zenn OESA (+1460) und sein Liber de vita monastica, Tübingen 1988, 90.

[20] Vgl. H. Vonschott, Geistiges Leben im Augustinerorden am Ende des Mittelalters und zu Beginn der Neuzeit, Berlin 1915. Vgl. A. Kunzelmann, Geschichte der deutschen Augustiner-Eremiten. Fünfter Teil: Die sächsisch-thüringische Provinz, und die sächsische Reformkongregation bis zum Untergang der beiden, Würzburg 1974.

[21] Vgl. K. Bauer, Die Wittenberger Universitätstheologie und die Anfänge der deutschen Reformation, Tübingen 1928, zit.n.: O. Bayer, Das paulinische Erbe bei Luther, in: ‚Kein Anlass zur Verwerfung', a.a.O. (siehe Anm. 6) 171-183, 171-172 (ohne den Bernhardfaktor einzubeziehen).

[22] Dies ist insbesondere bei W. Köhler zu beobachten, der seinen Abschnitt über Bernhard ganz unter dem Vorzeichen von Bernhard als Mystiker angeht. Vgl. W. Köhler, Luther und die Kirchengeschichte: nach seinen Schriften zunächst bis 1521, Erlangen 1900, 301-333.

[23] Ebd., 323.

[24] R. Schwarz, Luthers unveräußerte Erbschaft an der monastischen Theologie, in: Kloster Amelungsborn 1135-1985, hg. v. G. Ruhbach / K. Schmidt-Clausen, Hannover 1985, 209-231, 210.

Theologie oder ‚affektiver Christozentrik'[25] zu sprechen statt von seinem ‚Mystizismus'.[26]

1.2. Luthers geistlicher Lehrer über die Jahrhunderte hinweg: ‚Vater Bernhard'. Bernhard mit Bibel – Luther mit Bibel

Dass Bernhard im Spätmitterlalter nicht primär als Mystiker angesehen wurde, lässt sich auch von der Bernhardikonographie her zeigen. Im Einklang mit diesen spätmittelalterlichen Darstellungen versteht Luther den Zisterzienserabt mit Bibel als den biblischen Lehrer und Vater im Glauben. Luther ist ebenfalls mit Buch bzw. Bibel dargestellt. Man sollte die ikonographische Parallele nicht übersehen: Beide, Bernhard und Luther haben das Buch / die Bibel als ihr ikonographisches Attribut.

Abb. 3 Bernhard mit Bibel als Zeichen des kirchlichen/ monastischen Lehrers. Altarbild, Florenz, ca. 1430.

Abb. 4 Bernhard mit Bibel als Zeichen des kirchlichen/ monastischen Lehrers, Stundenbuch aus Flandern; ca. 1510-1515.

Sehr oft nennt Luther Bernhard und die Kirchenväter zusammen und er vergleicht sie auch. Dabei lobt er Bernhard vor allem deshalb, weil Bernhard mit seinen Christuspredigten alle anderen übertreffe, ja sogar auch

---

[25] F. Posset, Pater Bernhardus, a.a.O., 235-270.

[26] Diese Tendenz macht sich bei V. Leppin bemerkbar. V. Leppin, Luther's Transformation of Medieval Thought. Continuity and Discontinuity, in: The Oxford Handbook of Martin Luther's Theology (2014), 115-124.

Augustinus.[27] Für die Humanisten und für Luther ist Bernhard also immer ein Kirchenvater und als solcher der letzte, wie ihn neuerdings auch Papst Benedikt XVI. versteht.[28] Bernhard ist der letzte der Kirchenväter deshalb, weil „er im 12. Jahrhundert wieder die große Theologie der Väter erneuerte und vergegenwärtigte," so jedenfalls sagte es der Papst.

In der Kontroverse im Jahr 1521 mit dem Löwener Theologen Jacobus Latomus (ca. 1475-1544), verwahrte Luther sich gegen die Meinung, Latomus allein habe die Kirchenväter auf seiner Seite. Luther konterte, er kenne sie alle und führt sie der Reihe nach auf, wobei er ganz selbstverständlich Bernhard als letzten mit einbezieht: „Augustinus, Hieronymus, Ambrosius, Gregorius und Bernhard." Latomus rufe die Kirchenväter vergeblich gegen ihn, Luther, an.[29]

In einer Predigt von 1524 reihte Luther wiederum ganz selbstverständlich Bernhard in die Reihe der anderen Kirchenväter ein und lobte ihn, weil er über den Glauben spricht. Wir finden ihn in dieser Reihenfolge: Augustinus, Hieronymus, Bernardus, Gregorius.[30] In einer Rückschau von 1533/1534 auf seine Klosterjahre gruppierte Luther wiederum die alten Väter und Bernhard zusammen: Als junge Leute hätten sie sich daran erinnert, dass Hilarius, Hieronymus, Augustinus und Bernhard den Philosophen Aristoteles nicht gelesen hätten.[31]

Eine kurze Tischrede aus den Nachschriften von Nikolaus Medler (1502-1551), die auf „die erste Hälfte der dreißiger Jahre" datiert werden, ist für

---

[27] Vgl. WA.TR 1, 435, 32 - 436, 3, Nr. 872, hier 32 f.: „Bernardus in sermonibus suis omnes alios doctores, etiam Augustinum excellit [...]." Vgl. F. Posset, Goldene Worte: Augustinus und Bernhard in der Sicht des alten Luther (1531-1546), in: Cath(M) 54 (2000) 220-239; zu Augustinus' Vorrangigkeit, 222-225.

[28] Vgl. Ansprache am 21. Oktober 2009.

[29] Rationis Latomianae pro incendiariis Lovanieses scholae sophistis redditae, Lutheriana confutatio. 1521, in: WA 8, 43-128, 102, 15-16: „Nam Augustinum, Hieronymum, Ambrosium, Gregorium, Bernhardum novi, ut frustra mihi tot nubes obieceris."

[30] Vgl. Ein Sermon von des jüdischen Reichs und der Welt Ende. 20. November 1524, in: WA 15, 741-758, 755, 3-9: „Puto Augustinum, Hieronymum, Bernardum, Gregorium sanctos esse, tamen omnes errarunt. Episcopi statim inceperunt regnum papae et illi siverunt se anhengen an die seel etc. Sancti hactenus sein hin ein gefurt, das sie mit dem euserlich hin ein getretten sein. Quando Bernardus loquitur de fide et Augustinus frey her ein, quando nemo quaerit, quomodo interpretetur locum ps. optime loquitur [...]." Doch die "lieben veter" wie Augustinus, Hieronymus, Bernhard, Gregorius, Franziskus und Dominikus, obgleich sie heilig waren, haben dennoch gelegentlich auch geirrt. Vgl. WA 15, 755, 22-24.

[31] Vgl. Nachwort zur Epistola Theologorum Parisiensium ad Cardinalem Coetanum reprehensoria. 1534, in: WA 60, 114-130, 124, 38. Vgl. WA.TR 3, 295, 3-10, Nr. 3370b.

unsere Frage insofern interessant, als Luther die Scholastiker von den Kirchenvätern absetzt und dann den heiligen Bonaventura (1221-1274) zum Besten der Schultheologen erklärt.[32] Für Luther ist Bonaventura nicht primär Mystiker, sondern Scholastiker. Bonaventura wurde von der Theologie des Dionysius Areopagita beeinflusst. Letzterer schnitt bei Luther aber nicht gut ab. Luther empfahl, seine mystische Theologie wie die Pest zu vermeiden.[33] Die drei besten Kirchenväter seien erstens Augustinus, zweitens Ambrosius und drittens Bernhardus. Die Vorrangstellung des Augustinus ist insofern relativiert, als Luther im gleichen Atemzug einen mittelalterlichen Theologen, den bulgarischen Bischof Theophylakt zum „besten Ausleger und Dolmetscher S. Pauli" erhebt.[34] Zu dieser Zeit kamen gerade Theophylakts „Erklärungen zu den Paulusbriefen" in Köln heraus (1527, 1528, 1531).[35] Offensichtlich war Luther davon beeindruckt und wird wohl etwas von seiner früheren Position zurückgenommen haben, die er während der Heidelberger Disputation vom 26. April 1518 eingenommen hatte, als er sagte, dass der heilige Augustinus der „treueste" Paulusinterpret gewesen sei.[36] Dabei muss man auch beachten, dass Luther anderswo sich im Lauf der Jahre von der hohen Meinung über Augustinus distanziert hatte und meinte, dass Melanchthons Apologie des Augsburger Bekenntnisses „alle Doctores in der Kirche, auch Augustinum" übertreffe.[37]

---

[32] Vgl. WA.TR 1, 330, 1-6, Nr. 683: „Bonaventura inter scholasticos doctores optimus est. Inter ecclesiasticos doctores Augustiuus primas tenet, Ambrosius secundas, Bernhardus tertias. Tertulianus est inter ecclesiasticos doctores verus Carolstadius. Cyrillus habet optimas sententias. Cyprianus est sanctus martyr, sed theologus imbecillus. Theophilactus optimus Pauli interpres inter doctores." Die Überlieferung auf Deutsch gibt Luthers Satz über Bernhard so wieder: "Augustinus hat billig das Erste, Ambrosius das Ander, Bernhardus das Dritte". WA.TR 1, 330, 9-13, Nr. 683, hier 9-10. Was genau mit dem "das" gemeint sein soll, ist unklar. – Ob man mit Leppin sagen kann, dass Bonventura der Schlüssel zu Luthers Verständnis von Bernhard sei, wäre zu diskutieren. Vgl. Leppin, Luther's Transformation of Medieval Thought, a.a.O., 51.

[33] Vgl. P. Rorem, Martin Luther's Christocentric Critique of Pseudo-Dionysian Spirituality, in: LuthQ 11 (1997) 291-307.

[34] WA.TR 1, 330, 1-6 (lateinisch), Nr. 683, hier 5f.; 9-13 (deutsch), hier 12-13: „Theophilactus optimus Pauli interpres inter doctores." Dieselbe Bevorzugung des Theophylakt vor Augustinus als Paulusausleger erscheint auch in einer anderen Tischredennachschrift: WA.TR 1, 84, 28-29, Nr. 187.

[35] Theophylacti Archiepiscopi Bulgariae, in omnes Divi Pauli epistolas Enarrationes, hg. v. Christophorus Persona, Köln: Quentel, 1527.

[36] Vgl. Disputatio Heidelbergae habita. 1518, in: WA 1, 353-374, 353, 12-14: „ [...] ex divo Paulo, vase et organo Christi electissimo, deinde et ex S. Augustino interprete eiusdem fidelissimo."

[37] WA.TR 1, 106, 1-22 (lateinisch), Nr. 252, hier 6-7; 25-32 (deutsch), hier 29.

In seiner Heidelberger Disputation vertritt Luther nun genau den Standpunkt Bernhards zum Thema Gnade und freier Wille, aber er tut es nur unter Berufung auf Augustinus,[38] ohne Nennung Bernhards. Bernhard hatte dies gelehrt: „So bewirkt der freie Wille, dass wir wollen; die Gnade, dass wir Gutes wollen. Vom freien Willen kommt das Wollen, von der Gnade [die Fähigkeit], das Gute zu wollen."[39] In seinem Büchlein ‚Auslegung und Deutung des heiligen Vaterunsers' vom selben Jahr 1518 stellt Luther genau dasselbe fest, diesmal unter ausdrücklicher Berufung auf Bernhard: „Darum sagt der heilige Bernhard ...: Wir können wollen, aber nicht wohl wollen."[40] Dies dürfte das erste mal sein, dass Bernhard von Luther auf Deutsch zitiert wird. Diese faszinierende Übereinstimmung in Sachen Gnade und freier Wille wird oft übersehen. Wie dem auch sei, wenn Luther auf Bernhard zu sprechen kommt, denkt er vor allem an den seelsorgerlichen ‚Pater Bernhardus', wie der alternde Reformator ihn 1538 nannte:

„Und er [Bernhard] ist auch allein werd, das man ihnen [ihn] Pater Bernhardus nenne und den man mit vleiss ansehe."[41]

---

[38] Vgl. Disputatio Heidelbergae habita. 1518, in: WA 1, 353-374, 360, 5-20. Thesen XIV und XV.

[39] De gratia et libero arbitrio, 6.16, in: BSW I, 171-249, 198 3-5 (lateinisch); 199 (deutsch): „Itaque liberum arbitrium nos facit volentes, gratia benevolentes. Es ipso nobis est velle, ex ipsa bonum velle."

[40] Auslegung und Deutung des heiligen Vaterunsers durch D. M. Luther im Jahre 1517 gepredigt und durch seiner Schüler einen zusammengesetzt. 1518, in: WA 9, 124-159, 137, 17-31: „Ist in Christo nach der menscheit ein sulcher wille gewesen, was wollen wir armen wormlein dan brangen, das unser wille guth sey? Darumb sagt der heylige Bernhart uber das ewangelium van Marien Magdalenen: Wir konnen wollen, aber nicht wol wollen. Dan wol wollen ist volkommen machen, das allein gottes ist, ubel wollen ist gebruch leyden, das ist unser. wir mugen auch aus eigner natur nicht anderß dan fallen und lygen, kranck sein. Hye wirfft darnydder Bernhardus dye lere Arestotelis, da er sagt, ein mensch sey eyn herr aller seiner werck, anfanges, mittels und endes. wye kan und magk aber das bestehen, dyweyl der will, dem Arestoteles die groste macht gibt, nicht gutes tzuwollen vormagk? ßo baldt auch wir unserm willen volgen, werden wir unser und darnach des teuffels. Hyrumb der do guth thuet, der wandert nicht frey nach seinem willen, besunder gibt sich und alles das sein frey hinwek in den willen gotes. Derhalben kan nymant wol thun und wol wollen dan allein durch die heilmachende genad." Luther gibt hier eine obskure Quellenangabe: „Bernhart uber das ewangelium von Marien Magdalenen: Wir konnen wollen, aber nicht wol wollen." WA 9, 137, 17-31. Es handelt sich eigentlich um De gratia et libero arbitrio, 6.16. Dazu T. M. M. A. C. Bell, Divus Bernhardus, a.a.O. (siehe Anm. 17), 276-278. In Luthers Ausgabe von 1519: Auslegung deutsch des Vaterunsers für die einfältigen Laien ... Nicht für die Gelehrten. 1519, in: WA 2, 80-130, wird Bernhard nicht zitiert.

[41] Predigt über Joh 3, 19. 14. September 1538, in: WA 47, 104-111, 109, 18-19.

Man fragt sich, wer unter den heute etablierten Lutherforschern diese dringende Empfehlung, die Luther hier ausgesprochen hat, tatsächlich befolgt hat oder befolgt. Dabei ist wichtig zu erkennen, dass Luthers Empfehlung nicht aus der Tischredentradition stammt, sondern aus seinen eigenen Predigten. Erst wenn ein Wort wie das gerade zitierte aus einer zweifelsfreien Quelle erhoben ist, kann man zur weiteren Ausschmückung auch Tischreden heranziehen, wie z. B. diese aus dem Jahr 1538, als Luther bei Tisch von Bernhard „und den Alten" sprach, also den patristischen Autoren einschließlich Bernhard.[42] In Luthers Vorstellung von den „Alten" werden Bernhard und Augustinus in der Regel zusammengeschaut, eben als Väter der Kirche.

In einer undatierten Rückbesinnung auf seine Zeit im Kloster sagte Luther, er habe viel in seiner Jugend gelesen, „weil ich ein Mönch war" und er resümierte folgendermaßen über sein Schrift- und Kirchenväterstudium: „Das siehet man auch fein an den alten Vätern, als S. Bernhardo und S. Augustino: wenn sie von Christus reden, wie lieblich ist doch alle ihre Lehre [...]."[43] Gelegentlich (wie im Jahr 1539) muss Luther seine Opponenten (und uns alle!) erinnern: „Ich habe mehr gelesen denn sie meinen."[44]

Luther hatte großes Interesse und Respekt für die Geschichtsschreiber.[45]

Für Luther war der heilige Bernhard so wichtig, dass er bei der Einteilung der Weltgeschichte in sechs Zeitalter in seiner Bemerkung vom Jahr 1540 zum allgemeinen Verbot der Priesterehe das Geburtsjahr des heiligen Bernhard einbezog: 5000 Jahre nach der Erschaffung der Welt sei die Priesterehe von Hillebrandt (= Hildebrand = Papst Gegor VII., 1073-1085)

---

[42] WA.TR 4, 38, 24 - 39, 6 (lateinisch), Nr. 3966, hier, 39, 1-3; 39, 9-28 (deutsch), hier 19-20: „Veteres bene dixerunt, ut Bernhardus, quatuor esse praedicanda: virtutes, vitia, praemia, minas". Was Luther hier sagt, setzt er auch in seiner Genesisvorlesung mit Bernhard in Verbindung. Vgl. Genesis-Vorlesung. 3. Juni 1535 - 17. November 1545, in: WA 43, 36, 2. Vgl. T. M. M. A. C. Bell, Divus Bernhardus, a.a.O., 351.

[43] WA.TR 6, 367, 13-40, Nr. 7070, hier 29-35.

[44] Von den Konziliis und Kirchen. 1539, in: WA 50, 509-653, 519, 27-28.

[45] Er preist in einer Vorrede (1538) die Geschichtsschreiber: „Die Historien schreiber [sind] die aller nuetzlichsten Leute und besten Lerer, das[s] man sie nim[m]er mehr genug kan[n] ehren, loben oder dancksagen." Dies gilt nur, wenn sie objektiv schreiben, nicht aber wenn sie wie Fuhrleute den Wein unterwegs "mit wasser felschen [fälschen]", wenn sie ihn über Land liefern. Es ist Luthers Vorwort zu Wenzeslaus Lincks deutscher Übersetzung der Historia Galeatij Capell[a]e, wie der Hertzog zu Meiland [sic], Franciscus, wider eingesetzt ist, vom 21. jar bis jnn das 30. Verdeudschet durch D. Wencelaum Linken (Wittenberg: Hans Lufft, 1538). München Digitalisationszentrum, Signatur: Regensburg, Staatliche Bibliothek 999/4Hist.pol. 1008a, http://www.mdz-nbn-resolving.de/urn/resolver.pl?urn=urn:nbn:de:bvb:12-bsb11064659-3.

zur Zeit des Kaisers Heinrich IV. (1056-1106) verboten worden. Luther fügte hinzu: „Zu dieser Zeit wurde Bernhard geboren."[46] (Andere historische Persönlichkeiten werden nicht genannt).
Im Jahr 1540 finden wir auch eine eigenartige Selbsteinschätzung Luthers. Er sieht sich in einer heilsgeschichtlichen und kirchengeschichtlichen Zusammenschau von Adam an hin bis zu seiner eigenen Zeit und vergleicht sich mit dem biblischen Propheten der Reform, Jeremia, und mit dem heiligen Bernhard, der hier zusammen mit den Kirchenvätern Augustinus und Ambrosius genannt wird, die alle etwas zur Rettung der Kirche beigetragen hätten. Bernhard habe auch etwas unternommen (sein schriftgemäßes Predigen dürfte hier gemeint gewesen sein); und nun habe Gott auch durch ihn (Luther) als einen ‚Jeremia' gehandelt: „Und so wird das Ende kommen, und damit es unverzüglich komme, betet alle: Komm, Christus, komm."[47]
Im Jahr 1524 verweigerte Luther dem disputierenden Bernhard die Anerkennung. Man könne in Bernhards Büchern sehen, wie er Übles schreibe, wenn er jemandem antworten soll (also beim Disputieren), während Bernhard, wenn er beim Predigen seinem Geist freien Lauf lasse, „predigt [er] fein, das[s] lust ist".[48] Ebenfalls im Jahr 1524 preist er Bernhard als Mann von großem Glauben und Weisheit.[49] Im Sommer oder Herbst 1533 sprach Luther sein bedingtes Lob über alle Kirchenväter aus: Sie seien „gut zum Lehren, aber im Disputieren gelten sie nicht viel". Er verehre Hiero-

---

[46] WA.TR 5, 50, 27 – 51, 4, Nr. 5300 (von Anfang Oktober 1540), hier 51, 2f.: „[...] da der Hillebrandt offentlich die weiber ehe verpott, sub Henrico quarto. Eo tempore natus est Bernhardus."

[47] WA.TR 5, 23, 27-24, 6, Nr. 5242: „Deus suam ecclesiam semper apud paucos servant per unum aliquam ut Adam, Enos, Enoch, Noah, Sem, Abraham, Mosem et in libris Iudicum Samuelem, Heliam, Esaiam, nec imminebat vastatio, postea per Danielem et Christum ante destructionem gentis, postea per Nicenam concilium et Augustinum et Ambrosium, Bernhardus aliquid fecit, et nunc per me Hieremiam. Et sich erit finis, et ut statim veniat, orate omnes: Veni, Christi, veni!" Die Tischrede kollidiert mit Luthers Spruch: "Ich sage nit, das ich einn prophrt sey [...]." Grund und Ursach aller Artikel D. M. Luthers, so durch römische Bulle unrechtlich verdammt sind. 1521, in: WA 7, 308-457, besonders 311, 15 - 313, 23, hier 313, 17.

[48] Ein Sermon von des jüdischen Reichs und der Welt Ende. 1525, in: WA 15, 741-758, 755, 24-30: „Denn der yrthum ist zeitlich angangen und sind mit andern auch darein geradten, das sie Christlich wesen bunden an eusserlich ding, und so weit hinein gefurt, das sie mit eusserlichem wandel selbs hineingetreten sind, Als man sihet ynn S. Bernardus buecher, wie er ubel schreibt, wenn er yemand antworten sol, wo er aber frey dahin aus seinem geist schreybet, so fein predigt, das lust ist."

[49] Vgl. Predigt zu 1 Kor 12, 1-23. 4. Juni 1524, in: WA 15, 602-609, 608, 26-29: „Bernhardus [...] magnam fidem habuit et cognitionem de deo, impedimento fuit larva papistica. Aliquis habet sapientiam, et non scientiam, ut hic Bernhardus, ideo non contemnendus." Vgl. F. Posset, Pater Bernhardus, a.a.O. (siehe Anm. 15), 234.

nymus und Gregor und in diesem Zusammenhang verleiht er Bernhard sogar eine Art Goldmedaille im Predigen: „Bernhardus ist gulden", wenn er lehrt und predigt.[50]

1.3. Luther will mit Bernhard weg von den Bächen zurück zu den biblischen Quellen – das Schriftprinzip, wie Luther es bei Bernhard angelegt sah

Wir verirren uns nicht nur, wie gesagt, wenn wir Bernhard primär als Mystiker angehen wollten. Das gilt auch, wenn wir Bernhard als Scholastiker betrachten würden, etwa im Gefolge des jungen Philipp Melanchthon.[51] Melanchthon tat das zu einer Zeit, als paradoxerweise Luther selbst die Überzeugung aussprach, dass Mönche wie Bernhard die besten Prediger des Wortes Gottes seien.[52] Luther sieht den heiligen Bernhard als den, dem man folgen soll, um von den Rinnsalen der späteren Autoren zur Quelle der Bibel vorzustoßen, wie er im Dezember 1519 an den Theologieprofessor Hieronymus Dungersheim (1465-1540) in Leipzig schrieb.[53] Dasselbe Schriftprinzip Bernhards verficht Luther auch zwei Jahrzehnte später (1539) in „Von den Konziliis und Kirchen":
„Von S. Bernhard ist gesagt, das[s] die Eichen und Tannen seine meister gewest sind, woelle lieber aus der Quelle trincken weder aus den Bechlin. ... [Bernhard] lesst die Bechlin fliessen und trinckt aus der Quelle."[54]

1.4. Bernhard als der geistbegabte Seelsorger

Bernhard ist für Luther ein vorbildlicher, biblisch-patristischer Theologe und Seelsorger. Das biblisch-ökumenische Potential der Seelsorge-Konzeption, welche Luther und Bernhard teilen, ist heutzutage kaum erkannt noch gar ausgeschöpft. Luther nimmt sich bereits 1520 Bernhard zum Vorbild: „Ich byn vielleycht unvorschampt ... Aber ich folge hyrynn S.

---

[50] WA.TR 1, 272, 1-10 (lateinisch), Nr. 584, hier 4; 14-23 (deutsch), hier 18.

[51] Vgl. „Bernardus vel ulli scholastici." Loci Communes, 1, 70. H. G. Pöhlmann, Loci communes 1521: Lateinsch-Deutsch, Gütersloh 1993, 47. Vgl. T. M. M. A. C. Bell, Divus Bernhardus, a.a.O. (siehe Anm. 17), 348. Vgl. F. Posset, The Real Luther, a.a.O. (siehe Anm. 17), 131-133.

[52] Vgl. In seiner Stellungnahme zu den Mönchsgelübden: De votis monasticis M. Lutheri iudicium. 1521, in: WA 8, 573-669, 648, 25-28: „[...] cum nemo possit verbum dei docere quam monachi, sicut fecit Bernhardus et similes".

[53] Vgl. WA.B 1, 601-603, Nr. 235, hier 602, 45f.: „[...] rivulos ad fontem usque sequi, quod et Bernhardus se facere gloriatur."

[54] Von den Konziliis und Kirchen. 1539, in: WA 50, 509-653, 525, 24-30.

Bernhard ynn seyem buch zu Bapst Eugenium, wilchs billich solten alle Bepst außwenig künden."[55] Luther hat dabei den Satz aus Bernhards „De consideratione" an Papst Eugen III (1145-1153) im Auge: Evangelizare, pascere est, „das Evangelium zu verkünden heisst Hirtensorge ausüben."[56] In seiner Römerbriefvorlesung von 1516 (zu Röm 15,5) behauptet Luther, er beziehe sich auf das dreifache Weiden (Seelsorge), von dem der Herr Joh 21,13-17 spricht, „wie [dies] St. Bernhard [dem Papst] Eugen mit jenem dreifachen ‚Weiden' nach dem Wort zu Petrus im letzten Kapitel des Johannesevangeliums erklärt."[57] Das dreifache ‚Seelsorgen' (Luther benutzt das heute ausgestorbene Verb hier) besteht aus Predigen (docere), Fürbitten (orare pro) und Zeugnis-Geben (facere).

Mit der dreifachen bernhardischen Weide-Konzeption bzw. Seelsorge-Konzeption zieht Luther gegen Johann Eck (1486-1543) während der Leipziger Disputation 1519 zu Feld: Die Konzeption bedeute, (1) das Wort Gottes lehren (verbum dei docere); (2) für die Schafe beten (orare pro ovibus); (3) durch gutes Beispiel anleiten (exemplo bono praeesse).[58] 1522 spricht Luther über das dreifache Weiden im Sinne von predigen, gut leben und fürbitten.[59] Im Jahr 1523 benutzt er die Triade predigen, geistlich opfern, und beten.[60] Der alte Luther wiederholt die dreifache Konzeption kurz vor seinem Tod, 1545, als predigen, züchtig leben und für alle Welt beten.[61] Luther hat das Konzept immer wieder verwendet, mit und ohne Quellenverweis auf Bernhard.[62]

Als während der Leipziger Disputation von 1519 die Diskussion über die rechte Interpretation der Heiligen Schrift und der Kirchenväter einschließlich Bernhards ausbrach, sah Luther sich zu dem Ausruf veranlasst: „Ich

---

[55] Ein Sendbrief an den Papst Leo X. 1520, in: WA 7, 3-11, 10, 30.

[56] De consieratione ad Eugenium papam, 3.6, in: BSW I, 625-827, 748 (lateinisch), 749 (deutsch).

[57] Vorlesung über den Römerbrief. 1515-1516, in: WA 56, 3-154, 137, 24-27: „Doceat, faciat, oret pro." Vgl. F. Posset, Lehrer der Seelsorge: Das ökumenische Potential der Seelsorge-Konzeption des alten Luther, in: Luther 72 (2001) 3-17. Vgl. F. Posset, Pater Bernhardus, a.a.O., 366-377.

[58] Vgl. Contra malignum Joh. Eccii iudicium super aliquot articulis a fratribus quibusdam ei suppositis M. Lutheri defensio. 1519, in: WA 2, 625-654, 635, 12-18.

[59] Vgl. Von den Tauben und Stummen Mark 7, 31-37 am zwölften Sonntag nach Pfingsten. 7. September 1522, in: WA 10 III, 304-312, 311, 4-10.

[60] Vgl. Predigt zu 1 Petr 2, in: WA 12, 301-341, 309.

[61] Vgl. Wider das Bapstum zu Rom vom Teuffel gestifft. 1545, in: WA 54, 206-299, 280, 4-15, ohne Bernhard namentlich zu nennen.

[62] In den Jahren 1516, 1519, 1522, 1523, und 1545. Vgl. F. Posset, Pater Bernhardus, a.a.O., 366-377.

verehre den divus Bernhardus."[63] Auch in einer Tischrede der dreißiger Jahre benutzte er dasselbe lateinische Verb: veneror: „Bernhard ist am aufrichtigsten; ihn verehre ich mehr als alle anderen Mönche."[64] Die damalige deutsche Wiedergabe der Tischrede übersetzte abgeschwächt und ungenau und sie vermied das Wort ‚verehren'. Sie lautet so: „Sanct Bernhard ist der frömmste Mönch gewesen, den hab ich fur [vor] allen andern Mönchen lieb."[65]

Bernhard als der vorbildliche, geistbegabte Lehrer und Seelsorger steht im Vordergrund auch bei Luthers Auslegung von Ps 130, 4 um die Zeit von 1532/1533, als Luther ihn als „schönen Lehrer" preist.[66] Auch im Jahr 1538 verweist Luther auf Bernhard, wie er die Seinen „mit grossem vleis" das Beten gelehrt habe.[67] Was Bernhard über das Beten lehre, sei vom Heiligen Geist eingegeben, stellte Luther bereits 1527/1528 kühn fest: „Diese Sentenz des Bernhard stammt vom Heiligen Geist."[68] Und nochmals: Seine Ermahnung an die Brüder stamme wahrlich vom Heiligen Geist.[69]

---

[63] Disputatio inter I. Eccium et M. Lutherum. 1519, in: WA 59, 433-605, besonders 441-445, hier 445, 411. „Respondeo: Divum Bernhardum veneror." Vgl. The One Mediator, the Saints, and Mary: Lutherans and Catholics in Dialogue VIII, hg. v. G. Anderson u.a., Minneapolis 1992, 26.

[64] WA.TR 4, 480, 10 - 481, 9 (lateinisch), Nr. 4772, hier 480, 17f.; 481, 11-34: „S. Bernhardus est sincerissimus, quem prae omnibus aliis monachis veneror." In diesem Zusammenhang unterscheidet Luther zwischen dem Bernhard der Historie und dem Bernhard aus der Legendenbildung und er kritisiert Bernhard, der wenngleich "perfectissimus monachus" ein schlechtes Beispiel gegeben habe (sed mali exempli). WA.TR 4, 480, 18-25.

[65] WA.TR 4, 481, 18f.

[66] Enarratio Psalmorum LI „Miserere mei Deus" et CXXX „De profundis clamavi" per D. M. Lutherum. 1538, in: WA 40 III, 335-376, 354, 3-5; 354, 16-24: „Pulcher doctor".

[67] Vgl. Das 16. (und 17.) Kapitel S. Johannes gepredigt und ausgelegt. 1538, in: WA 46, 1-111, 79, 15-20; 86, 34-39.

[68] Luthers Vorlesung über Jesaja. 1527/30, in: WA 31 II, 1-585, 566, 30-31: „Haec sentencia Bernhardi est ex spiritu sancto."

[69] Vgl. Luthers Vorlesung über Jesaja. 1527/30, in: WA 25, 87-401, 390, 10-17. „Vere enim ex spiritu sancto Bernhardus hoc loco de oratione monuit."

2. Worauf beruht Luthers hohe Wertschätzung des Kirchenvaters Bernhard und wann beginnt sie und dauert sie an? Der alles entscheidende Bernhardfaktor beim frühen Luther und „Luthers unveräußerte Erbschaft an der monastischen Theologie"[70]; Luthers Vorwort von 1545 und Melanchthons Vorwort von 1546

2.1. Wie und durch wen ist Luther zuerst auf den paulinischen Bernhard aufmerksam geworden?

Zur Beantwortung verlassen wir uns nicht auf die notorisch unzuverlässigen Tischgespräche, die aus viel späteren Zeiten oftmals ungenaue, verzerrte Rückblicke geben,[71] sondern auf das, was Luther seinem Freund Philipp Melanchthon im Lauf der Zeit erzählt hat, und was Melanchthon in seinen ‚Memoiren'[72] festgehalten hat. Wir befinden uns also nun auf der Suche nach dem historischen Luther im Erfurter Kloster[73] und wir wenden uns mit Melanchthon als unserem Gewährsmann dem jungen Bruder Martin zu.

Melanchthon hat seine ‚Memoiren' im Vorwort zum zweiten Band von Luthers lateinischen Schriften unter dem Datum des 1. Juni 1546 veröffentlicht, also etwa dreieinhalb Monate nach Luthers Tod am 16. Februar 1546 und neun Monate nach Luthers eigener Veröffentlichung des ersten Bandes seiner Werke (5. März 1545). Melanchthons Erinnerungen sind auch unter dem Titel „Das Leben Martin Luthers" (Historia Lutheri) bekannt.[74] Melanchthon habe nach bestem Wissen und Gewissen Bericht erstattet, um Luthers Vorwort zum ersten Band zu erläutern und zu ergänzen, in welchem das sogenannte ‚Grosse Selbstzeugnis' Luthers

[70] Ich nehme die Formulierung von R. Schwarz auf in: R. Schwarz, Kloster Amelungsborn, a.a.O. (siehe Anm. 24), 209-231.

[71] Zur Tischredenproblematik siehe H. Junghans, Die Tischreden Martin Luthers, in: ders., Spätmittelalter, Luthers Reformation, Kirche in Sachsen, hg. v. M. Bayer / G. Wartenberg, Leipzig 2001, 155-176.

[72] Ich übernehme die Bezeichnung Memoiren für Melanchthons Vorwort von 1546 von M. Mullett, Martin Luther, London – New York 2004, 22.

[73] Vgl. Teil II: Luther als Mönch – Ein Kolloquium in Amelungsborn, in: Kloster Amelungsborn, a.a.O. (mit Beiträgen u. a. von K. S. Frank, C. Burger, U. Köpf, R. Schwarz). Luther in Erfurt und die katholische Theologie, hg. v. J. Freitag, Leipzig 2001.

[74] Gedruckt von Hans Lufft in Wittenberg 1546. CR 6, hg. v. C. G. Bretschneider (Halis Saxonum: C. A. Schwetschke et Filium, 1839), 155-170 (Nr. 3478). Melanchthon deutsch, hg. v. M. Beyer / S. Rhein / G. Wartenberg, Band 2, Leipzig 1997, 169-188.

enthalten ist.[75] Beide Vorworte müssen zusammen gelesen und zusammen interpretiert werden. Man kann nicht das eine Vorwort (Luthers) bevorzugen[76] und das andere (Melanchthons) abqualifizieren. Für die anstehende Frage nach dem Bernhardfaktor halte ich Melanchthons Worte für zuverlässig, die wie gesagt, zusammen mit Luthers eigenem Vorwort zur Ausgabe seiner lateinischen Werke (Band 1)[77] zu verstehen sind und von Luthers Werken her bestätigt werden können. Melanchthon berichtet in seinem Vorwort:

„Da aber der Tod [Luthers] der Herausgabe dieses Bandes zuvorkam, wollen wir das, was wir von ihm [Luther] persönlich gehört, teils selbst erlebt haben, nach bestem Wissen glaubwürdig erzählen."[78]

Melanchthon stellt in diesem Zusammenhang fest, dass Luther damals (lateinisch tunc) den Augustinus zu lesen begann, nachdem Luther durch Bernhard mehr Licht (plus lucis) im Dunkel gesehen habe.[79] Nicht Augustinus, sondern Bernhard ist der ursprüngliche Kronzeuge für seine ‚Entdeckung'. Luther schreibt in seinem Vorwort, er habe die Bibel „fast auswendig gewusst" und „sodann auch die Erstlinge der Erkenntnis und des Glaubens Christi erlangt", nämlich „dass wir nicht durch Werke, sondern durch den Glauben an Christum gerecht und selig werden".[80] Genau diese Aussage in Luthers Vorwort erläutert Melanchthon in seinem eigenen Vorwort, indem er die Geschichte erzählt, die er selbst von Luther gehört haben muss: Ein älterer Mitbruder (Senex) im Erfurter Kloster habe ihn, Luther, auf diese Glaubenstatsache aufmerksam gemacht und zwar mit dem direkten Hinweis auf Bernhards paulinische Predigt zum Fest der Verkündigung. Melanchthon bietet keine Chronologie. Doch wird man mit dem Zeitraum 1506-1508 von Luthers Erfurter Zeit rechnen dürfen. Hierzu liefert Melanchthon den hochinteressanten Bericht:

„Wie er [Luther] erzählte, wurde er durch die Gespräche mit einem alten Mann [Senex] im Augustinerkloster zu Erfurt oft darin bestärkt. Als er ihm seine Bestürzungen enthüllte, hörte er ihn viele Gedanken über den Glauben entwickeln, und er sagte, er sei an das Glaubensbekenntnis verwiesen worden, in dem es heißt: Ich glaube die Vergebung der Sünden.

---

[75] Vgl. O. H. Pesch, ‚Nun fühlte ich mich neugeboren', a.a.O. (siehe Anm. 4), 29-31.

[76] Luthers Vorwort wird seit mehr als 150 Jahren immer wieder diskutiert.

[77] Vgl. Vorrede Luthers zum ersten Bande der Gesamtausgabe seiner lateinischen Schriften. Wittenberg 1545, in: WA 54, (176-178), 179-187.

[78] Praefatio, in: CR 6, 155-170, 155. Melanchthon deutsch 2, 170.

[79] Vgl. Praefatio, in: CR 6, 155-170, 159: „[...] plus lucis accessit. Tunc et Augustini libros legere coepit, ubi et in Psalmorum enarratione, et in libro de spiritu et litera, multas perspicuas sententias reperit, quae confirmabant hanc de fide doctrinam et consolationem.". Melanchthon deutsch 2, 174.

[80] WA 54, 179-187, 183, 27-29.

Diesen Glaubensartikel hatte jener so ausgelegt, dass man nicht im Allgemeinen glauben solle, dass irgendwelchen Menschen vergeben werde, wie auch die Dämonen glauben, dass David oder Petrus vergeben werde, sondern dass es ein Gebot Gottes sei, dass wir Menschen jeder für sich glauben, uns würden die Sünden vergeben. Er behauptete, diese Auslegung sei durch einen Ausspruch Bernhards belegt und die Stelle sei ihm [Luther] in seiner Predigt über die Verkündigung gezeigt worden."[81] (Abb. 5)

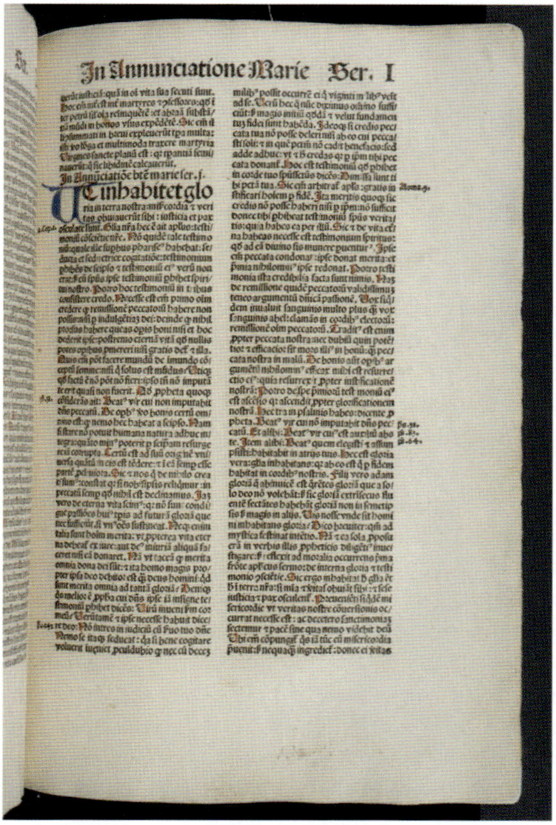
Jn Annunciatione Marie Ser. I

Abb. 5 Bernhards Erste Predigt zum Fest Mariae Verkündigung, aus: Sermones de tempore et de sanctis et de diversis, Basel: Nikolaus Keßler, 1495. Diese Baseler Bernhardausgabe war in der Erfurter Klosterbibliothek vorhanden.

[81] CR 6, 155-170, 159, Melanchthon deutsch 2, 173-174.

Melanchthon zitiert aus dieser Bernhardpredigt das, was Luther ihm zitiert hatte, mit folgenden Worten, wobei Melanchthon das entscheidende Personalpronomen mit Großbuchstaben zur Hervorhebung wiedergibt: Das Bernhardzitat lautet so:

„Aber füge hinzu, dass du auch daran glaubst, dass DIR durch ihn die Sünden erlassen werden. Dieses ist das Zeugnis, das der Heilige Geist in deinem Herzen gibt, wenn er sagt: ‚Deine Sünden sind dir vergeben' (Mt 9,5). So glaubt nämlich der Apostel, dass der Mensch durch seinen Glauben umsonst gerecht gemacht werde."[82]

Zweifellos wurde Luther von Bernhards Kommentar zu Paulus geführt, wie auch Melanchthon unmittelbar im Anschluss daran berichtet, dass Luther an Paulus „erinnert" worden sei, wie in der deutschen Melanchthonausgabe zu lesen ist:

„Luther sagte, er sei durch dieses Wort [des Bernhard, vermittelt durch den Senex] nicht nur bestärkt, sondern an die ganze Auffassung des Paulus erinnert [commonefactum] worden, der so oft das folgende Wort einschärft: ‚Wir werden durch den Glauben gerechtgemacht'."[83]

Wir kehren kurz zu Luthers Vorwort von 1545 zurück. Luther hatte in seinem eigenen Vorwort vor allem seinen theologischen, nicht chronologischen, Werdegang mitteilen wollen, dass er nämlich den Apostel Paulus recht verstehen wollte: „Dennoch klopfte ich beharrlich [ungestüm] an dieser Stelle bei Paulus an [Röm 1, 17], glühend heiss dürstend, zu erfahren, was St. Paulus wolle."[84] Hierzu erläuterte Melanchthon in seinem Vorwort, dass Luther durch den Mitbruder mit Hilfe des Hinweises auf Bernhard „über die ganze Auffassung des Paulus" Gewissheit erlangt habe. Mit andern Worten, hier im Erfurter Kloster ist die biblisch-paulinische Grundlage gelegt worden, auf der Luther ein Leben lang in allen Widerwärtigkeiten standhaft ausharren konnte. Der paulinische Bernhard hatte ihm Heilsgewissheit gegeben.

Nach Luthers Verständnis habe Augustinus den Sachverhalt nur unvollkommen erklärt, was so viel heißen mag, dass Luther schon vorher den heiligen Paulus – eben mit Bernhards Hilfe – viel besser verstanden hat. Luthers ‚Erfurter Entdeckung' des rechten Verständnisses der paulinischen Lehre ist also zuerst durch die Hilfe dessen erfolgt, der Luther im Kloster auf Bernhard aufmerksam gemacht hatte. Bei Luthers ‚Erfurter Entde-

---

[82] Melanchthon deutsch 2, 174. Vgl. auch In annuntiatione dominica, Sermo primus, in: BSW VIII, 96-129, hier 98, 22 - 100, 2.

[83] Melanchthon deutsch 2, 174. CR 6, 155-170, 159: „Hac se voce non solum confirmatum esse Lutherus dicebat, sed commonefactum etiam de tota Pauli sententia, qui toties inculcat hoc dictum: fide iustificamur."

[84] WA 54, 179-187, 186, 1-2: „Ita saeva et perturbata conscientia, pulsabam tamen importunus eo loco Paulum, ardentissime sitiens scire, quid S. Paulus vellet."

ckung' bleibt wichtig zu sehen, dass Luther, nachdem er durch Bernhard Klarheit erreicht hatte, seine neue Einsicht auch noch von Augustinus her bekräftigt haben wollte. Insofern war Augustinus doch auch für den jungen Luther nicht unwichtig.[85] Die entscheidende Einsicht bekam er aber von Bernhards Predigt. Dabei handelt es sich wohl um ein graduelles ‚Entdecken'.

Wer war es nun, der Luther von seinen Anfechtungen befreit hat? Es war ein Augustinerpater mit guten Kenntnissen der Heiligen Schrift und der Theologie des heiligen Bernhard. Melanchthon nennt seinen Namen nicht, sondern erwähnt nur den Senex. Dieser Pater war wohl der Novizenmeister und Klosterdozent Johann von Greffenstein (nachgewiesen 1447-1508). Er und auch andere Erfurter Patres waren offensichtlich von der damaligen Bernhardrenaissance[86] erfasst und geprägt. Mit Melanchthon können wir eindeutig klarstellen, dass Luther die Einsicht von Bernhards Erster Predigt zum Fest der Verkündigung erhalten hat, doch daraus aber nur die einleitenden Passagen. Leider hat aber die etablierte Lutherforschung in der Vergangenheit sich vor allem auf den Einfluss von Augustins „De spiritu et litera" konzentriert und den Einfluss aus Bernhards Predigt ungebührlich vernachlässigt.[87]

Ich favorisiere die Sicht der älteren lutherischen Lutherforscher wie Julius Theodor Köstlin (1826-1902)[88] aus dem Jahr 1903 und Carl Stange (1870-1959). Stange hat zum Bernhardjahr 1953 den Bernhardfaktor überzeugend so interpretiert: Luther ist „aus der mönchischen Selbstquälerei seines Gewissens befreit worden durch den Hinweis auf die Predigt Bernhards vom Tage der Annuntiatio".[89] Stanges antimonastische Spitze mit der „mönchischen Selbstquälerei" kann man getrost fallen lassen (was das sein soll, ist sowieso nicht klar).

---

[85] Vgl. B. Lohse, Die Bedeutung Augustins für den jungen Luther, in: Evangelium in der Geschichte, Bd. 1, Studien zu Luther und der Reformation, hg. v. L. Grane u.a., Göttingen 1988, 11-30, 27. Lohse schließt seine Studie mit der Feststellung: „Nicht die augustinische, sondern die lutherisch verstandene Schrift De spiritu et littera ist somit zum Kronzeugen der reformatorischen Erkenntnis geworden" (a.a.O. 30).

[86] Vgl. B. Hamm, Frömmigkeitstheologie am Anfang des 16. Jahrhunderts, Tübingen 1982, 193. Vgl. U. Köpf, Die Rezeptions- und Wirkungsgeschichte Bernhards von Clairvaux. Forschungsstand und Forschungsaufgaben, in: Bernhard von Clairvaux: Rezeption und Wirkung im Mittelalter und in der Neuzeit, hg. v. K. Elm, Wiesbaden 1994, 5-65, 13.

[87] Vgl. U. Köpf, Bernhard von Clairvaux im Werk Marin Luthers. Bemerkungen zur neueren Forschung, in: RoJKG 18 (1999) 225-233.

[88] Vgl. J. T. Köstlin / D. G. Kawerau, Martin Luther: sein Leben und seine Schriften, Berlin ^{5}1903, 71. Köstlin erwähnt nur „eine Predigt Bernhards", identifiziert sie aber nicht als Bernhards Erste Predigt zur Verkündigung.

[89] C. Stange, Bernhard von Clairvaux, SLA, Berlin 1953, 5.

Mit den Worten des niederländischen, katholischen Lutherforschers Theo Bell (1993) ist festzustellen:
„Die Geschichte Melanchthons will etwas über die initia Lutheri und Bernhards Rolle darin aussagen: sie erzählt von einem Durchbruch zu einem tieferen Verständnis von Paulus ... Wir sind der Meinung, dass die Gedanken Bernhards entscheidend zum reformatorischen Durchbruch beigetragen haben."[90]
Bell sagt etwas zurückhaltend, dass Bernhard für Luther „ein" Schlüssel zur Auslegung von Röm 8, 16 und damit für Röm 3, 28 war. Ich meine, man kann noch etwas zugespitzter sagen: Bernhard wurde „der" Schlüssel für Luther, und speziell die Erste Predigt Bernhards zur Verkündigung.

2.2. Die Nachwirkung der spezifischen Passage aus der Ersten Predigt zur Verkündigung in Luthers Leben und Werken

Wie stark Luther von dieser Predigt beeindruckt war, zeigen die sieben Stellen in seinen Werken, an denen er diese Predigt zitiert – mit und ohne namentliche Nennung von Bernhard:

1. Dictata: Wie Bernhard schön in einer Predigt meditiert[91] (nicht von Luther selbst veröffentlicht).
2. Am ausführlichsten in der Römerbriefvorlesung (1516): „so sagt der heilige Bernhard in der Ersten Predigt über die Annuntiation"[92] (nicht von Luther selbst veröffentlicht, doch mit dem längsten Bernhardzitat, das Luther je zitierte).
3. Hebräerbriefvorlesung (1517): wie der heilige Bernhard in einer gewissen Predigt zur Annuntiation mit dem „Thema" ‚Ut inhabitet gloria in terra nostra' [Psalm 84, 10-11, = Erste Predigt zum Fest Mariae Verkündigung] sagt,[93] wobei Luther ‚sentencialiter' zitiert, also dem Sinne nach zitiert (nicht von Luther selbst veröffentlicht).
4. In seinem im Druck der Resolutionen vom 21. August 1518 „Beweise zur Disputation über die Kraft der Ablässe" (Resolutiones disputationum de indulgentiarum virtute) wird die Bernhardpredigt ohne Namensnennung

[90] T. M. M. A. C. Bell, Divus Bernhardus, a.a.O. (siehe Anm. 17), 121.
[91] Vgl. [Erste Psalmenvorlesung:] Dictata super psalterium. 1513-1516, in: WA 3, 11-652, hier 165, 34-38. Siehe meine Revision in: F. Posset, Pater Bernhardus, a.a.O. (siehe Anm. 15), 169, mit Anmerkung 16.
[92] F. Posset, Pater Bernhardus, a.a.O., 169-171.
[93] Vgl. Vorlesung über den Römerbrief. 1515-1516, in: WA 57 III, 5-232, 169, 13-14. Vgl. F. Posset, Pater Bernhardus, a.a.O., 172.

verwendet.[94] Hier, im Sommer 1518, zitiert Luther die Passage mit dem Hinweis (ganz im Sinne Bernhards), dass man dem Zeugnis des Heiligen Geistes glauben solle, der unserem Herzen bezeugt, dass wir Kinder Gottes sind.

5. Als Luther am 14. Oktober 1518 vor dem päpstlichen Legaten Cajetan in Augsburg zu erscheinen hatte, zeigte sich, wie sehr Luther von Bernhards Theologie überzeugt war, die er seit seiner Erfurter Zeit verinnerlicht hatte. Zu seiner Verteidigung zitiert Luther nämlich ausdrücklich seine Quelle: Bernhardus sermone de annunctiatione i [primo]; veröffentlicht in den Acta Augustana, 1518.[95] Es ist das Verdienst von Erich Kleineidam (1905-2005), auf diesen Sachverhalt bereits im Jahr 1977 hingewiesen zu haben.[96] Luther hält also dem Kardinal dieselbe Stelle vor, die ihm viele Jahre vorher der Mitbruder im Erfurter Kloster vorgehalten hatte. In den schwierigen und herausfordernden Jahren vor und um 1520 hält Luther sich an dem theologischen Geländer fest, das ihm die Erfurter Brüder mit der Bibel als ihre Pflichtlektüre und mit Bernhards paulinischer Predigt auf seinen Lebensweg mitgegeben hatten. Noch weitere zweimal stützt Luther sich auf seinen Erfurter Fund.

6. In der Auslegung des Galaterbriefs, die er im September 1519 veröffentlicht, zitiert Luther wiederum die ganze Passage mit Röm 8, 16 aus der Bernhardpredigt über den persönlichen, rechtfertigenden Glauben und das Zeugnis des Heiligen Geistes, dass wir Kinder Gottes sind.[97] Darauf hatte auch schon Peter Manns (1923-1991) hingewiesen.

---

[94] Vgl. Resolutiones disputionum de indulgentiarum virtute. M. Luther 1518, in: WA 1, 525-628, 543, 23-25: „Non enim sufficit remissio peccati et gratiae donatio, Sed oportet etiam credere esse remissum, et hoc est testimonium, quod reddit spiritus dei spiritui nostro, quod sumus filii dei."

[95] Vgl. Acta Fratris M. Lutheri Augustiniani apud Legatum Apostolicum Augustae. 1518, in: WA 2, 6-26, hier 15, 35-16, 3.

[96] Vgl. E. Kleineidam, Ursprung und Gegenstand der Theologie bei Bernhard von Clairvaux und Martin Luther, in: Dienst der Vermittlung. Festschrift zum 25-jährigen Bestehen des philosophisch-theologischen Studiums im Priesterseminar Erfurt, hg. v. K. Feiereis u.a., Leipzig 1977, 221-247.

[97] Vgl. In epistolam Pauli ad Galatas M. Lutheri commentarius. 1519, in: WA 2, 443-618, 458, 20-25: „Verum id pronomen ‚nostris' ne contemptim praetereas. Nihil enim tibi profuerit credere, Christum esse pro peccatis sauctorum aliorum traditum, pro tuis autem dubitare. Nam hoc et impii et demones credunt. Verum constanti fiducia praesumendum est tibi, quod et pro tuis et unus suis illorum, pro quorum peccatis ipse traditus est. Haec fides te iustificat, Christum in te habitare, vivere et regnare faciet. Haec est testimonium spiritus, quod reddit spiritui nostro, quod sumus filii dei." Vgl. P. Manns, Zum Gespräch zwischen M. Luther und der katholischen Theologie, Begegnung zwischen patristisch-monastischer und reformatori-

7. Ungefähr zur Zeit, als man im kleinen Kreis in Wittenberg des zehnten Jahrestags der Kritik am Ablass gedenkt,[98] erklärt Luther in seiner Vorlesung zum Ersten Johannesbrief am 9. Oktober 1527, dass er keinem heiligeren Mönch mehr Aufmerksamkeit schenke als eben Bernhard, der sein Mönchsleben als ‚Perdite vixi' (ich habe verderblich gelebt) bezeichnet habe und es gebe im ganzen Bernhard keinen besseren Satz als diesen und den anderen, welchen er in der Predigt zur Annuntiation verkündet hat.[99] Diese Predigt stand im Luthertum des späteren 16. Jahrhunderts in so hoher Anerkennung, dass David Chytraeus (1530-1600) sie in einer gesonderten lateinischen Ausgabe im Jahr 1580 in Rostock herausgab, wie der Untertitel der Publikation zeigt: Sermo lectione dignißimus [sic], in festo Annunciationis Mariae.[100]
Aufgrund der Einsichten aus Bernhards Erster Predigt zur Annuntiatio ist es leicht verständlich, dass Luther sich bald auch andere Bernhardpredigten vorgenommen hat. Wir kommen nun wenigstens kurz zum Thema der Passsionspredigten, speziell zu einer Bernhardpredigt, die im Lauf der Jahrhunderte bis auf Luthers Zeit berühmt geblieben ist.

3. Die Kreuzestheologie als ein weiterer, wichtiger Bezug zwischen Luther und Bernhard, wie Luther ihr in Bernhards ‚Fasciculus myhrrae' begegnet. Es geht um Bernhards und nicht Augustins Betrachtung des Schmerzensmannes

Außer der Ersten Annuntiationspredigt sind es vor allem die Passionspredigten, die Luther favorisierte. Eine dieser Predigten Bernhards war unter dem mittelalterlichen Namen ‚Fasciculus myhrrae' berühmt geworden (Sermon 43 über Hohenlied 1,12 [fasciculus myrrae dilectus meus mihi inter ubera mea commorabitur]).[101] Bernhards Kreuzestheologie zeigt

---

scher Theologie an der Scholastik vorbei, in: Thesaurus Lutheri, hg. v. T. Mannermaa u.a., 63-154, 144-145.

[98] Vgl. WA.B 4, 274f., Nr. 1164, hier 275, 25-27.

[99] Vgl. Vorlesung über den 1. Johannesbrief. 19. August - 7. November 1527, in: WA 20, 599-801, 746, 13-18.

[100] Vgl. D. Bernardi, De Iustitia Fidei, seu gratuita Remissione pecatorum, & donatione Vitae aeternae, per fidem: & de humani generis conditione, lapsu, & Redemptione, mirando Iustitiae & Misericordiae diviniae temperamento, in arcano Divinitatis decreta: Sermo lectione dignißimus [sic], in festo Annunciationis Mariae habitus XXV. Martij, Rostock 1580.

[101] Vgl. Sermo XLIII; 43. Predigt: „Leidensnachfolge: Menschwerdung" (Hld 1,12), in: BSW VI, 97-103, hier 100f.: „Haec mea subtilior, interior philosophia, scire Iesum, et hunc crucifixum." Vgl. F. Posset, Pater Bernhardus, a.a.O., 247.

sich an fast 700 Stellen über das Kreuz Christi, die sich in seinem Gesamtwerk finden.[102]

Abb. 6 S. Bernhards Betrachtung, mit Pfeil durchbohrtem Herz als Attribut. Holzschnitt von Lukas Cranach d. Ä., ca. 1515. Das durchbohrte Herz ist ein Hinweis auf Bernhards Sermon 29.7-8 zum Hohen Lied mit dem Vers 2, 5 („Ich bin krank vor Liebe"). Reprint in Johannes Ficker, Hortulus animae, Buch und Bucheinband (Leipzig: K. W. Hiersemann, 1923) 60.

Bernhards ‚affektive Christozentrik'[103] hatte es Luther angetan.[104] In seiner ersten Psalmenvorlesung (1513-1515) wies er ausdrücklich auf Bernhard und seinen ‚fasciculus myrrhae' hin und spricht dabei von der Betrachtung des Kreuzes Christi.[105] Ferner erklärte Luther in derselben Vorlesung:

---

[102] Vgl. A. N. S. Lane, Saint Bernard: Theologian of the Cross, Kalamazoo 2013.

[103] Vgl. ebd. Vgl. F. Posset, Pater Bernhardus, a.a.O., 235-270.

[104] Martin Elze hat vor Jahren darauf aufmerksam gemacht, dass Bernhards Passionsmeditationen auf Ludolf von Sachsen, Bonaventura, Seuse, Mauburnus, Gabriel Biel und eben auch auf Luther eingewirkt haben. Vgl. M. Elze, Züge spätmittelalterlicher Frömmigkeit in Luthers Theologie, in: ZThK 62 (1965) 381-402.

[105] Vgl. [Erste Psalmenvorlesung:] Dictata super psalterium. 1513-1516, in: WA 3, 11-

„Denn nach Bernhard hat die Seele nirgends Ruhe außer in den Wunden Christi. Und der Herr selbst sagt: ‚In der Welt steht ihr unter Druck, in mir aber habt ihr Frieden',"[106] wobei Luther Joh 16, 13 paraphrasierte.

Abb. 43. Hans Brosamer, III 4.

Abb. 7 S. Bernhards betrachtung, mit Pfeil durchbohrtem Herz als Attroibut. Anonymer Holzschnitt aus der Mitte des 16. Jahrhunderts, Oberer linker Teil ist nach Albrecht Dürers Schmerzensmann stilisiert; aus Hortulus animae: Lustgertlin der Seelen (Wittenberg: Georg Rhaw, 1547).

Um die Zeit von Luthers Erster Psalmenvorlesung oder der Römerbriefvorlesung (1515-1516) produzierte Lukas Cranach (der Ältere, 1470-1553)

652, 645, 31-34: „Sicut b. bernardus de ‚fasciulo myrrhe' disserit. Et beatus, qui iugiter meditatur in illis, et compungitur et penitentiae opera facit. Talis enim est passer, qui nidificat et proliferat in cruce Christi." Vgl. F. Posset, Pater Bernhardus, a.a.O., 258.

[106] WA 3, 11-652, 640, 40-42: „Quia secundum Bernardum anima non habet requiem nisi in vulneribus Christi. Et ipse Dominus In mundo pressuram habetis, in me vero pacem."

einen Holzschnitt mit dem Titel ‚Bernhards Betrachtung' des Schmerzensmannes, als ob er Luthers Überzeugung ins Bild setzen wollte. (Abb. 6)

Abb. 8 Initialminiatur „Bernhard und Augustinus flankieren den Schmerzensmann", wahrscheinlich aus dem Elsass, Anfang 14. Jahrhundert; französische Sammelhandschrift mit Text von Pseudo-Bernhard. Mit der Initiale S(ais) beginnt der Text: Sains bernais dist que la grace nostre signour. Dieses Bild ist ein schlagender Beweis, dass auch Bernhard mit durchbohrtem Herz dargestellt wurde. Vgl auch G. Hammer, Bernhard von Clairvaux in der Buchmalerei: Darstellungen des Zisterzienserabtes in Handschriften von 1135-1630, Regensburg 2009, 310-311.

Luther selbst kam auf Bernhards Passionspredigt z. B. auch in einer Predigt vom 29. März 1521 zu sprechen: Wir sollen wie die Braut im Hohenlied sprechen: „‚Mein Herr ist wie ein Buschel Myrrhen, der mir zwischen den Brüsten hängt' [Hohelied 1, 13] und soll mir auch da zwischen den Brüsten bleiben." Luther schliesst den Gedankengang: „Dan die Mirrhen bedeuttet das leyden Christi."[107]

Da ein Holzschnitt wie der mit der Darstellung vom meditierenden Bernhard vor dem Schmerzensmann im Einflussbereich von Wittenberg manchen späteren Forschern so unglaublich erschien, sahen sich Kunsthistoriker und andere vor dreißig oder vierzig Jahren dazu veranlasst, den ursprünglichen Titel „Bernhards Betrachtung" einfach umzufunktionieren, indem sie „Augustins Betrachtung" daraus machten: „Der hl. Augustinus in Betrachtung des Schmerzensmannes", wie man in einem Cranach-Bildband von 1974 lesen kann.[108] Man war sich und ist sich auch heute kaum bewusst, dass das ikonographische Attribut des durchbohrten Herzens nicht für Augustinus allein reserviert werden kann. Es existiert nämlich in der Buchmalerei vom Anfang des 14. Jahrhunderts eine bildliche Darstellung von beiden, Augustinus und Bernhard, die den Schmerzensmann flankieren (Abb. 8). Die später vorgenommene Bildverschiebung von Bernhard auf Augustinus bezüglich des Titels für den Holzschnitt von Cranach ist also keineswegs gerechtfertigt. Sehr bewusst hat Cranach den Titel „Bernhards Betrachtung" vor dem Schmerzensmann gewählt.

Gegen Ende seines Lebens spricht Luther in der Sommerpostille (aus dem Jahr 1544, zu Lukas 5,1-11; Fischzug des Petrus) über den Auslöser und die Wirkung von Bernhards Passionsmeditation:

„Und folget doch das daraus, das[s] der Mensch, wo das leiden Christi recht in sein hertz fellet, wol von jm selb mus darin sehen und fuehlen den unertreglichen zorn Gottes uber die Suende und davon erschreckt werden, das[s] jm die Welt zu enge wird, Wie auch S. Bernhard zeuget, das[s] jm selbs geschehen sei, da er das leiden Christi recht angesehen [habe]."[109]

---

[107] De passione Domini. 21. März 1521, in: WA 9, 649-656, 649, 21-34. Dietrich Schmidtke, Fasciculus-Myrrhae-Texte in: VerLex 11 (2004) 1044.

[108] D. Koepplin, T. Falk, Lukas Cranach: Gemälde, Zeichnungen, Druckgraphik, Bd. 2, Basel – Stuttgart 1974, 60 mit Abb. 10. Siehe dazu die ausführliche Anmerkung 23 in F. Posset, Saint Bernard of Clairvaux in the Devotion, Theology, and art of the sixteenth century, in: LuthQ 11 (1997) 309-352, 345.

[109] Postille zu Luk. 5,1-11. 1528, in: WA 22, 74-92, 87, 18-25. Luther spielt auf Bernhards dritte Weihnachtspredigt an, wenn er fortfährt: „Und [Bernhard] spricht: Ah, ich meinet, ich were sicher und wueste nicht von dem urteil und zorn, der uber mich gegangen war, bis das[s] ich sahe, das[s] der einige Gottes Son fuer mich muste dahin tretten [...]." Vgl. BSW VII, 256 / 257. Vgl. F. Posset, Bernhard von

4. Konsequenzen für ein ökumenisches Lutherbild und ein Plädoyer für das Festhalten an der gewonnenen, ökumenischen Sicht von ‚Bernhard und Luther'

Man wird die gewonnene Vorstellung zu berücksichtigen haben, dass der historische Luther mit seiner Gnaden- und Kreuzestheologie und mit seiner Seelsorge-Konzeption gewissermaßen ein ‚Bernhardus Redivivus' war.[110]

Abb. 9 Ölgemälde von Paul Magar, 1986, OIKOUMENE: auf der legendären Szene des ‚Amplexus Bernardi' beruhend.

Abb. 10 Skulptur von Werner Franzen, 1986/1987 auf der legendären Szene des ‚Amplexus Bernardi' beruhend.

Luther ist durch Bernhards biblische Theologie und durch die Zentrierung auf die Heilige Schrift im Gefolge der Ordensregel der Augustiner bereits in Erfurt zum ‚evangelischen' Theologen geworden (nicht zum ‚protestantischen'). Bernhard wurde Luthers lebenslanger geistlicher und theologi-

---

Clairvauxs Sermone zur Weihnachts-, Fasten- und Osterzeit als Quellen Martin Luthers, in: LuJ 61 (1994) 93-116, hier 98.

[110] Vgl. F. Posset, Bernardus Redivivus: The Wirkungsgeschichte of a Medieval Sermon in the Reformation of the Sixteenth Century, in: Cistercian Studies Quarterly 22 (1987) 239-249.

scher Berater.[111] Jede Generation muss sich ihr eigenes Lutherbild erarbeiten, so auch die heutige. Dabei kann man nicht länger an der engen theologischen Beziehung zwischen Luther und Bernhard vorbeikommen, wie sie in zwei neueren bildlichen Darstellungen überzeugend zum Ausdruck gekommen ist.
An dieser ökumenischen Errungenschaft müssen wir festhalten. Dabei zeigt sich zugleich für manche auch ein neues Bernhardbild, auch wenn das verwendete Motiv in Anlehnung an eine ganz legendäre Szene entstanden sein mag,[112] nämlich in Anlehnung an das mittelalterliche Motiv, das man als „Amplexus Bernardi"[113] bezeichnet: Christus beugt sich vom Kreuz herab und umarmt Bernhard. Luthers Ordensbrüder in Nürnberg hatten 1487 für ihre Kirche ein entsprechendes Gemälde finanziert, das – obgleich legendär – Bernhards authentische Spiritualität treffend ausdrückt.[114]
Als Ergebnis halte man fest, dass die These wohl kaum mehr vertretbar ist, dass „vor allem Augustin für Luther nicht nur in der Frühzeit, sondern zeitlebens von erheblich größerem Gewicht gewesen [ist] als Bernhard".[115] Dem steht Luthers drastische Aussage von 1532 entgegen: Nachdem er mit Hilfe von Bernhard die paulinische Vorstellung von der Rechtfertigung entdeckt habe, sei es „mit Augustinus aus" gewesen.[116]
Es war eben der „Pater Bernhardus", der für Luther zum ‚Vater im Glauben' geworden war, mit dem es nie „aus" war. Auf Bernhards Spuren wollte Luther ursprünglich die Seelsorge innerhalb der einen Kirche erneuern. Nur von da her wird das Lob verständlich, das Luther dem heiligen Bernhard gezollt hat, als er 1524 an die Ratherren aller Städte deutschen Lands schrieb, dass sie christliche Schulen aufrichten und halten sollen:

---

[111] Vgl. F. Posset, The Elder Luther on Bernard: Part I: Martin Luther's Permanent Indebtedness to Bernard: Commemorating the 900th Birthday of Bernard of Clairvaux, in: ABenR 42 (1991) 22-52. Part II: Last Exegetical Work, ebd., 179-201.

[112] Vgl. S. Bernardi Vita Prima, 7,10, in: PL 185, 419.

[113] Vgl. hierzu und zur Verbreitung des Motivs: F. Posset, Amplexus Bernardi: The Dissemination of a Cistercian Motif in the Later Middle Ages, in: Cîteaux 54 (2003) 251-400. Der historische Bernhard hat nirgends von einem solchen Erlebnis berichtet.

[114] Das Bild ist reproduziert in: F. Posset, Pater Bernhardus, a.a.O., Abb. 13.

[115] B. Lohse, Luther und Bernhard von Clairvaux, in: Bernhard von Clairvaux. Rezeption und Wirkung im Mittelalter und in der Neuzeit, hg. v. K. Elm, Wiesbaden 1994, 271-301, 300.

[116] WA TR 1, 140, 3-15, Nr. 347. 1532, hier 3-7: „Sind ich Paulum verstanden hab, ...; da ward es aus mit yhm [Augustinus]."

„Sanct Bernhart ist eyn man von grossem geyst gewesen, das[s] ich yhn schier thuerst [tu zuerst] uber alle lerer setzen, die beruembt sind, beyde allte und newe [Lehrer]."[117]
Ich möchte mit ein paar Spitzensätzen aus Luthers Lobreden auf Bernhard zum Schluss kommen:
„Jch halt Sanct Bernhard hoeher den[n] alle muenich und Pfaffen auff erden, Jch hab seines gleichen nicht gehort und gelesen"[118] – 1525.
„Bernhard übertrifft mit seinen Predigten alle anderen Lehrer [Augustinus, Hieronymus, Hilarius, Ambrosius, Bonaventura], ja sogar auch Augustinus, weil er Christus am schönsten gepredigt hat"[119] – 1533.
„Ich ziehe Bernhard allen anderen vor: Er hatte nämlich die beste Kenntnis von religio, wie seine Schriften zeigen" – 1543-1544 (Genesisvorlesung).
Im Jahr 1543 fasst Luther in „Von den letzten Worten Davids" das Leben und Werk Bernhards fast beiläufig so zusammen: Obgleich Sankt Bernhard als ein Mönch dahergehe, sei er
„aber doch in seinem glauben ein rechter ernstlicher Christen, der nicht auff seine Kappen noch Orden wie der ander hauffe bawet, pochet und trotzet, Sondern allein auff die gnade Jhesu Christi, wie er selbs offt zeuget."[120]
Hier meint Luther sicherlich die Zeilen aus der Ersten Verkündigungspredigt:
„Aber füge hinzu, dass du auch daran glaubst, dass DIR durch ihn die Sünden erlassen werden. Dieses ist das Zeugnis, das der Heilige Geist in deinem Herzen gibt, wenn er sagt: ‚Deine Sünden sind dir vergeben' (Mt 9, 5). So glaubt nämlich der Apostel, dass der Mensch durch seinen Glauben umsonst gerecht gemacht werde."[121]
Ein Spruch aus einer Predigt Luthers von 1538 fasst alles zusammen:
„Und er [Bernhard] ist auch allein werd, das man ihnen [sic] Pater Bernhardus nenne und den man mit vleiss ansehe."[122]

---

[117] An die Ratherren aller Städte deutschen Lands, daß sie christliche Schulen aufrichten und halten sollen. 1524, in: WA 15, 27-53, 40, 30-32.
[118] Schluss der Einleitung zu 2. Mose 19,20 und 2. Mose 19,1-13. 10. September 1525, in: WA 16, 394-412, 400, 20-21.
[119] WA.TR 3, 295, 3-10, Nr. 3370b, hier 3-8: „Patres antiqui venerandi. Doctores et patres ut Augustinus, Hieronymus, Hilarius, Ambrosius, Bonaventura etc. venerandi sunt et magno honore habendi propter testimonia fidei, quod videmus in his ipsis ecclesiam primitivam credidisse in Iesum Christum. Bernhardus in suis praedicationibus excellit omnes alios doctores, vel ipsum etiam Augustinum."
[120] Von den letzten Worten Davids. 1543, in: WA 54, (16-27), 28-100, hier 16-20.
[121] Melanchthon deutsch 2, 174. Vgl. In Anuntiatione Dominica, Sermo 1, in: BSW VIII, 96-129, 98, 22-100, 2.
[122] Predigt über Joh 3,19 (siehe Anm. 1).

Luther und die Philosophie

Theodor Dieter

Das Verhältnis Luthers zur Philosophie, wie der Reformator sie verstanden hat, stellt sich sehr unterschiedlich dar, je nachdem, um welches Problemfeld es sich handelt. Um dieser Komplexität gerecht zu werden, werden in der folgenden Untersuchung sechs verschiedene Zugänge zum Thema entwickelt und analysiert.

„Ich glaube, dass ich dem Herrn den Dienst schuldig bin, heftig gegen die Philosophie zu eifern und zur Heiligen Schrift zu raten. [...] Es ist nämlich Zeit, dass wir uns anderen Studien hingeben und Jesus Christus lernen, ‚und diesen als den Gekreuzigten'."[1] Wie sieht dieser Dienst aus und wie stellt sich in ihm Luthers Verhältnis zur Philosophie dar? Das soll im Folgenden untersucht werden. Dabei will beachtet sein, dass man das Thema „Luther und die Philosophie" unterschiedlich verstehen kann. Deshalb soll zuerst geklärt werden, wonach wir eigentlich fragen, wenn wir das Thema „Luther und die Philosophie" erörtern. Man kann diese Frage wenigstens dreifach verstehen. Erstens kann sich der Blick darauf richten, ob Luther selbst in seiner Theologie einer bestimmten Philosophie folgt. „Ich gehöre zu Ockhams Partei"[2], hat Luther in einer Tischrede gesagt. In diesem Sinn kann man zum Beispiel fragen, ob sich in seinem Werk eine bestimmte Form von Nominalismus findet[3] oder aber, wie andere Stellen

---

[1] Vorlesung über den Römerbrief. 1515-1516, in: WA 56, 3-528, hier 371, 17f.26f.

[2] Adversus execrabiliem Antichristi bullam. 1520, in: WA 6, 597-612, hier 600, 11f: „Sum [...] Occanicae factionis, qui respectus contemnunt, omnia autem absoluta habent". WA.TR 2, 515, 5-516 13, Nr. 2544a, hier 516, 6-8: „Occam, magister meus, summus fuit dialecticus, sed gratiam non habuit loquendi. Hunc Parrhisii ita damnaverunt, ut in centum annis nemo audiret illum vel nominare; nunc autem totus regnat ibidem." Vgl. auch WA.TR 1, 137, 11-16, Nr. 338, hier 11f: „Occam fuit prudentissimus et doctissimus, sed defuit ei rhetorica."

[3] Vgl. G. White, Luther as Nominalist. A Study of the Logical Methods used in Martin Luther's Disputations in the Light of their Medieval Background, Helsinki 1994 (SLAG 30). – Mit Selbstaussagen wie in der vorigen Anm. zitiert muss man allerdings methodisch reflektiert umgehen. Wenn Luther sich als Ockhamist bezeichnet, spricht er immer dezidiert von der Logik. Auch wenn im System Ockhams die einzelnen Elemente untereinander zusammenhängen, folgt daraus nicht, dass jemand, der in der Logik Ockham folgt, ihm auch in allen anderen Aspekten folgen muss. So aber wird oft, vor allem von bestimmten katholischen Autoren argumentiert. Erwin Iserloh stellt etwa fest: „Luther war Nominalist" (E. Iserloh, Luthers Stellung in der theologischen Tradition, in: Wandlungen des

nahelegen, Elemente von Platonismus[4] oder womöglich sogar Neuplatonismus[5]. Zweitens kann man die Themafrage so verstehen, dass nach dem Verhältnis von Luthers Theologie zur Philosophie, so wie der Fragende Philosophie begreift, gefragt wird. In dieser Weise hat der Philosoph Erwin Metzke in einer gedankenreichen Lutherstudie mit dem Titel „Sakrament und Metaphysik" Luther philosophisch befragt, und zwar mit der Bereitschaft, „sich von Luther sagen zu lassen, was man philosophisch nicht weiß"[6]. Drittens kann man danach fragen, was Luther selbst unter „Philo-

---

Lutherbildes, hg. v. K. Forster, Würzburg 1966, 13-47, hier 16). Dann behauptet er, dass Luthers Ockhamismus wirksam geworden sei etwa „[i]n der starken Betonung der absoluten Souveränität Gottes und der von da aus bestimmten Lehre von der Akzeptation des Menschen aus freier göttlicher Wahl, die keinen Grund im Menschen hat" (ebd., 19). Schaut man in die Bibel, dann liest man etwa in Dtn 7,7: „Nicht hat euch [Israel] der Herr angenommen und euch erwählt, weil ihr größer wäret als alle Völker – denn du bist das kleinste unter allen Völkern –, sondern weil er euch geliebt hat." Der Deuteronomist brauchte nicht Ockhams Spekulationen über die Allmacht Gottes zu kennen, um zu seiner Aussage zu kommen; kann dann nicht auch Luther aus der Heiligen Schrift gelernt haben, was er zur „Akzeptation des Menschen [...], die keinen Grund im Menschen hat", zu sagen hatte? Gewisse Motivähnlichkeiten sagen nichts über Entdeckungs- und Begründungszusammenhänge eines Lehrstücks aus. Geht man diesen Zusammenhängen nach, dann erweist sich oft, dass die Ähnlichkeiten geringer sind, als sie einer äußerlichen Betrachtung erscheinen. Damit soll für Luther keine außergewöhnliche Originalität beansprucht und es sollen Zusammenhänge mit mittelalterlicher Philosophie und Theologie nicht bestritten werden; vielmehr geht es um die Rekonstruktion von Luthers Entwicklung anhand der vorliegenden Texte, und dazu eignen sich so generelle Bezeichnungen wie „Ockhamist" oder „Nominalist" in keiner Weise, zumal auch Philosophen und Theologen, die sich Ockham verpflichtet sahen, seine Gedanken auf sehr eigenständige und zum Teil eklektische Weise aufgegriffen und weitergeführt haben und heutige Autoren diese Begriffe mit höchst unterschiedlichen Inhalten verbinden. Vgl. die glänzende Einleitung von D. Perler in: Satztheorien. Texte zur Sprachphilosophie und Wissenschaftstheorie im 14. Jahrhundert. Lateinisch-Deutsch, hg., übersetzt und kommentiert von Dominik Perler, Darmstadt 1990 (TzF 57), 1-59.

4 Vgl. aus den philosophischen Thesen der Heidelberger Disputation mit ihren Probationes. 1518, in WA 59, 409-426: „Aristoteles male reprehendit ac ridet Platonicarum idearum meliorem suam philosophiam" (8. These: WA 59, 424, 5f und der Beweis: 424, 7-425, 9) und: „Imitatio numerorum in rebus ingeniose asseritur a Pythagora, sed ingeniosius participatio idearum a Platone" (9. These: WA 59, 425, 11f und der Beweis: 425, 13-426, 10).

5 Vgl. A. W. Hunzinger, Luthers Neuplatonismus in der Psalmenvorlesung von 1513-1516, Leipzig 1906.

6 E. Metzke, Sakrament und Metaphysik. Eine Lutherstudie über das Verhältnis des christlichen Denkens zum Leiblich-Materiellen, in: ders., Coincidentia oppositorum.

sophie" verstanden und wie er sein Verhältnis zu der so verstandenen Philosophie aufgefasst hat. In diesem Sinn soll im Folgenden die Fragestellung vor allem verstanden werden.
Dazu ist es freilich notwendig, eine Unterscheidung zu machen. Luther hat bekanntlich recht oft ebenso pauschal wie polemisch von der Philosophie, der Vernunft oder von Aristoteles geredet. Diese deftigen Bemerkungen werden gerne und oft zitiert; sie sind aber theologisch meist von eher geringer Bedeutung, sofern man Luther nicht als Orakel verstehen will, dessen Aussagen auch ohne Begründung gültig sind. Daneben gibt es jedoch Aussagen, in denen Luther sehr klar erkennen lässt, was er kritisiert und mit welchen Argumenten er das tut, wenn er von Vernunft, Philosophie und Aristoteles spricht. Aus diesen Argumenten soll – unter der Annahme, dass sie zielbezogen sind – der Gegenstand der Kritik Luthers wie auch gegebenenfalls sein positiver Bezug auf bestimmte philosophische Lehrstücke rekonstruiert werden. Die Reichweite seiner Kritik bestimmt sich für unsere Fragestellung nach seinen Argumenten. Als kritisiert gilt für unsere Vorgehensweise, was Luther *ausdrücklich und mit Argumenten* zum Thema macht. Das hat zur Folge, dass unser Urteil darüber durchaus von Luthers Selbstverständnis abweichen kann. Nur wenn man sich diese Differenz vor Augen hält, erscheint es nicht als Zeichen der Untreue gegenüber den Intentionen Luthers, wenn Melanchthon bereits gegen Ende der 1520er Jahre eine Vorlesung über die Nikomachische Ethik hält und 1529 einen „In Ethica Aristotelis commentarius" veröffentlicht, dem später weitere folgen werden,[7] und es wird auch verständlich, dass es ohne Widerspruch Luthers geblieben ist, wenn Melanchthon 1537 in der „Oratio de vita Aristotelis" sagt, „dass es zu einer großen Verwirrung der Lehren kommen muss, wenn Aristoteles vernachlässigt wird, der einzig und allein der Meister der Methode ist. Auf keine andere Weise kann einer an die Methode gewöhnt werden, wenn er sich nicht sorgfältig in dieser Art der aristotelischen Philosophie übt."[8] Es sollen nun sechs Zugänge zum Thema „Luther und die Philosophie", wie dieser die Philosophie verstanden hat, analysierend vorgestellt werden.

Gesammelte Studien zur Philosophiegeschichte, hg. v. K. Gründer, Witten 1961, 158-204, hier 162.

[7] Vgl. N. Kuropka, Philipp Melanchthon: Wissenschaft und Gesellschaft. Ein Gelehrter im Dienst der Kirche (1526-1532), Tübingen 2002 (SuR; NR 21 = SMHR 21), 176-183 u. 286f.

[8] Melanchthon, Rede über Aristoteles, in: Melanchthon deutsch, Bd. I, hg. v. M. Beyer / St. Rhein / G. Wartenberg, Leipzig 1997, 158-169, hier 168.

Erster Zugang: „Niemand philosophiert richtig außer dem Toren, das heißt dem Christen"

Luther hat für die „Heidelberger Disputation" nicht nur 28 theologische Thesen verfasst, sondern auch 12 philosophische. Die ersten beiden Thesen enthalten seine Anweisung zum Umgang mit der Philosophie. Während der alttestamentliche Weise sich bewusst war, dass die Furcht des Herrn der Anfang der Weisheit ist,[9] sagt Luther: „Wer ohne Gefahr für sein Seelenheil mit Aristoteles philosophieren will, muss sich vorher in Christus richtig zum Toren machen lassen"[10]. Warum diese Verwandlung der Furcht Gottes in die Torheit in Christus? Luther hat von Paulus gelernt, dass Gott die Weisheit der Welt zur Torheit gemacht hat, weil die Welt in ihrer Weisheit Gott in seiner Weisheit nicht erkannte und es Gott gefallen hat, die Glaubenden durch die Torheit der Predigt vom Kreuz zu retten (1 Kor 1, 20f). Weil die sapientia huius mundi bei Gott Torheit ist, muss der sapiens in hoc saeculo zuerst in Christus zum Toren werden, damit er in Wahrheit zum Weisen im Sinn der sapientia Dei werden kann. Im Römerbrief sagt es Paulus so: Zwar ist das Unsichtbare Gottes aus dem, was geschaffen ist, erkennbar; Menschen haben tatsächlich das Unsichtbare Gottes, seine Kraft und Gottheit, Weisheit und Gerechtigkeit erkannt; aber sie sind dennoch nicht vom Erkennen Gottes zum Anerkennen Gottes, zur Verehrung Gottes und zum Dank ihm gegenüber gekommen. Das aber macht sie zu Toren (Röm 1,19-22). Weisheit und Torheit im theologischen Sinn haben nicht nur eine Erkenntnis-, sondern auch eine Heilsdimension.
In den theologischen Thesen der „Heidelberger Disputation" nimmt Luther diese Stelle aus dem Römerbrief auf, wenn er von *theologia gloriae* und *theologia crucis* spricht. Die Erkenntnis der invisibilia Dei, also seiner virtus, sapientia, iusticia, bonitas macht nicht „würdig und weise"[11], wie Luther mit Paulus betont. Gabriel Biel, mit dessen Lehrbüchern Luther Theologie gelernt hat, argumentiert hier anders, und zwar so: „Nun erkennen wir aber die Gutheit [bonitas] Gottes in sich selbst aus ihren Wirkungen, durch die er unser Gut ist – gemäß jenem Wort aus Röm 1: ‚Das Unsichtbare Gottes wird durch das, was geschaffen ist, als Erkanntes begriffen'. Wie wir also zuerst Gott als unser Gut (bonum nostrum) erkennen und dann als Gut in sich selbst, so lieben wir Gott zuerst als unser Gut

---

[9] Vgl. Ps 110 (111),10; Spr 1,7 u. 9,10.

[10] Die philosophischen Thesen der Heidelberger Disputation mit ihren Probationes. 1518, in WA 59, 409-426, hier 409,3f: „Qui sine periculo volet in Aristotele philosophari, necesse est, ut ante bene stultificetur in Christo."

[11] Disputatio Heidelbergae habita. 1518, in: WA 1, 353-374, hier 361,35f: „Porro invisibilia Dei sunt virtus, divinitas, sapientia, iusticia, bonitas etc. haec omnia cognita non faciunt dignum nec sapientem."

– das geschieht im Akt der Hoffnung – und dann lieben wir Gott als Gut in sich selbst – das ist der Akt der caritas."[12] Biel nimmt also an, dass das Lieben dem Erkennen folgt und dass darum unsere Liebe zu Gott, in der wir Gott um unseretwillen lieben, überstiegen wird in die Liebe zu Gott um Gottes willen. Nun zeigt aber gerade die von Biel herangezogene Stelle Röm 1, dass dieser Überstieg nicht geschieht und dass darin die Unheilsgeschichte der Menschheit gründet.

Dass dieser Überschritt nicht geschieht, hat seinen Grund darin, dass der Mensch von Haus aus das Wesen ist, das in allem das Seine sucht. *In omnibus quaerere quae sua sunt* – das ist Luthers Definition der Sünde.[13] Weil das so ist, gebraucht der Mensch auch das Gute, ja das Beste, auf die schlechteste Weise[14] – ja, auch das Beste, das summum bonum, nämlich Gott. Die Sünde als das universale Aneignungsstreben, das Streben, sich alles Gute anzueignen, aber führt in eine metaphysische Aporie: Wenn ein Mensch das summum bonum um seinetwillen, um des Menschen willen liebt, dann ist das summum bonum schon nicht mehr das summum bonum; es wird ja um eines anderen willen geliebt. Luther drückt das in der berühmt gewordenen 17. These der „Disputatio contra scholasticam theologiam" so aus: „Der Mensch kann von Natur aus nicht wollen, dass Gott Gott ist, vielmehr würde er wollen, dass er Gott ist und Gott nicht Gott ist."[15] Gott aber tritt diesem menschlichen Aneignungsstreben darin entgegen, dass er dem Menschen begegnet unter dem äußersten Gegenteil des summum bonum, nämlich als der Gekreuzigte. Das summum bonum am Kreuz! Das ist der Ort, an dem das menschliche Aneignungsstreben entweder gegen diesen Gott rebelliert und ihn voller Verachtung

---

[12] Biel, Sent. III, dist. 27, qu. un., art. 3, prop. 1, N 21-25 (Collectorium circa quattuor libros Sententiarum, lib. III, hg. v. W. Werbeck / U. Hofmann, Tübingen 1979, 476): „Nunc autem bonitatem Dei in se cognoscimus ex suis effectibus, per quos est bonum nostrum secundum illud Rom. 1: ‚Invisbilia mundi [lies: Dei] per ea, quae facta sunt, intellecta, cognoscuntur.' Sicut ergo prius est cognoscere Deum ut bonum nostrum ac deinde ut bonum in se, sic prius est amare Deum ut bonum nostrum, quod est actus spei, ac deinde amare Deum ut bonum in se, quod est actus caritatis."

[13] Vgl. zur Analyse dieses Verständnisses Th. Dieter, Der junge Luther und Aristoteles. Eine historisch-systematische Untersuchung zum Verhältnis von Theologie und Philosophie, Berlin / New York 2001 (TBT 105), 80-107.

[14] WA 1, 363, 25f: „homo sine Theologia crucis optimis pessime abutitur".

[15] Disputatio contra scholasticam theologiam. Thesen für Franz Günther. 4. September 1517, in: WA 1, 224-228, hier 225,1f: „Non potest homo naturaliter velle deum esse deum, Immo vellet se esse deum et deum non esse deum." Die Martin Luther Lateinisch-Deutsche Studienausgabe, Bd. 1, hg. v. W. Härle, Leipzig 2006, hat eine etwas andere Zählung der Thesen; dort sind es die Thesen 17 und 18 (ebd., 22, 1f).

von sich weist, oder an dem es zerbricht und Gott um Gottes willen lieben lernt. Gottes Therapie für den sich in allem selbst suchenden Menschen ist das Kreuz – das Kreuz Christi und die vielen Kreuze unseres Lebens; in ihnen wird jenes Aneignungsstreben gleichsam frustriert; es läuft sich zu Tode, weil sich in den passiones das Gute zu entziehen scheint, während es doch gerade verborgen gegenwärtig wird. Es geht bei dem Thema „*theologia crucis* und *theologia gloriae*" nicht nur und nicht zuerst um zwei gegensätzliche Formen von Theologie, sondern um zwei entgegengesetzte Existenzweisen, um den *theologus crucis* oder den *theologus gloriae*. Ein Mensch, zum Toren in Christus geworden, gebrochen in seinem Aneignungsstreben, kann mit den Gütern, die ihm zuteil werden, und dem Guten, das er selbst tut, recht umgehen.

Das gilt nun auch für den Umgang mit der Philosophie, die als Erkenntnis ein bonum ist. Man kann sie missbrauchen. Man kann sich in ihr selber suchen. In dieser Hinsicht geht es nicht um eine Kritik an bestimmten Inhalten der Philosophie; Luther sagt ausdrücklich: „Nec tamen sapientia illa mala", also jene Weisheit, die das Unsichtbare Gottes zum Gegenstand hat, ist nicht schlecht, „aber der Mensch ohne theologia crucis gebraucht auch das Beste auf die schlechteste Weise."[16] Jene Weisheit wird als bonum verstanden, aber die Tätigkeit des Philosophierens ist Teil des Existenzvollzugs und unterliegt daher auch seinen Strukturen. Und diese sind eben entweder die des Sich-in-allem-Suchens des theologus gloriae oder die des in seinem Aneignungsstreben gebrochenen theologus crucis. Martin Heidegger hat sich in einer Vorlesung „Augustinus und der Neuplatonismus" im Sommersemester 1921 kurz zum Verständnis von Röm 1,19-20 („Das Unsichtbare Gottes wird seit der Erschaffung der Welt an seinen Werken durch das Denken gesehen") geäußert: „Dieser Satz kehrt in den patristischen Schriften ständig wieder, er gibt die Richtung auf den (platonischen) Aufstieg aus der sinnlichen Welt zur übersinnlichen. Er ist (oder wird aufgefasst als) die aus Paulus genommene Bestätigung des Platonismus. Aber darin liegt ein Missverständnis dieser Paulus-Stelle. Erst *Luther* hat sie zum ersten Male eigentlich verstanden. Luther hat in seinen ersten Werken ein neues Verständnis des Urchristentums eröffnet [...] Die Erkenntnisse Luthers aus seiner frühen Zeit sind entscheidend für die geistigen Zusammenhänge des Christentums mit der Kultur [...] Klar kommt Luthers Auffassung zum Ausdruck in seiner Heidelberger Disputation von 1518. Darin verteidigte er 40 Thesen, 28 theologische und 12 philosophische. Für uns wichtig sind hier die Thesen 19,21,22." Das sind

---

[16] Disputatio Heidelbergae habita. 1518, in: WA 1, 353-374, hier 363, 25f: „Non tamen sapientia illa mala nec Lex fugienda, sed homo sine Theologia crucis optimis pessime abutitur" (siehe Anm. 14).

Thesen zum Thema „theologia crucis und theologia gloriae", die in der Nachschrift von Oskar Becker wörtlich zitiert werden.[17]

Auch wenn vorher betont wurde, dass theologia crucis und theologia gloriae *Existenzformen* sind, so muss jetzt ergänzt werden, dass diesen Existenzformen *bestimmte Inhalte* der Theologie entsprechen. „[I]n Christo crucifixo est vera Theologia et cognitio Dei"[18]. Das ist die Grundformel der theologia crucis. Als den Gottesbegriff hingegen, der der Existenzweise des theologus gloriae entspricht, kann man den Gottesbegriff des Aristoteles verstehen. Über jenen Gott lesen wir in Metaphysik XII: Die Bewegung der Welt muss in diesem Gott gründen. Er aber bewegt als Geliebtes.[19] Von seinem Lebenszustand wird gesagt, dass er „der beste [ist], den wir auf kurze Zeit kennen. So nämlich geht es jenem immer (für uns freilich ist das unmöglich), da es ja eine Freude ist, was für ihn seine Tätigkeit ausmacht (und eben deshalb sind für uns Wachen, Wahrnehmen, Denken das Erfreuendste) [...] Denken aber möchte man von sich aus stets das an sich Beste, und je mehr es Denken ist, desto mehr. Nun kann sich der Geist selber denken, insofern er am Gedachten teilbekommt."[20] „Es ist also klar, dass er nur das Göttlichste und Allerwürdigste denken darf und zwar, ohne zu wechseln. Denn ein Wechsel könnte ja nur zum Geringeren führen [...] Folglich denkt er sich selbst, wenn anders er das Oberste ist, und im Grunde ist dann Denken Denken des Denkens."[21] Durch den Vergleich mit der höchsten Form des menschlichen Lebens, dem bios theoretikos[22], erscheint dieser Gott als höchste Aufgipfelung des in allem das Seine suchenden Wesens. War das aber nicht die Bestimmung des Sünders? Luther urteilt darüber: „Um sein primum ens vom Elend zu befreien, denkt Aristoteles, dass es nichts von den Dingen sieht außer sich selbst, weil er meint, es sei ihm allzu lästig, wenn es so viele Übel, so viele Ungerechtigkeiten sähe."[23] In seiner Auslegung des Magnificat stellt Luther den Gott des Aristoteles dem Gott gegenüber, den Maria preist. Von ihm sagt er mit Psalm 113: „Wo ist solch ein Gott wie der unsrige, der

---

[17] M. Heidegger, Gesamtausgabe II. Abteilung: Vorlesungen, Bd. 60: Phänomenologie des religiösen Lebens, Frankfurt/Main 1995, 281f.

[18] WA 1, 362, 18f.

[19] Vgl. Aristoteles, Met XII.7, 1072b4.

[20] Met XII.7, 1072b15-20; Übersetzung H.-G. Gadamer, in: Aristoteles, Metaphysik XII. Übersetzung und Kommentar von H.-G. Gadamer, Frankfurt am Main [2]1970 (Quellen der Philosophie 11), 33-35.

[21] Met XII.9, 1974b25-35; Übersetzung H.-G. Gadamer, a.a.O., 41-43.

[22] Vgl. Nikomachische Ethik X.6-9. 1078b21-23: „Daher wird die Tätigkeit des Gottes, die sich durch Glück vor allem auszeichnet, die theoretische sein, und von allen menschlichen Tätigkeiten wird die am glücklichsten sein, die dieser am verwandtesten ist."

[23] De servo arbitrio. 1525, in: WA 18, 600-787, hier 785, 7-9.

da sitzt am höchsten Ort und doch heruntersieht auf die Niedrigen im Himmel und auf der Erde? Denn weil er der Allerhöchste und nichts mehr über ihm ist, kann er nicht nach oben sehen – und auch nicht neben sich. Weil ihm niemand gleich ist, muss er notwendigerweise sich selbst ansehen und hinuntersehen, und je tiefer jemand unter ihm ist, desto besser sieht er ihn. Die Welt und die Augen der Menschen handeln gerade entgegengesetzt. Die sehen nur nach oben, sie wollen unbedingt oben hinaus [...] Wir erfahren täglich, dass jedermann nur nach oben strebt, zur Ehre, zur Herrschaft, zum Reichtum, zur Kunstfertigkeit, zu gutem Leben und zu allem, was groß und hoch ist [...] Umgekehrt will niemand in die Tiefe sehen, wo Armut, Schmach, Not, Jammer und Angst sind. Da wendet jedermann die Augen ab [...] Gott allein ist es vorbehalten, in die Tiefe zu sehen, er sieht die Not und den Jammer und ist allen denen nahe, die in der Tiefe sind."[24] Wie bei Aristoteles wird auch hier deutlich, wie sich Existenzweise und theologischer Inhalt entsprechen, und der Gegensatz von theologia gloriae und theologia crucis wird manifest.
Das Fazit des ersten Zugangs zum Thema „Luther und die Philosophie" lässt sich mit den Worten der zweiten philosophischen These so formulieren: „Niemand philosophiert richtig außer dem Toren, das heißt dem Christen."[25]

Zweiter Zugang: Gottesliebe und Willensfreiheit

Wie kommt Luther zu der Auffassung, dass der Mensch in allem, auch im moralisch guten Werk das Seine sucht? Mit der Tradition folgt er der Auffassung, dass sich die Erfüllung des göttlichen Gesetzes in der Gottesliebe konzentriert entsprechend der Antwort Jesu auf die Frage nach dem höchsten Gebot, das dieser im Gebot der Gottes- und Nächstenliebe sieht. Gott soll „von ganzem Herzen, von ganzer Seele, mit dem ganzen Verstand und mit aller Kraft" geliebt werden (Mk 12,30). Auch wenn Luther mit den scholastischen Theologen darin übereinstimmt, dass es in der Gesetzeserfüllung um die Gottesliebe geht, versteht er doch das biblische Gebot, Gott zu lieben, anders als jene, nämlich so, dass hier die ganzheitliche Hingabe des Menschen an Gott und seinen Willen gefordert wird. Warum sonst werden vier Dimensionen des Menschen genannt: in toto corde, in tota anima, in tota mente, ex tota virtute? Die von Gott erwartete

---

[24] Martin Luther Deutsch-Deutsche Studienausgabe, Bd. 1, hg. v. D. Korsch, Leipzig 2012, 372f (Modernisierung des Textes durch Christoph Burger).

[25] Die philosophischen Thesen der Heidelberger Disputation mit ihren Probationes. 1518, in WA 59, 409-426, hier, 409,21.

Hingabe umfasst demnach nicht nur den Willen, sondern auch die Strebungen und Affekte und Begierden des Menschen. Nun hat aber der Mensch die Ganzheit seiner Person nicht in seiner Hand; er vermag, wenn überhaupt, nur über seinen Willen zu verfügen. So konfrontiert für Luther die Forderung der Gottesliebe den Menschen mit seiner Grundsituation: Gott erwartet vom Menschen die Ganzheit seiner Person, nicht allein sein willentliches Tun; über die Ganzheit seiner Person aber vermag der Mensch nicht zu verfügen. Wenn nun aber der Mensch Gott diese Ganzhingabe verweigert, dann ist die Konsequenz, dass er sich in allem selbst sucht. Wer sonst sollte das letzte Ziel seines Lebens sein, wenn nicht er oder sie selbst?

In Röm 7,22-23 sagt Paulus: „Ich freue mich am Gesetz Gottes nach dem inneren Menschen, ich sehe aber ein anderes Gesetz in meinen Gliedern, das dem Gesetz meines Geistes widerstrebt". Luther nimmt das auf, nicht als Zeugnis eines Widerstreits zwischen Sinnlichkeit und Geist im Menschen, auch nicht als Erörterung des klassischen Themas der Willensschwäche, sondern als Zeugnis eines Konflikts zwischen dem theologisch verstandenen Fleisch, dem Streben und Wollen gegen Gott, und dem theologisch verstandenen Geist, dem auf Gott ausgerichteten Streben und Wollen des Menschen. Luther gebraucht dafür die Begriffe „voluntas" und „noluntas", die nicht ein Vermögen der Seele, sondern eine Bewegung darstellen, die entweder Gott zugewandt oder gegen Gott gerichtet ist. So kommt Luther zu der skandalösen These: Auch wenn wir moralisch Gutes tun, sündigen wir,[26] weil sich in uns nicht nur die voluntas regt, sondern immer auch eine noluntas, ein Widerwille, ein Widerstreben, eine Trägheit gegen den Willen Gottes.[27]

Nun ist es aber merkwürdig, dass wir solche Überlegungen – etwa in der Vorbereitung auf die Heidelberger Disputation – unter der Überschrift „Utrum voluntas hominis extra gratiam constituta libera sit, an potius serva et captiva?"[28] finden. Was haben jene Überlegungen mit der Wil-

---

[26] Disputatio Heidelbergae habita. 1518, in: BoA V; 394,3: „Quod iustus etiam inter bene operandum peccet".

[27] BoA V; 395,20-25: „[O]portet ex totis viribus diligere Deum, aut peccamus [...] quod non ex totis viribus diligamus, supra probata est, Quia noluntas in carne et in membris impedit hanc totalitatem, ut non tota membra seu vires diligant Deum, sed resistit interiori voluntati Deum diligenti." Das „supra probata est" verweist auf die vorangegangene Auslegung von Koh 7,21, Röm 7,19 und Ps 142(143),2 (BoA V; 394,3-395,11). Zur Rekonstruktion des Arguments vgl. Th. Dieter, Widersprüchliche Vernunft? Beobachtungen zu Luthers Umgang mit ‚der' Vernunft, in: Glaube und Vernunft. Wie vernünftig ist die Vernunft?, hg. v. R. Rausch, Hannover 2014, 73-97, hier 75-80.

[28] BoA V; 392,21f. Die Martin Luther Studienausgabe [=StA], Bd. 1, hg. v. Hans-Ulrich Delius, Berlin 1979 nimmt Luthers Antwort auf diese Frage (BoA V; 392, 24-

lensfreiheit zu tun? Luther fragt nach der Freiheit des Willensvermögens, aber „voluntas" und „noluntas" meinen Mühelosigkeit und Freude beim Tun des Guten oder umgekehrt Wider-Wollen, Mühe, Zwang, Widerstand auch beim Tun des Guten. Das ist etwas anderes als die philosophische Frage nach der Freiheit des Willens. Dass die Gottesliebe überhaupt in der Erörterung der Willensfreiheit eine Rolle spielt, hängt, wie vorher gezeigt, mit der jüdisch-christlichen Auffassung zusammen, dass die Gebote in der Liebe zu Gott erfüllt werden müssen. Aber nun zielt gerade die biblische Forderung nicht nur auf den Willen, sondern auf den ganzen Menschen, jedenfalls in der Wahrnehmung Luthers. Das freilich wird bei den scholastischen Theologen meist anders gesehen. Auch sie kennen das Gebot, Gott mit allen Kräften zu lieben. Aber die Scholastiker sagen, dass wir als Menschen nur unseren Willen in unserer Gewalt haben, nicht jedoch alle Kräfte unseres Menschseins, unsere Affekte, Strebungen usw. Weil Gott von uns nur fordern kann, was grundsätzlich in unserer Macht steht – ultra posse nemo obligatur[29] –, bedeutet das Gebot der Gottesliebe, Gott mit Akten des Willens zu lieben.[30] Für Spätscholastiker wie Gabriel Biel aber ist

394, 2) nicht zusammen mit den Darlegungen Luthers zu dem Satz „Quod iustus etiam inter bene operandum peccet" (BoA V; 394, 3-402, 39 = StA 1, 190, 1-200, 3). Die überlieferungstechnische Frage ändert aber nichts am sachlichen Zusammenhang.

[29] Vgl. WA.TR 3, 498, 14-24, Nr. 3661, hier 14-19: „De merito regula theologica. Ex puris naturalibus hominem non posse mereri gratiam, quod isto versiculo clare fatentur: Ultra posse viri Deus non vult ulla requiri. Sed impiissimi sycophantes hunc versum ad spiritualia torquere conati sunt, qui ad politica et oeconomia pertinet."

[30] Es ist höchst aufschlussreich, wie Gabriel Biel das Verständnis des Liebesgebots erörtert. Er tut das in Sent. III, dist.27, qu.un., art.1, not 5, H 1-36 (a.a.O. [siehe Anm. 12], 490f). Die verschiedenen Fassungen dieses Gebots werden so zusammengefasst, dass die Liebe durch vier Bestimmungen qualifiziert und verschiedenen Vermögen des Menschen zugeordnet wird: „ex toto corde" („voluntas, quae aliis omnibus imperat"; H 20f), „ex tota mente" („intellectus, ubi est cognitio et memoria"; H 21f), „ex tota anima" („vis sensitiva, nam vivificat, et in sensibilibus primo vita [...] apparet, unde ab anima ‚animal' dicitur"; H 22-24), und „ex tota fortitudine" („vis motiva corporalium membrorum ad opera exsequenda"; H 25f). Biel fasst das von hier aus entwickelte ganzheitliche Verständnis der Gottesliebe so zusammen: „Unde tantum valet ‚Diliges Deum ex toto corde tuo' etc. id est: Diliges Deum ex omnibus, quae in te sunt; et nihil in te sit in cogitatione, desiderio, sensu aut opere non subiectum Deo, sed omnia in eum referantur, a quo possidentur." (H 26-29) Dieses Verständnis bekräftigt Biel mit Hinweis auf Augustin (vgl. H 29-35). Umso mehr erstaunt dann, dass er Folgendes sagen kann: „Possumus autem hoc brevissime exprimere: Diligere Deum ex toto corde etc. est Deum super omnia diligere." (H 35f) Das ist deswegen unverständlich, weil „diligere" ja ein Akt des Willens ist, während zuvor mit einigem Aufwand dargelegt worden ist, dass das Liebesgebot *alle* Kräfte des Menschen umfasst.

es dem Willen ohne Hilfe der Gnade möglich, Gott über alles zu lieben, das heißt: mehr als alles andere zu wollen, dass er ist. Wollen, dass Gott Gott ist, ist Liebe zu Gott. Lieben heißt, einem anderen Gutes wollen, und was könnte man für Gott Besseres wollen, als dass er Gott ist? Es ist der höchste Akt, zu dem der Wille fähig ist. Mit einem solchen Akt wird das Gesetzt erfüllt. Diese Auffassung steht im Mittelpunkt von Luthers später so genannter Disputatio contra scholasticam theologiam (1517). Etwa zwei Drittel der hundert Thesen dieser Disputation[31] beziehen sich direkt oder indirekt auf einen kurzen Text (ein „dubium") aus Biels „Collectorium", der in der modernen Ausgabe wenig mehr als vier Druckseiten ausmacht. Das dubium trägt die Überschrift: „Kann der menschliche Wille des Pilgers Gott auf natürliche Weise über alles lieben und so das Liebesgebot erfüllen?"[32] Diese dominante Stellung des dubiums in jener programmatischen Disputation zeigt, wie wichtig die Frage von Gottesliebe und Willensfreiheit für Luther ist.

Wenn Luther sich mit einer Position wie der Biels auseinandersetzt, kann er zwischen zwei Argumentationsstrategien wählen. In einer ersten Argumentationsweise zeigt er, dass ein Akt des Willens noch nicht die Erfüllung des Gesetzes ist, wie Gott sie will, denn er will mit allen unseren Kräften geliebt werden. Luthers Einwand gegen Theologen wie Biel besagt dann also: Das, was diese für die Erfüllung des Gesetzes halten, nämlich einen Akt des Willens (natürlich verbunden mit dem dazu gehörenden äußeren Akt), ist gar nicht die Erfüllung des Gesetzes.[33] Die zweite Strategie ist komplexer. Luther nimmt die von ihm Kritisierten mit ihrem Anspruch ernst, dass sie meinen, sie könnten das Gesetz Gottes mit eigenen Kräften

---

[31] Disputatio contra scholasticam theologiam. 1517, in: WA 1, 224-228; Martin Luther Lateinisch-Deutsche Studienausgabe, Bd. 1, a.a.O. (siehe Anm. 15), 19-33.

[32] Biel, Sent. III, dist. 27, qu. un., art. 3, dub. 2 Q-R (a.a.O. [siehe Anm. 12], 503-507). Überschrift: Ebd., Q 1f.

[33] In der „Disputatio contra scholasticam theologiam" tut Luther das auf folgende Weise, indem er sich mit einem Argument Gabriel Biels auseinander setzt. Dieser argumentiert so: Der Dekalog verpflichtet nicht dazu, dass seine Gebote in der von Gott geschenkten *caritas* erfüllt werden; denn wäre das so, dann würde daraus folgen, dass jeder darin sündigt, dass er nicht tötet, nicht die Ehe bricht, nicht stiehlt. Vgl. Biel, Sent. III (siehe Anm. 12), dist.37, qu.un., art.3, dub.1 P 21-30. Luther bestreitet diese Folgerung: „Non sequitur: ‚lex debet servari et impleri in gratia dei; Ergo assidue peccat, qui extra gratiam dei est, Non occidendo, non moechando, non furando'"; Disputatio Heidelbergae habita. 1518, in: BoA V; 325,2-4 (Zitate im Zitat stammen von Biel). Die richtige Folgerung ist vielmehr die: Ohne die Gnade Gottes sündigt ein Mensch nicht darin, dass er einen anderen nicht tötet oder nicht die Ehe bricht (das wäre in der Tat widersinnig), wohl aber sündigt er, indem er das Gesetz nicht geistlich erfüllt, also nicht mit seiner ganzen Person („Sed sequitur: peccat non spiritualiter legem implendo"; BoA V; 325,5).

erfüllen, und zwar mit ihrem Willen. Luther unterstellt dabei jedoch *sein Verständnis der Gesetzeserfüllung mit allen Kräften*. In der Römerbrief-Vorlesung bricht Luthers Empörung gegen die, die den Satz vertreten: „Quod homo ex viribus suis possit Deum diligere super omnia"[34], heraus in dem Ausruf „O stulti, O Sawtheologen!"[35] Und weil die Erfahrung der Beweis für die Freiheit ist, ruft Luther denen, die meinen, Gott ohne die Gnade lieben zu können, zu: „Sie mögen wollen oder nicht-wollen, sie fühlen in sich schlechte Begierden. Hier also sage ich: Ei! Nun bitte, bemüht euch! Seid Männer! Bewirkt mit euren ganzen Kräften, dass diese Begierden nicht in euch sind! Beweist, was ihr sagt, dass Gott natürlicherweise ‚mit allen Kräften' geliebt werden kann, und das sogar ohne Gnade. Wenn ihr ohne Begierden seid, glauben wir euch. Wenn ihr aber mit und in ihnen wohnt, erfüllt ihr schon das Gesetz nicht. Das Gesetz sagt ja ‚Du sollst nicht begehren!', vielmehr: ‚Du sollst Gott lieben!'"[36] Offenbar ist *eine solche* Gesetzeserfüllung dem Menschen natürlicherweise nicht möglich. Daraus schließt Luther, dass ein Vermögen zur Gesetzeserfüllung nicht existiert. Nun ist aber für die Scholastiker das Vermögen zur Gesetzeserfüllung der Wille mit seiner Freiheit. Also gibt es die Freiheit des Willens nicht. Was Luther tatsächlich beweist, ist, dass es ein Vermögen *ex suis naturalibus* zur Gesetzeserfüllung *mit allen Kräften* nicht gibt. Das freilich haben die Scholastiker auch nicht behauptet; sie hatten ja ein anders Verständnis von Gesetzeserfüllung. Wenn man Luthers Argumentation folgt und fragt, was er mit dieser Argumentation bewiesen hat, dann ergibt sich, wie gesagt: Der Mensch hat nicht das natürliche Vermögen zu einer ungeteilten Gottesliebe. Das aber ist etwas anderes als die philosophisch verstandene Freiheit des Willens. Daraus muss man schließen, dass Luther keineswegs die Unfreiheit des menschlichen Willens bewiesen hat. Das präzise Ergebnis seiner Beweisführung hätte Luther so formulieren müssen: Auch wenn wir annehmen, dass die Menschen einen freien Willen haben, so sind die Willensakte allein keineswegs die Erfüllung des Willens Gottes, die dieser von uns erwartet. Dann würde Luther

[34] Vorlesung über den Römerbrief. 1515-1516, in: WA 56, 3-528, hier 274, 12.

[35] WA 56; 274, 14.

[36] WA 56; 275, 2-10 (Schreibweise leicht modernisiert): „Et poterant stultissimae suae huius sententiae moneri, pudere et poenitere vel ipsa saltem propria experientia, quia, velint nolint, sentiunt pravas in seipsis concupiscentias. Hic ergo dico: Hui! Nunc, quaeso, satagite! Estote viri! Ex totis viribus vestris facite, ut non sint istae concuspiscentiae in vobis. Probate, quod dicitis, ‚ex totis viribus' Deum diligi posse naturaliter, sine denique gratia. Si sine concupiscentiis estis, credimus vobis. Si autem cum et in ipsis habitatis, iam nec legem impletis. Quippe lex dicit: ‚non concupisces,' Sed ‚Deum diliges'."

die Erfüllbarkeit des Willens Gottes bestreiten, ohne die Freiheit des Willens bestreiten zu müssen oder bestreiten zu können.
Offenbar sind Differenzierungen mit Bezug auf die Freiheit des Willens nötig. Luther hat sie an anderer Stelle auch vorgenommen, etwa so: „Der Wille ist immer natürlicherweise frei, jedoch nur mit Bezug auf das, was in seiner Macht steht und unter ihm ist, während er mit Bezug auf das, was über ihm ist, in Sünden gefangen ist; so kann er das Gute im Sinn Gottes nicht wählen."[37] Der Streit geht also um das, was das Gebot der Gottesliebe fordert, und wenn das geklärt ist, kann man fragen, wie es um das Vermögen des Menschen zu solcher Gottesliebe bestellt ist. Das vielleicht überraschende Ergebnis der vorliegenden Analyse ist also, dass es sich beim Streit um die Willensfreiheit – die Freiheit zur Gottesliebe – in Wahrheit nicht, wie man oft gemeint hat, um einen theologisch-philosophischen Konflikt handelt, sondern um einen theologischen Streit um die Gottesliebe.

Dritter Zugang: Gerechtwerden – notwendige Unterscheidungen

„Wir werden nämlich nicht, wie Aristoteles meint, gerecht, indem wir Gerechtes tun, sondern indem wir sozusagen gerecht werden und gerecht sind, tun wir Gerechtes. Zuerst muss die Person verwandelt werden, dann die Werke."[38] Diese Kritik an Aristoteles hat Luther viele Male wiederholt,[39] und seine Interpreten haben sie wieder und wieder interpretierend auf ihre Weise weitergedacht.[40] Auch hier scheint sich ein tiefer Gegensatz zwischen lutherisch verstandener Theologie und Philosophie aufzutun. Tatsächlich lehrt Aristoteles genau das, was Luther sagt.[41] Aber was soll

---

[37] WA 56, 385, 19-22.

[38] Brief an Spalatin vom 19.10.1516, in: WA.B 1, 69-72, Nr. 27, hier 70, 29-31: „Non enim, ut Aristoteles putat, iusta agendo iusti efficimur, nisi simulatorie, sed iusti (ut sic dixerim) fiendo et essendo operamur iusta. Prius necesse est personam esse mutatam, deinde opera."

[39] Vgl. E. Andreatta, Lutero e Aristotele, Padua 1996, 250-260.

[40] Vgl. etwa K.-H. zur Mühlen, Reformatorische Vernunftkritik. Dargestellt am Werk M. Luthers und F. Gogartens, Tübingen 1980 (BHTh 59), 44-167.

[41] Vgl. Aristoteles, Nikomachische Ethik, II,1 (1103a28-b2; Übersetzung E. Rolfes, hg. v. G. Bien, Hamburg 1972 [PhB 5], 26f): „Wir haben [...] nicht durch oftmaliges Sehen oder oftmaliges Hören den betreffenden Sinn bekommen, sondern es ist umgekehrt dem Besitz der Gebrauch gefolgt, nicht dem Gebrauch der Besitz. Die Tugenden dagegen erlangen wir nach vorausgegangener Tätigkeit, wie dies auch bei den Künsten der Fall ist. Denn was wir tun müssen, nachdem wir es gelernt haben, das lernen wir, indem wir es tun. So wird man durch Bauen ein Baumeister und durch Zitherspielen ein Zitherspieler. Ebenso werden wir aber auch durch

daran falsch sein? Unsere ganze Erziehung beruht darauf, dass wir durch wiederholte Übung bestimmte feste Gewohnheiten erwerben, die uns die betreffenden Akte gut, leicht und mit Lust zu vollziehen erlauben. Kein Musikunterricht, kein Sporttraining, auch keine Moralerziehung ohne die Regel des Aristoteles. Allerdings gibt Luther nur die Hälfte der aristotelischen Tugendlehre wieder, nämlich die Lehre vom Erwerb der Tugend, nicht aber das, was Aristoteles über den Sinn der Tugend sagt, nämlich dass sie eine qualifizierte Ausübung bestimmter Tätigkeiten ermöglichen soll.[42] Luther geht es letztlich nur um die eine Frage: Gibt es überhaupt einen tugendhaften Akt ohne Tugend? Für Luther handelt es sich auch nicht um die Wiederholung der Akte, die dann zur Ausbildung einer bestimmten Disposition führen, sondern um die Möglichkeit, überhaupt einen tugendhaften Akt zu vollführen, solange man noch nicht im Besitz der Tugend ist. Hat der Mensch als Sünder die Möglichkeit, neu mit dem Guten und Gerechten anzufangen angesichts der Wirklichkeit seiner Sünde? Das aber ist das Thema der Freiheit, auf das wir vorher schon gestoßen sind. Luther bestreitet *für den Menschen* die ontologische Priorität der Möglichkeit vor der Wirklichkeit, während er diese *für Gott* behauptet. Freiheit – die Möglichkeit, radikal von Neuem anfangen zu können – ist Gottesprädikat.[43]

Nun sieht aber Luther selbst, dass er in der Frage des Gerechtwerdens bestimmte Unterscheidungen vornehmen muss, um das Verhältnis der theologischen Lehre zur philosophischen korrekt zu bestimmen. In der Großen Galaterbrief-Vorlesung stellt er fest: „Philosophie und Theologie sind sorgfältig zu unterscheiden. Die Philosophie weiß auch um einen guten Willen und die rechte Vernunft. Und die Sophisten – die Scholastiker – sind gezwungen zuzugeben, dass das moralisch gute Werk nicht gut ist, wenn nicht zuvor der gute Wille da ist."[44] Es ist merkwürdig, dass

---

gerechtes Handeln gerecht, durch Beobachtung der Mäßigkeit mäßig, durch Werke des Starkmuts starkmütig." II,3 (1005b9-12; ebd., 32): „Es ist also richtig gesprochen, dass man durch Handlungen der Gerechtigkeit ein gerechter und durch Handlungen der Mäßigkeit ein mäßiger Mann wird. Niemand aber, der sie nicht verrichtet, ist auch nur auf dem Weg, tugendhaft zu werden."

[42] Vgl. dazu die drei ersten Kapitel des zweiten Buches der „Nikomachischen Ethik" im Ganzen.

[43] De servo arbitrio. 1525, in: WA 18, 600-787, hier 636, 27-29: „Sequitur nunc, liberum arbitrium esse plane divinum nomen, nec ulli competere quam soli divinae maiestati."

[44] In epistolam S. Pauli ad Galatas commentarius, ex praelectione D. M. Lutheri collectus. 1535, in: WA 40 I, 15-688 u. WA 40 II, 1-184, hier WA 40 I, 410, 14-17: „Diligenter discerni debent Philosophia et Theologia. Philosophia habet etiam bonam voluntatem et rectam rationem. Et sophistae coguntur fateri opus moraliter non esse bonum, nisi adsit prius bona voluntas."

Luther meint, die Scholastiker seien gezwungen, dies zuzugeben, obwohl für sie die *bona voluntas* ja gerade Bestimmungsmoment des guten Aktes ist. Dazu müssen Scholastiker nicht gezwungen werden, das ist die Pointe ihrer Konzeption! Freilich ist mit *bona voluntas* nicht eine Eigenschaft des Willens gemeint, sondern der jeweilige Willensakt, der einer Handlung sachlich vorausgehen muss, soll diese gut genannt werden können.
Luther unterscheidet die Verhältnisse in Natur, Moral und Theologie, stellt aber in allen drei Bereichen eine gemeinsame Struktur fest: Der guten Tätigkeit muss etwas vorausgehen, das nicht von dieser hervorgebracht wird. Für die Natur gilt: Der Baum ist früher als die Frucht; nicht die Frucht macht den Baum, sondern der Baum die Frucht. Das gilt, wie Luther sagt, *substantialiter* et *naturaliter*.[45] In der von evangelischen Theologen viel geschmähten Substanzontologie wird also gerade das festgehalten, was Luther wichtig ist und das er so formuliert: „in natura Esse praecedere operari" – „in der Natur geht das Sein dem Tun voraus".[46] In der Moralphilosophie hingegen heißt „tun": einen guten Willen zu haben und die rechte Vernunft mit Bezug auf das Handeln. Dabei, sagt Luther, bleiben die Philosophen stehen. Aristoteles, der Sadduzäer und im bürgerlichen Sinn gute Mensch, spricht von rechter Vernunft und gutem Willen, wenn jemand den gemeinen Nutzen des Gemeinwesens sucht, Ruhe und Ehrbarkeit. Der Philosoph oder Gesetzgeber geht nicht darüber hinaus. Für Aristoteles ist Gott nicht *causa finalis*, letztes Ziel des menschlichen Lebens. Der Moralphilosoph denkt nicht, dass er mit der rechten Vernunft und dem guten Willen Vergebung der Sünden und das ewige Leben verdienen kann. Der heidnische Philosoph ist weit besser als der Scholastiker und Mönch, denn er vermischt nicht Göttliches mit Menschlichem; er bleibt in seinen Grenzen. Das aber tun die Scholastiker nicht; sie stellen sich vor, dass Gott ihre gute Intention und ihre Werke ansieht.[47]

---

[45] WA 40 I, 410, 19-22: „Sic et substantialiter et naturaliter arbor prior est quam fructus, Ut ipsimet fatentur et docent: in natura Esse praecedere operari et in moralibus requiri bonam voluntatem ante opus."

[46] Vgl. Thomas von Aquin, Summa theologiae III, qu.34, art.2 ad 1: „esse est prius natura quam agere". Summa contra gentiles III, cap.69: „agere sequitur ad esse in actu".

[47] WA 40 I, 410, 24-411, 23: „Quare aliud est facere in natura, aliud in Philosophia, aliud in Theologia. In natura primum oportet esse arborem, deinde fructum. In morali Philosophia facere est: habere bonam voluntatem et rectam rationem operandi; ibique consistunt Philosophi. Hinc in Theologia dicimus moralem Philosophiam non habere in obiecto et causa finali Deum, Quia Aristoteles, Sadducaeus vel homo civiliter bonus vocat hoc rectam rationem et bonam voluntatem, si quaerat communem utilitatem Reipublicae, tranquillitatem et honestatem. altius non assurgit Philosophus vel Legislator, non cogitat per rectam rationem etc. consequi remssionem peccatorum et vitam aeternam, ut Sophista aut Monachus.

Wie sich die Bestimmung des Tuns (*facere*) ändert, wenn man vom Bereich der Natur in den Bereich der Moral kommt, so ändert sich erst recht dessen Gehalt, wenn man von der Moral in die Theologie übergeht. Das Wort „tun" erhält hier eine neue Bedeutung. In der Theologie setzt Tun immer den Glauben voraus; Tun ist „aus dem Glauben kommendes Tun"[48]. Wie hingegen spätmittelalterliche Scholastiker den Überschritt von der Moral in die Theologie vorgenommen haben, kann man gut an Gabriel Biel studieren. Luther macht solchen Theologen den Vorwurf, dass ihnen zufolge ein Mensch durch gutes Wollen die Vergebung der Sünde und ewiges Leben verdienen könne (siehe oben). Nach Biel ist mit Bezug auf die absolute Macht Gottes (*potentia Dei absoluta*) ein moralisch gutes Werk des Menschen völlig bedeutungslos; Gott könnte es ebenso gut annehmen wie verwerfen. Nichts Geschaffenes, nicht einmal die geschaffene Gnade, kann Gott nötigen, es anzunehmen. Ganz anders ist das mit Bezug auf die geordnete Macht Gottes (*potentia Dei ordinata*), zu der Gott sich in Freiheit selbst bestimmt hat. Zu dieser gehört ein *pactum Dei* oder eine *ordinatio*, wonach gilt: Gott verweigert dem die Gnade nicht, der tut, was in seinen Möglichkeiten steht,[49] und das ist eben ein Akt der Gottesliebe über alles.[50] Dieser Akt ist die höchste Realisierung der menschlichen

---

Ideo Gentilis Philosophus longe melior est tali Iusticiario; manet enim intra limites suos, habens tantum rationem honestatis et tranquillitatis publicae, non miscens humanis divina. Hoc Sophista non facit; imaginatur enim Deum spectare suam bonam intentionem et opera. Ideo miscet divinis humana polluitque nomen Dei et has cogitationes plane haurit ex Philosophia morali, nisi quod ea peius abutitur quam homo Gentilis etc."

[48] WA 40 I, 411, 24-412, 21: „Itaque oportet nos altius ascendere in Theologia cum vocabulo Faciendi, ut plane novum fiat. Nam ut ex naturalibus raptum in moralia aliud fit, ita multo magis ex Philosophia et lege translatum in Theologiam aliud fit, Ut prorsus hic novam significationem habeat et requirat etiam rectam rationem et bonam voluntatem, sed theologice, non moraliter. Quae est, quod per verbum Evangelii cognosco et credo Deum misisse filium suum in mundum, ut redimeret nos a peccato et morte. Ibi facere est res nova, incognita rationi, Philosophis, Legistis et omnibus hominibus, est enim ‚sapientia in mysterio abscondita' etc. Ergo facere in Theologia necessario praerequirit ipsam fidem [...] Ergo facere in Theologia intelligitur semper de fideli facere."

[49] Biel, Sent. II, dist.27, qu.un., art.2, dub.4, O 7-10 (Collectorium circa quattuor libros Sententiarum, lib.II, hg. v. W. Werbeck / U. Hofmann, Tübingen 1984, 523): „Deus dat gratiam facienti quod in se est necessitate immutabilitatis et ex suppositione, quia disposuit dare immutabiliter gratiam facienti quod in se est [...]. Illa ergo ordinatione stante et suppositione, non potest non dare gratiam facienti quod in se est, quia tunc esset mutabilis."

[50] Biel, Sent. III, dist. 27, qu.un., art.3, dub.2, Q 61-76 (a.a.O. [siehe Anm. 12], 505f): „[...] secundum legem ordinatam cuilibet facienti quod in se est et per hoc sufficienter disposito ad gratiae susceptionem Deus infundit gratiam secundum illud

Freiheit, des natürlichen Willensvermögens des Menschen. Dass Moral für das Heil von Bedeutung wird, setzt also ein solches *pactum Dei* voraus. Biel unterscheidet zwischen der Substanz oder dem Inhalt des guten Tuns und seiner Verdienstlichkeit; das Erstere steht in des Menschen Hand, das Letztere verdankt sich der Verfügung und der Gnade Gottes.[51] Es ist die *theologische* Theorie des *pactum Dei*, die menschlich-moralischen Vollzügen eine Heilsbedeutung verleiht.

In diesem Zusammenhang ist auch das gerade von katholischen Theologen sehr oft missverstandene Wort Luthers vom „maledictum vocabulum illud ‚formatum'" zu verstehen. Es wird meist so interpretiert, als wolle Luther die innere Erneuerung durch die Form der caritas verneinen zugunsten einer „bloß" forensischen und also als äußerlich zu verstehenden Rechtfertigung. Tatsächlich ist das Gegenteil der Fall. Luthers Kritik zielt darauf, dass bei Scholastikern wie Biel die Form der caritas nichts Ent-

---

Prophetae: ‚Convertimini ad me, et ego convertar ad vos', Zach. 1[,3], et illud Jac. 4[,8]: ‚Appropinquate Deo, et appropinquabit vobis', scilicet per gratiam" (ferner: Luk 11,9, Jer 29,13f, Ps 21,27). „Sed perfectissimus modus faciendi quod in se est, quaerendi Deum, appropinquandi Deo et convertendi ad Deum est per actum amoris amicitiae, nec alia dispositio perfectior ad gratiam est homini possibilis. Nam nullo actu magis appropinquare Deo possumus quam diligendo Deum super omnia. Hic enim actus perfectissimus est omnium actuum respectu Dei viatori ex naturalibus haberi possibilium; ergo est immediata et ultima dispositio ad gratiae infusionem, nec immediatior dari potest." Diese Auffassung weist Luther in der „Disputatio contra scholasticam theologiam" als pelagianisch zurück. Vgl. Lateinisch-Deutsche Studienausgabe, Bd. 1, a.a.O. (siehe Anm. 15), 22, 18-23: „Actus amicitiae. non est perfectissimus modus faciendi quod est in se. Nec est dispositio perfectissima ad gratiam dei aut modus convertendi et appropinquandi ad Deum. Sed est actus iam perfectae conversionis. tempore et natura posterior gratia". – Es verdient Beachtung, dass Thomas von Aquin in seiner Gnadenlehre dieselben Stellen wie Biel nennt, aber betont, dass sie in der Klammer von Stellen wie Jer 31,18 („Bekehre du mich, so will ich mich bekehren, denn du, Herr, bist mein Gott") und Klgl 5,21 („Kehre uns, Herr, zu dir, dann können wir uns zu dir bekehren") zu verstehen sind. Thomas (Summa Theologiae I/II, q. 109, a. 6 ad 1) denkt also hier durchaus in Übereinstimmung mit Luther und im Gegensatz zu Biel!

[51] Sent. II, dist. 27, qu.un., art.3, dub.2, M 4-8 (a.a.O. [siehe Anm. 49], 520): „'In actu meritorio duo considerantur, scilicet illud, quod praecedit rationem meriti', puta ‚substantia actus, intensio eius et rectitudo moralis', id est, quod sit elicitus vel imperatus conformiter rationi rectae. – Secundum est ratio meriti, quae est acceptatio divina ‚in ordine ad praemium' tamquam dignum tali praemio." (Zitate im Zitat aus Duns Scotus, Sent. I, dist. 17) Während die Substanz des verdienstlichen Aktes den Willen *principalius* zur Ursache hat, verhält es sich mit der Verdienstlichkeit umgekehrt: „Verum stante divina ordinatione, qua tantum illum actum liberi arbitrii vult esse dignum praemio beatitudinis, ad quem concurrit ipsa gratia tamquam causa partialis, tunc ratio meriti principalius convenit actui ex gratia quam ex libero arbitrio seu voluntate." Ebd., M 28-31.

scheidendes zur Substanz des Aktes beiträgt und sie die Seele dieselbe sein lässt, während sie nur für die Verdienstlichkeit der Akte von Bedeutung ist; für Luther hingegen hat die Gnade gerade die Aufgabe, den Menschen aus seiner incurvatio in seipsum herauszubrechen und ihn dabei zu einem neuen Menschen zu machen. Luther betont also die verändernde Wirkung der Gnade viel stärker als die von ihm kritisierten scholastischen Theologen![52] Nach Luther braucht man die Gnade, um die Gebote ihrem Gehalt nach (secundum substantiam facti) erfüllen zu können und nicht nur, um ins ewige Leben einzugehen, was die Intention des Gesetzgebers (vgl. Mt 19,17) ist. Sonst ist die Gnade nicht eine Hilfe zur inhaltlichen Erfüllung des Gesetzes, sondern eine zusätzliche Bedingung, was die Gnade noch verhasster als das Gesetz macht.[53]

Wenn nun aber Luther betont, dass die Moralphilosophen die Grenzen ihrer Disziplin kennen, während die Scholastiker eine Grenzüberschreitung begehen, dann muss man daraus den Schluss ziehen: Es ist nicht so, wie Luther wiederholt sagt, dass Aristoteles oder die Vernunft die Theologen getäuscht oder verführt hätten; vielmehr muss man umgekehrt feststellen, dass die Theologen die Vernunft verführt und missbraucht haben. Die Kritik an der Philosophie ist an diesem Punkt in Wahrheit Selbstkritik der Theologie. Ist das so, dann muss man aber auch die Konsequenz ziehen, dass sich die Selbstkritik der Theologie nicht als Kritik der Philosophie vollziehen kann, denn der Philosophie wird ja in ihrem Bereich Recht gegeben. Nicht die aristotelische Philosophie ist hier verkehrt, sondern die von bestimmten scholastischen Theologen vorgenommene Verhältnisbestimmung, genauer: die besondere Integration bestimmter philosophischer Elemente in die Theologie. Es ist diese Verhältnisbestimmung, die der Kritik bedarf. Die angemessene Lösung dieser Aufgabe in der Perspektive von Luthers Theologie nimmt zwei Unterscheidungen in Anspruch:

---

52 Vorlesung über den Römerbrief. 1515-1516, in: WA 56, 3-528, hier 337,16-23: „Hoc est, Quod Scolastici doctores obscurissime planeque non intelligibiliter dicunt Nullum actum precepti nisi formatum charitate valere. Maledictum vocabulum illud ‚formatum', quod cogit intelligere animam esse velut eandem post et ante charitatem ac velut accedente forma in actu operari, cum sit necesse ipsam totam mortificari et aliam fieri, antequam charitatem induat et operetur. Item et distinctio de opere secundum substantiam facti et secundum intentionem legislatoris." Den letzten Satz hat Luther am Rand hinzugefügt; er war ihm offenbar wichtig.

53 Lateinisch-Deutsche Studienausgabe, Bd. 1, a.a.O. (siehe Anm. 15), 26, 26-33: „Periculosa est haec oratio. lex praecipit. quod actus praecepti fiat in gratia dei. Contra Cardinalem et Gabrielem." (These 60; Disputatio contra scholasticam theologiam) „Sequitur ex ea. quod gratiam habere. sit iam nova ultra legem exactio." (These 61) „Ex eadem sequitur quod actus praecepti possit fieri sine gratia dei." (These 62) „Item sequitur quod odiosior fiat gratia dei quam fuit lex ipsa." (These 63)

erstens die Unterscheidung zwischen Gesetz und Evangelium und zweitens die Unterscheidung zwischen dem doppelten Gebrauch des Gesetzes (usus legis): dem politischen und dem theologischen Gebrauch. Mit diesen Voraussetzungen kann sich die Theologie in ein konstruktives Verhältnis zur philosophischen Ethik setzen, ohne ihr Eigenes preiszugeben.

Vierter Zugang: Theologie und Philosophie – Unterscheidung und Konflikt

Mit dem eben Gesagten ergibt sich die Möglichkeit, die Gegenstandsbereiche von Theologie und Philosophie so gegeneinander abzugrenzen, dass die Theologie die Philosophie in ihrem Bereich anerkennt. Den Gegenstand der Philosophie sieht Luther in dem, was durch menschliche Vernunft erkannt wird, den Gegenstand der Theologie in dem, was im Glauben erfasst wird.[54] Oder: „Die Philosophie hat Sichtbares zum Gegenstand, die Theologie aber Unsichtbares."[55] Oder: Die Philosophie bezieht sich auf das, was gegenwärtig ist, die Theologie (auch) auf das, was zukünftig ist.[56] Mit Hilfe des aristotelischen Vier-Ursachen-Schemas bestimmt Luther das Verhältnis so, dass die Philosophie die Material- und Formalursache der natürlichen Dinge und auch des Menschen kennt, jedenfalls bis zu einem gewissen Grad, nicht jedoch die Wirk- und Zielursache. Die Philosophie kennt nicht den Schöpfer des Himmels und der Erde.[57] Wenn sie den Menschen als mit Vernunft begabtes Lebewesen, das Sinne und einen Leib hat, definiert, hat sie allein den sterblichen Menschen, den Menschen dieses Lebens im Blick, während die Theologie den ganzen Menschen definiert, von der Erschaffung als Ebenbild Gottes bis zum zukünftigen Leben. Mit Bezug auf den Kontext des irdischen Lebens kann und muss die Vernunft als Erfinderin der Künste und Wissenschaften als die Hauptsache und das Beste und etwas beinahe Göttliches im menschlichen Leben verstanden werden.[58]

Aber diese Unterscheidung ist nicht so friedlich, wie sie aussieht. Während die Philosophie in dieser Begrenzung einerseits positiv gesehen wird, kann Luther diese Begrenztheit aber auch, sofern es um die Bedeutung der Philosophie für die Theologie geht, kritisch gegen sie wenden: Kennt man nämlich den Schöpfer nicht, dann schreibt man der Natur oder sich selbst

---

[54] Disputatio de sententia: Verbum caro factum est (Joh. 1,14). 11. Januar 1539, in: WA 39 II, 3-33, hier 6, 26-28.

[55] WA 39 II, 15, 8f.

[56] Vorlesung über den Römerbrief. 1515-1516, in: WA 56, 3-528, hier 371, 1-16.

[57] Disputatio de homine. 14. Januar 1536, in: WA 39 I, 175-180, hier 175, 1-177, 14.

[58] WA 39 I, 175, 3-13.

Prozesse und Handlungen zu, deren Subjekt in Wahrheit Gott ist. Kennt man Gott als Zielursache nicht, dann wird man das *bonum commune* als Ziel des Lebens ansehen, was für den Kontext der Polis zutrifft, aber nicht das *letzte* Ziel des Menschen ist. Sofern die Philosophie das Andere ihrer selbst, das Thema der Theologie ist, nicht kennt, kann sie sich auch nicht selbst sachgemäß begrenzen. „Es ist ein Irrtum, dass die aristotelische Auffassung vom Glück der katholischen Lehre nicht widerspricht."[59] Aristoteles versteht Glück als Bezeichnung für das letzte Ziel des Menschen und denkt es als qualifizierte vernunftgemäße Tätigkeit um ihrer selbst willen. Ziel des Menschen ist für Aristoteles nicht Gott und die Teilhabe an ihm, sondern der Mensch selbst. Darum wird für Luther die Glückskonzeption dieser Ethik zur konzeptuellen Fassung des Sich-in-allem-selbst-Suchens des Menschen, seiner Sünde. Wie aber könnte eine solche Konzeption modellhaft für das Verständnis des Menschen sein? Auch wenn klar ist, dass die Gegenstandsbereiche von Theologie und Philosophie zu unterscheiden sind, zeigt sich, dass Unterscheidung und Zuordnung beider nicht in einer einfachen Grenzziehung vorgenommen werden können.

Luther greift wiederholt zwei Themen auf, die der Aristoteles-Rezeption im Westen seit jeher große Probleme bereitet haben: erstens die Annahme, dass Aristoteles die menschliche Seele für sterblich gehalten hat, und zweitens die Auffassung, dass die Welt ewig ist. Während die erste Annahme umstritten ist, findet sich die zweite explizit in dem aristotelischen Werk „De caelo et mundo".[60] Luther verbindet in der dritten philosophischen These der „Heidelberger Disputation" beide Themen so: „Es war leicht für Aristoteles anzunehmen, dass die Welt ewig ist, weil nach seiner Meinung die menschliche Seele sterblich ist"[61]. Dahinter steht folgender Gedanke: Wenn die Welt ewig ist und die menschlichen Seelen unsterblich sind, dann muss es eine aktuale Unendlichkeit von menschlichen Seelen geben; Aristoteles aber hat die Existenz einer aktualen Unendlichkeit bestritten und nur von einer potentiellen Unendlichkeit gesprochen.[62] 1979 hat Helmar Junghans den Text von Luthers Probationen zu den philosophischen Thesen aus einer Kamenzer Handschrift veröffent-

[59] Lateinisch-Deutsche Studienausgabe, Bd. 1, a.a.O. (siehe Anm. 15), 24, 23f.

[60] Vgl. De caelo et mundo I,12; 283b12-22. II,1; 283b26-30. Vgl. zum Folgenden Th. Dieter, Der junge Luther und Aristoteles, a.a.O. (siehe Anm. 13), 454-463.

[61] Die philosophischen Thesen der Heidelberger Disputation mit ihren Probationes. 1518, in WA 59, 409-426, hier 410, 14f: „Facile fuit Aristoteli mundum aeternum opinari, quando anima humana mortalis est eius sententia."

[62] Vgl. Physik III,6; 206a18-21. Vgl. auch WA 59, 423, 4-424, 3 und dazu Th. Dieter, Der junge Luther und Aristoteles, a.a.O. (siehe Anm. 13), 594-608.

licht.[63] Bis dahin waren nur die Probationen zu den ersten beiden philosophischen Thesen, die schon erwähnt worden sind, bekannt. Zu der eben genannten dritten These hat Luther eine sehr ausführliche Probatio verfasst, die in der Weimarer Ausgabe etwa zehn Seiten umfasst. Luther liegt offenbar viel daran zu zeigen, dass Aristoteles die menschliche Seele tatsächlich für sterblich gehalten hat. Die Zielrichtung dieses Nachweises ist klar: Welchen Gewinn soll die christliche Theologie von einer Philosophie haben, die in einer so entscheidenden Frage der christlichen Lehre diametral widerspricht? Die christliche Perspektive für die menschliche Existenz ist das ewige Leben; das Gericht am Ende der Tage wird die Wahrheit über die Menschen und über Gott endgültig enthüllen und Ort der Verantwortung für das gelebte Leben sein. Wenn eine Seelenlehre so angelegt ist, dass sie dies nicht zu denken erlaubt, wie könnte sich dann die Theologie in ihrer Lehre vom Menschen daran orientieren? Luther will in einem ersten Beweisgang mit Hilfe von aristotelischen Prinzipien zeigen, dass Aristoteles die menschliche Seele als sterblich denken muss.[64] In einem zweiten Beweisgang geht Luther auf vier aristotelische Texte ein, vor allem auf das fünfte Kapitel des dritten Buches „De anima", in dem Aristoteles über den Intellekt spricht.[65] Dieses Kapitel gilt allgemein als das am schwierigsten zu interpretierende Kapitel des aristotelischen Werkes. Und Luther kommentiert ausgerechnet diesen Text Satz für Satz, wie er das sonst mit Bibeltexten tut! Das ist faszinierend zu sehen. Analysiert man seine Interpretation vor dem Hintergrund dessen, was seine Lehrer Jodocus Trutvetter und Bartholomäus von Usingen gelehrt haben, dann zeugt seine Kommentierung von Kenntnis und Scharfsinn in der Argumentation; nach meinem Urteil hat er aber auch den einen oder anderen Interpretationsfehler gemacht; um trotzdem einen einigermaßen plausiblen Sinn zu erhalten, musste er zum Teil zu spitzfindigen Deutungen Zuflucht nehmen. Seine Interpretation kommt zu dem Ergebnis, dass Aristoteles die menschliche Seele tatsächlich als sterblich angesehen hat oder dass er sich im besten Fall doppeldeutig darüber geäußert hat. Zwei Jahre später wird Luther in der Adelsschrift sagen: „Lehret doch der elende Mensch [nämlich Aristoteles] in seinem besten Buch De anima, dass die Seele sterblich sei mit dem Körper"[66]. Er zieht daraus die Konsequenz, dass

---

[63] H. Junghans, Die probationes zu den philosophischen Thesen der Heidelberger Disputation Luthers im Jahre 1518, in: LuJ 46 (1979) 10-59; jetzt: WA 59, 409-426.

[64] WA 59, 412, 1-414, 5. Vgl. dazu Th. Dieter, Der junge Luther und Aristoteles, a.a.O. (siehe Anm. 13), 489-511.

[65] WA 59, 414, 6-420, 3. Vgl. dazu Th. Dieter, Der junge Luther und Aristoteles, a.a.O., 511-563.

[66] An den christlichen Adel deutscher Nation von des christlichen Standes Besserung. 1520, in: WA 6, 404-469, hier 458, 7f.

die Universitäten „einer guten, starken Reformation“[67] bedürfen. Dabei sollen neben „De anima“ die aristotelischen Bücher „Physik“, „Metaphysik“ und „Nikomachische Ethik“ aus dem Kanon der in der Artes-Fakultät zu behandelnden Bücher ausgeschieden werden.[68]

Die Beschränkung der Philosophie auf die causa materialis und causa formalis des Menschen reicht nicht aus, um das Verhältnis von Philosophie und Theologie zureichend zu bestimmen. Was die Philosophie aus ihrem Eigenen zum Menschen zu sagen hat, muss in einen Dialog gebracht werden mit dem, was die Theologie zu sagen hat; im Dialog nur können Unterscheidung und Zuordnung sachgemäß vorgenommen werden.

In den weiteren philosophischen Thesen, die Luther in Heidelberg vorgelegt hat, geht es um die aristotelische Unterscheidung von materia und forma und ihren Erklärungswert für natürliche Dinge.[69] In der Durchführung zeigt sich, dass Luther der Aristoteleskommentierung von Wilhelm von Ockham und seinen Erfurter Lehrern folgt, also durchaus in den Bahnen einer bestimmten Schule denkt und die Interpretation nicht frisch durch Lektüre der Aristoteles-Texte gewonnen hat, auch wenn er die neueste Übersetzung, die des Humanisten Johannes Argyropoulos benutzt.[70] Er will, reichlich kühn, zeigen, dass die Unterscheidung von materia und forma kollabiert und darum zur Erklärung dessen, was sie erklären soll, nichts beiträgt. In der Folge zieht Luther die Ideenlehre Platons und die Zahlenlehre des Pythagoras der Philosophie des Aristoteles, die „im Bodensatz der körperlichen und sinnlichen Dinge kriecht“[71], vor.

Fünfter Zugang: Alternativmodell zur aristotelischen Begrifflichkeit

Immer wieder sagt Luther, dass der modus loquendi des Apostels ein anderer sei als der des Aristoteles. Hier hat die Zurückweisung der Philosophie den Sinn, die theologischen Sachverhalte, wie sie sich aus den biblischen Texten mit ihrer besonderen Sprache erschließen lassen, nicht durch philosophische Begriffe von ganz anderem Ursprung zu verdunkeln.

---

[67] WA 6, 457, 28f.

[68] WA 6, 457, 35-458, 2.

[69] WA 59, 420,4-426,19 (Thesen 4-12 und ihre Probationen). Vgl. Th. Dieter, Der junge Luther und Aristoteles, a.a.O. (siehe Anm. 13), 564-627.

[70] Vgl. WA 59, 408.

[71] WA 59, 425, 7-9: „Et sic patet, quod philosophia Aristotelis reptat in faecibus rerum corporalium et sensibilium, ubi Plato versatur in rebus separatis et spiritualibus.“

In seiner Predigt vom 27. Dezember 1514 erwähnt er eine scholastische Lehrmeinung, die ihn selbst an den Rand der Verzweiflung über Gott gebracht habe. Es geht um das Austreiben der Sünde und das Eingießen der Gnade *in einem Augenblick*, und zwar so, dass die *ganze* Sünde ausgetrieben und die *ganze* Gnade eingegossen wird. Wenn nun aber ein Mensch trotz der Gnade die *reliquiae peccati* in sich wahrnimmt, was soll er dann denken und tun, sofern es für ihn nur die Alternative von Sündersein und Gerechtersein gibt?[72] Dann nämlich muss ihn diese Selbsterfahrung seiner Gnadenlosigkeit überführen. Damit verbunden ist nach Luther, dass die scholastischen Doktoren der moralischen Denkweise des Aristoteles gefolgt sind und die Akte des Menschen als den Ort von Sünde und Gerechtigkeit ansehen. Die Kirchenväter Augustinus und Ambrosius haben jedoch ganz anders über Sünde und Gnade gesprochen, und zwar auf die Weise, dass in der Taufe die Begierde nicht so aufgehoben wird, dass sie nicht mehr existierte, sondern dass sie nicht mehr als Sünde angerechnet wird.[73] Damit steht der frühe Luther vor der schwierigen Aufgabe, dass er die folgenden zwei Fragen beantworten muss: (1) Wenn Sündersein und Gerechtersein einander kontradiktorisch gegenüberstehen, wie ist dann zu denken, dass ein Mensch gleichwohl unter beiden Bestimmungen stehen

---

[72] Predigt vom 27.12.1514 über Sir 15,1, in: WA 1, 37-43, hier 43, 5-12: „Ego autem optimos Theologos conferens de instantanea infusione gratiae et expulsione peccati intellexi dicta, scilicet quia totum peccatum simul prorsus expelleretur totaque simul gratia infunderetur, ut etiam nonnulli Metaphysicantes potius quam Theologizantes dicunt, gratiam secundum essentiam suam totam infundi: nihil de sensu disputo, Verba sunt pessime sonantia. Sic enim sapere, hoc quid est aliud quam desperationem incurrere et infelicem conscientiam inquietare? Sic enim et ego prope de Deo et quicquid ipse est et habet desperavi." Vgl. dazu sehr erhellend J. Wicks, Living and Praying as Simul Iustus et Peccator: A Chapter in Luther's Spiritual Teaching, in: ders., Luther's Reform. Studies on Conversion and the Church, Mainz 1992 (VIEG 35), 59-83.

[73] Vorlesung über den Römerbrief. 1515-1516, in: WA 56, 3-528, hier 273, 3-274, 5: „Que cum ita sint, Aut ego nunquam intellexi, aut non bene satis de peccato et gratia theologi scolastici sunt locuti, Qui Originale totum aufferri somniant sicut et actuale, quasi sint quedam amouibilia in ictu oculi, sicut tenebre per lucem, Cum Antiqui sancti patres Augustinus, Amrosius multum aliter sint locuti ad modum Scripture, illi autem ad modum Aristotelis in ethicorum, Qui peccata et Iustitiam collocauit in opera et eorum positionem et priuationem similiter. Sed b. Augustinus preaclarissime dixit ‚peccatum concupiscentiam in baptismate remitti, non vt non sit, sed vt non imputetur'. Et b. Ambrosius ait: ‚Semper pecco, ideo semper communico'. Et ex hoc ego stultus non potui intelligere, quomodo me peccatorem similem ceteris deberem reputare et ita nemini me preferre, cum essem contritus et confessus; tunc enim omnia ablata putabam et euacuata, etiam intrinsece." Zitat von Augustinus: De nuptiis et concupiscentia I, 26, 28 (PL 44, 430) und Ambrosius: De sacramentis de mysteriis IV, 6, 28 (PL 16, 446).

kann? Das kann mit der traditionellen Konzeption der Gnade als qualitas animae nicht begriffen werden. (2) Die Scholastik hat die Frage nach der Dauer des Seins in der Gnade mit dem Verweis darauf, dass die Gnade eine forma oder qualitas in der Seele sei, beantwortet, die die theologischen Tugenden als habitus mit sich bringe. Wie aber kann Luther die Dauer des Seins in gratia denken, wenn er dabei nicht auf die Begriffe „forma", „qualitas" und „habitus" zurückgreifen kann? Luther wird beide Fragen beantworten, indem er Phänomen und Begriff der Bewegung zu Hilfe nimmt. Dabei überlagert er die instantane Bewegung vom Sündersein zum Gerechtersein und die graduelle Bewegung des Wachsens in der Gnade und zieht dabei in kreativer Weise das Ockhamsche Bewegungsverständnis heran.[74] In diesem Zusammenhang zitiert Luther auch das alte Diktum: „proficere est semper a novo incipere"[75]. Lutherforscher haben das oft so verstanden, dass Luther hier einem Heiligungsdenken eine definitive Absage erteile.[76] Luther verstehe den Christen als einen Sisyphus, der den Stein den Felsen hinaufrollt und dann doch sehen muss, dass dieser wieder nach unten rollt und er erneut an der gleichen Stelle anzufangen hat. Es gebe kein Fortschreiten in der Heiligung. Aber Luther will genau das Gegenteil sagen. Die Formel ist geradezu eine Bewegungsdefinition: Fortschreiten heißt, nicht an der Stelle, die man erreicht hat, stehenzubleiben, sondern von hier aus weiterzugehen. Es gibt ein Weiterkommen in der Heiligung, aber an jedem Punkt des Weges ist der Glaubende zugleich Sünder, weil er Gott nicht mit vollkommener Liebe zu lieben vermag. Deshalb versteht Luther das Wachsen zugleich als immer neuen Übergang vom Sündersein zum Gerechtersein. Würde der Glaubende stehenbleiben, dann würde er einen Zustand zum vollkommenen Ziel erklären, obwohl dieser das gerade nicht ist. Damit wäre er nicht mehr Gerechter und Sünder, sondern nur noch Sünder. Der frühe Luther will also zum Weitergehen in der Rechtfertigung, die immer ganz ist und doch wachsen kann, mahnen.

Die Auffassung des frühen Luther, dass die Dauer des Seins des Gerechten als Bewegung zu verstehen ist, spielt übrigens eine etwas heitere Rolle in einem Schlagabtausch zwischen Prierias und Luther. Prierias hatte gegen Luthers erste Ablassthese, dass das ganze Leben des Christen Buß*etun* sei, eingewandt, dass Jesus das nicht gemeint haben könne, wenn er sagte

---

[74] Vgl. zu den Einzelheiten Th. Dieter, Der junge Luther und Aristoteles, a.a.O. (siehe Anm. 13), 302-346.

[75] Dicta super psalterium. 1513-1516, in: WA 3, 11-652 u. WA 4, 1-462, hier WA 4, 350, 14f: „Et, ut sepe dictum est, proficere est nihil aliud, nisi smeper a novo incipere".

[76] Vgl. W. Joest, Gesetz und Freiheit. Das Problem des tertius usus legis bei Luther und die neutestamentliche Parainese, Göttingen [4]1968, 62.

„poenitentiam *agite*", denn man könne ja nicht ständig Akte der Buße vollbringen.[77] Prierias denkt wie selbstverständlich in der Unterscheidung von habitus und actus, wonach nur dem habitus Dauer zukommen kann. Akte könne man nicht dauernd vollziehen, man müsse ja auch schlafen. Luther weiß natürlich, dass der Hinweis aus Aristoteles stammt, demzufolge während der Hälfte des Lebens kein Unterschied zwischen einem Unglücklichen und einem Glücklichen bestehe.[78] Luther verweist gegen Prierias auf das griechische Wort „metanoeite" in der Aufforderung Jesu; dieses Wort bezeichne die Bewegung der renovatio. Das theologisch zu denkende Phänomen nötigt also zu einer ontologischen Besinnung, weil die gewohnte Unterscheidung zwischen habitus und actus nicht geeignet ist, den gemeinten Sachverhalt begrifflich zureichend zu fassen. Die Konzeption der Bewegung schließt einen Aktualismus aus; sie denkt Dauer, ohne das, was in Bewegung ist, in einfacher Selbigkeit festzuhalten. Man stößt bei Luther auf Schritt und Tritt auf Phänomenbeschreibungen, die sich nicht mit der Unterscheidung von Akt und Habitus erfassen lassen, etwa wenn er später in der Vorrede zum Römerbrief über den Glauben schreibt: „O es ist ein lebendig, schefftig, thettig, mechtig ding umb den glauben, das unmüglich ist, das er nicht on unterlas solte guts wircken. Er fraget auch nicht, ob gute werck zu thun sind, sondern ehe man fraget, hat er sie gethan, und ist jmer im thun."[79] Dieses „ohne Unterlass wirken" oder das „immer im Tun" wird später von Luther allerdings nicht mehr ontologisch so reflektiert, wie sich das eben beim frühen Luther gezeigt hat.

Sechster Zugang: Logik in der Theologie

Andere Arten des Verhältnisses von Theologie und Philosophie ergeben sich, wenn es um die Anwendung der Logik auf theologische Sachverhalte geht, vor allem in der Christologie (Jesus Christus: eine Person, zwei

---

[77] Luther zitiert Prierias so: „Primam [falsitatem – Luthers nach der Meinung des Prierias], ‚quod salvator impossibile iusserit, scilicet fideles omni tempore habere actum poenitentiae, interioris vel exterioris. Cum enim dicat: Agite, non loquitur de habituali interiore poenitentia, quae sola perpetua est, et consequenter loquitur de actuali interiori vel exteriori. Agere enim vel actus vel non sine actu est.'" Ad dialogum Silvestri Prieriatis de potestate papae responsio. 1518, in: WA 1, 647-686, hier 648, 13-17.

[78] Vgl. WA 1, 652, 18-21; Aristoteles, Nikomachische Ethik, 1,13; 1102b5-8. I,9; 1098b33-1099a3.

[79] Aus der Bibel 1546. Vorrede auf die Epistel S. Pauli an die Römer, in WA.DB 7, 2-27, hier 11, 9-12.

Naturen), bei den Gabeworten des Herrenmahls (»Das ist mein Leib«), in der Trinitätslehre. In letzterer ergeben sich aus material richtigen Prämissen („Dieser Gott ist der Vater", „Der Sohn ist dieser Gott") in einer formal korrekten Schlussfolgerung material falsche Sätze („Der Sohn ist der Vater"). Luther verwirft die zahlreichen anspruchsvollen Bemühungen, die logischen Anforderungen an Schlussfolgerungen zu verschärfen, um diese Infragestellung der Formalität der Logik zu vermeiden. Für ihn hat die Logik wegen der »Majestät der Materie« in der Trinitätslehre keinen Platz; der Gegenstand selbst ist äquivok,[80] so dass es zu Äquivokationen führen muss, wenn die logischen Regeln auf ihn angewandt werden.

Luther vertritt damit nicht die These von der doppelten Wahrheit, wonach ein Satz in der Philosophie wahr, in der Theologie jedoch falsch sein kann; vielmehr vertritt er die These, dass bestimmte wahre Sätze nur in bestimmten Bereichen sinnvoll und wahr sind, in anderen hingegen nicht. Die logischen Regeln sind in der Trinitätslehre nicht falsch, sondern auf diese nicht anzuwenden. Dennoch erörtert Luther in seiner Früh- wie in seiner Spätzeit sprachlogische Probleme der Trinitätslehre.[81]

Das heißt freilich nicht, dass die Philosophie, vor allem in Gestalt von Grammatik und Logik, in der Theologie nicht gebraucht würde. Wenn Gott sich offenbart und zu den Menschen redet, tut er das in menschlichen Worten; diese wollen verstanden werden. Weil der Heilige Geist nicht ohne das leibliche Wort zu den Menschen kommen will, braucht die Theologie zum Verstehen die Mittel der Vernunft. Die Disputationen, die in Wittenberg nach 1533 wieder aufgenommen wurden, geben davon beredtes Zeugnis. Über Ökolompad urteilt Luther:

„Ich habe nicht gewust, Das Ecolampad so gar ein böser armer Logicus odder Dialecticus were, das er auch quod pro qualiter neme und ab accidente ad substantiam syllogisirte, Jm Zwingel ists nicht wunder, der ist ein selb gewachsen Doctor, die pflegen also zu geraten, Warlich wer disputirn wil und kan seine puerilia noch nicht ynn der Logica, Was solt der guts ausrichten? Es ergert mich der Ecolampad hie mit so seer, das ich mich hin furt keines sonderlichen verstands kan zu yhm versehen, Denn ob er gleich die unnützen spitzerey und sophisterey der sophisten nicht durfft wissen, so solt er doch die puerilia, das ist gemeine Dialectica wol

---

[80] Promotionsdisputation von Georg Major und Joh. Faber. 12. Dezember 1544, in: WA 39 II, 287-336, hier 316, 24.

[81] Vgl. G. White, Luther as Nominalist, a.a.O. (siehe Anm. 3), 181-230, und Chr. Helmer, The Trinity and Martin Luther. A Study on the Relationship between Genre, Language and the Trinity in Luther's Works (1523-1546), Mainz 1999 (VIEG 174), 41-120.

wissen, als regulas consequentie, formas syllogismorum, species argumentationis etc."[82]

In seinen Vorschlägen zur Universitätsreform von 1520 will Luther die aristotelische Logik, Rhetorik und Poetik beibehalten.[83] Wer wie Luther sein ganzes späteres Leben in theologische Kontroversen verwickelt ist, kann auf die Logik nicht verzichten. Weil jene Konflikte auch Autoritätenkonflikte waren, zeigt Luther in den Kontroversen ein ausgeprägtes Bewusstsein von den Begründungsaufgaben und von der Verteilung der Beweispflichten; er zeigt seinen Opponenten oft, dass sie sich einer petitio principii schuldig gemacht haben, wenn sie sich unreflektiert auf eine gerade in Frage stehende Autorität berufen haben. Das Wort „ratio" in der Bedeutung von „Argument" und das Wort „beweisen" kommen bei ihm sehr oft vor. Dass Luther Lehraussagen in der Heiligen Schrift begründet wissen will, führt gerade nicht zu einem Biblizismus. Es sind die Schrift *und* die Vernunft, die aufgerufen werden, und die Schrift will ausgelegt sein. Gerade in der Auslegung der Schrift argumentiert Luther „rational", das heißt: er gibt und fordert Argumente für oder gegen eine bestimmte Auslegung.

Wie die Forderungen der Logik in der Theologie zur Geltung zu bringen sind, lässt sich nicht allgemein sagen; das hängt vielmehr von den jeweiligen Themen ab. Das zeigt sich etwa in Luthers Erörterung der Gabeworte im Abendmahl. Wenn in dem Satz „Das ist mein Leib" das Demonstrativpronomen auf die Hostie in den Händen des Priesters zeigt und „mein Leib" den Leib Christi bezeichnet, erscheint der Satz nach der Regel der praedicatio identica[84] als sinnlos. In seiner Schrift „Vom Abendmahl

---

[82] Vom Abendmahl Christi, Bekenntnis. 1528, in: WA 26, 261-509, hier 405, 17-26. – In der „Disputatio contra scholasticam theologiam" hat das noch ganz anders geklungen: „Theologus non logicus est monstrosus haereticus. Est monstrosa et haeretica oratio. Contra dictum commune"; Lateinisch-Deutsche Studienausgabe, Bd. 1, a.a.O. (siehe Anm. 15), 24, 28f (These 47).

[83] An den christlichen Adel deutscher Nation von des christlichen Standes Besserung. 1520, in: WA 6, 404-469, hier 458, 26-31: „Das mocht ich gerne leyden, das Aristoteles bucher von der Logica, Rhetorica, Poetica behalten, odder sie in ein andere kurtz form bracht nutzlich geleszen wurden, junge leut zuuben, wol reden und predigen, aber die Comment und secten musten abethan, und gleich wie Ciceronis Rhetorica on comment und secten, szo auch Aristoteles logica einformig, on solch grosz comment geleszen werden."

[84] Vgl. Vom Abendmahl Christi, Bekenntnis. 1528, in: WA 26, 261-509, hier 440,10-13: „Wenn nu hie die predicatio Identica will drein reden: Es konne widder ynn der schrifft noch vernunfft sich leiden, das zweyerlei wesen ein ding sey, odder das ein wesen das ander sey, wie gesagt ist, das Stein nicht holtz, Wasser nicht fewr sein kann auch ynn der schrifft [...]." Bei Gabriel Biel lautet die Regel (sprachlich umformuliert): „Propositio affirmativa vera esse non potest, cuius extrema non supponunt

Christi. Bekenntnis" beschränkt sich Luther aber nicht darauf zu sagen, hier gehe es um einen Sachverhalt supra rationem. Er stellt vielmehr die Besonderheit dieses Falles heraus und betont: „Ja, es ist auch nicht widder vernunfft noch widder die rechte Logica, sondern es dünckt sie wider die schrifft, vernunfft und Logica sein, Denn sie haltens nicht recht zu samen."[85] Er fordert also gar nicht, hier eine Ausnahme von der Regel zu machen, vielmehr behauptet er, dass die Regel unzutreffend auf den Satz angewandt worden sei. Man muss, erläutert Luther, *vor* einer *logischen* Analyse des Satzes eine *grammatische* Analyse vornehmen. Die Logik betont zu Recht, dass Brot Brot und nicht Leib ist, dass Taube Taube ist und nicht Geist, usw. Der Logik der praedicatio identica zufolge bezeichnen der Ausdruck an der Subjektstelle und der Ausdruck an der Prädikatstelle Entitäten, die an sich selbst bestimmt sind. Sie sind entweder identisch und dann in einer affirmativen Proposition auszusagen, oder nicht identisch, und dann in einer verneinenden Proposition zum Ausdruck zu bringen. Brot und Leib Christi sind, für sich genommen, nicht identisch. Die Grammatik lehrt jedoch, dass es Aussagen gibt, in denen zwei Wesen so in eine Rede gefasst sind, dass man von ihrer Einheit und nicht von ihrer Zweiheit ausgehen muss. Die zwei Wesen sind *ein* Wesen und behalten dennoch ihr *spezifisches* Wesen. Dann kann man von einem solchen Wesen sagen: „Der ist Gott" oder „Der ist Mensch". Oder voneinander: „Das Brot ist mein Leib" oder „Der Gott ist Mensch". Die grammatische Analyse ergibt, dass hier ein anderer Satz als der normale Aussagesatz ausgesprochen wird.[86]

Der Apostel Paulus lehrt, dass sich die sapientia Dei und die sapientia mundi wechselseitig zur Torheit machen. In der Folge stehen auch Theologie und Philosophie im Konflikt miteinander, und doch zeigt sich, dass sie wechselseitig (!) aufeinander angewiesen sind. Das macht die Verhältnisse so komplex. In den sechs Zugängen zum Thema, die oben unter-

---

pro eodem"; Gabrielis Biel Canonis misse expositio, pars 2, lect. 48 A, hg. v. H. A. Oberman / W. J. Courtenay, Wiesbaden 1965 (VIEG 32), 231. Vgl. Wilhelm von Ockham: „[...] ad veritatem talis propositionis singularis [...] sufficit et requiritur, quod subiectum et praedicatum supponant pro eodem. Et ideo, si in ista ‚hic est angelus' subiectum et pradicatum supponant pro eodem, propositio erit vera." Summa Logicae II,2, zit. nach: Wilhelm von Ockham, Texte zur Theorie der Erkenntnis und der Wissenschaft lateinisch/deutsch, hg. v. R. Imbach, Stuttgart 1984, 98-101. Der Ausdruck „praedicatio identica" taucht bei Biel in trinitätstheologischem Zusammenhang auf. Vgl. Sent. I, dist.4, qu.1, art.1, not.2 C, hg. v. W. Werbeck / U. Hofmann, Tübingen 1973, 261f.

[85] WA 26, 440, 16-18.

[86] Vgl. WA 26, 443, 8-34. – Ob diese Überlegung schon die Lösung des Problems oder erst seine Formulierung ist, kann hier unerörtert bleiben.

sucht worden sind, hat sich gezeigt, dass man nicht undifferenziert von Philosophie und Theologie sprechen kann, dass sich vielmehr die Fragen nach ihrem Verhältnis abhängig vom jeweiligen theologischen und philosophischen Topos oder Lehrstück ganz unterschiedlich stellen, so sehr die einzelnen Lehrstücke auch Teile eines Ganzen sind und erst in diesem Ganzen ihren spezifischen Sinn erhalten. Der Auseinandersetzung mit dem Wahrheitsanspruch der philosophischen Lehren und der Wissenschaften kann sich die Theologie nicht entziehen, auch wenn sie in dieser Auseinandersetzung, die immer auch Aneignung philosophischer Konzeptionen ist, Fehler macht. Luthers Kritik an der Philosophie lässt sich in weiten Teilen als Selbstkritik der Theologie mit Bezug auf ihre Aneignung philosophischer Elemente lesen. Man könnte daher das eingangs zitierte programmatische Wort Luthers „Ich glaube, dass ich dem Herrn den Dienst schuldig bin, heftig gegen die Philosophie zu eifern" umformen. Es würde dann lauten: „Ich glaube, dass ich dem Herrn den Dienst schuldig bin, heftig gegen falsche Rezeptionen philosophischer Lehrstücke und Denkweisen in der Theologie zu eifern und zur Heiligen Schrift zu raten". Wenn wir den dargelegten Differenzierungen Rechnung tragen, können wir uns auch heute von diesem Eifer Luthers inspirieren lassen, damit die Theologie bei ihrer Sache bleibt oder sie wieder findet.

Der junge Luther und Athanasius

Franz Posset

Der erste Teil konzentriert sich vor allem auf Martin Luther als Novize im Augustinerkloster in Erfurt und auf seine erste Klosterlektüre: Die Disputation zwischen Arius und Athanasius. Im zweiten Teil geht es um die biblischen Argumente, denen Luther bei den beiden Kontrahenten begegnet. Der dritte Teil behandelt die Nachwirkungen speziell dieser frühen Klosterlektüre in Luthers späteren Schriften.

Einleitung

Die Kirche im Westen feiert jedes Jahr am 2. Mai das Gedächtnis des griechischen Kirchenvaters Athanasius. Er wird allgemein als Athanasius der Grosse anerkannt. Er wurde um 295 in Alexandrien geboren. 325 nahm er als Diakon seines Bischofs am Konzil von Nizäa teil. Gegen die arianische Irrlehre war er ein unermüdlicher Verteidiger der Lehre von der wahren Gottheit Christi, wie sie vom Konzil von Nizäa definiert worden war: Christus ist der Sohn Gottes, „gezeugt, nicht geschaffen, eines Wesens mit dem Vater" (consubstantialis). Da auch die Staatsgewalt auf Seiten der Irrlehrer stand, musste Athanasius wiederholt aus Alexandrien weichen. Er wurde fünfmal verbannt. Siebzehn Jahre seines Lebens verbrachte er im Exil. Zum ersten mal wurde er am 7. November 335 nach Trier im damaligen Gallien verbannt. Trier war Residenzstadt des Kaisers des Westens, Konstantin. Athanasius kam bei dem antiarianischen Mitstreiter, Bischof Maximinus von Trier (+ ca. 346) unter.[1] In Athanasius' Augen hatte Kaiser Konstantin ihn mit der sogenannten ‚Verbannung' nur vor seinen Feinden schützen wollen.[2]

Athanasius gehört zu den wenigen östlichen Bischöfen im 4. Jahrhundert, die sich im Westen aufgehalten haben. Seine intensiven Kontakte erklären das frühe Aufkommen von lateinischen Texten unter seinem Namen.[3] Zur

[1] Zu Athanasius' Trierer Zeit, C. Kannengiesser, Athanasius von Alexandrien: Seine Beziehungen zu Trier und seine Rolle in der Geschichte der christlichen Theologie, in: TThZ 82 (1973) 141-153.

[2] Vgl. T. Georges, Art. Der Bischof von Alexandrien, in: Athanasius Handbuch, hg. v. P. Gemeinhardt, Tübingen 2011, 82-93 (nach Athanasius' Apologia secunda 88,1-2).

[3] Vgl. C. Müller, Art. Lateinische Übersetzungen, Athanasius latinus, in: Athanasius Handbuch, a.a.O., 378.

Rezeption des Athanasius im Abendland im Spätmittelalter, der Renaissance, Reformation und Frühen Neuzeit gibt es kaum spezielle Studien.[4]
Das Thema ‚Luther und Athanasius' ist nicht gerade selbstverständlich. Erstaunlicherweise erwähnt das neue Oxford Handbuch zu Luthers Theologie (2014) den Namen des Athanasius nicht ein einziges mal.[5] Auch im Artikel ‚Luther' in der Theologischen Realenzyklopädie sucht man vergeblich nach einem Hinweis auf Athanasius.[6] Um so verdienstvoller ist es, dass ein Beitrag im Athanasius Handbuch (2011) zur „Rezeption in Reformation und Neuzeit" aufgenommen wurde.[7] Humanisten nördlich der Alpen wie Johann Reuchlin (1455-1522) und Erasmus von Rotterdam (ca. 1467-1536) hatten Athanasius gleichsam wiederentdeckt als Beispiel griechischer Philosophie und Theologie, die nichts mit der Scholastik ihrer Zeit zu tun hatten.[8]
Eine in der Geschichte der christlichen Kunst einzigartige bildliche Darstellung der Rezeption des Athanasius im Westen besteht in dem Tafelbild von Luca Signorelli in Cortona von ca. 1515.[9] Im Vordergrund sitzen in abendländischer Bischofskleidung mit aufgeschlagenem Buch, links Augustinus und rechts Athanasius, der dabei ist, sein Glaubensbekenntnis („Quicumque vult salvus esse") niederzuschreiben, wobei er die Bibel benutzt, die aufgeschlagen vor ihm liegt.

Teil I: Der Novize Martin Luther liest den Dialogus zwischen Arius und Athanasius

Zu Luthers Zeit gab es wenig nähere Informationen über den heiligen Bischof Athanasius und sein Werk. Selbst in der weit verbreiteten Legenda Aurea, die Luther kannte, ist Athanasius nicht mit einer eigenen Geschichte vertreten. Sein Name wird nur einmal innerhalb des Abschnitts über

---

[4] Wichtige Studien zu Luther, Athanasius und Arius bleiben nach wie vor die von B. Lohse: (1) Arius – Der Gottähnliche und (2) Luther und Athanasius, in: Evangelium in der Geschichte, Band 2: Studien zur Theologie der Kirchenväter und zu ihrer Rezeption in der Reformation, Göttingen 1998, 77-82 und 191-212.

[5] Vgl. The Oxford Handbook of Martin Luther's Theology, Oxford 2014.

[6] Das Gleiche gilt auch für den Athanasius-Artikel in TRE, wie M. Tetz monierte. M. Tetz, Zum Psalterverständnis bei Athanasius und Luther, LuJ 79 (2012) 39-61, hier 39.

[7] Vgl. H. C. Brennecke, Art. IV. Rezeption in Reformation und Neuzeit, 1. Athanasius in der Sicht der Reformatoren, 2.1. Konfessionelles Zeitalter und lutherische Orthodoxie, in: Athansius Handbuch, a.a.O., 440-447.

[8] Ebd., 441.

[9] Abb. 7 in K. Krause, Ikonograpghie des Athanasius, in: Athanasius Handbuch, 437.

Chrysostomos erwähnt – Athanasius als Verteidiger des Konzils von Nizäa gegen die Arianer.
Eine Sammelausgabe von Werken des Athanasius war zwar bereits 1482 in Vicenza von dem italienischen Humanisten und Gräzisten Omnibonus Leonicenus (Ognibene da Lonigo, 1412-1474) herausgegeben worden. Doch war diese Ausgabe dem Novizen wohl nicht bekannt. Diese Ausgabe bot wie alle Athanasius-Ausgaben jener Zeit nur eine lateinische Übersetzung. Die Ausgabe der Werke des Athanasius von 1519 in Paris mit dem Vorwort von Erasmus konnte dem jungen Luther 1505/1506 in Erfurt noch nicht bekannt sein.[10]
Das damalige, humanistische Interesse an den griechischen Kirchenvätern war groß. Zum Beispiel hatte der humanistisch gesinnte Prälat Bernhard Adelmann (ca. 1457-1523) eine Vorliebe für die griechischen Väter. Er hoffte, dass der Gräzist Johannes Oecolampadius (1482-1531) die Werke der griechischen Väter ins Lateinische übertragen werde.[11] Nicht zuletzt bestand grosses Interesse an der seelsorgerlichen Benutzung des Psalters, wie Athanasius sie vorgeschlagen hatte.[12] Auch davon wusste der Erfurter Novize noch nichts.
Erst 1518/1519 in der zweiten Psalmenvorlesung (Operationes in Psalmos) wird Luther davon Kenntnis nehmen (der Brief des Athanasius an Marcellinus)[13] – wohl via Johann Reuchlin. Luther nennt Athanasius nur mit Namen (und auch Augustinus), ohne genauere Quellenangabe.
Johann Reuchlin, der meist nur als christlicher Hebraist in Erinnerung gerufen wird, beschäftigte sich ausführlich mit Athanasius. Reuchlin übersetzte die Epistula ad Marcellinum und gab sie mit Widmung an den Humanisten am päpstlichen Hof, Jakob Questenberg (ca. 1465-ca. 1524), im Jahr 1515 bei Thomas Anshelm in Tübingen heraus (Abb. 1).[14] Dieser Druck war wohl von dem jungen Korrektor Philipp Melanchthon (1497-

[10] Vgl. Athanasii Episcopi Alexandrini Sanctissima, Eloquentissimaque Opera [...] Quae omnia olim ia[m] latina facta... una cum doctissima Erasmi Roterdami ad pium lectorem paraclesi.
[11] Vgl. F. X. Thurnhofer, Bernhard Adelmann von Adelmannsfelden: Humanist und Luthers Freund (1457-1523). Ein Lebensbild aus der Zeit der beginnenden Kirchenspaltung in Deutschland, Freiburg/Saint Louis 1900, 128. Vgl. F. Posset, Unser Martin, Münster 2015, Kapitel 1.
[12] Vgl. M. Tetz, Zum Psalterverständnis, a.a.O.
[13] Vgl. [Zweite Psalmvorlesung] Operationes in psalmos. (Ps.1-21 (22)). 1518-1521, in: WA 5, 19-673, hier 46, 13-15; AWA 2, 62, 6-8: „In fine hoc movendum, quod illustrissimi patres, presertim Athanasius et Augustinus tradiderunt, hoc est, ut affectibus psalmorum affectus nostros accomodemus et attemperemus." Vgl. M. Tetz, Zum Psalterverständnis, a.a.O., 51.
[14] München Digitalisationszentrum, Signatur: Res/4 P.lat. 1368#Beibd. 19.

1560), dem Verwandten Reuchlins, betreut worden.[15] Der Priester am kurfürstlichen Hof in Wittenberg, Georg Spalatin (1484-1545), hat davon 1516 eine deutsche Übersetzung vorgelegt, die aber erst 1521 im Druck erschien.[16] (Abb. 2).

Abb. 1 S. Athanasius in Librum Psalmorum (Brief an Marcellinus), Reuchlins Übersetzung aus dem Griechischen ins Lateinische (1515).

Abb. 2. Athanasius, Büchlein über das haylig buch den Psalter (Augsburg: Sigmund Grimm, 1521); Spalatins deutsche Übersetzung von Reuchlins lateinischer Übersetzung aus dem Griechischen.

Luther wird wohl Reuchlins lateinische Übersetzung des Athanasiusbriefes für seine Sieben Bußpsalmen auf Deutsch im Frühjahr 1517 zur Kenntnis nehmen, da Reuchlin seine Übersetzung des Athanasiustextes bereits auch für seine hebräisch-lateinische Ausgabe der Bußpsalmen von 1512 benutzt hatte.[17] 1519 wird Reuchlin auch eine Übersetzung des Liber S. Athanasii de variis quaestionibus vorlegen (ein [Pseudo-]Athanasius, Abb. 3):

---

[15] Vgl. M. Tetz, Zum Psalterverständnis, a.a.O., 50.

[16] Vgl. Athanasius, Büchlein über das haylig buch den Psalter (Augsburg: Sigmund Grimm, 1521), München Digitalisationszentrum, Signatur: Res/4 P.gr. 32#Beibd.6.

[17] Vgl. M. Tetz, Zum Psalterverständnis, a.a.O., 50.

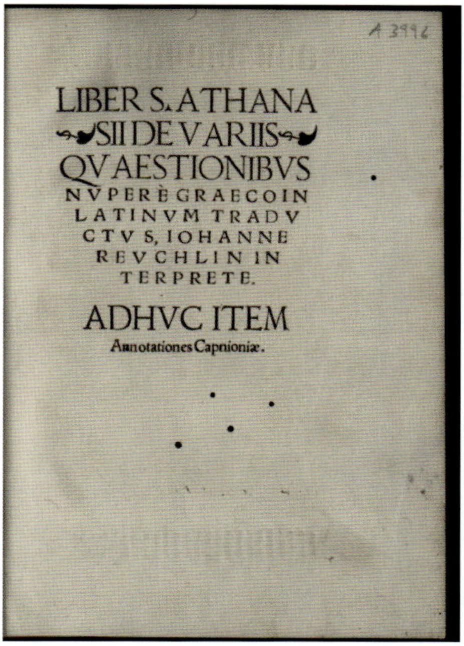

Abb. 3 Titelseite von Johann Reuchlins Übersetzung des Liber S. Athanasii de variis quaestionibus (1519).

Das alles ist dem frühen Luther noch nicht bekannt. Die Hinweise zum humanistischen Interesse an dem griechischen Kirchenvater zeigen jedoch, dass Athanasius zu dieser Zeit im Kommen war. Nicht unwichtig für unseren Zusammenhang ist ferner die Beobachtung, dass das geistige Leben in Luthers Augustinerorden für die vielen Anliegen des Renaissancehumanismus weit offen war.[18]

Von vornherein ist festzustellen: Für Luther ist Athanasius immer der authentische Glaubenszeuge gegen alle Häresien. Mit dieser Sicht steht Luther ganz in der mittelalterlichen katholischen Tradition. Athanasius ist ihm autoritativer Zeuge für die rechte Lehre vor allem in den späteren Auseinandersetzungen mit den Antitrinitariern innerhalb der reformatorischen Bewegung der dreißiger Jahre: Jesus Christus – Gott und Mensch.[19]

Wenn dem so ist, wird die Suche nach den Wurzeln von Luthers Athanasius-Verehrung umso interessanter, die in seiner späteren Bezeichnung

[18] Vgl. H. Vonschott, Geistiges Leben im Augustinerorden am Ende des Mittelalters und zu Beginn der Neuzeit, Berlin, 1915.
[19] Vgl. H. C. Bennecke, Athanasius Handbuch, a.a.O., 442.

„allerheiligster Athanasius" (Sanctissimus Athanasius) gipfeln wird (so in Luthers Vorwort zu Johann Bugenhagens Ausgabe vom Jahr 1531).

1.1. Wie kam Luther zu seiner Auffassung über Athanasius?

Zunächst ist Luther selbst zu zitieren: „Ich hab mehr gelesen, denn sie meinen."[20] Da ihm die Gesamtausgaben der Werke des Athanasius um die Zeit, als er ins Kloster eintrat (1505), noch nicht zugänglich waren, ist es doch etwas ungewöhnlich, dass er sich überhaupt mit Athanasius beschäftigen sollte und konnte. Dabei ist es nun nicht verwunderlich, dass er nur einen Pseudo-Athanasius studierte, wobei ihm aber nicht bewusst war, dass es sich um gar keinen echten Athanasiustext handelt. Luthers Kenntnis von Athanasius beruht, wie er selbst im Vorwort zu Johannes Bugenhagens Athanasius-Ausgabe von 1531/1532 bemerkt, auf dem intensiven Studium des sogenannten „Dialogs mit Arius" im Erfurter Kloster der Augustiner,[21] ein „Dialog" oder eine „Disputation", die wir hier ins Zentrum der Überlegungen stellen. Weder Luther noch Bugenhagen zweifeln an der Echtheit dieser Schrift. Bugenhagen hat den Text ohne Zögern in seine Ausgabe aufgenommen. Sie enthält überwiegend pseudo-athanasianische Schriften.[22] Diesen Dialogus gab es nie auf Griechisch. Man kann auch nicht davon ausgehen, dass der lateinische Text eventuell auf einem verlorenen griechischen Original beruht. Dennoch sind griechische Fremdwörter, nur ganz wenige, wie homousios und usia darin enthalten – und immer in lateinischer Transliteration (siehe z. B. Kapitel XV im Ersten Buch des Dialogus). Bevor wir einen Schritt weiter gehen, muss kurz das Thema Pseudepigraphie behandelt werden.

1.2. Bemerkungen zur Pseudepigraphie als literarische Möglichkeit

Bei dem Dialogus, den Luther liest, handelt es sich um Pseudepigraphie. Das Altertum hat uns einige Schriften unter fiktiven Namen überliefert. Pseudepigraphie als „Mittel der schriftstellerischen Einkleidung unter

---

[20] Von den Konziliis und Kirchen. 1539, in: WA 50, 509-653, hier 519, 27-28.

[21] Vgl. Athanasii libri contra idolatriam D. J. Pomerani. Luthers Vorrede 1532, in: WA 30 III, 530-532. Erst vor Kurzem (2012) wurde Luthers Vorwort ins Englische übersetzt in: Luther's Works, Vol. 59: Prefaces 1, hg. v. C. B. Brown, Saint Louis, 2012, 342-347.

[22] Vgl. M. Tetz, Zum Psalterverständnis, a.a.O., 41.

einem anderen Namen" war durchaus eine literarische Möglichkeit.[23] Dieser von Luther so sehr geschätzte Dialogus stammt aber nicht aus der Zeit des Athanasius und des Kaisers Konstantin des Großen. Es ist vielmehr eine Art ‚historische Novelle' oder eine historische Dokumentation aus der Sicht eines Bischofs des späten 5. Jahrhunderts; eine Schrift, die von der Forschung dem nordafrikanischen Bischof Vigilius von Thapsus (gestorben ca. 490) zugeschrieben wird. Er war einer der mehr als 460 Bischöfe im damaligen Nordafrika.[24]

Der Dialog ist ein fiktives Streitgespräch zwischen dem älteren Pfarrer Arius (280-336) im Stadtteil Baukalis[25] von Alexandrien und dem etwa fünfzehn Jahre jüngeren Athanasius (295-373), dem Bischof der Gesamtstadt Alexandrien und somit dem Leiter der kirchlichen Metropole Ägyptens. Das Streitgespräch findet vor einem, wohl gemerkt, heidnischen Richter namens Probus statt,[26] „dem Rechtschaffenen". Der Ort des Dialogs ist nicht Alexandrien sondern Laodizäa in Syrien. Der Reiz der ‚historischen Novelle' liegt darin, dass das Streitgespräch unter den Christen unter dem Vorsitz eines unparteiischen Heiden erfolgt, der über eine hochtheologische Frage zu entscheiden hat und der hierzu von den christlichen Kontrahenten überzeugende Schriftbeweise für ihre jeweilige Postion fordert.

---

[23] Vgl. K. H. Schelkle, Das Neue Testament. Seine literarische und theologische Geschichte, Kevelaer 1964, 121-123.

[24] Vgl. Vigilius Tapsensis Contra Arianos Dialogus, Athanasio, Ario et Probo Judice Interlocutoribus, in: PL 62, 155-180 (kurze Fassung); Vigilius Tapsensis Contra Arianos Dialogus, Athanasio, Ario, Sabellio, Photio, et Probo Judice Interlocutoribus, in: PL 62, 179-238 (lange Fassung). Mit dem Herausgeber von WA 30 III hebt B. Lohse hervor, dass die kurze Fassung vielleicht nur ein Auszug aus der langen Version ist, der in karolingischer Zeit besorgt worden ist. Vgl. B. Lohse, Luther und Athanasius, a.a.O. (siehe Anm. 4), 195. Vgl. F. Posset, The Disputation Between Athanasius and Arius: Luther's First Reading Assignment While A Novice in the Augustinian Friary of Erfurt in 1505, in: Ad Fontes Witebergenses. Select Proceedings of "Lutheranism and the Classics II: Reading the Church Fathers," Concordia Theological Seminary, September 28-29, 2012, hg. v. J. A. Kellerman, C. P. E. Springer, Fort Wayne, IN, 2014, 71-90, hier 81-82.

[25] Vgl. A. Fürst, Das Christentum in Alexandrien bis ins frühe 4. Jahrhundert, in: Athanasius Handbuch, a.a.O., 30.

[26] Eine deutsche Übersetzung der kurzen Fassung liegt von T. Beer vor in: Vigilius von Thapsus. Die Disputation zwischen Arius und Athanasius. Luthers erste Klosterlektüre. Ein Beitrag zur Lutherforschung. Übersetzt und bearbeitet am Institut für Lutherforschung der Gustav-Siewerth-Akademie, hg. v. T. Beer und A. v. Stockhausen, Weilheim-Bierbronnen 1999. Ich folge in der Regel dieser Übersetzung, nicht aber der beigegebenen, einleitenden Interpretation; im Folgenden mit 'Luthers erste Klosterlektüre' zitiert. Beers Interpretation geht davon aus, dass Luther den Rahmen des altkirchlichen Dogmas sprengen wollte (S. 17, 84-85).

1.3. *Luthers begrenzte Kenntnisse von der Theologie des Athanasius*

Luther kennt die Theologie des griechischen Kirchenvaters wohl nur aus diesem lateinischen, pseudo-athanasianischen Dialogus, der die bleibende Grundlage für Luthers traditionelle Sicht des Athanasius und seiner rechtgläubigen Christologie geblieben ist.[27] Es ist eine Theologie, wie sie als Gegenposition zu Arius vor dem Richter Probus entfaltet wird. Luthers begrenzter Kenntnisstand gilt speziell für den Zeitraum von mehr als einem Viertel Jahrhundert, von 1505 bis 1531, bis dann sein Freund Johannes Bugenhagen eine Sammlung von Athanasiustexten 1532 herausgibt, von der man annehmen kann, dass Luther sie zu lesen begonnen hat.[28] Vor diesem Zeitpunkt (1531/1532) dürften Luther die genaueren Umrisse der Theologie des Athanasius nicht bekannt gewesen sein,[29] falls sie jemals über die des Dialogus hinausgingen. Weitere Informationen zu Athanasius werden Luther durch Geschichtsschreiber vermittelt, aber kaum aus seinem eigenen Studium von echten Athanasiustexten.

Man wird nicht fehl gehen, wenn man Luthers allgemeine Wertschätzung der Geschichtsschreiber mit den von ihm zitierten Werken wie hier der pseudo-athanasianischen, historischen Dokumentation (des Vigilius) in Verbindung bringt. Luther preist die Geschichtsschreiber in einer Vorrede aus dem Jahr 1538: „Die Historien schreiber [sind] die aller nuetzlichsten Leute und besten Lerer, das[s] man sie nim[m]er mehr genug kan[n] ehren, loben oder dancksagen." Dies gilt aber nur, wenn sie objektiv schreiben, nicht aber wenn sie wie Fuhrleute den Wein unterwegs „mit wasser felschen [fälschen]", wenn sie den Wein über Land liefern.[30]

Weiteres über Athanasius und Arius wird Luther wohl auch durch die Kirchengeschichte des Eusebius Pamphilius von Caesarea (ca. 260-ca. 340) bekannt werden, aber nur in der lateinischen Übersetzung des Rufinus von Aquileia aus dem Jahr 403,[31] sowie durch Cassiodorus' dreiteilige

---

[27] Darauf hat schon vor langer Zeit E. Wolf hingewiesen. Vgl. E. Wolf, Asterisci und Obelisci zum Thema: Athanasius und Luther, in: EvTh 18 (1958) 481–490.

[28] Vgl. D. Athanasii libri contra Idolatriam, [et] de fide Sanctae Trinitatis. Cum Praefatione D. Martini Lutheri [et] D. Ioannis Pomerani, cuius opera hi Athanasij Libri restituti et aediti sunt (Wittenberg: Nicolaus Schirlentz, 1532).

[29] Vgl. B. Lohse, Luther und Athanasius, a.a.O., 196. Unter Berufung auf E. Wolf, Asterisci und Obelisci, a.a.O., 484-485.

[30] Luthers Vorwort von 1538 zu Wenzeslaus Lincks deutscher Übersetzung der Historia Galeatij Capell[a]e, wie der Hertzog zu Meiland [sic], Franciscus, wider eingesetzt ist, vom 21. jar bis jnn das 30. Verdeudschet durch D. Wencelaum Linken (Wittenberg: Hans Lufft, 1538). München Digitalisationszentrum, Signatur: Regensburg, Staatliche Bibliothek 999/4Hist.pol.1008a.

[31] Zitate aus Eusebius finden sich z. B. aus dem Jahr 1519 in: Resolutio Lutheriana super propositione sua decima tertia de potestate papae (per autorem locupletata).

Geschichte, Historia Tripartita[32] und durch Hilarius' von Poitiers De trinitate.[33] Luther zitiert keine eigentlichen Schriften des Athanasius. Gelegentlich verweist er auf das sogenannte Symbolum des Athanasius, das aber nicht vom griechischen Kirchenvater selbst stammt (es hat den Titel „Symbolum Quicumque vult salvus esse").[34] Das pseudo-athana-sianische Credo war eines der Bekenntnisse, das ein Kleriker seit den karolingischen Reformen zu kennen hatte.[35] Durch dieses Credo war die Autorität des Athanasius im Westen gesichert, auch wenn man seine echten Werke gar nicht kannte.

1.4. Luthers Lektüre des Codex (Pseudo-)Athanasius und die Wurzeln seines Schriftprinzips

Wenn wir hier vom „jungen Luther" sprechen, konzentrieren wir uns vor allem auf die Zeit lange vor der Abfassung der Kritik am Ablass im Herbst 1517, also auf den „frühen Luther" im Erfurter Augustinerkloster, wo er am 17. Juli 1505 eintrat.[36] Wir gehen zeitlich zurück in seine Noviziatszeit oder

---

1519, in: WA 2, 183-240, hier 235, 35: Tertia ecclesiastica historia. Ferner zu Irenaus aus Historia Ecclesiastica V,23,24. Einer aus den hohen Artikeln des ... päpstlichen Glaubens, genannt Donatio Constantini. 1537, in: WA 50, 69-89, hier 85,30. In der Tischrede vom 25. August 1538 verweist Luther auf eine Geschichte aus Historia Ecclesiastica V, 1, 26, nach der die Christen Menschenfleisch verspeisten. Vgl. WA.TR 4, 52, 23-53, 2 (Nr. 3980), hier 52, 28-29 (ut in historia ecclesiastica). Vgl. unten zu Zwo Predigten, eine von der heiligen Dreifaltigkeit, die andere von dem großen Abendmahl. 1535, in: WA 41, 270-292, 278, 28-279, 23 mit Luthers lateinischem Zitat aus der Historia ecclesiastica, Kap. 13.

[32] Siehe dazu Von den Konziliis und Kirchen. 1539, in: WA 50, 509-653, hier 547-653, mit den Anmerkungen, in denen auf beide Quellen verwiesen wird. Das Werk Historia ecclesiastica tripartita war von Johann Schüssler in Augsburg 1472 gedruckt worden.

[33] Vgl. P. Gemeinhardt, Art. Athanasius: ein ökumenischer Kirchenvater?, in: Athanasius Handbuch, a.a.O., 454-461.

[34] Das Symbolum Quicumque wird auch noch von Johann Gerhard (1582-1637) für athanasianisch gehalten. Im Lauf des 17. Jahrhunderts erkannte man die Unechtheit. Vgl. H. C. Bennecke, Art. Fallstudien zur neuzeitlichen Athanasius-Rezeption, in: Athanasius Handbuch, a.a.O., 444-447.

[35] Neben dem Apostolischen und dem Nizäno-Konstantinopolitanum. Vgl. V. Leppin, Art. Der Westen, in: Athanasius Handbuch, a.a.O., 421-425.

[36] Vgl. B. Lohse, Martin Luther. Eine Einführung in sein Leben und Werk, München ^{3}1997, 38. Vgl. A. Lindner, Martin Luther im Erfurter Augustinerkloster 1505-1511, in: Luthers Erfurter Kloster. Das Augustinerkloster im Spannungsfeld von monastischer Tradition und protestantischem Geist, hg. v. L. Schmelz / M. Ludscheidt, Erfurt 2005, 59-74.

kurz danach. Damals war Johann Greffenstein Luthers Novizenmeister, der auch ein Lehrer im Kloster war (er wird auch Grevenstein oder Grefenstein genannt, nachgewiesen 1447-1508).[37] Von ihm schreibt Luther im Jahr 1520 in seiner Schrift „Von den neuen Eckischen Bullen und Lügen" als von „Johann Greffenstein, gelehreten und frummen Mann".[38] Greffenstein ist wohl auch der von Melanchthon genannte Senex, der Luther im Erfurter Kloster spirituell betreut hat.[39] Dazu gehörte, dass Luther angeleitet wurde, sich die Ordenskonstitutionen (von 1287/1290) einzuprägen, in der dem Studium der Heiligen Schrift eine zentrale Stellung im Leben eines Augustiners zugewiesen ist. Diese Ordenskonstitutionen wurden um die Zeit von Luthers Klostereintritt erstmals von Johann von Staupitz (ca. 1465-1524) zum Druck gegeben (Abb. 4) – in etwa zur Zeit von Luthers Klostereintritt.

Luther nimmt zur Kenntnis, dass er die Heilige Schrift fleißig lesen solle, fromm darauf höre und sie brennend gerne lerne: „Sacram scripturam avide legat, devote audiat et ardenter addiscat."[40] In diesen Ordenskonstitutionen der Augustiner liegt die Wurzel für Luthers Schriftprinzip, welches er im Jahr 1527 als Ex-Augustiner einmal so artikulieren wird, fast als ob er die Ordensregel zitieren würde: „Die Meditation des Wortes Gottes ist das höchste Werk der Frömmigkeit" (Summum opus pietatis meditari verbum dei).[41]

---

[37] Dass Greffenstein Luthers Novizenmeister war, dürfte feststehen, seit in Madrid ein Brief vom 18. April 1508 an die Augustiner zu Erfurt entdeckt wurde, in dem alle 51 Mönche namentlich aufgeführt wurden, die zu diesem Zeitpunkt im Kloster in Erfurt lebten. Darin wird ein Joannes Grevenstein an neunter Stelle genannt. Vgl. R. Weijenborg, Luther et les cinquante-et-un Augustins d'Erfurt d'après une lettre d'indulgence inédite du 18. april 1508, in: RHE 55 (1960) 819-875.

[38] WA 6, 579-594, hier 591, 17-20. Vgl. Enarratio Psalmorum LI „Miserere mei Deus" et CXXX „De profundis clamavi" per D. M. Lutherum. Adjecta est etiam Savonarolae meditatio in psalmum LI. 1538, in: WA 40 II, 315-470, hier 411, 14-412, 1. Vgl. F. Posset, The Real Luther. A Friar at Erfurt and Wittenberg. Exploring Luther's Life with Melanchthon as Guide, Saint Louis 2011, 92.

[39] Senex: Vgl. Melanchthon, CR 6,159. Vgl. H. Weinacht, Melanchthon und Luther. Merkmale einer Kirchenreform. Martin Luthers Lebensbeschreibung durch Philipp Melanchthon. Deutsch-Lateinisch, Zürich 2008, 64.

[40] Johann von Staupitz: Gutachten und Satzungen. Sämtliche Schriften, Bd. 5, hg. v. W. Günter, Berlin – New York 2001, 194. Vgl. F. Posset, Sola Scriptura – Martin Luther's Invention? Commemorating the 500th Anniversary of the Printed Edition of the Constitutions of the Order of St. Augustine in Nuremberg in 1504-1506, in: Augustiniana 56 (2006) 123-127. Vgl. F. Posset, The Real Luther, a.a.O., 60, (Abb. 6), zeigt den Erstdruck der Constitutiones.

[41] Annotationes Lutheri in epistolam Pauli ad Titum. 11. November – 13. Dezember 1527, in: WA 25, 6-69, 25, hier 6, 6-7. Vgl. F. Posset, Bible Reading 'With Closed

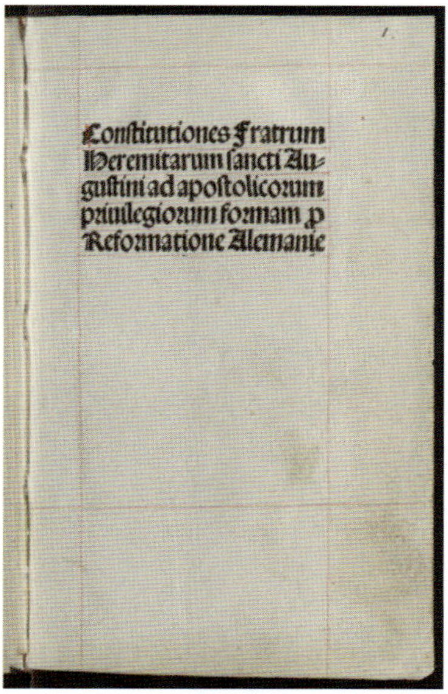

Abb. 4 Der Erstdruck der Ordenskonstitutionen, ca. 1505, von Johann von Staupitz in den Druck gegeben.

Um nun die Ordensregel befolgen zu können, braucht der Novize eine Bibel, die er für die Dauer des Noviziatsjahres erhielt. Er erinnert sich genau daran, dass er eine Bibel in einem roten Ledereinband (rubro corio) ausgehändigt bekam. Er las sie fleissig, so dass er wusste, was auf jeder Seite stand, so jedenfalls sagt er von sich selbst, und dass er daher Bibelzitate rasch auffinden konnte. Ferner bemerkte er, dass er damals nur am Studium der Heiligen Schrift gefallen gefunden hatte.[42] Wie die Ordensregel von ihm erwartete, prägte er sich die Bibel sorgfältig ein, wie er auch an anderer Stelle bezeugt:[43]

„Ich habe viel gelesen in meiner Jugend, weil ich ein Mönch war, die Bibel; und leset ihr sie auch fleissig."[44]

Aus diesem späteren Rückblick wird klar, was Luther auch seinen Zuhörern aus seiner Klosterzeit vererben will: das „fleissige" Schriftstudium. Luther ist also durch die Augustiner zum eifrigen Bibelstudium programmiert worden. Die Augustiner stehen dabei ganz selbstverständlich in der Tradition der Kirchenväter, dass nämlich „alle Theologie Schrifttheologie

Eyes' in the Monastic Tradition: An Overlooked Aspect of Martin Luther's Hermeneutics, in: The American Benedictine Review 38 (1987) 293-306, hier 305.

[42] Vgl. WA.TR 1, 44, 16-45, 3, Nr. 116, hier 44, 21-28.

[43] Vgl. WA.TR 5, 75, 10-76, 22, Nr. 5346, hier 75, 15-16.

[44] WA.TR 6, 367, 13-40, Nr. 7070, hier 367, 29-35. Vgl. F. Posset, Goldene Worte, Augustinus und Bernhard in der Sicht des alten Luther (1531-1546), in: Cath(M) 54 (2000) 220-239, 230.

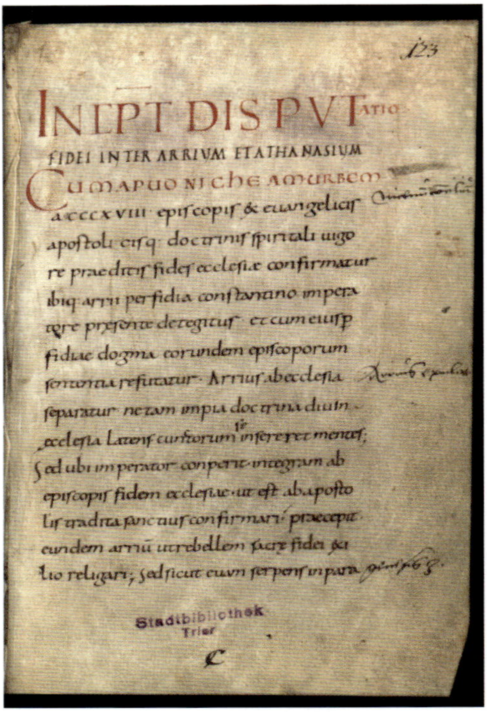

Abb. 5 Titelseite, Codex der Disputation zwischen Arrius und Athanasius (Pseudo-Athanasius): [Incipit] DISPVTatio fidei INTER ARRIUM ET ATHANASIUM.

zu sein hat".[45] Luthers Vorgesetzter im Orden, Johann von Staupitz, kann ohne Zögern im Anschluss an Augustin (De civitate Dei, XI,3) in einer seiner Tübinger Predigten (noch vor dem Jahr 1500) erklären: der Heiligen Schrift kommt die höchste Autorität zu.[46] „In der Schrift allein" (in sola scriptura sacra) können wir das Gesicht Gottes sehen, solange wir hier auf Erden sind.[47]

Luthers Bibelstudium machte ihn hellhörig, wenn er andere theologische Texte las. Der Novizenmeister gab ihm entweder noch während des Noviziats oder etwas später eine Handschrift zu lesen, die die altkirchliche

[45] W. Kasper, Glaube und Geschichte, Mainz 1970, 179. Vgl. F. Posset, Sola Scriptura – Martin Luther's Invention?, 123-125.

[46] Vgl. Tübinger Predigt 13 in: Tübinger Predigten, hg. v. R. Wetzel, Berlin – New York, 1987, 245. Vgl. F. Posset, The Front-Runner of the Catholic Reformation: The Life and Works of Johann von Staupitz, Aldershot 2003, 96.

[47] Vgl. Tübinger Predigt 31, in: Tübinger Predigten, a.a.O., 139-141.

Auseinandersetzung zwischen Athanasius und Arius zum Thema hat, mit dem Titel „Disputation zwischen Arius und Athanasius".[48] Bei der Lektüre konnte Bruder Martin leicht beobachten, wie die Bibel als Beweis im Laufe von theologischen Erörterungen gehandhabt wurde.

D·ATHA
NASII LIBRI CONTRA
Idolatriam Gentium, & de fi-
de Sanctae Trinitatis.
CVM Praefatione D. Martini
Lutheri, &
D. Ioannis Pomerani, cuius opera
hi Athanasii Libri restituti
& aediti sunt.
. VVITTEMBERGAE.
MD XXXII.

Abb. 6 Athanasius-Ausgabe von Bugenhagen, 1532.

Ein Codex dieser „Disputation zwischen Arius und Athanasius" (Abb. 5) aus dem 9. Jahrhundert ist in Trier vorhanden.[49] Trier war der erste Auslandsaufenthalt des Athanasius. Der mittelalterliche Codex weist handschriftliche Randnotizen aus dem 16. Jahrhundert auf. Ob es sich dabei um einen Codex aus dem Erfurter Kloster zu Luthers Zeit handelt, muss Spekulation

---

[48] Vgl. F. Posset, The Disputation Between Athanasius and Arius, a.a.O. (siehe Anm. 24), 71-90.

[49] Disputatio fidei inter Arrium [sic] et Athanasim, Stadtbibliothek Trier (Hs 118 / 106 4°).

bleiben; und also auch, ob es sich um den Codex Greffensteins handeln könnte, den dieser dem jungen Mönch zur Lektüre anvertraut hatte. Der Schreiber der Randnotizen ist bisher nicht identifiziert worden.
Luther erinnert sich genau daran, dass er von einem älteren Mitbruder (wohl Greffenstein) eine Handschrift zu diesem Thema zum Lesen erhalten hatte, die dieser selbst von einer uns nicht bekannten Vorlage abgeschrieben hatte. Luther berichtet davon in seinem Vorwort (1531/1532) zu Bugenhagens (Abb. 6) Ausgabe von (Pseudo-)Athanasiustexten.[50]

1.5. Die historischen Umstände zu Bugenhagens Athanasius-Ausgabe und Luthers Vorwort von 1531/1532

Zunächst sollen hier noch kurz die zeitgeschichtlichen Umstände erwähnt werden, welche zu Bugenhagens Neuedition führten: sie betreffen die Bekämpfung eines bedeutenden Antitrinitariers. Für Luther und Bugenhagen war dieser Kampf sehr dringend, da im Jahr 1531 der damals weithin bekannte Johannes Campanus (ca. 1500-1575) in der Gegend von Braunschweig auftrat. Campanus war ein hochgelehrter, der drei alten Sprachen (hebräisch, griechisch, lateinisch) mächtiger Priester, der eine Zeit lang als geistlicher Betreuer der Zisterzienserinnen in Roermond in den Niederlanden tätig war. Er hielt sich 1527/1528 in Wittenberg auf und war eine Zeit lang Lutheraner. Er geriet mit Luther und Melanchthon in Konflikt, wohl weil er die Lehre der Binität vertrat (Ditheismus; nur Vater und Sohn seien göttliche Personen, nicht der Heilige Geist). Von Wittenberg ging er 1531/1532 wohl zu den Täufern nach Strassburg.[51]
Am 24. November 1531 alarmierte Luther seinen Freund Bugenhagen, der sich gerade in Lübeck aufhielt, über die Umtriebe des Campanus. Bugenhagen möge den Rat der Stadt Braunschweig vor Campanus warnen.[52]
Offensichtlich war ein Manuskript des gelehrten Campanus im Umlauf „Wider die Lutherischen und die ganze Welt nach der Zeit der Apostel,

---

[50] Vgl. Athanasii libri contra idolatriam D. J. Pomerani. Luthers Vorrede 1532, in: WA 30 III, 530-532, hier 531, 1-2.
[51] Vgl. K. Rembert, Die 'Wiedertäufer' im Herzogtum Jülich, Berlin 1899, 161-165 (zu Campanus). Vgl. G. H. Williams, The Radical Reformation, Kirksville, MO, [3]1995, 404-405. Vgl. P. J. A. Nissen, Art. Campanus, in: Lexikon der Reformationszeit, Freiburg u.a. 2002, 128. Im selben Jahr 1532, in welchem Bugenhagens Athanasius-Ausgabe erschien, publizierte Campanus ein Buch auf deutsch mit dem Titel Göttlicher und heiliger Schrift Restitution (ohne Druckortangabe). Vgl. C. MacCormick, The Restitution göttlicher Schrifft of John Campanus: An Interpretation and the Text, Harvard 1959.
[52] Vgl. WA.B 6, 231f., Nr. 1886, hier 232, 9-12.

und ihre wunderlichen und greulichen Irrtümer, zur Verwunderung Bucers".[53] Luther selbst schrieb drei Tage später (am 27. November) an den Braunschweiger Pfarrer Martin Görlitz, er solle überall, wo immer er es könne, veranlassen, dass solche „Furien" (furias) nicht zugelassen werden. Campanus sei gefährlicher als Arius, ein Sohn Satans und ein Gegner des Sohnes Gottes.[54] Um nun die Ansichten des Campanus zu widerlegen, gab Bugenhagen die dem Athanasius zugeschriebenen Bücher gegen die Idolatrie und für den Glauben an die Trinität mit Luthers Vorwort heraus (Athanasii libri contra idolatriam et de fide sanctae trinitatis). Mehrere Jahre später hatte Luther selbst laut Tischrede vom 17. November 1538 Gelegenheit, das Manuskript des „Schwärmers" Campanus zu lesen, das man in Münster gefunden habe.[55] Eine Tischrede mit demselben Datum zeigt, wie Luther die alte Kirchengeschichte unter dem Gesichtspunkt der Rezeption des Wortes Gottes und der Ketzergeschichte betrachtete, unter namentlicher Nennung von Kirchenvätern und von Arius:

„Man bedenke, wie das Wort Gottes zur Zeit Christi seinen Lauf gehabt ... . Bald zur Zeit der Apostel gingen auf Ketzereien ... von falschen Brüdern ausgestreut. Darauf denn bald Arius folgete. Diese verdunkelten alle das göttliche Wort. Aber die lieben heiligen Väter Ambrosius, Hilarius, Augustinus und Athanasius und andere haben hernach das Wort Gottes wieder an Tag und ans Licht gebracht und erkläret."[56]

Am 24. November 1531 hat Luther sein Vorwort abgeschlossen, in welchem zu lesen ist: „Es ergötzte mich die schöne Geschichte, so oft ich mich daran erinnerte, mit welcher Glaubensinbrunst und Zustimmung ich als junger Mann im ersten Jahr meines Mönchsstandes den Dialogus gelesen hatte." Es gefalle ihm (Luther) außerordentlich, dass Bugenhagen gewisse Werke des heiligen Athanasius über die Trinität herausgeben wolle. Einen dieser Texte zitiert er als den „Dialogus ille seu disputatio". Das Streitgespräch habe zwischen Arius und Athanasius zur Zeit Konstantins des Großen (wie Luther irrtümlich meinte) vor dem Richter Probus stattgefunden.[57] Durch Bugenhagens Veröffentlichung werde der Glau-

[53] Contra Lutheranos et omnem post Apostolos mundum, eiusque miros et monstrosos errores mirante Bucero. Ein Berliner Manuskript von Bugenhagens Hand enthält Auszüge daraus: Mss. theol. lat. Oct. 43. Vgl. WA 30 III, (528 f.) 530-532, hier 528 Anmerkung 3.

[54] Vgl. WA.B 6, 232f., Nr. 1887, hier 233, 4-9.

[55] Vgl. WA.TR 4, 153, 13-21 (lateinisch); 153, 23-154, 6 (deutsch), Nr. 4127.

[56] WA.TR 4, 150, 4-151,4 (lateinisch); 151, 6-41 (deutsch), Nr. 4123, hier 151, 17-22.

[57] „Vehementer mihi placet, vir optime, consilium tuum (quod satis tarde rescivi) de aedendis aliquot libris Divi Athanasij, puta de Trinitate, inter quos mira voluptate me affecit Dialogus ille seu disputatio, quam coram Probo Iudice sub Magno Constantino inter ipsum Athanasium et Arrium habitam fuisse constat, Recreavit

bensartikel über die Trinität in seiner Reinheit verteidigt, wofür der „allerheiligste Athanasius" (Sanctissimus Athanasius) den Zorn der Welt auf sich gezogen habe.[58] Luther ist sich wohl bewusst, was er der Lektüre des Dialogus verdankt, den ihm ein Augustiner in Erfurt zu lesen gegeben hatte, nämlich so ziemlich alles, was er über Athanasius je wusste.

Man kann die Meinung nicht nachvollziehen, dass Luther eine bereits fertige Systematik in sein Klosterdasein mitgebracht habe, und dass er von der Lektüre des Dialogus und der anderen rechtgläubigen Autoren nichts gelernt habe (so der katholische Lutherforscher Theobald Beer, 1902-2000).[59] Das alles sei u.a. auf den Einfluss von Johann Reuchlin zurückzuführen.[60] Luther hatte aber zu diesem Zeitpunkt noch nichts von Reuchlin gelesen. Dennoch bleibt, wie erwähnt, die humanistische Umwelt wichtig, in der sich ein reges Interesse an Athanasius zu zeigen begann. Wenngleich Beers Interpretation unannehmbar ist, ist seine deutsche Übersetzung des Dialogus außerordentlich verdienstvoll.

1.6. *Was lernt Luther bei der Lektüre des Dialogus zwischen Arius und Athanasius?*

Im Ersten Buch der zwei Bücher des Streitgesprächs (Dialogus) wird zunächst das gemeinsame Glaubensbekenntnis des Arius und des Athanasius zitiert. Einstimmig erklären beide:

„Wir glauben an Gott, den allmächtigen Vater, und an seinen Sohn, Jesus Christus, unseren Herrn, und an den Heiligen Geist. Dies ist die Grundlage (regula) unseres Glaubens, die der Herr kraft seines himmlischen Lehramtes (coelesti magisterio) den Aposteln übertragen hat, da er sprach: ‚Gehet, taufet alle Völker im Namen des Vaters und des Sohnes und des Heiligen Geistes'."[61]

---

enim me iucunda memoria, quum recordarer, quanta fidei ardore et fauore adolescens eum Dialogum legissem, primo anno Monachatus mei, cum Effordiae Paedagogus meus Monasticus, vir sane optimus et absque dubio sub damnato Cucullo verus Christianus, mihi eum sua manu descriptum, dedisset legendum. Sed haec privata voluptas et utilitas fuerit" in: D. Athanasii Libri contra idolatriam gentium et de fide sancte trinitatis, cum praefatione Martini Lutheri et Joannis Pomerani, cuius opera hi Athanasii libri restitutiet aediti sunt, hg. v. Nicolaus Schirlentz, Wittenberg, 1532. Vgl. WA 30 III, 530, 20-531, 17. Vgl. Posset, The Disputation Between Athanasius and Arius, 79-80.

[58] Vgl. WA 30 III, 531, 18-22.

[59] T. Beer, Luthers erste Klosterlektüre, a.a.O. (siehe Anm. 26), 29.

[60] Vgl. ebd., 17.

[61] Erstes Buch, V.

Der heidnische Richter Probus meint aus diesem Glaubensbekenntnis herausgehört zu haben, dass die beiden Kontrahenten drei Götter verkündeten. Deshalb verlangt er eine genauere Erklärung von jedem. Die beiden kommen dieser Anordnung nach, ohne aber zunächst auf Belegstellen aus der Heiligen Schrift Bezug zu nehmen (diese kommen erst im Zweiten Buch zum Vorschein). Bemerkenswert dabei ist, dass das Bekenntnis des Apostels Thomas „Mein Herr und mein Gott" (Joh 20, 28) überhaupt keine Rolle spielt.
Es war Arius, der vorschlug, die diesbezüglichen Beschlüsse des Konzils von Nizäa durch Vorlesen bekannt zu machen, was auch auf Anordnung des Richters geschieht:
„Richter Probus: Der Text des vorerwähnten Dekretes möge also nach Wunsch vorgelesen werden.
Es lautet so: „Wir glauben an den einen Gott, den Vater, den allmächtigen, den Schöpfer alles Sichtbaren und Unsichtbaren. Und an unseren einen Herrn Jesus Christus, Gottes Sohn, als Einziggeborener aus dem Vater geboren [ex Patre], das heißt aus der Substanz des Vaters [de substantia Patris]: Gott von Gott, Licht vom Lichte, wahrer Gott vom wahren Gott, geboren [natum], nicht geschaffen [non factum], eines Wesens [unius substantiae] mit dem Vater (was die Griechen ‚homousion' nennen [quod Graeci dicunt homousion]), durch ihn ist alles geworden, im Himmel und auf Erden. Um unseres Heiles willen ist er vom Himmel herabgestiegen und hat Fleisch angenommen. Er ist Mensch geworden, hat gelitten und ist auferstanden am dritten Tag. Er ist aufgefahren in den Himmel und wird wiederkommen zu richten die Lebenden und die Toten. Und (wir glauben) an den Heiligen Geist. Die aber sagen: Es gab eine Zeit, da er [Christus] nicht war, und er war nicht, bevor er geboren wurde, und er ist aus nichts oder einer anderen Substanz oder Wesenheit geworden, oder die sagen, er sei ein veränderlicher oder wandelbarer Gott – diese belegt die katholische und apostolische Kirche mit dem Anathema."[62]
Arius kommentierte sofort und ganz abschätzig, da er einen Widerspruch zwischen dem Glaubensbekenntnis des Konzils und dem „apostolischen Glauben" sah: „Du siehst deutlich, Probus, bester aller Männer, dass die Beschlüsse jenes Konzils, in Verhöhnung des apostolischen Glaubens, mit kühner Unbesonnenheit zusammengeschrieben worden sind."[63]
Der Ausdruck „Schriftbeweis" kommt im Dialogus in verschiedenen lateinischen, synonymen Formeln oder Umschreibungen vor.[64] Richter

---

[62] Erstes Buch, IX.

[63] Erstes Buch, X.

[64] Beer verwendet in seiner Übersetzung des Dialogus mehrmals das Wort 'Schriftbeweis' für das einfache Wort 'testimonium', ohne dass das immer zwingend notwendig wäre. Sachlich stimmt das aber durchaus. z. B.: „Und damit die Klage

Probus z. B. verlangt „Zeugnisse der Heiligen Schrift"[65]; Beweise „aus den Heiligen Schriften"[66]; „Beweisführung aus der Heiligen Schrift[67]; Beweise „aus den heiligen Autoritäten"[68] oder „von Zeugnissen heiliger Autorität"[69].

Alle drei Akteure der Novelle (Probus, Athanasius, Arius) reden gelegentlich auch von den „heiligen Bänden" (volumina, d. h. Heilige Schriften): Arius fordert Athanasius heraus, „alle Bände" des Neuen und Alten Testaments nach dem Homousios durchzusuchen[70]. Probus will, dass man ohne Redekunst „aus den heiligen Bänden"[71] argumentiere. Athanasius umschreibt „Schriftbeweis" gelegentlich ebenfalls mit den Worten Beweisführung „aus den heiligen Bänden"[72], oder „aus den heiligen Orakeln"[73], oder „aus den heiligen Dokumenten"[74] oder er unternimmt die Beweisführung „mit Dokumenten heiliger Zeugnisse"[75]. Athanasius verwendet auch ähnlich wie Probus den Ausdruck „Zeugnis der Schriften"[76], oder er spricht von dem, was „Äußerungen der heiligen Schriften bezeugen"[77]. Ferner findet man bei Athanasius z. B. den Ausdruck „aus der Autorität des göttliches Gesetzes"[78]. Athanasius erhebt die Gegenforderung, Arius solle doch selber (wenn er es kann) „aus dem reinen und nackten Wortlaut dessen, was [in der Bibel] geschrieben steht, zeigen",[79] dass der Vater ingenitus (ungezeugt) und impassibilis (leidensunfähig) sei.

Andererseits wünscht Arius, aus der Bibel erklärt zu bekommen, ob das Wort „homousios mit der Autorität der Lesung des Herrn niedergeschrie-

---

aller menschlichen Sophistik verstumme, werde ich den Evangelisten Johannes, auf dessen Schriftbeweis ich mich zuvor berufen habe, als Zeugen benennen." Luthers erste Klosterlektüre, a.a.O., 65.

[65] „Scripturae divinae testimonia", Erstes Buch, VII. Im Folgenden wird divinus in der Regel mit 'heilig' übertragen.

[66] „de divinis Scripturis", Erstes Buch, XIV; Zweites Buch, VIII.

[67] „ex divinarum consequentia litterarum", Zweites Buch, I.

[68] „ex divinis auctoritatibus", Erstes Buch, XV; Zweites Buch, I.

[69] „divinae auctoritatis testimonia", Zweites Buch, IX.

[70] „Revolve cuncta Novi et Veteris Testamenti voluminae", Erstes Buch, X.

[71] „ex divinis voluminibus", Zweites Buch, IX.

[72] „ex divinis voluminis", Zweites Buch, VIII.

[73] „ex divinis oraculis", Zweites Buch, VIII.

[74] „ex divinis documentis", Zweites Buch VIII.

[75] „divinorum testimoniorum documenta", Zweites Buch, XV.

[76] „Scripturarum testimonium", Zweites Buch, VIII, XI.

[77] „divinarum Scripturarum testantur eloquia", Zweites Buch, VII.

[78] „de auctoritate divinae legis", Zweites Buch, X.

[79] „... sed pura et nuda verborum proprietate hoc scriptum ostende ...", PL 62,164. Erstes Buch, XIII.

ben ist".[80] Der Heide Probus erwartet einen eindeutigen Beleg „aus den kanonischen Schriften" (de canonicis litteris) zu der These, dass der Vater unzeugbar und leidensunfähig sei. Er erwartet die Beweisführung, dass das, was wörtlich von den Konzilien niedergelegt ist, auch „aus den Quellen der Schriften geflossen" sei[81]. Ferner fordert er: „Wenn es irgendein Dokument aus den heiligen Autoritäten [Bibel] gibt",[82] zum Beweis entweder von drei Wesenheiten (usias) oder von drei Naturen (naturas), solle ein solches Dokument vorgelegt werden. Wenn es keinen eindeutigen biblischen Beweis zur jeweiligen Position geben sollte, sollten doch wenigstens schlüssige Erwägungen „von der Autorität der Schriften her"[83] vorgebracht werden.
Athanasius beabsichtigt zu beweisen, dass seine Position nicht durch menschliche Vorstellungen erdacht, sondern „durch das Magisterium der himmlichen Doktrin überliefert" sei[84], was wohl ein ungewöhnliches Synonym für „Heilige Schrift" sein dürfte. Wie schon erwähnt, hatten Arius und Athanasius im gemeinsamen Glaubensbekenntnis von der Glaubensregel gesprochen, welche „der Herr kraft seines himmlischen Magisteriums"[85] den Aposteln gegeben habe. Zuversichtlich erklärt Athanasius, dass der heidnische Richter entscheiden möge, wer von beiden in höherem Masse mit den Heiligen Schriften übereinstimme[86].
Als Zwischenergebnis kann man festhalten: Der frühe Luther hat über Athanasius kaum Kenntnis aus erster Hand gehabt,[87] seien es griechische Originale oder lateinische Übersetzungen von echten Athanasiustexten. Zu Luthers religiöser Bildung im Kloster gehörte auf jeden Fall die Lektüre der 'historischen Novelle', durch die Luther zuerst und eindrücklich mit dem altkirchlichen Ringen um die Terminologie des rechten Glaubens vertraut wurde. Luther konnte von ebendiesem fiktiven Streitgespräch das Argumentieren mit der Heiligen Schrift kennenlernen und sehen, wie die beiden Gegner ihre Schriftbeweise geführt und welche Bibelstellen sie herangezogen haben. Dabei konnte er die hervorragende Rolle des Johannesevangeliums nicht übersehen, welches von beiden Seiten ausführlich zitiert wurde. Man kann vielleicht schon hier in Erfurt den Nähr-

---

80 „Arius: Ego enim hoc mihi ostendi desidero, utrum homousion dominicae sit lectionis auctoritate conscriptum." PL 62,164. Beer übersetzt so: „ob homousios mit Beglaubigung der heiligen Schrift niedergeschrieben ist."

81 „de Scripturarum fontibus emanasse", Erstes Buch, XIV.

82 „Probus: Si exstat aliquod ex divinis auctoritatibus documentum ...", PL 62,165.

83 „de Scripturarum auctoritate", Erstes Buch, XVI.

84 „coelestis doctrinae magisterio traditum", Zweites Buch, III.

85 Erstes Buch, V.

86 „quis magis cum divinis conveniat Scripturis", Zweites Buch, VII.

87 Vgl. B. Lohse, Luther und Athanasius, a.a.O. (siehe Anm. 4), 195.

boden finden, von dem her Luthers Vorliebe für den Evangelisten Johannes gewachsen ist. Luther wird 1522 das vierte Evangelium als „das einzige, zarte, rechte Hauptevangelium" rühmen.[88] Das Evangelium des Johannes sei „das hohist Euangelium unter allen".[89] Von einem allgemeinen lutherischen Paulinismus kann also, so gesehen, nicht die Rede sein. Vielmehr wird Luther schon sehr früh gelernt haben, dass beide, Paulus und Johannes, die biblisch-theologischen Kronzeugen und Anführer sind.[90]

Wohlgemerkt, es handelt sich um das theologische Argumentieren mit Schriftstellen, die Athanasius zum Sieg verholfen haben. So konnte Bruder Martin sehen, wie das in seinem Orden gepflegte Bibelstudium und Schriftprinzip bereits in der alten Kirche Anwendung gefunden hatte. Seine Hochschätzung des Athanasius galt zu dieser Zeit jedoch noch nicht dem Athanasius als Vorbild eines verfolgten Bischofs und Kirchenlehrers,[91] sondern vor allem dem Theologen der Christologie und der Trinitätlehre.

Den Augustinern in Erfurt gebührt das Verdienst, den frühen Luther auf die Bahn dieser Orthodoxie gewiesen zu haben und ihm mit dem Lesen des (Pseudo-)Athanasius die biblischen Grundtexte in Sachen Trinitätslehre und Christologie geliefert zu haben. Auf der von den Augustinern gelegten Basis kann Luther dem Gegenwind der Antitrinitarier in späteren Jahren erfolgreich begegnen. Aber nicht nur das. Auf jener Grundlage kann er auch dem Türken standhalten. Die Türken glauben zwar an den Schöpfer und an Christus aber nur als Propheten. Gott habe den Glaubensartikel in der frühen Christenheit geschützt, i. e. eine Anspielung auf die christologischen und trinitarischen Glaubensstreitigkeiten zwischen Arius und Athanasius:

„Auch hat Gott uber diesem Artikel stark und fest gehalten... im Anfang der Christenheit und hernach mit vielen Wunderzeichen bestätigt, also dass Alle, die ihn angefochten haben, endlich zu Sünden und Schanden darüber worden sind."[92]

Im 2. Teil ist näher auf das biblische Argumentieren einzugehen, das Luther im Dialogus entgegentritt.

---

[88] WA.DB 6, 10.

[89] Joh 1,1-14 Hohe Christmette. 25. Dezember, in: WA 10 I 1, 180-247, hier 181, 7.

[90] Vgl. De servo arbitrio. 1525, in: WA 18, 600-787, hier 757, 9-10: „Atque a tanto numero exercituum duos proferemus duces cum aliquot suis legionibus, Paulus videlicet et Iohannem Evangelistam."

[91] Vgl. B. Lohse, Luther und Athanasius, a.a.O., 198-199.

[92] Tischrede vom 16. Mai 1540. WA.TR 4, 577, 31-579, 30 (Nr. 4915), hier 579, 16-17.

Teil II: Die biblischen Argumente der Kontrahenten im Dialogus

Wir konzentrieren uns auf das Zweite Buch des Dialogus, in welchem der heidnische Richter ausdrücklich darauf besteht, dass die beiden Gegner Schriftbeweise für ihre jeweilige Position vorlegen. Er ermahnt sie:
„Ich zweifle nicht daran, dass ihr mit unveränderlichem Entschluß an der getroffenen Vereinbarung festhaltet, mit der ihr offenbar gegenseitig übereingekommen seid, dass ihr das Bekenntnis an eine einzige Substanz oder an drei Substanzen aus der Heiligen Schrift [ex divinarum literarum] durch eine lichtvolle Beweisführung dartun könnt ... und dass ihr ohne sophistische Beweisführung von den heiligen Autoritäten her [ex divinis auctoritatibus; Heilige Schrift] darlegt, dass Vater, Sohn und Heiliger Geist entweder eine einzige oder verschiedene Substanzen sind."[93]
Vorbereitet durch die Anleitung im Augustinerorden, die Heilige Schrift eifrig zu studieren, wird Luther bei der Lektüre der ‚historischen Novelle' wohl darauf geachtet haben, wie die Kontrahenten ihre jeweiligen Argumentationen mit Bibelstellen belegen. Wir wenden uns zuerst Arius zu, dann Athanasius.

2.1. Welchen biblischen Belegstellen begegnet Luther, mit denen Arius seine Position untermauert?

Arius wirft Athanasius „blindmachende Gottlosigkeit" vor. Er stützt sich vornehmlich auf den Evangelisten Johannes, aber auch auf Matthäus. Arius klagt seinen Gegner an:
„Er versündigt sich ohne es zu wissen an der Heiligen Schrift, indem er sagt, dass der Sohn hinsichtlich der Substanz Gottes dem Erzeuger gleichgestellt wird, wohingegen aber der Sohn selbst von sich bezeugt: ‚Der Vater ist größer als ich' (Joh 14,28); und ‚Der mich gesandt hat, hat mir Weisung gegeben' (Joh 12,49); und ‚Nicht ich bin von mir aus gekommen, sondern er hat mich gesandt' (Joh 8,42); und ‚Ich bin nicht gekommen, meinen Willen zu tun, sondern den Willen dessen, der mich gesandt hat' (Joh 6,38); und ‚Wie der Vater zu mir gesprochen hat, so rede ich' (Joh 12,50); und ‚Was er mir übergeben hat, habe ich bewahrt' (Joh 17,12); und ‚Alles, was er mir gegeben hat, raubt mir niemand' (Joh 6,39); und ‚Ich werde ihn bitten, und er wird mir mehr als zwölf Legionen Engel zu Hilfe senden' (Mt 26,53); und ‚Wenn dieser Kelch nicht an mir vorübergehen kann, ohne dass ich ihn trinke, so geschehe dein Wille' (Mt 26,42); und ‚Es möge dieser Kelch an mir vorübergehen. Doch nicht wie ich will, sondern

---

[93] Zweites Buch, I.

wie du willst' (Mt 26,39); und ‚Ich tue immer, was ihm gefällt' (Joh 8,29); und ‚Zu meiner Rechten oder Linken sitzen, das euch zu gewähren, steht mir nicht zu' (Mt 20,23); und ‚Er gibt ihm den Namen, der über allen Namen ist, und er erhöht seinen Sohn' (Phil 2,9); und ‚Deshalb hat dich Gott, dein Gott, gesalbt' (Ps 44/45,9); und ‚Er hat ihn von den Toten auferweckt und hat ihn zu seiner Rechten gesetzt' (Eph 1,20); und viele ähnliche Zeugnisse, die ich im Bemühen um Kürze unerwähnt lasse."

So also argumentiert Arius und folgert daraus:

„Wenn er [Christus] folglich einen Größeren hat; wenn er gesandt wird; wenn er nicht aus freiwilligem Entschluß gekommen ist; wenn er nicht seinem freien Willen gefolgt ist; wenn ihm gesagt wird, was er sagt; wenn er das ihm Aufgetragene bewahrt; wenn er um etwas bittet; wenn er wegen des Kelches fleht; wenn er den Namen von einem anderen angenommen hat; wenn er von einem anderen erhöht wird; wenn er den bittenden Jüngern den Sitz nicht aus eigener Machtbefugnis zugewiesen hat; wenn er vollbringt, was dem Vater genehm ist, und wenn er von ihm selbst von den Toten auferweckt wird, scheint es dann etwa folgerichtig, dass einer, der über seine Unterwerfung so viel und derartiges sagt, dem Vater gleichgestellt (aequalis) wird?"[94]

Soweit die christologischen Passagen. Die Argumentation über den Heiligen Geist führt Arius folgendermaßen und ebenfalls vorwiegend mit Zitaten aus Johannes:

„Weil Athanasius ... in kühnem Wagemut behauptet, dass der Sohn mit dem Vater eines Wesens und ihm wesensgleich (coaequalem) ist, muss er dann auch den Geist, der der Diener (minister) des Vaters und des Sohnes ist, in das gleiche Bekenntnis miteinschließen? Der Sohn selbst sagt doch: ‚Er wird mich verherrlichen, denn er wird von dem Meinigen nehmen' (Joh 16,14), und: ‚Ich werde euch den Geist der Wahrheit senden' (Joh 15,26); und: ‚Der Geist geht von mir aus' (Jes 57,16?)[95] und: ‚Den der Vater in meinem Namen senden wird' (Joh 14,26), und der Vater spricht zu den Gebeinen der Toten: ‚Ich werde euch meinen Geist einhauchen, und ihr werdet leben' (Ez 37,5).

Muss nun derjenige, der vom Vater gesandt wird oder von ihm ausgeht (procedit, Joh 16,28), dem gleichgemacht werden, von dem er ausgeht, obgleich der Prophet von ihm bezeugt: ‚Siehe, der Herr macht den Donner und er erschafft den Geist' (Amos 4,13)? Mit einem Wort, es wird mir

---

[94] Zweites Buch, IX.

[95] „Spiritus a me procedet." Diese Selbstaussage des Sohnes (nach Arius) kann nicht auf Joh 16,15 zurückgehen, wie der Herausgeber in PL 62,176 meint. Eventuell handelt es sich um eine Paraphrase von Jes 57,16: „spiritus a facie mea egredietur".

niemals richtig erscheinen, dass das Erschaffene seinem Schöpfer gleichgesetzt wird oder mit ihm ein und dieselbe Kraft besitzen kann."[96]
So weit Arius.

2.2. *Mit welchen biblischen Belegstellen sieht Luther den Athanasius seine Position untermauern?*

Athanasius bezieht sich zuerst auf Johannes, wenn er das „Evangelium" schlechthin zitiert:
„Im Evangelium sagt der Sohn über den Vater: ‚Gott ist Geist' (Joh 4,24), und er sagt, damit er sich als vom Vater geboren (de patre natum) zu erkennen gibt ‚Was vom (de) Fleisch geboren ist, ist Fleisch. Und was vom (de) Geist geboren ist, ist Geist' (Joh 3,6). Und: ‚Ich bin von (de) Gott, dem Vater, ausgegangen' (Joh 16,28). Wie ihr seht, habe ich gezeigt, dass der Sohn – der Sohn sagt es ja von sich selbst – vom (de) Vater geboren ist."[97]
Und nun attackiert Athanasius den Arius:
„dass es gottlos und frevelhaft ist, verschiedene Substanzen des Vaters und des Sohnes zu bekennen, und dass es fromm und gottesfürchtig ist zu glauben, dass sie von einer einzigen Substanz sind, nimm davon Kenntnis, Arius, das kann ich genau erkennen. Und ich werde dir beweisen, dass dies weder durch menschliche Vorstellung erdacht, noch durch Mutmaßungen und Fabeln erfunden, sondern durch das Lehramt der göttlichen Unterweisung überliefert ist."[98]
Im gerade zitierten Text spricht Athanasius wörtlich von der Überlieferung durch das „Magisterium der himmlischen Doktrin" (coelestis doctrinae magisterio traditum),[99] wobei er wohl die Worte Jesu in der Heiligen Schrift meint. Wenig später beruft er sich auf das „Magisterium der apostolischen Autorität", durch die wir belehrt werden, und meint damit den Apostel Paulus mit Röm 1,20, dass man aus dem, was geschaffen ist, die unsichtbare Kraft der Gottheit erkennen soll.[100]
Athanasius argumentiert dann später auch mit zwei weiteren Zitaten des Apostels Paulus, „der über den Sohn an die Hebräer" schreibt, wobei er das Zitat mit Kol 1,15 kombiniert: „Da er das Ebenbild des unsichtbaren

---

[96] Zweites Buch, XII.
[97] Zweites Buch, III.
[98] Ebd.
[99] Vgl. PL 62,168.
[100] Vgl. „... apostolicae auctoritatis edocti magisterio, quo ait, invisibilem divinitatis virtutem ex his quae factae sunt debere intelligi." PL 62,169. Röm 1,20: „Sein unsichtbares Wesen, das ist seine ewige Kraft und Gottheit, ist ja seit Erschaffung der Welt, wenn man es in den Werken betrachtet, deutlich zu ersehen."

Gottes ist (Vulgata: qui est imago Dei invisibilis primogenitus omnis creaturae, Kol 1,15), trägt er auch das Abbild seiner Substanz in sich" (Vulgata: cum sit splendor gloriae et figura substantiae eius portansque, Hebr 1,3; figura substantiae = „Ebenbild seines Wesens" nach der Zürcher Bibel) (VIII).[101] Athanasius fährt mit dem Hinweis auf Jeremia 23,18 und 22 über das „Wort" fort und er schliesst daran den Psalmvers wie folgt an:
„Das Wort ist nämlich der Sohn, wie der Prophet David über die Person des Vaters bezeugt: ‚Mein Herz hat das gute Wort (verbum bonum) hervorgebracht' (Ps 44/45,2). Da auch der Evangelist Johannes weiß, dass das Wort beim Vater ist, das heißt, dass der Sohn von Anfang an beim Vater ist, und dass das Wort vom Vater niemals getrennt gewesen ist, deshalb hat er es an den Anfang des Evangeliums, das heißt seiner Verkündigung gestellt, indem er sagt: ‚Am Anfang war das Wort (verbum), und das Wort (verbum) war bei Gott, und Gott war das Wort (verbum)' (Joh 1,1). Und wiederum an anderer Stelle hat es die Schrift so überliefert: ‚Das Wort ist der Anfang des Werkes' (Initium operis verbum, vermutlich in Anlehnung an Sirach [Ecclesiasticus] 37,20?)."[102]
Athanasius kritisiert den „schlauen Arius", der „den Sohn von der Gleichheit mit dem Vater" ausschließen will, wie folgt:
„Alle Einwände, die von ihm [Arius] reichlich vorgebracht wurden, werden von uns auch mit denselben Belegstellen ohne irgendwelche Schwierigkeiten widerlegt.
Christus, der Sohn Gottes, wird also in Knechtsgestalt, die er aus einer Jungfrau angenommen hat, als dem Vater untergeordnet bezeichnet, was der Apostel Paulus wie folgt bestätigt: ‚Sobald die Zeit erfüllt war, sandte Gott seinen Sohn, aus einer Frau geboren, dem Gesetz unterworfen' (Gal 4,4). Jener wird also als untergeordnet bezeichnet, von dem man weiß, dass er unter dem Gesetz aus einer Frau hervorgegangen (generatus) ist, und in dieser Form, die er freiwillig aus der Jungfrau angenommen hat, nennt er den Vater größer als sich.
In der Gestalt Gottes des Vaters hat ihm der Chor der Engel Dienst geleistet. So steht es nämlich im Evangelium geschrieben: ‚Und der Teufel wich von ihm, und Engel kamen und dienten ihm' (Mt 4,11). Er entgegnet, dass er den Willen des Vaters getan hat, nicht seinen eigenen. In diesem ganz wunderbaren Wort muss man erkennen: Wer den Willen des Vaters mit gleicher Hingabe erfüllt hat, hat das gleiche Wesen geoffenbart. Wie der Apostel bestätigt: ‚Das ist', sagt er, ‚der Wille Gottes in Jesus Christus' (1Thess 5,18), weil er nämlich hinzufügt: ‚Wie der Vater zu mir gesprochen

[101] Der lateinische Originaltext in PL 62,173 gibt diese Zitatenkombination so wieder: cum sit, inquit, imago invisibilis Dei, et figuram substantiae ejus gerens.
[102] Zweites Buch, VIII. Vulgata: „ante omnem operam verbum verax praecedat te et ante omnem actum consilium stabile."

hat, so rede ich' (Joh 12,50). Weshalb sollte das Menschengeschlecht, wenn es nun das Richtige einsieht, beim Hören dieses Wortes in Unruhe versetzt werden? Wenn Christus nämlich anders als Gottvater reden würde, dann würde er in Bezug auf den Vater eher ungleich oder unähnlich genannt werden. Wenn aber das, was der Vater redet, auch der Sohn redet, wird er niemals in Bezug auf den Vater als ungleich oder unähnlich erfunden."

Athanasius fährt fort:

„,Was er mir gegeben hat', sagt er ‚habe ich bewahrt' (Joh 17,12) und ‚Alles, was er mir gegeben hat, kann mir niemand nehmen' (Joh 6,39). Die göttlichen Gaben sind in dieser Hinsicht als Atttibute (Eigenschaften) des Sohnes zu verstehen ... Aber damit bewiesen wird, dass dies alles doch dem bereits Besitzenden und nicht dem Bedürfenden übergeben wird, spricht der Sohn zu ihm: ‚Alles, was mein ist, das ist dein, und was dein ist, das ist mein' (Joh 17,10).[103]

Was dem Vater zu Gefallen ist, hat er getan, weil er nicht das Gegenteil tun kann. Denn er, der sagt ‚Ich bin gekommen, nicht damit ich meinen Willen tue, sondern den Willen dessen, der mich gesandt hat' (Joh 6,38), hat auch gesagt ‚Deinen Willen, mein Gott, wollte ich tun' (Ps 39,9), und: ‚Freiwillig werde ich dir Opfer bringen' (Ps 53,8)."

Unmittelbar darauf liest Luther eine lange Reihe von johanneischen Zitaten, die in Joh 1,1 gipfeln:

„Er, der sagt: ‚Der Vater ist größer als ich' (Joh 14,28), sagt auch: ‚Ich und der Vater sind eins' (Joh 10,30), und: ‚Sie sollen in uns eins sein, wie auch ich und du eins sind' (Joh 17,22), und: ‚Alles, was mein ist, ist dein, und was dein ist, ist mein' (Joh 17,10), und: ‚Glaubt daran, dass ich im Vater bin und der Vater in mir ist' (Joh 14,10), und: ‚Mein Vater wirkt, und so wirke auch ich' (Joh 5,17), und: ‚Wie der Vater die Toten auferweckt und lebendig macht, so macht auch der Sohn lebendig, wen er will' (Joh 5,21), und ‚Wer mich sieht, sieht auch den Vater' (Joh 14,9), und: ‚Wer mich haßt, haßt auch meinen Vater' (Joh 15,23), und: ‚Verherrliche deinen Sohn, damit dein Sohn dich verherrliche' (Joh 17,1), und: ‚Ich habe dich verherrlicht auf Erden' (Joh 17,4), und: ‚Ich habe den Menschen deinen Namen offenbart' (Joh 17,6). Und damit die Klage aller menschlichen Sophistik verstumme, werde ich den Evangelisten Johannes, auf dessen Schriftbeweis [testimonium] ich mich zuvor berufen habe, als Zeugen benennen, der sagt: ‚Am Anfang war das Wort, und das Wort war bei Gott, und Gott war das Wort' (Joh 1,1). Wenn soviel Übereinstimmung hinsichtlich der Gottheit, womit wir dargelegt haben, dass der Vater und der Sohn eins

[103] Zweites Buch, X.

sind, den Ungläubigen nicht genügt, fügen wir (wenn gewünscht) darüber hinaus noch andere hinzu."[104]

Zur Frage, ob der Heilige Geist geschaffen sei oder nicht, erklärt Athanasius Folgendes:

„Wenn die Nachsicht des Richters die Erlaubnis erteilt und es gestattet, werde ich anhand der Heiligen Schrift kurz darlegen, dass auch der Heilige Geist nicht ein Geschöpf, sondern Gott und Schöpfer mit dem Vater und dem Sohn ist."

Richter Probus ermuntert Athanasius, kurz mit den Zeugnissen der Heiligen Schrift zu erläutern, „dass der Heilige Geist mit dem Vater und dem Sohn wesensgleich (coaequalem) ist". Wenn ihm das gelinge, „möge Arius, besiegt durch das Bekenntnis des wahren Glaubens, von seiner Meinung Abstand nehmen".[105]

Mit Luther lesen wir weiter und kommen zu der langen Rede des Athanasius über die Göttlichkeit des Geistes, eine Rede die mit Zitaten aus dem Alten Testament gespickt ist:

„Bevor ich deutlich darlege, dass der Heilige Geist Gott ist, werde ich mit sachgemäßen Worten beweisen, dass ebenderselbe (Heilige Geist) der Schöpfer von allem ist. Es ist ja geschrieben: ‚Durch das Wort des Herrn sind die Himmel geschaffen, und durch den Hauch seines Mundes ihr ganzes Heer' (Ps 32,6). Und bei Salomo: ‚Und er selbst', sagt er, ‚hat sie durch seinen Hauch geschaffen' (Eccl. 1,9 [Sirach]). Und im Psalm: ‚Du sendest aus deinen Geist, und sie werden geschaffen, und du wirst das Antlitz der Erde erneuern' (Ps 103,30). Und im Buch Ijob: ‚Es ist der göttliche Geist, der mich erschaffen hat' (Ijob 33,4). Und Judith: ‚Dir', sagt er, ‚dient deine ganze Schöpfung; denn du gebotest, und es ist so geschehen, du hast deinen Geist gesandt, und er hat sein Werk getan' (Judith 16,17)."[106]

Athanasius lässt daraufhin seine Hinweise auf die Jungfrauengeburt durch den Heiligen Geist folgen:

„Von solcher Macht und Schöpfungskraft nämlich zeigt sich der Heilige Geist, dass der Leib des Herrn Jesus Christus durch seine Mitwirkung, was uns im Geheimnis des Glaubens überliefert ist, im Schoß der Jungfrau gebildet wurde, wie der Evangelist [Mt] sagt: ‚Fürchte dich nicht, Maria als deine Frau zu dir zu nehmen: denn was in ihr gezeugt wurde, ist vom Heiligen Geist' (Mt 1,20). Und ebenso: ‚Bevor sie zusammenkamen, hat es sich gezeigt, dass sie vom Heiligen Geist empfangen hatte' (Mt 1,18)."[107]

---

[104] Zweites Buch, XI.
[105] Zweites Buch, XII.
[106] Zweites Buch, XIII.
[107] Ebd.

Die Rede des Athanasius zieht sich in die Länge – bis in die beiden nächsten Kapitel[108]:

„Dass er [der Heilige Geist] aber Gott ist, werde ich, wie ich mich erinnere versprochen zu haben, mit diesen Belegstellen als wahr nachweisen, wie der Prophet David sagt: ‚Ich will hören auf das, was Gott, der Herr, in mir spricht' (Ps 84,9). Für niemanden ist es deshalb zweifelhaft, dass alle Propheten nur durch den Heiligen Geist verkündigen oder reden können, wie im Evangelium geschrieben ist: ‚Wenn er kommen wird', sagt er, ‚wird der Heilige Geist, den der Vater in meinem Namen schickt, euch selbst unterweisen und euch das Künftige verkünden' (Joh 14,26; 16,13). Und der Herr spricht ebenso durch den Propheten: ‚Sie wollten meine Ermahnungen nicht hören, die ich durch den Mund der früheren Propheten in meinem Geist ausgesprochen habe, spricht der Herr' (Sach 7,12)."

Damit wir aber nicht, indem wir die Belegstellen der Reihe nach aufzählen, auf den blühenden Wiesen des göttlichen Gesetzes weitläufig von unserem Thema abschweifen, wollen wir zu dem zurückkehren, was wir versprochen haben.

„Auch der Völkerapostel Paulus schreibt wie folgt an die Hebräer: ‚Das bezeugt uns auch der Heilige Geist, und das ist der Bund, den ich nach jenen Tagen mit ihnen schließe, spricht der Herr' (Hebr 10,15). Wir erinnern uns, dass Petrus in der Apostelgeschichte zu Ananias gesagt hat: ‚Womit hat der Satan dein Herz erfüllt, dass du den Heiligen Geist belogst?' (Apg 5,3). Und indem er zeigt, dass dieser Gott ist, fährt er folgendermaßen fort: ‚Du hast nicht Menschen belogen, sondern Gott' (Apg 5,4), und Paulus an die Korinther: ‚Es gibt verschiedene Gnadengaben, aber es ist derselbe Geist; es gibt verschiedene Dienste, aber es ist derselbe Herr; es gibt verschiedene Kräfte, aber es ist derselbe Gott, der alles in allen bewirkt' (1Kor 12,4-6)."

Athanasius fährt mit johanneischen und paulinischen Zitaten fort, um dann mit Lk 1,35 seinen Gedankengang abzuschliessen:

„Sieh, wie der Heilige Geist nach dem Wort des Apostels deutlich bezeichnet wird: derselbe als Gott und derselbe als Herr. Im Evangelium, wie bereits erwähnt, sagt der Herr [Christus] selbst: ‚Gott ist Geist' (Joh 4,24). Ebenso sagt Paulus, da er an die Korinther schreibt: ‚Der Herr aber ist der Geist' (2Kor 3,17). Und an die Epheser: ‚Kränkt nicht den Heiligen Geist Gottes, dessen Siegel ihr in euch tragt' (Eph 4,30). Ebenfalls an die Korinther: ‚Wisst ihr nicht, dass euer Leib ein Tempel des Heiligen Geistes in euch ist, den ihr von Gott habt?' Und indem er aufzeigt, dass er Gott ist, fügt er hinzu: ‚Verherrlicht Gott und tragt ihn in eurem Leib' (1Kor 6,19f). Damit nun aufs klarste bewiesen wird, dass der Heilige Geist Gott und

[108] Zweites Buch, XIV und XV.

Herr ist, spricht der Engel zu Maria: ‚Der Heilige Geist wird über dich kommen, und die Kraft des Allerhöchsten wird dich überschatten: Deshalb wird das Heilige, das aus dir geboren wird, Sohn Gottes genannt werden' (Lk 1,35).“[109]

Mit Luther sehen wir, wie Athanasius seine Position zusammenfasst:
„Seht, mit wie vielen Beispielen göttlicher Zeugnisse wir lehren, dass der Heilige Geist Gott ist und mit dem Vater und dem Sohn von einer einzigen Macht oder Gemeinschaft ist. Was den Gottlosen noch für eine Antwort bleibt, weiß ich nicht. Der Apostel Paulus jedenfalls hat unmissverständlich dargelegt, dass der Heilige Geist mit dem Vater und dem Sohn die eine Gemeinschaft besitzt, da er sagt: ‚Die Gnade unseres Herrn Jesus Christus und die Liebe Gottes und die Gemeinschaft des Heiligen Geistes sei mit euch allen' (2Kor 13,13).“[110]

Beide Seiten argumentieren mit Schriftzitaten für ihre jeweilige Position. Doch nur vier johanneische Verse werden von beiden Seiten in Anspruch genommen:

(1) ‚Ich bin gekommen, nicht damit ich meinen Willen tue, sondern den Willen dessen, der mich gesandt hat' (6,38).
(2) ‚Der Heilige Geist, den der Vater in meinem Namen schickt,' [wird euch alles lehren] (14,26).
(3) ‚Alles, was mein ist, das ist dein, und was dein ist, das ist mein' (17,10).
(4) ‚Was er mir übergeben hat, habe ich bewahrt' (17,12).

Der Richter selbst hält als Ergebnis des Streitgesprächs folgendermassen fest: Arius konnte „den Athanasius hinsichtlich der Verteidigung der Homousie (was eine einzige Substanz bedeutet) ganz und gar nicht widerlegen“. Es sei nun seine richterliche Aufgabe, „alles, was von beiden Seiten zu unserer Erkenntnis vorgetragen wurde, der Beurteilung des ruhmreichen Kaisers zu unterbreiten, damit, fernab von lügenhaften Zweideutigkeiten, Athanasius, der Verfechter des reinen Glaubens, die Siegespalme zu erlangen vermag.“[111]

Mit dieser Siegeserklärung für Athanasius schliesst die Novelle, von der Luther von Anfang an begeistert war und es auch immer blieb.

---

[109] Zweites Buch, XIV.
[110] Zweites Buch, XV.
[111] Zweites Buch, XV.

Teil III: Die demonstrierbaren Nachwirkungen speziell der Dialogus-Lektüre in Luthers späteren Schriften

Der junge Bruder war von der Lektüre während seiner frühen Klosterzeit so sehr beeindruckt, dass er immer wieder und noch Jahrzehnte später seiner Begeisterung darüber Ausdruck verleihen konnte. Die Argumentation des Athanasius, wie sie im Dialogus des Vigilius von Thapsus deutlich wird, hat nachhaltige Wirkungen auf Luther hinterlassen. Immer wieder spricht er von Arius oder Athanasius oder von beiden und ausdrücklich auch vom Richter Probus. In seiner ersten Psalmenvorlesung (1513-1515) kommt er nur auf die Zeiten des Arius zu sprechen und auf die Frage nach der Trinität. Er erwähnt aber Athanasius dabei nicht.[112]

Damit wir sicher gehen, dass Luther sich auf den Dialogus beruft, achten wir insbesondere auf die Stellen, an denen Luther den Richter Probus ausdrücklich erwähnt. Die Nennung dieses Namens ist das Kriterium dafür, dass Luther speziell den Dialogus im Auge hat. Insgesamt verweist Luther zwischen 1530 und 1539 mindestens fünf mal direkt auf diesen pseudepigraphischen Dialogus vor dem Richter bzw. Landpfleger Probus. Es ist die Zeit der innerreformatorischen Streitigkeiten über die Dreifaltigkeit.

Beim Durchgang durch Luthers Werke könnten wir uns an mehr als einem Dutzend Stellen aufhalten. Doch wollen wir insbesondere diejenigen Passagen anschauen, die den Richter Probus nennen (je ein mal im Jahr 1530, zu Psalm 82; im Jahr 1532/1533 zu den Stufenpsalmen; im Jahr 1537 im Sermon über Jesus Christus wahrer Gott und wahrer Mensch; und schließlich im Jahr 1539 über die Konzilien und Kirchen). Dabei überspringen wir das bereits zitierte Vorwort Luthers zu Bugenhagens Athanasius-Ausgabe, in welchem ebenfalls vom Richter Probus die Rede ist.[113] Bemerkenswert ist die Tatsache, dass Luther den Richter Probus im Jahr 1530 erwähnt, also zu einer Zeit, in der er aus der Erinnerung an die Lektüre in der Frühzeit im Erfurter Kloster zitieren musste, da ihm das erneute Lesen des Dialogus in Wittenberg in Bugenhagens Ausgabe von 1532 noch nicht möglich war. Im Folgenden verfolgen wir vor allem, was Luther allgemein gegen den Arianismus zu sagen hat, wobei man mit gutem Recht eine positive Stellungnahme zu Athanasius voraussetzen kann. Auf der Grundlage des pseudo-athanasianischen Dialogus ist Luther in der Lage, ein Bild

[112] Vgl. [Erste Psalmenvorlesung:] Dictata super psalterium 1513-1516, in: WA 4, 1-462, hier 365, 11-13: zu Psalm 119,125 („Ich bin dein Knecht, gib mir Einsicht, dass ich deine Vorschriften verstehe"): „Ita articulus trinitatis expressus tempore Arrii fuit Spiritus et paucis datus, nunc autem est litera, quia revelatus, nisi et nos addamus aliud, scilicet vivam fidem ipsius."

[113] Vgl. Athanasii libri contra idolatriam D. J. Pomerani. Luthers Vorrede 1532, in: WA 30 III, 530-532.

von den Arianern einerseits und von der orthodoxen Position andererseits zu entwerfen (ohne immer Quellenhinweise zu bieten).
Bevor wir auf die Texte mit der Nennung des Richters Probus eingehen, in welchen Luther also ausdrücklich den Dialogus zitiert oder paraphrasiert, schauen wir uns aber doch noch zwei Stellen an: (1) die erste Weihnachtspredigt Luthers, die er 1514 gehalten hat, und (2) seine Verteidigung gegen Latomus vom Jahr 1521/1522.

3.1. Luthers Weihnachtspredigt von 1514 über Joh 1,1

Die von der finnischen Lutherforschung favorisierte Weihnachtspredigt von 1514[114] mag an die Theologie des Athanasius erinnern, doch zitiert Luther den griechischen Kirchenvater nirgends direkt.[115] Den griechischen Begriff Theosis kennt Luther nicht.[116] Woher sollte er ihn auch kennen und woher sollte er denn Genaueres über Athanasius zu diesem Zeitpunkt erfahren haben? Athanasius-Ausgaben nördlich der Alpen gab es noch nicht. Ein direkter gedanklicher Zusammenhang zwischen Luthers Weihnachtspredigt und Athanasius (und Irenäus) kann man vermuten, ein Zusammenhang wie er in der Feststellung von Tuomo Mannermaa zum Ausdruck kommt: „Die Vergöttlichung wird also in diesem Text [Weihnachtspredigt 1514] mit Hilfe der Formulierungen von Athanasius und Irenäus als Vereinigung, also unio von Logos und Fleisch, von Wort und Mensch dargestellt."[117] Da Athanasius und Irenäus aber von Luther nicht namentlich genannt werden, kann man nur eine gedankliche Parallele vermuten, aber wohl kaum eine gedankliche Abhängigkeit. Man muss fragen, ob Luther tatsächlich an Athanasius und seine „Vergottungsformel" gedacht haben kann, als er an Weihnachten 1514 predigte, dass das Wort Fleisch wurde, damit das Fleisch Wort werde.[118] Seine Predigt

---

[114] Joh 1,1 25. Dezember 1514, in: WA 1, 20, 3-29, 31.
[115] Vgl. WA 1, 28-29. Vgl. T. Mannermaa, Theosis als Thema der finnischen Lutherforschung, in: Luther und Theosis: Vergöttlichung als Thema der abendländischen Theologie, hg. v. Simo Peura und Antti Raunio, Helsinki 1990, 11-26, hier 18-19. Vgl. ders., Participation and Love in the Theology of Martin Luther, in: Philosophical Studies in Religion, Metaphysics, and Ethics: Essays in Honour of Heikki Kirjavainen, hg. v. T. Mannermaa, Helsinki 1997, 303-311.
[116] Vgl. F. Posset, 'Deification' in the German Spirituality of the Late Middle Ages and in Luther: An Ecumenical Historical Perspective, in: ARG 84 (1993) 103-126, hier 103. Dort wird der Vergottungsbegriff Taulers und des Frankfurters untersucht, welche aller Wahrscheinlichkeit nach die primären Quellen für Luthers Vergottungsbegriff waren.
[117] T. Mannermaa, Theosis als Thema der finnischen Lutherforschung, a.a.O., 19.
[118] Dies behauptet U. Asendorf, Die Einbettung der Theosis in die Theologie Martin

vermittelt eher den Eindruck, dass er einfach gegen die häretischen Arianer predigen wollte, und dabei ganz unhistorisch erklärte, dass der Evangelist Johannes „gegen die Arianer" gesprochen habe.[119] Deren Lehre kannte er ja (zu diesem Zeitpunkt wohl ausschließlich aus seiner Lektüre des Dialogus im Erfurter Kloster), ein Text, in welchem Joh 1,1 zur Diskussion stand. Luther geht selbstverständlich einerseits von der orthodoxen Zweinaturenlehre über Jesus Christus aus und andererseit, wie er sagt, von der „Arianischen Nichtsnutzigkeit" (nequitia Ariana).[120]

Luther zitiert in dieser Weihnachtspredigt mehrmals Aristoteles und Augustinus. Und wenn Luther zum Schluss zu den Mores kommt (Nunc ad mores veniendum est), zur moralischen Anwendung, erklärt er in Anlehnung an Augustinus: „Wie das Wort Gottes Fleisch geworden ist, so ist das Fleisch Wort geworden. Daher wurde Gott Mensch, dass der Mensch Gott werde."[121] Luther zitiert ihn hier nicht ausdrücklich, doch was er zitiert, klingt ganz wie Augustinus (En. in psalmum 126,11 und sermo 166,4), den er ja zu dieser Zeit bereits intensiv studiert hatte (wie er anderswo sagt): totus homo deificatus. Luther klärt aber jegliches potentielle Missverständnis mit dem biblischen Hinweis auf 2Petr 1,4 auf: „Damit ihr durch die göttliche Natur teilhaft würdet, nachdem ihr dem in der Welt durch die Begierde herrschenden Verderben entflohen seid." Luther: „Wir werden nicht zu Gott gemacht noch zur Wahrheit, sondern wir werden göttlich und wahrhaftig oder [wir werden] Teilhaber der göttlichen Natur (divinae consortes naturae, 2Petr 1,4), sobald wir das Wort aufnehmen und durch den Glauben ihm anhangen."[122]

In dieser Weihnachtspredigt, die wohl vor allem an die akademischen Mitbrüder im Kloster gerichtet war, steht nicht Athanasius sondern die Bibel und die namentlich genannten Autoritäten im Vordergrund, Aristoteles und Augustinus. Aristoteles erfährt sogar eine besondere Hervorhebung, sodass diese Predigt wie eine Lobeshymne auf Aristoteles klingt. Seine Philosophie sei schön, aber von wenigen richtig verstanden, wie sie für die allerhöchste Theologie von Nutzen sein kann ... – „Warum Gott Akt ist, darüber ein anderes mal!"[123]

Luthers, in: Luther und Theosis, a.a.O., 87 u. 91: „Luther nimmt die athanasianische Vergottungsformel ausdrücklich auf."

[119] Vgl. WA 1, 21, 9-19: „Johannes posuit [orationem], fortius contra Arianos facit ..."

[120] WA 1, 21, 31-32.

[121] WA 1, 28, 25-28: „... Ideo Deus fit homo, ut homo fiat Deus."

[122] WA 1, 28, 34-36: „... sicut nos non Deus efficimur nec veritatas, sed divini et veraces vel divinae consortes naturae, quando assumimus verbum et per fidem ei adhaeremus."

[123] WA 1, 28, 19-21 und 29, 19-31: „Vide quam apte serviat Aristoteles in Philosophia sua Theologiae, si non ut ipse voluit, sed melius intellegitur et applicitur ...

Luthers Überzeugung, „Daher wurde Gott Mensch, dass der Mensch Gott werde", taucht in seiner Galaterbriefvorlesung von 1516/1519 in ganz ähnlicher Formulierung als ein platonischer Gedanke auf (zu Gal 4,19): Gott ist zuerst Fleisch geworden, damit das Fleisch Gott werde, und Luther bemerkt dazu: „Daher hat das platonische Wort recht: Ähnliches wird durch Ähnliches erkannt, simile simili cognosci.[124]

3.2. Luthers Bild von Athanasius und den Arianern im Anti-Latomus von 1521 – oder: „Wenn nun meine Seele den Ausdruck homousios hasst"

Der junge Reformator erinnert sich im Jahr 1521 an die Position des Kirchenvaters Hieronymus, als er das Thema „Hieronymus und das homousios" in seiner Schrift Rationis Latomianae Confutatio aufgriff, i.e. gegen Jakob Masson (gräzisiert Latomus, 1475-1544) von der Universität Löwen. Dort waren Luthers Schriften verbrannt worden. Latomus hatte Anfang Mai 1521 eine Kritik an Luther erscheinen lassen, die den Titel trägt: „Begründung aus der Heiligen Schrift und alten Schriftstellern der durch die Löwener Theologen verdammten Artikel der Lehre des Bruders Martin Luther." Luther wehrte sich. An einer gewissen Stelle in seinem Anti-Latomus stellte er fest, dass bereits der Kirchenvater Hieronymus gerne gesehen hätte, dass das Wort homousios abgeschafft werde.[125] Mit Hieronymus witterte Luther „Gift" hinter den Buchstaben dieses Wortes:
„Paulus befiehlt und hatte Recht zu befehlen: ‚Meide die ungeistlichen losen Geschwätze' [novitates, 1Tim 6,20], und dass du reden solltest, wie er selbst redet, und bei den heiligen, althergebrachten Wörtern bleibest ...

Pulchra haec Philosophia sed a paucis intellecta altissimae Theologiae utilis est ... Quare Deus est actus. Sed de hoc alias." Die Bezeichnung „actus purus" als Gottesbezeichnung geht auf Aristoteles zurück: „actus" ist das lateinische Wort für ἐνέργεια, energeia. In seiner Metaphysik kennzeichnet Aristoteles den unbewegten Beweger als reine energeia. – Eingehend gewürdigt wird die Weihnachtspredigt vor allem unter dem Blickwinkel des Verhältnisses von Luther zu Aristoteles von S. Leoni, Trinitarische und christologische Ontologie bei Luther. Wesen als Bewegung in Luthers Weihnachtspredigt von 1514, in: LuJ 65 (1998) 53-84. Vgl. T. Dieter, Der junge Luther und Aristoteles. Eine historisch-systematische Untersuchung zum Verhältnis von Theologie und Philosophie, Berlin – New York 2001, 346-377, 391-401.

[124] Luthers erste Vorlesung über den Galaterbrief. 1516/1517, in: WA 57 III, 53-108, hier 94, 11-13: „Quod prius Deus est factus caro, quam caro fieret Deus ..."

[125] Vgl. Rationis Latomianae pro incendiariis Lovaniensis scholae sophistis redditae, Lutheriana confutatio. 1521, in: WA 8, 43-128, hier 117, 22: „... quod et Hieronymus optavit aboleri."

Auch kannst du mir nicht entgegenhalten, dass das Wort homousios gegen die Arianer angenommen worden sei. Von vielen ist es nicht angenommen worden, und zwar von sehr berühmen Leuten, dass auch Hieronymus wünschte, es möchte abgeschafft werden, und so wenig entgingen sie durch dieses neu aufgebrachte Wort der Gefahr, dass Hieronymus klagt, er wisse nicht, was doch für ein Gift in den Silben und Buchstaben verborgen sei."[126]

Im Gefolge von Hieronymus billigte Luther die Kritik an der altkirchlichen Wortwahl, wobei er sofort die rhetorische Frage hinzufügte, dass ihn das aber nicht zu einem Häretiker mache:

„Wenn nun meine Seele den Ausdruck homousios hasst, und ich ihn nicht gebrauchen wollte, so würde ich deshalb kein Ketzer sein. Denn wer wollte mich zwingen, [dieses Wort] zu gebrauchen, wenn ich nur die Sache festhalte, welche auf dem Konzil durch die Schrift festgestellt worden ist?"[127]

Luther wollte nicht das Credo ablehnen, sondern die Integrität der Heiligen Schrift bewahren. Die Sache an sich war ihm wichtig, „welche auf dem Konzil durch die Schrift festgestellt worden ist". „Denn die Lauterkeit der Schrift [scripturae sinceritas] muss bewahrt werden, und ein Mensch darf nicht so vermessen sein, dass er mit seinem Mund klarer und lauterer reden wolle, als Gott mit seinem Mund geredet hat."[128] Luther wollte das griechische Fremdwort nicht verwenden, aber doch an der „Sache festhalten", die damit ausgedrückt ist – ganz im Sinn des Athanasius. Als Seelsorger wollte Luther sich nicht gezwungen sehen, den Ausdruck homousios beim Predigen zu gebrauchen, so wird man ihn hier interpretieren dürfen. Luther spricht hier wohl nicht als Akademiker, sondern als Prediger. Er sieht keinen pastoralen Nutzwert in der Verwendung des griechischen Begriffs.

Zunächst steht wohl fest, dass Luther beindruckt war, wie sehr biblisch der lateinische Kirchenvater Hieronymus in diesem Zusammenhang dachte. Luther erinnerte sich ziemlich genau und auch richtig, dass es sich um einen Brief an Damasus, den Bischof von Rom, handelte. Doch er hat sich dabei etwas geringfügig anderes eingeprägt, nämlich, dass es sich in dem Brief um den Begriff des homousios handle, was nicht genau stimmt.[129]

---

[126] Ebd., 117, 14-25: „... quid veneni lateat in syllabis et literis ..."

[127] Ebd., 117, 33-118, 2: „Quod si odit anima mea vocem homousion, et nolim ea uti, non ero haereticus. Quis enim me coget uti, modo rem teneam, quae in Concilio per scripturas definita est?"

[128] Ebd., 118, 4-5.

[129] Der Herausgeber von WA 8 schrieb in der Einleitung, Luther habe diesem Kirchenlehrer „irrig" eine Abneigung gegen das Wort Homousios beigelegt. Luther

Luther sprach von dieser Überzeugung des Hieronymus mindestens drei mal, zuerst als junger Reformator im Jahr 1521 und dann als Tischredner im Jahr 1538 und schließlich im Buch von den Konzilien und Kirchen im Jahr 1539. Etwas hat sich also in seinem Gedächtnis festgesetzt. Luther hat sich zwar richtig erinnert, dass es in dem ersten Brief des Hieronymus an den Bischof von Rom tatsächlich eine Textpassage zum Streit mit den Arianern gibt, ein Streit um nichtbiblische Worte, i. e. „drei Hypostasen" (also nur indirekt zum Begriff Homousios, wie Luther meinte). Doch fragte Hieronymus genau nach dem, was auch Luther bewegte: gibt es einen Schriftbeweis für die „drei Hypostasen" im arianischen Verständnis? Welche Apostel hätten das denn authorisiert, so fragt Hieronymus. Luther hat sich also nicht so sehr im Quellenbeleg (Hieronymus an Papst Damasus) geirrt, als vielmehr in der genaueren Benennung des Streitobjekts. Luther sprach vom Homousios als Zankapfel, Hieronymus jedoch von den „drei Hypostasen".[130]

Die rhetorischen Fragen des Hieronymus trafen das Anliegen Luthers mit seinem Wunsch nach biblischen Beweisen – genau wie der heidnische Richter Probus im Dialogus es erwartete. In Luthers darauffolgenden Sätzen taucht zudem noch eine weitere verblüffende Ähnlichkeit des Gedankengangs von Hieronymus und von Luther auf, indem sich beide gegen den Ketzervorwurf wehren. [Hier der Wortlaut aus dem Brief des Hieronymus]:

„Erklärt man sich dann mit ihnen [den arianischen Ablegern] gleichen Sinnes, dann genügt ihnen die sachliche Übereinstimmung nicht, vielmehr bestehen sie auf der Übernahme des Wortes [‚drei Hypostasen']. Ich vermute, dass hinter diesen Silben irgendein Gift [quid veneni in syllabis latet] verborgen lauert. Wir erklären ausdrücklich: ‚Wenn jemand drei Hypostasen als drei ἐνυπόστατα [enhypostata], d.h. drei für sich bestehende Personen, leugnet, dann sei er aus der Kirche ausgeschlossen.' Aber weil wir diese Worte nicht anwenden, deshalb werden wir zu Ketzern erklärt."[131]

---

sei danach verdächtigt worden, den Arianismus zu begünstigen. Vgl. WA 8, (36-42) 43-128, hier 40.

[130] „Nach dem nizänischen und alexandrinischen Glauben [i.e. nach den Beschlüssen von Nizäa, nach dem Dekret von Alexandrien], dem sich auch das Abendland anschloss, verlangen ... die Ableger der Arianer, von mir, einem Römer, etwas ganz Neues, nämlich die Annahme dreier Hypostasen [als drei für sich bestehende Personen]. Welche Apostel haben eine solche Lehre hinterlassen? Welcher neue Völkerapostel Paulus hat diese Lehre vertreten?" (post Nicenam fidem ... quis novus magister gentium Paulus haec docuit); CSEL 54, 64, 12-16.

[131] „... et, quia vocabula non edicimus, heretici iudicamur." CSEL Bd. 54, 64, 18-65, 4.

Genau dasselbe befürchtete Luther 1521, wenn er zugab, dass er den Ausdruck homousios hasse und er ihn nicht gebrauchen wolle. Weil er eben dieses griechische Wort nicht verwenden wolle, wie Hieronymus den Begriff „drei Hypostasen" nicht gebrauchen wollte, so würde er deshalb der Ketzerei verdächtigt, wie auch Hieronymus das beklagte. Luther: „Denn wer wollte mich zwingen, [dieses Wort] zu gebrauchen, wenn ich nur die Sache festhalte." Luther und Hieronymus stimmen darin überein, dass sie eine altkirchliche Wortbildung nicht verwenden wollen. Sie unterscheiden sich nur darin, dass der eine von den „drei Hypostasen" sprach und der andere von „homousios".

3.3. Die Konzilsväter von Nizäa „zisscheten" gegen die Arianer – Luthers Auslegung von Psalm 82 (1530) mit Verweis auf den Richter Probus

Luther brachte seine Auslegung von Psalm 82 wohl vor seinem Aufbruch nach Coburg zum Abschluss, welche Anfang April 1530 erfolgte.[132] Zum Psalmvers 82,4, „Errettet den geringen und armen, Erlöset yhn von der gotlosen hand" sah er sich veranlasst, zum Thema des Umgangs mit Irrgläubigen ein historisches Beispiel vorzubringen, das er aus dem Dialogus seit seiner Erfurter Zeit kannte. Es gebe gottlose Leute, schrieb Luther, die lehren, dass „Christus nicht Gott sei".[133] Die Konzilsväter von Nizäa „zisscheten"[134] (zischten) gegen die Arianer, um sie zum Schweigen zu bringen. Wenn das nicht ausreiche und wenn es zu öffentlichen Auseinandersetzungen komme, solle die Obrigkeit einschreiten und die Sache zum Verhör bringen. Wessen Position nicht mit der Heiligen Schrift übereinstimme, müsse zum Schweigen gebracht werden. An dieser Stelle verweist Luther auf die Anordnung von Kaiser Konstantin, eine Disputation zu veranstalten, die zwischen Athanasius und Arius unter dem Vorsitz des kaiserlichen Landpflegers Probus stattfand:
„So thu die oeberkeit [Obrigkeit] dazu und verhoere die sache, und welches teil nicht bestehet mit der schrifft [nicht standhält gegenüber der Schrift], dem gebiete man das stille schweigen, wie der grosse Keiser Constantinus thet und lies[s] durch seinen Landpfleger Probum den Athanasion und Arrium [sic] gegen nander verhoeren und die sache erkennen. Denn es ist nicht gut, das[s] man ynn einer pfarr odder kirchspiel widderwertige predigt yns volck lesst gehen, denn es entspringen daraus rotten, unfried, hass und neid auch ynn andern welltlichen sachen."[135]

---

[132] Vgl. Der 82. Psalm ausgelegt. 1530, in: WA 31 I, (183-188) 189-218, hier 184.
[133] Ebd., 208, 14.
[134] Ebd., 209, 1-2.
[135] Ebd., 209, 24-28.

Das Erstaunliche an diesem Text ist nicht so sehr der zeitbedingte Ruf nach dem Eingreifen der weltlichen Obrigkeit in Glaubensfragen, sondern dass Luther noch nach ca. 25 Jahren die ‚historische Novelle' im Gedächtnis hatte, nach welcher der Richter Probus eine theologische Untersuchung im Namen des Kaisers durchgeführt habe. Um die Zeit vor April 1530 hatte Luther keine anderen Quellentexte zu dieser Geschichte zur Hand, in der Probus ausdrücklich genannt worden wäre. Es kann sich nur um den Dialogus aus der Erfurter Klosterzeit handeln.

3.4. Weitere Erinnerungen an den Richter Probus – 1532-1539

In den drei folgenden Luthertexten aus der Zeit von 1532 bis 1539, in welchen Probus erneut zur Sprache kommt, konnte Luther seine Kenntnisse über Probus, Athanasius und Arius aus Bugenhagens Ausgabe des Dialogus auffrischen, falls er sich nicht mehr recht an die Lektüre während der frühen Klosterzeit erinnert haben sollte. Wie dem auch sei, Luther brachte noch weitere drei mal in seinen Schriften den Namen des Richters Probus ins Spiel (1532/1533, Stufenpsalmen; 1537, Sermon über Christus wahrer Gott und wahrer Mensch; und 1539, Von den Konzilien und Kirchen) – also nicht etwa in unzuverlässigen Tischgesprächen! Da die literarische Figur des Richters Probus nur in der pseudepigraphischen Novelle vorkommt (und nicht in der Historia Ecclesiastica des Eusebius), kann man mit ziemlicher Sicherheit annehmen, dass Luther an allen Stellen, an denen er von Probus spricht, den pseudo-athanasianischen Dialogus als Quellentext im Gedächtnis hatte.

3.5. „Arius wurde vor Probus ganz offenbar überwunden" (Stufenpsalmen 1532/1533)

Im Jahr 1532/1533 behandelte Luther die Stufenpsalmen (In XV Psalmos graduum; Druck 1540). Beim Vers „Ich rufe zu dem Herrn in meiner Not, und er erhörtet mich" (Psalm 120,1) fiel ihm der Dialogus ein, da er zu dieser Zeit seine liebe Not mit den Häretikern hatte. Er habe wenig Hoffnung auf ihre Bekehrung. Selbst Christus hatte keinen Erfolg mit den Pharisäern. Dann berief Luther sich auf das Beispiel aus der Dokumentation vor dem Richter Probus und stellte fest: „Arius wurde vor Probus ganz offenbar überwunden, und dennoch hat er [Arius] nachher seinen Irrtum mit noch grösserer Zuversichtlichkeit und noch erfolgreicher propagiert."[136]

[136] In quindecim psalmos graduum commentarii ... 1540, 5. November 1532 –

3.6. *Luther erinnert sich im Sermon über Jesus Christus wahrer Gott und wahrer Mensch, dass Richter Probus Schriftbeweise verlangt hatte (1537)*

Im Sermon vom 21. November 1537 über Jesus Christus wahrer Gott und wahrer Mensch trägt Luther zur Bekräftigung des Dogmas ziemlich ausführlich Folgendes aus dem pseudepigraphischen Dialogus vor: Athanasius, Bischof von Alexandrien, spreche hart gegen den Ketzer Arius und der Bischof führe etliche Sprüche aus dem Neuen Testament an, um zu beweisen, dass Christus wahrer Gott ist. Nun war aber der kaiserliche Amtmann oder Landpfleger Probus ein Heide, der Athanasius und Arius verhören sollte. Da sie nun zusammenkamen, fragt Probus den Arius, was er von dem Buch (Bibel) halte, aus dem Athanasius Zeugnisse gegen ihn (Arius) vorbringe. Arius antwortete, er glaube alles, was darin steht. „Da sprach Probus zum ihm: Wenn du das Buch für recht hälst und das dein Glaube und Bekenntnis ist, so hat Athanasius recht und er hat gewonnen. Und du, Arius, hast unrecht und hast verloren." Luther resümiert: „Also richtet und urteilt Probus, ob er schon ein Heide war."[137] Luther war sich sehr wohl der Besonderheit bewusst, dass ein Heide über christliche Lehre entschieden habe – aber eben auf Grund von Schriftbeweisen. Zu diesem Zeitpunkt im Jahr 1537 könnte Luther in Bugenhagens Ausgabe die Geschichte nachgelesen und sein Gedächtnis aufgefrischt haben. Daher ist es nicht weiter verwunderlich, dass Luther hier so präzise zitiert, als hätte er den Dialogus direkt vor sich.
Der letzte Text mit Probus, der zur Sprache kommen muss, stammt aus dem Jahr 1539.

3.7. *Luther in „Von den Konzilien und Kirchen" (1539): „Ist noch vorhanden ein Dialogus, darin Athanasius und Arius zancken fur einem Amptman Probus"*

Das Streitgespräch zwischen Arius und Athanasius vor dem Amtmann Probus, wie Luther ihn an dieser Stelle bezeichnet, kommt ein letztes mal im Buch über die Konzilien und Kirchen aus dem Jahr 1539 vor. Luther zitierte den Dialogus ausdrücklich, und wie immer, als ob es sich um einen

---

27. Oktober 1533, in: WA 40 III, 9-475, hier 17, 29-33: „Arius coram Probo manifeste concluditur ..."

[137] Von Jesu Christo, wahrem Gott und Menschen und von seinem Amt und Reich. Zwei Predigten D. M. Lutheri aus der Epistel S. Pauli, Kol. 1,12-20.18-20. 21. u. 22. November 1537. 1579 durch Andr. Poach herausgegeben, in: WA 45, 265-324, hier 286, 30 – 287, 8.

Dokumentarbericht handle; und, dass es dabei um Schriftbeweise und griechische und nicht-biblischeTerminologie ging:
„Ist noch vorhanden ein Dialogus, darin Athanasius und Arius zancken fur einem Amptman Probus über diesem wort homousius [sic]. Und als Arius hart drauffdrang, Es stuende solch wort in der Schrifft nicht, Athanasius widerumb mit der selben kunst Arium fieng und sprach, Es stehen diese wort auch nicht in der Schrift: Innascabilis, ingenitus Deus, Das ist, Gott ist ungeborn, welchs die Arianer hatten gebraucht, zu beweisen, das[s] Christus nicht kuendte Gott sein, weil er geborn were, Gott aber were ungeborn etc. Und der Amptman Probus urteilet widder Arium. Denn es ist ja wa[h]r, Man sol ausser der schrifft nichts leren in Göttlichen sachen."[138]
Luther findet sich bestätigt, dass man in der Theologie beim Schriftbeweis bleiben soll. Als Reformator schreibt Luther hier ferner, dass es damals von Nöten war, die Meinung der Heiligen Schrift in einem kurzen Wort zusammenzufassen, „in ein kurtz und summarien wort", nämlich in dem Wort homousion.[139] Arius hatte die Behauptung der Homousie (homousii assertio), i.e, der Glaube an die eine einzige göttliche Substanz, für nicht apostolisch gehalten; es sei eine Neuerung (X). Athanasius bestritt nicht, dass das Wort neu sei. Doch seiner Meinung nach sei das homousion zu Recht verwendet, da es den alten Glauben in neuer Artikulierung ausdrücke. Doch bereits der heilige Kirchenvater Hieronymus habe sich veranlasst gesehen, einen Brief an den Bischof von Rom, Damasus, zu schicken, in dem er (Hieronymus) anfing zu begehren, „das[s] man solch wort Homousius solte auskratzen".[140]
Im Ersten Buch (XII) des Dialogus hatte der junge Mönch die Passage mit den zwei herausfordernden Ausdrücken gelesen: innascibilis Pater [ungeborener Vater, oder ursprungsloser Vater] und ingenitus Pater [ungezeugter Vater], die beide nicht-biblischen Ursprungs sind:
„Schliesslich hat die Kirche dem Vater den neuen Begriff der Ursprungslosigkeit (innascibilitas) beigelegt. Nachdem nämlich die Häresie des Sabellianismus behaupten wollte, dass der Vater aus der Jungfrau hervorgegangen sei, hat die Kirche gegen diese im Bekenntnis den ungezeugten Vater (ingenitum Patrem) gelehrt. Und doch lesen wir nirgends in den Heiligen Schriften [in divinis Scripturis] etwas vom ungezeugten Vater (ingenitum Patrem).
Sabellius kann darum seine Frechheit in der folgenden trügerischen Frage zum Ausdruck bringen, indem er ähnlich wie du [Arius] das Thema angeht und sagt: Warum tut ihr ohne irgendeine Hemmung der Heiligen Schrift

---

[138] Von den Konziliis und Kirchen. 1539, in: WA 50, 509-653, hier 572, 13-21.
[139] Vgl. ebd., 572, 27.
[140] Ebd., 572, 8-10.

Gewalt an mit dem Bekenntnis an den usprungslosen Vater (innascibilem Patrem), von dem ihr nicht zeigen könnt, dass es [in der Bibel] geschrieben steht?"[141]
Hier, im Buch über die Konzilien und Kirchen paraphrasiert Luther diese Stelle unter ausdrücklichem Hinweis auf seine Quelle. Dabei zitiert Luther die Ausdrücke innascabilis und ingenitus Deus [Pater], die im Dialogus vorkommen, mit denen Athanasius zeige, dass auch Arius nicht-biblische Ausdrücke benützt habe.

Zusammenfassung

Mit Bernhard Lohse (1928-1997) stellen wir fest, dass der frühe Luther kaum Kenntnis aus erster Hand über Athanasius gehabt hat.[142] Die Lektüre der ‚historischen Novelle' oder Dokumentation, kurz Dialogus genannt, machte Luther zuerst und eindrücklich mit dem altkirchlichen Ringen um die Terminologie des rechten Glaubens vertraut. Bei dieser Lektüre lernte Luther das Argumentieren mit der Heiligen Schrift kennen, und wie zwei oppositionelle Seiten ihre Schriftbeweise geführt haben. Dabei konnte er die hervorragende Rolle des Johannesevangeliums nicht übersehen, welches von beiden Seiten herangezogen worden war. Luther hat schon sehr früh gelernt, dass beide, Paulus und Johannes, Kronzeugen und Anführer der Theologie sind. Diese Beobachtungen zusammen mit der Ordensregel, die Schrift eifrig zu studieren, haben Luther schon sehr früh das Schriftprinzip gelehrt.
Luther war von der Argumentation des Athanasius überzeugt, wie er sie aus dem Dialogus des (Pseudo-)Athanasius des Vigilius von Tapsus kennengelernt hatte. Zeit seines Lebens hat Luther aus diesem Text geschöpft, was besonders daran zu erkennen ist, dass er immer wieder auf den Richter/Landpfleger Probus zu sprechen kam:

(1) Die Konzilsväter von Nizäa „zisscheten" gegen die Arianer, stellte Luther in seiner Auslegung von Psalm 82 (1530) mit Verweis auf den Richter Probus fest.

---

[141] Athanasius: „... Denique Patri novum innascibilitatis nomen Ecclesia imposuit. Cum enim Sabelliana haeresis genitum ex Virgine Patrem volui sei asserere, ingenitum contra hanc confitendo Ecclesia tradidit Patrem. Et utique in divinis Scripturis ingenitum nusquam legimus Patrem... Cur divinis Scripturis sine ullo prospectu pudoris violentiam facitis, profitendo innascibilem Patrem; quod scriptum ostendere non valetis?" PL 62, 163 (XII).
[142] Vgl. B. Lohse, Luther und Athanasius, a.a.O. (siehe Anm. 4), 195 (1993/1998).

(2) Einer der von Bugenhagen herausgegebenen Texte hat Luther besonders gefallen: Der Dialogus zwischen Athanasius und Arius vor dem Richter Probus unter Konstantin dem Großen (Vorwort von 1531/1532).
(3) „Arius wurde vor Probus ganz offenbar überwunden" (Luther in den Stufenpsalmen 1532/1533).
(4) Im Sermon über Jesus Christus wahrer Gott und wahrer Mensch (1537) erinnert Luther sich, dass der heidnische Richter Probus von den beiden christlichen Theologen schlagende Schriftbeweise verlangt hat.
(5) In Von den Konzilien und Kirchen (1539) schreibt Luther ausdrücklich: „Ist noch vorhanden ein Dialogus, darin Athanasius und Arius zancken fur [vor] einem Amptman Probus."

Die Suche nach den Wurzeln von Luthers Athanasius-Verehrung ergab, dass der Dialogus für Luthers Denken grundlegend war und blieb. Seine Verehrung mündete in dem Ehrentitel, den Luther im Vorwort zu Bugenhagens Athanasius-Ausgabe dem griechischen Kirchenvater verlieh: Sanctissimus Athanasius – „allerheiligster Athanasius".

Martin Luther und Thomas von Aquin

Theodor Dieter

Das Seminar hatte drei Schwerpunkte:

(1) Ein Seminar mit dem Thema „Martin Luther und Thomas von Aquin" muss von dem bahnbrechenden und grundlegenden Werk Otto Hermann Peschs „Theologie der Rechtfertigung bei Martin Luther und Thomas von Aquin" (Mainz 1967) ausgehen. Weil Pesch kurz vor Beginn des Erfurter Luther-Symposiums gestorben ist, stand am Anfang des Seminars eine ausführliche Würdigung seiner monumentalen Studie. Durch seine stupende Kenntnis sowohl des Werkes von Martin Luther wie des Werkes von Thomas von Aquin war es ihm möglich, nicht nur einzelne Lehrstücke der beiden Theologen herauszugreifen und zu vergleichen, sondern die unterschiedlichen Strukturen und Denkformen beider Theologen darzulegen und einzelne Lehrstücke unter Berücksichtigung dieser strukturellen Differenzen und mit Blick auf ihren spezifischen Ort im jeweiligen System in ein Gespräch miteinander zu bringen. Pesch hat damit den Dialog auf eine neue Ebene gehoben, selbst wenn man gegen Einzelheiten der Durchführung seines Programms, etwa seine Entgegensetzung von sapientialer und existentieller Theologie Einwände vorbringen kann. Seine große Studie wie auch ungezählte begleitende Arbeiten zu Luther und Thomas von Aquin bleiben Orientierungspunkte für die weitere Forschung.

(2) Der zweite Schwerpunkt des Seminars galt der Frage, welche Kenntnis Luther von Thomas von Aquin hatte. Denis R. Janz hat 1989 in seinem Buch „Luther on Thomas Aquinas" die bisherige Auffassung, Luther habe nur geringe Kenntnisse von Thomas gehabt, kritisiert und nachzuweisen versucht, dass der Reformator Thomas durchaus gekannt habe, vermutlich durch die *Summa contra gentiles*, und dass er die thomanische Gnadenlehre nur selten und zurückhaltend kritisiert habe. Diese Darstellung wurde von Stefan Gradl einer minutiösen und umfassenden Kritik unterzogen.[1] Darin überprüft Gradl die einzelnen Beweisstücke, die Janz vorbringt, und argumentiert, dass dieser, von Pesch „Inspektor Columbo" genannt, die Belege spekulativ überinterpretiert und auch an einigen

[1] Vgl. „Inspektor Columbo irrt. Kriminalistische Überlegungen zur Frage ‚Kannte Luther Thomas?'", in: Luther 77 (2006) 83-99.

Stellen methodisch fragwürdig vorgeht. Prof. Janz hat selbst am Seminar teilgenommen, dort seine inzwischen 25 Jahre alte These vorgestellt und zu Gradl Stellung genommen. Er zeigte sich durchaus beeindruckt von Gradls Einwänden, so dass man die Frage nach Luthers Kenntnis des thomanischen Werkes wieder als offen betrachten muss.

(3) Der dritte Schwerpunkt des Seminars galt der Interpretation einer Stelle aus „De captivitate Babylonica", in der Luther berichtet, wie Pierre d'Aillys Sentenzenkommentar in ihm Zweifel an der Transsubstantiationslehre geweckt habe, weil der Kardinal darin erklärt, die Auffassung, in der Eucharistie würden nicht nur die Akzidentien, sondern auch die Substanzen von Brot und Wein bleiben, sei plausibler und bedürfe der Annahme weniger Wunder als die Transsubstantiationslehre, aber die Kirche habe nun einmal anders entschieden.[2] Luther fügt an, dass er später erkannt habe, dass das die thomistische, das heißt: aristotelische Kirche gewesen sei. Diese Bemerkung hat Luther viel Spott eingetragen, denn das 4. Laterankonzil fand 1215 statt, während Thomas von Aquin erst 1225 geboren wurde. Luther merkt kritisch an, dass Thomas die Akzidentien anders als Aristoteles verstehe, also wohl die Sache überhaupt nicht verstehe. Die im Seminar untersuchte Stelle aus dem vierten Buch des d'Aillyschen Sentenzenkommentars, die Luther im Blick hatte, zeigt die Probleme, die die Verwendung aristotelischer Begriffe in der Abendmahlslehre macht. In der erst später so genannten *Disputatio contra scholasticam theologiam* (1517) finden sich neben generellen Thesen gegen scholastische Auffassungen auch Thesen, die explizit gegen namentlich genannte Theologen gerichtet sind (Gabriel Biel, Pierre d'Ailly, Wilhelm von Ockham, Duns Scotus); Thomas wird nicht eigens genannt. Ein aufschlussreiches Detail: In These 30 dieser Disputation wendet sich Luther gegen Biels Inanspruchnahme von Stellen wie Jak 4,8 („Naht euch zu Gott, so naht er sich zu euch") und anderen für den Grundsatz „Wer tut, was in seinen Kräften steht, dem versagt Gott seine Gnade nicht" (*facienti quod in se est, Deus non denegat gratiam*)[3]. Thomas von Aquin führt diese Stellen auch an, betont aber, dass sie in der Klammer von Stellen wie Jer 31,18 („Bekehre du mich, so will ich mich bekehren, denn du, Herr, bist mein Gott") und Klgl 5,21 („Kehre uns, Herr, zu dir, dann können wir uns zu dir bekehren") zu verstehen sind. Thomas[4] denkt also hier durchaus in Übereinstimmung mit Luther und im Gegensatz zu Biel. Luther setzt sich wohl erst und vor allem

---

[2] Vgl. Martin Luther, Lateinisch-Deutsche Studienausgabe, Bd. 3, hg. v. G. Wartenberg/M. Beyer, Leipzig 2009, 202, 5-25.

[3] Vgl. Martin Luther, Lateinisch-Deutsche Studienausgabe, Bd. 1, hg. v. W. Härle, Leipzig 2006; 22, 24-28.

[4] STh I/II, q. 109, a. 6 ad 1.

mit Thomas auseinander, als sich im Zug der Ablasskontroverse dominikanische Theologen auf Thomas berufen. Dazu wurde ein Text aus Luthers Schrift gegen Prierias[5] zusammen mit dem Argument des römischen Theologen untersucht.

---

[5] Ad dialogum Silvestri Prieratis de potestate papae responsi. 1518, in: WA 1, 644-686, hier 658,6-14.

Kontinuität und Neuanfang in Luthers Biographie

Volker Leppin

Das Seminar befasste sich mit dem historischen Zugriff auf Kontinuität in Luthers Biographie einerseits und deren systematischen Auswirkungen andererseits.

Historisch nahm die Diskussion ihren Ausgang von dem Selbstzeugnis Luthers im Begleitschreiben zu den Resolutiones der Ablassthesen im Jahr 1518, in welchem Luther seine eigene Entwicklung zu einem neuen Bußverständnis aufgrund der Begleitung durch Johann von Staupitz beschreibt. Die Ähnlichkeiten zu dem sonst gerne herangezogenen späten Bericht von 1545 über seine *iustitia*-Entdeckung sind frappierend: Luther berichtet jeweils über die Entdeckung eines neuen Wortverständnisses – 1518 „Buße", 1545 „Gerechtigkeit" – und weist ihr hermeneutische Zentralfunktion für das gesamtbiblische Verständnis zu. Angesichts der Priorität des Buß-Berichtes lässt sich die Einsicht kaum umgehen, dass Luthers kritisches Herantreten an die Bischöfe am 31. Oktober 1517 sich in einem Rahmen bewegte, der nicht eine Neuentdeckung gegenüber dem Mittelalter darstellte, sondern innerhalb des Mittelalters: Er bewegte sich auf den Spuren des Staupitz und der Mystik. Dies wird noch dadurch unterstrichen, dass mystische Aussagen auch in den folgenden Jahren virulent bleiben wie etwa die Brautmystik der Freiheitsschrift[1] oder der Gedanke der Gottesgeburt in der Wartburgpostille[2], welche auch im konfessionellen Luthertum noch eine reiche Nachwirkung hatte.

Die Wirkungen der frühen „Mystischen Wende" gehen aber, wie sich zeigen ließ, noch weiter: In verschiedenen Zentralbereichen lutherischer Theologie – der Lehre von Gesetz und Evangelium, der Rechtfertigungslehre und der Vorstellung vom allgemeinen Priestertum – wirkt mystisches Erbe in eigenen Transformationen fort: Das Gegenüber von „Gesetz und Evangelium" stellt eine spezifische Umformung der in der Mystik zu beobachtenden Dynamik der Zunichtemachung des Menschen und seiner Auffüllung durch Gott dar – mit Luthers Lehre wirkt dieser Gedanke in worttheologischer Brechung fort. Die Rechtfertigungslehre verdankt sich selbstverständlich nicht vollständig der Mystik: Luthers Lektüre des Paulus

[1] Von der Freiheit eines Christenmenschen. 1520, in: WA 7, 12-38, hier 25f.

[2] Evangelium am Sonntag nach dem Christtage, Lk 2,33-40, in: WA 10 I 1, 379-448, hier 387, 3-14.

und Augustins wirken hier mit – vor dem spätmittelalterlichen Hintergrund sind dies aber nicht getrennte Gestalten der Theologie und Frömmigkeit, sondern sie wirken zusammen und bilden einen gemeinsamen gedanklichen Komplex, an dem Luther teilhatte. So war der Gedanke einer Gnade ohne menschliche Verdienste schon bei Johannes Tauler vorgeprägt, dessen Predigten Luther nachweislich intensiv studiert hat. Dies gilt graduell auch für das allgemeine Priestertum, das bei Tauler allerdings nicht allgemein, wie dann bei Luther, mit der Taufe verbunden ist, sondern mit einer bestimmten eigenen Form mystischer Andacht.

So ergab sich insgesamt, dass Luthers Denken sich als Transformation mystischen Denkens in dem Sinne bestimmen lässt, dass er Kontinuität wahrte, zugleich aber, vor allem durch seine worttheologische Brechung, neue Akzente setzte. Die Diskussion in der Arbeitsgruppe richtete sich über die historischen Befunde hinaus auf die Bedeutung für ein ökumenisches Lutherverständnis: Die Erkenntnis einer gemeinsamen Verwurzelung im Mittelalter eröffnet auch neu-alte Sprachmöglichkeiten für die großen Konfessionen.

Buße, Beichte, Ablass bei Luther

Wolfgang Thönissen

Prof. Thönissen gab in seinem Seminar Einblicke in die vom Institut für Ökumenische Forschung in Strasbourg und dem Johann-Adam-Möhler-Institut in Paderborn zusammen verantworteten Forschungen zum Ablass des späten Mittelalters. In diesem Zusammenhang führte er u.a. aus:

Seit dem 11. Jahrhundert war der Ablass zu einer der zentralen religiösen Handlungsformen des Mittelalters geworden.[1] Die Verbreitung des Ablasses im Mittelalter war freilich von Anfang an mit schweren Missbräuchen verbunden. Das geht im Wesentlichen aus den Arbeiten von Nikolaus Paulus hervor, der zwischen Theologie und Praxis des Ablasses zu unterscheiden vorschlug, weil er nachweisen konnte, dass viele Ablässe missbräuchlich vergeben und auch gefälscht worden waren.[2] Selbst bei der durchaus missverständlichen Formel eines Ablasses a poena et culpa war in Theologie und Erbauungsliteratur immer klar, dass nicht an einen Schulderlass zu denken war, sondern an den Nachlass der zeitlichen Sündenstrafen. In dieser Sicht ist Paulus auch die protestantische Geschichtsschreibung gefolgt, wenngleich seine Hauptthese, wonach der Ablass den Gläubigen immer korrekt vorgetragen worden sei[3], heute wohl deutlich kritischer eingeschätzt werden muss.[4] Während J. Lortz für die katholische Reformationsgeschichtsschreibung des 20. Jahrhunderts im Ablass einen Spiegel des Verfalls der spätmittelalterlichen Kirche gesehen hatte, vor dessen Horizont er den Einspruch Luthers gegen einen verderbten Katholizismus besser darstellen konnte[5], urteilt der evangelische Kirchenhistoriker Bernd Moeller weitaus differenzierter, wenn er festhält, dass von einer Auflösung der mittelalterlichen Welt im Blick auf das religiöse Leben in Deutschland im späten 15. Jahrhundert nicht die Rede

---

[1] Th. Lentes, Nikolaus Paulus (1853-1930) und die „Geschichte des Ablasses im Mittelalter", Einleitung zur 2. Auflage, in: N. Paulus, Geschichte des Ablasses im Mittelalter, Bd. 1, Darmstadt ^{2}2000, XXXVIII.

[2] Th. Lentes, a.a.O., XXII.

[3] N. Paulus, Geschichte des Ablasses am Ausgang des Mittelalters, Darmstadt ^{2}2000, 121.

[4] Dazu G. A. Benrath, Art. Ablass, in: TRE 1 (1977) 351.

[5] Vgl. J. Lortz, Die Reformation in Deutschland, Freiburg i. Br. ^{6}1982, 193-210; ihm folgte auch E. Iserloh.

sein kann.[6] Das 15. Jahrhundert kann als eine „der kirchenfrömmsten Zeiten des Mittelalters"[7] genannt werden. Vor dieser Einschätzung erweisen sich die Missstände in der Frömmigkeitspraxis um 1500 als „ein komplexer Tatbestand"[8]. Trotz der Allgegenwärtigkeit des Ablasses und der vielfachen Kritik an seinen Missbräuchen möchte auch der evangelische Theologe urteilen, dass angesichts rigoroser Bußbestimmungen in der Erfindung des Ablasses eine „Spur des Evangeliums" wirksam wurde und zutage trat.[9] Aber auch Moeller leugnet nicht, dass im Rahmen der Konzentration der wirklich großen Ablässe in der Hand des Papstes der Ablass selbst „zu einem universal einsetzbaren Finanzierungsmittel"[10] geworden war. Muss in der zweiten Hälfte des 15. Jahrhunderts der Ablass, wenn auch nur in manchen Gebieten, als omnipräsent bezeichnet werden[11], so besteht an der Reichweite und der Intensität der ablasskritischen Stimmung in Deutschland heute kein Zweifel mehr. Hinweise auf zunehmende Ablassverachtung finden sich in zahlreichen Quellen, nicht nur bei Luther.[12] „Der volkstümliche, alle Gesellschaftskreise umspannende Ablassverdruß war ... der entscheidende Nährboden für Luthers Erfolg."[13] Der ablasskritische Diskurs ist wohl schon vor Luthers Auftreten Realität. Aber auch bei dieser These von Wilhelm Ernst Winterhager ist Vorsicht geboten. Die Ablasskritik zwischen 1500 und 1517 verdankt sich unterschiedlichen Motiven, Anlässen und Zwecksetzungen. Wie Christoph Volkmar nachweisen konnte, ist für Herzog Georg von Sachsen der Ablass nicht an sich fragwürdig, sondern die Verkündigungspraxis eines einzelnen Ablasspredigers, in diesem Fall Johannes Tetzels. Herzog Georg, der die 95 Thesen Luthers in Sachsen verbreiten ließ, verfocht keine generelle Ablasskritik, sondern er nutzte Luthers Kritik am Ablass für seine eigenen Zwecke. Was Herzog Georg letztlich kritisierte, war die ausufernde Verbreitung reichsweiter Ablasskampagnen, die seine eigenen Ablasskampagnen finanziell bedrohten und dringend benötigte Einnahmen außer

---

[6] B. Moeller, Frömmigkeit in Deutschland um 1500, in: ders., Die Reformation und das Mittelalter. Kirchenhistorische Aufsätze, hg. v. J. Schilling, Göttingen 1991, 73-85.

[7] Ebd., 81.

[8] Ebd., 84.

[9] B. Moeller, Die letzten Ablasskampagnen. Der Widerspruch Luthers gegen den Ablass in seinem geschichtlichen Zusammenhang, in: ders., Die Reformation und das Mittelalter, a.a.O., 54f.

[10] Ebd., 55.

[11] So C. Neuhausen, Das Ablaßwesen in der Stadt Köln vom 13. bis zum 16. Jahrhundert, Köln 1994, 274.

[12] So. W. E. Winterhager, Ablaßkritik als Indikator historischen Wandels vor 1517. Ein Beitrag zu den Voraussetzungen und Einordnung der Reformation, in: ARG 90 (1999) 16f.

[13] Ebd., 20.

Landes führten. Insoweit kam Herzog Georg Luthers Ablasskritik entgegen, freilich wird diese Kritik nur vorgeschoben, um fremde Ablässe abzuwehren. „Eine grundsätzliche Distanz Herzog Georgs zum Ablasswesen kann hieraus kaum abgeleitet werden."[14] Zwar ist die Formel, ohne Ablass keine Reformation, trotz ihrer Knappheit nach wie vor richtig, aber das Reformanliegen war keineswegs das Grundmotiv nur der Reformatoren. Somit gehen allgemeine kirchliche Reformbestrebungen und die Anliegen der Wittenberger Reformbewegung durchaus gleichzeitig und in gewissem Maße auch gleichsinnig einander einher.

Wer die Ablassthesen Martin Luthers verstehen will, muss die Auseinandersetzung um das Ablassinstitut der frühneuzeitlichen Kirche vor dem Hintergrund der spätmittelalterlichen Praxis und Lehre der Kirche zur Buße angemessen rekonstruieren. Das sich aus monastischen Wurzeln entwickelnde Bußwesen in Form der Mönchsbeichte zeichnet sich durch das Fehlen der Rekonziliation als der einmaligen Wiedereingliederung des Pönitenten in die Kirche aus. An deren Stelle tritt als ein ordentliches Mittel der Seelsorge die Satisfaktion, die Bußleistung, die durch das westliche Bußsystem in starkem Maße verrechtlicht wird. Die Berechnung der Bußleistung durch die in sog. Bußbüchern verzeichneten Tarife hat die Auffassung von einer Tathaftung zum Hintergrund, „wonach die Schuld nur auf Grund der objektiv geschehenen Tat bewertet und durch eine berechenbare kompensatorische Leistung wiedergutgemacht wird"[15]. Die Praxis, statt der Ableistung der Buße diese durch Redemptionen (Loskauf) und Kommutationen (Umwandlung) abzulösen oder gar durch Stellvertreter verrichten zu lassen, bildet den Nährboden für die Herausbildung des Ablasses.[16] Wenngleich das Festsetzen, Erleichtern und Erlassen von Bußleistungen durch kirchliche Amtsträger schon immer mit dem kirchlichen Bußwesen verbunden war, stellt der Ablass nach den Forschungen von N. Paulus doch eine Neubildung in der Geschichte der abendländischen mittelalterlichen Kirche dar. Generelle, außerhalb des Bußaktes erteilte Ablässe lassen sich erst im 11. Jahrhundert nachweisen.[17] Der Ablass (indulgentia) richtet sich nicht auf den Nachlass der auferlegten Bußleistungen, also nicht auf die Tilgung der Schuld, sondern auf die auch nach der Sündenvergebung verbleibenden zeitlichen Sündenstrafen, auf

[14] C. Volkmar, Reform statt Reformation. Die Kirchenpolitik Herzog Georgs von Sachsen 1488-1525, Tübingen 2008, 379, vgl. 373-384.

[15] R. Messner, Feiern der Umkehr und Versöhnung (GDK 7/2), Regensburg 1992, 165.

[16] G. A. Benrath, a.a.O., 459.

[17] N. Paulus, Geschichte des Ablasses im Mittelalter. Vom Ursprunge bis zur Mitte des 14. Jahrhunderts, 2 Bde., Darmstadt ^{2}2000; ders., Geschichte des Ablasses am Ausgang des Mittelalters, Darmstadt ^{2}2000.

die der Priester und auch die Gemeinde durch Gebet und Fürbitte Einfluss auf den Pönitenten nehmen können. Im Ablass muss man daher einen Straferlass sehen, der sich eindeutig und klar auf die Satisfaktion, also den nach Reue (contritio) und Bekenntnis (confessio) dritten Wesensteil der sakramentalen Buße, richtet. Im Zuge der Interiorisierung der Buße nach der ersten Jahrtausendwende verlagerte sich der Akzent des Bußgeschehens auf das Bekenntnis und der diesem zugrunde liegenden Reue, durch welche die Schuld vor Gott vergeben, die Satisfaktion hingegen abgewertet wird.[18] Das entscheidende Gewicht der Strafe und Schuld tilgenden Umkehr bildet die wahre Liebesreue; infolgedessen kommt es auch zu einer Unterscheidung von contritio und attritio.[19] An die Stelle des fürbittenden individuellen Strafnachlasses für den Pönitenten (absolutio) tritt die „allgemeine, möglichst gleichmäßig zu taxierende und rechtskräftige Zuteilung (dispensatio) von Gnaden an jeden bußwillig Gesinnten, gespeist aus dem von der Kirche verwalteten unendlichen Fundus geistlicher Verdienste"[20]. Sie beruht auf der Grundlage einer Unterscheidung der Sündenstrafen, nämlich der zwischen ewigen und zeitlichen Sündenstrafen. Damit wird das schwierige Problem aufgeworfen, welche Wirkung noch von der vom Priester auferlegten Bußleistung ausgeht.[21] Die Schwerpunktverlagerung von der Satisfaktion auf die Reue führt zu einer Veränderung der Bußpraxis. Innerhalb dieser Veränderung der kirchlichen Frömmigkeitspraxis gewinnt der Ablass eine für die spätmittelalterliche Frömmigkeit geradezu allgegenwärtige Funktion.[22]

Luthers 95 Thesen lassen sich im Kontext seiner bußtheologischen und seiner rechtfertigungstheologischen Argumentationen verstehen und deuten. Zwar enthalten sie keine expliziten Darlegungen zu seiner Theologie der Rechtfertigung; das ist aber kein Hinweis auf eine Abkehr von der Bußtheologie.[23] Luther fährt hier offenbar zweigleisig. Ganz auf die Ablassfrage konzentriert, rückt die Bußterminologie in den Vordergrund seiner Argumentation. Da er seine rechtfertigungstheologische Grundperspektive schon voraussetzen kann, bleibt sie hier verständlicherweise unerörtert, aber mitgesetzt, da sie ihm bereits gewiss war. Der Ablassstreit und seine Nachwirkungen führen ihn schließlich über die bußtheologi-

---

[18] R. Messner, a.a.O., 173f.

[19] H. Vorgrimler, Buße und Krankensalbung (HDG IV/3), Freiburg i. Br. 1978, 144f.

[20] G. A. Benrath, Art. Ablass, in: TRE 1 (1977) 349.

[21] B. Hamm, Von der Gottesliebe des Mittelalters zum Glauben Luthers. Ein Beitrag zur Bußgeschichte, in: LuJ 65 (1998) 25.

[22] B. Moeller, Die letzten Ablasskampagnen. Der Widerspruch Luthers gegen den Ablaß in seinem geschichtlichen Zusammenhang, in: ders., Die Reformation und das Mittelalter. Kirchenhistorische Aufsätze, hg. v. J. Schilling, Göttingen 1991, 53-72.

[23] So die Auffassung von B. Hamm, a.a.O., 106-109.

schen Erörterungen hinaus. Der Streit dehnt sich auf andere Fragen aus, schließlich ist es die Autoritätsfrage, die im Zentrum der Auseinandersetzungen Luthers mit seinen Gegnern steht. Angesichts dieser Entwicklungen bezeugt Melanchthon kurz nach dem Tode Luthers sowohl die Notwendigkeit der Reform von Leben und Lehre der Kirche als auch das Festhalten an der Bekenntnistradition der Kirche. Angeleitet durch die Schriften Augustins, den er mit den Augen Bernhards liest, erschließt sich ihm eine Reinigung der Quellen des Evangeliums, in dem die für die Menschen heilbringende Lehre enthalten ist.

Zweifelsohne haben Luthers 95 Thesen zum Ablass vom Oktober 1517 Weltgeschichte gemacht. Ihre bis heute ungebrochene historische Bedeutung erklärt sich vorrangig im Blick auf den anhebenden geschichtlichen Prozess, der schließlich zur Reformation und damit zur Spaltung der abendländischen Kirche führte. Luthers Thesen haben nicht nur unmittelbare Konsequenzen in der Verurteilung der Bannandrohungsbulle „Exsurge Domine" nach sich gezogen, sondern auch in der Widerlegung durch Wimpina, Cajetan, Eck und andere katholische Gegner bis hin zum Konzil von Trient und darüber hinaus. Jede Annäherung an die Ablassthesen ist daher von den nachfolgenden kirchenamtlichen Verurteilungen und theologischen Auseinandersetzungen nicht losgelöst zu betrachten. Dass der Finanzablass, das wichtigste kulturelle und religiöse Finanzierungsmittel der mittelalterlichen Kirche, sang- und klanglos verschwindet, ist nur einer der Hinweise auf die Bedeutung der Ablassthesen und der durch sie ausgelösten theologischen und kirchenpolitischen Diskussionen der nachfolgenden Zeit. Dass Luthers Thesen vom Oktober 1517 das spätmittelalterliche kirchliche System selbst bereits bedrohten oder gar zwangsläufig sprengen mussten, weil sich darin eine reformatorische Neu- oder Umorientierung der traditionellen kirchlichen Lehre zeige, kann nach dem hier Gesagten füglich bezweifelt werden. Zu groß waren für Luther der Respekt und auch die Faszination der Kirchenväter bis zur Zeit Bernhards, welche die „Norm des Augustinus" befolgten[24], als dass Luther vergessen konnte, wem er seine theologischen Entdeckungen am Apostel Paulus verdankte. Melanchthon hat dieses Zeugnis getreu bewahrt und überliefert. Sowohl Luther wie Melanchthon legten nach diesem Selbstzeugnis größten Wert auf die Überzeugung, dass ihre Entdeckung der Rechtfertigung des Menschen aus Gnade durch Glauben allein keinen Bruch mit der

[24] „Ac restitua lux Augustini scriptis posteriati profuit, nam deinde Prosper Maximus, Hugo, et aliqui similes, qui studia gubernarunt, usque ad Bernardi aetatem, propemodum Augustini normam sequuntur" CR 6, 167.

Tradition der Kirche darstellt. Luther selbst hat den Ablass zur damaligen Zeit nicht verworfen, sondern nur ihren maßvollen Gebrauch gefordert.[25]

[25] „Haec initia fuerunt huius controversiae, in qua Lutherus ... ne quidam ipsas indulgentias prorsus abiiciebat, sed tantum moderationem flagitabat" CR 6, 162.

Luther on the Eucharist – Doctrine and Practice

Jari Jolkkonen

Luther's understanding of the Eucharist fits the general theme of our Symposium on catholicity and reform well. In his so called anti-spiritualistic writings Luther is a "catholic" while in these writings he defends *the sacramental realism*, that is the doctrine of the real presence of Christ's body and blood in the bread and the wine, against mere spiritualistic understandings of the Eucharist.

On the other hand in many practical and liturgical solutions he was a "reformist". Some of the reforms, like the removal of the Eucharistic prayer, have not been accepted widely, not even in the Churches of the Reformation. But many other reforms are widely accepted both in the Lutheran Churches and the Roman Catholic Church. For example, according to the Second Vatican Council, the homily is an integral part of the mass. The Council prefers the vernacular language (instead of latin), a common mass (instead of a private mass), and the distribution of both the bread and the wine (instead of using only the bread, *una specie*). One could almost hear Luther whispering: "Great job this time, dear council fathers, thank you very much!"

Several studies have been published on Luther's *doctrine* of the Eucharist, primarily in the area of *systematic* theology. To this group belong, for example, the studies of Albrecht Peters, Herman Sasse, Fredrik Cleve, Harmut Hilgenfeld, Tom Hardt, Eckhard Lessing and Wolfang Simon.[1]

In addition to this, Luther's *liturgic* reform dating back to the 1520s has been debated to this very day. I wish to mention as examples in relation to this the studies of Vilmos Vajta, Hans Bernhard Meyer and Reinhard Messner.[2] In those studies more in the sphere of *practical* theology, there has been a special emphasis placed on the question of what should be

---

[1] See for example Albrecht Peters, Realpräsenz; Hermann Sasse, This is my body; Fredric Cleve, Luthers nattvardslära mot bakgrunden av Gabriel Biels uppfattning av nattvard och sakrament; Harmut Hilgenfeld, Mittelalterlich-traditionelle Elemente in Luthers Abendmahlschriften; Tom Hardt, Venerabilis & adorabilis Eucharistia; Eckhard Lessing, Abendmahl; Wolfgang Simon, Die Messopfertheologie Martin Luthers.

[2] See for example Vilmos Vajta, Die Theologie des Gottesdienstes bei Luther; Hans Bernhard Meyer SJ, Luther und die Messe; Reinhard Messner, Die Messreform Martin Luthers und die Eucharistie der Alten Kirche.

thought of Luther's decision to remove the Roman Canon Prayer (*canon missae*). Some contend that the decision was justified but there are more who claim that this resolution of Luther's was liturgically clumsy, even when considering it from his own theological point of view.[3] I myself tend to favor the latter opinion. It is my desire to combine the systematic and practical dimensions since, at the heart of the matter, in the Eucharist itself doctrine and practice are interlinked.
It might be useful to try to clarify three questions. 1) What is Luther's understanding of the Eucharist? 2) How does this understanding explain the reforms in liturgy and practice? 3) In what sense might we regard Luther as a *doctor communis* for both Lutherans and Roman Catholics and how could Luther challenge both the Roman Catholic and Lutheran Churches of our time in a positive way?
The following points are based on my dissertation "The Sacrament of Faith and Love. The Connection between doctrine and practice in Luther's Theology of the Eucharist", published in 2004 in the Finnish language.

Luther's Sacramental Realism and Modern Protestantism

For Luther the significance of the sacraments was indisputable, yet the same cannot be said of all Luther researchers. Around the turn of the 20th century, both romantic theology and liberal protestantism emphasized the subjective dimension of faith, to the extent that these had great difficulty in understanding why Jesus had to go and, in his place, institute outward rituals such as baptism and the Eucharist.
Theologians such as Friedrich Schleiermacher, Adolf von Harnack and Wilhelm Dilthey either overtly or covertly represent the notion that the Lutheran Reformation carried out a desacramentalisation programme (Entsakramentalisierung). It was maintained that the Reformation led Christianity away from the narrow Roman Catholic sacramentalism bound to materialistic-magical thinking, freeing it up to an inner religion (Verinnerlichung und Vergeisterung der Religion).[4] This leads to the question: if the sacraments were not important in (evangelical) Christianity, then why did Luther write so much about the sacraments and defended them so vehemently? This was explained away as either a blunder or a remnant of the past: Luther took the *first steps* away from sacramentalism but did not have the understanding to give it up *altogether*. Many enlightened researchers want to correct him and lend a hand in this process now.

---

[3] On this debate later in this paper.
[4] See for example Peters, *Realpräsenz*, 10–22.

But a quick glance at Luther's writings opens up a different world. They reveal that Luther and his supporters considered the proper understanding and celebration of the Eucharist of crucial importance, both for the individual and for the church. For Luther the doctrine of justification by faith and the doctrine of the sacraments belong together as signs of Christ's real presence. Salvation through God's free gift of faith is possible only through the word and sacraments in which Christ is present, and through which the Holy Spirit works. "Amongst us the Holy Spirit is not present in any other way than in the bodily sense, that is, in the word, the water, Christ's body and his saints."[5]

From the historical point of view Luther had a passionate battle over the Eucharist on two fronts.[6] In his early writings, such as *De captivitate Babylonica*, a stand is taken especially on the nominalistic understanding of the mass as a sacrifice.

However, at the end of 1520's a stand is taken against the spiritualistic understanding. In the Catechisms the articles dealing with the Eucharist are clearly directed more against the spiritualistic concept. Is Luther consistent over these two fronts? Can we find any underlying conviction or idea in Luther's theology which could explain these two fronts?

God as self-giving love

The underlying factor in the Luther's doctrine of the Eucharist and his praxis of the Mass is the doctrine of God as self-giving love (*agape*). This conviction, together with the theology of the cross and sacramental understanding of the word, leads Luther to defend the *doctrine of real presence* against the spiritualistic interpretations. Furthermore, this conviction leads Luther also to defend the *sacramental* understanding of the Eucharist against the nominalistic concept of the Mass as a sacrifice.

While the rich medieval spirituality emphasised the question of how people can love God properly and purely, in his early commentaries on the Psalms, Luther turned the question around completely: "This it means to be God: not to receive good but to give it" (*hoc est esse Deum: non accipere bona, sed dare*).[7] God is an active giver of good things, not a

---

[5] *WA* 23, 193, 31–33.

[6] The original texts of the *Confessio Augustana*, *Der Große Katechismus* and *Der Kleine Katechismus* see *Bekenntnisschriften der Evangelisch-Lutherischen Kirche*. Large Catechism in *BSLK* 545–733 (or *WA* 30 I, 125–238) and Small Catechism in *BSLK* 501–544 (or *WA* 30 I, 239–425).

[7] *WA* 4, 269, 25–26. Luther comments here Psalm 116:12 (How can I repay the Lord for all his goodness to me?).

passive receiver of them. This concept of God directs all his thinking, also on the subject of the Eucharist. Using expressions corresponding to those in his commentaries on the Psalms, Luther defines the Eucharist as a testament, which is a gift given by God, not received by him (*non beneficium acceptum, sed datum*).[8]

The close union between the image of God and the doctrine of the Eucharist will be dealt with later in its trinitarian context. In the *Large Catechism* Luther combines the metaphor of the gift and the doctrine of Trinity when he summarises the message of the Apostles' Creed: "The Father bestows upon us the entire creation, Christ his completed work and the Holy Spirit all his gifts."[9] Christ's presence in the sacraments is a "logical" consequence and concrete expression of nature of Triune God as a self-giving Love.

The Reformer employs almost identical phrases when he summarizes the entire account of Christianity, using this against the spiritualistic concept of the Eucharist in his work *Vom Abendmahl Christi* (*Confession Concerning Christ's Supper*). For our topic, this text is especially significant, not only because it deals with the doctrine of the Eucharist but due to its personal nature. Luther meant the book to be his theological testament in a situation where, because of extreme pain, he believed he would soon die:

"These are the three persons and one God, *who has given himself* to us all wholly and completely, with all that he is and has. The Father *gives himself to us*, with heaven and earth and all the creatures, in order that they may serve us and benefit us. But this gift has become obscured and useless through Adam's fall. Therefore the Son *himself subsequently gave himself* and bestowed all his works, sufferings, wisdom, and righteousness, and reconciled us to the Father, in order that restored to life and righteousness, we might also know and have the Father and his gifts. *But because this grace would benefit no one if it remained so profoundly hidden and could not come to us, the Holy Spirit comes and gives himself to us also, wholly and completely.* He teaches us to understand this deed of Christ which has been manifested to us, helps us receive and preserve it, use it to our advantage and impart it to others, increase and extend it. He does this both inwardly and outwardly-inwardly by means of faith and other

[8] *WA* 6, 364, 17–21: "Nu meynn ich, ßo wir die vorigen ding recht vorstandenn habenn, das die meß nit anders sey, den eyn testament unnd sacrament, darynnen sich gott vorspricht gegen uns unnd gibt gnad und barmhertzickeit, ßo wirt sichs nit fugen, das wir ein gutt werck odder vordienst solten drauß machen, den ein testament ist nit beneficium acceptum, sed datum, es nympt nit wolthat von uns, ßondern bringt uns wolthat."

[9] *BSLK*, Der Große Katechismus, Glaubensbekenntnis, 69.

spiritual gifts, *outwardly through the gospel, baptism, and the sacrament of the altar, through which as through three means or methods he comes to us and inculcates the sufferings of Christ for the benefit of our salvation* ... In the same way I also say and confess that in the sacrament of the altar the true body and blood of Christ are orally eaten and drunk in the bread and wine, even if the priests who distribute them or those who receive them do not believe or otherwise misuse the sacrament. It does not rest on man's belief or unbelief but on the Word and ordinance of God."[10]

The text brings out the unity between the image of God and the doctrine of the Eucharist. The Eucharist instituted by Christ reflects the love of the triune God. In the Eucharist the grace of God comes to the present moment and is distributed personally to each individual. Without the Eucharist the fruits of Christ's reconciliatory work remain in the past. If the Word and the Sacraments do not communicate God's love to new generations, the Christian faith will be narrowed down to an ideology or a moral system.

Christ's real presence in the Eucharist

While Luther had criticized the concept of transsubstantiation, he still adhered to the traditional sacramental realism of the church: by the power of the Word of God, Christ's body and blood are really present in the bread and the wine when the priest pronounces the words of consecration.[11] In receiving Holy Communion the Christian is forgiven his or

[10] *WA* 26, 505, 38–506,12. "Das sind die drey person und ein Gott, *der sich uns allen selbs gantz und gar gegeben hat* mit allem, das er ist und hat. *Der Vater gibt sich uns* mit hymel und erden sampt allen creaturen, das sie dienen und nuetze sein muessen. Aber solche gabe ist durch Adams fal verfinstert und unnuetze worden, Darumb hat darnach *der son sich selbs auch uns gegeben*, alle sein werck, leiden, weisheit und gerechtickeit geschenckt und uns dem Vater versunet, damit wir widder lebendig und gerecht, auch den Vater mit seinen gaben erkennen und haben moechten. Weil aber solche gnade niemand nuetze were, wo sie so heymlich verborgen bliebe, und zu uns nicht komen kuendte, So kompt *der heilige geist und gibt sich auch uns gantz und gar*, der leret uns solche wolthat Christi, uns erzeigt, erkennen, hilfft sie empfahen und behalten, nuetzlich brauchen und austeilen, mehren und foddern, Und thut dasselbige beide, ynnerlich und eusserlich: Ynnerlich durch den *glauben* und ander geistlich gaben. Eusserlich aber durchs *Euangelion*, durch *die tauffe und sacrament des altars*, durch welche er als durch drey mittel odder weise er zu uns kompt und das leiden Christi ynn uns ubet und zu nutz bringet der seligkeit." English translation from *Luther Works*, Italics mine.

[11] "Mit diesen worten kompt Christus nicht allein yn yhr hertz, sondern auch yn yhren leib, als sie es horet, fasset und glewbet. Da kan yhe niemand anders sagen,

her sins, is united with Christ, and receives, for the strengthening of faith, a concrete sign of his or her participation in the communion of saints and eternal life. The real presence is a consistent outcome of the Incarnation. By the work of the Holy Spirit and by the power of the Word of God, Christ's presence continues in the sacraments.[12]

The doctrine of justification and real presence belongs together. In the *Large Catechism* Luther justifies the decisive role of the sacraments in God's plan of salvation using the old differentiation between Christ's merit (*meritum Christi*) and its personal distribution (*distributio meriti*). The fact of reconciliation is based on the cross, yet the cross does not enter into anyone's mouth. The Word and the Sacraments are needed in order to share that fact with new generations: "For although the work is accomplished and the forgiveness of sins acquired on the cross, yet it cannot come to us in any other way than through the Word. But now the entire Gospel and the article of the Creed: 'I believe in a holy Christian Church, the forgiveness of sin, etc.', are by the Word embodied in this Sacrament and presented to us."[13]

It is indisputable that Luther held onto the classical doctrine of real presence. Instead of spending any more time proving this matter of fact, I would like to ask what kind of practical consequences this doctrine led him into.

Practical consequences of Luther's sacramental realism

In a great many liturgical and practical disputes Luther held on to traditional Catholic practices. He accepted elevation, bowing, incense and other forms of adoration directed towards the consecrated elements. These were natural consequences of his sacramental realism. Since Christ is present in the bread and the wine as really as he was in the manger at

---

denn das die krafft durchs wort kompt. Wie man nu das nicht leugnen kan, das sie so durchs wort schwanger wird, und niemand weis, wie es zu gehet, so ist es hie auch. *Denn so bald Christus spricht 'Das ist mein leib', so ist sein leib da durchs wort und krafft des heyligen geists.* Wenn das wort nicht da ist, so ist es schlecht brod; aber so die wort da zu komen, bringen sie das mit, davon sie lauten." *WA* 19, 491, 13–15.

[12] Luther defends the doctrine of real presence especially in the following antispiritualistic writings: Wider die himmlischen Propheten von den Bildern und Sacrament, 1525 (*WA* 18, 62–214); Dass diese Worte Christi 'Das ist mein Leib' noch fest stehen wider die Schwarmgeister (*WA* 23, 68–320); Vom Abendmahl Christi, Bekenntnis, 1528 (*WA* 26, 261–509).

[13] *BSLK*, Der Große Katechismus, Abendmahl, 31.

Christmas, in the house of Peter's mother-in-law and on the cross on Calvary, it is appropriate to show him worship and adoration in the Mass.[14]

Yet Luther deemed it important that they not be made compulsory. While on the earth, Christ did not demand outward acts of worship, though he did not reject them either. Christ taught faith in God and love toward our neighbours. Faith has the decisive role in this as well, since both God and people in high places are shown respect using the same gestures.

Luther also preserved the old Roman Catholic tradition whereby the communicant kneels while receiving the Eucharist, which is an act of adoration. This is a living tradition, even a "standard" in many Lutheran Churches, also in Finland.

He also quite deliberately held on to the Catholic practice where the priest distributes the wafer directly to the communicant's mouth rather than into the hand. While Luther was hiding in the Castle of Wartburg, some of his supporters had started to demand that the wafer be placed in the communicants' hands because Christ had said in the Words of Institution "Take and eat" and Luther had in fact written that the praxis of the Mass had to be arranged exactly on the basis of the institution account. After returning from his hide-out in Wartburg, Luther put an end to the dispute in his eight sermons titled "Invocavit". If the sign of a good Christian was that he or she takes the wafer in the hand, in that case "even a pig would pass for a good Christian as it can receive the wafer with its trotter."[15] Luther considered it quite possible to distribute the wafer to each person's hand, but out of respect for the sacrament he preserved the old tradition in Wittenberg; the wafer was distributed to the communicants' mouths.

The issue of post-consecration and the handling of post-communion consecrated elements

The facts concerning how the elements are handled in the Mass and thereafter reveals a great deal concerning what Luther believed about the

[14] On adoration of Christ in the Eucharist see more *Vom Anbeten des Sakraments des heiligen leichnahms Christi* (WA 11, 417–457).

[15] *WA* 10 III, 46, 9–14: "Do werd jr felen, lieben freünde, dann wann jr jo guote Christen für allen andern gesehen wolt sein, Das jr das sacrament mit den henden angreyfft und darzuo beydergestalt nemet, So seydt jr mir schlecht Christen: mit der weyße künde auch wol ein Saw ein Christen sein, sie hette jo so eynen grossen ryessel, das sie das sacrament eüsserlich nemen künde." See also *WA* 10 II, 24, 14–16.

Eucharist and what is taught about it. In his last years of life, Luther participated in two debates about how the Eucharistic elements were to be handled in practice. Research has paid surprisingly little attention to these two debates. These debates dealt with post-consecration, i.e. what should be done in case the supply of consecrated wafers or wine would become exhausted in the middle of the distribution, as well as the handling of the post-communion consecrated elements. Are they ordinary bread or the body of Christ?

The problem of post-consecration is well illuminated by an incident in 1545 in the town of Friesnietz. Pr Adam Besserer assisted in the distribution of the Eucharist on the Third Sunday in Advent. The number of communicants was known beforehand as they had to come to confession prior to the Mass. So the exact number of wafers was reserved for the Eucharist.

When distributing the Eucharist to the last communicant Besserer noticed that the wafers had run out. For some reason he had misplaced one of them. He resolved the problem by fetching an unconsecrated wafer from the host box after which he distributed that wafer. Soon afterwards the misplaced wafer was found and put back. Now Besserer made a second and even more fatal error: he slipped the consecrated wafer back into the host box among the unconsecrated wafers.

This became a scandal and Besserer was suspended from office. The theologians at Wittenberg University were asked for counsel on whether this was a matter of abuse and if so, what sanctions should be taken. Together with Johannes Bugenhagen, Luther replied in a letter dated 11 January 1546 only six weeks prior to his death.

The reply from Wittenberg was unambiguous. Luther considered that the way the minister handled the matter was abuse. As Besserer returned the recovered consecrated wafer to where the unconsecrated wafers were kept, he indicated that he held the consecrated and the unconsecrated wafers to be the same thing. This, to the theologians of Wittenberg, was not only a sign of pastoral negligence but nothing other than godlessness.[16] Dispensing with a consecrated wafer could be explained away as carelessness, placing it back among the unconsecrated wafers was already deliberate. Possibly the theologians of Wittenberg were aggravated by a rumour according to which Besserer at first defended his act, claiming that there was no specific difference between the consecrated and the unconsecrated wafers.[17]

---

[16] *WA Br* 11, 258, 5–7: "Primum non est negligentia, Sed nequitia Eaque insignis istius Diaconi, Qui contemptor Dei et hominum abusus est hostias consecratas ad non consecratas pro eodem habere."

[17] See *WA Tr* 6, 179, 16–17.

In Luther's opinion Besserer confessed with his action that he was a Zwinglian and a denier of Christ's real presence. Therefore he deemed it self-evident that the minister in question was to be removed from office and excommunicated: "Let him go to the Zwinglians!"[18]

The issue of the handling of the post-communion consecrated elements raised a heated correspondence between Wittenberg and Eisleben in the summer of 1543. A minister from Eisleben by the name of Wolferinus thought that the consecrated Eucharistic elements were merely ordinary elements (*mera elementa*) after the Mass, which is why they did not need to be handled as sacraments. He based his action on the slogan he had learned from the Reformators, according to which he claimed that the sacraments did not exist outside the sacramental act itself (*nullum sacramentum extra actionem sacramentalem*).

Wolferinus had learned this slogan from the theologians of Wittenberg. To begin with, the words were developed to criticize and reject such Catholic traditions of popular piety where the sacraments were used for purposes other than those for which Jesus had instituted them. According to the idea behind these words, the sacrament was correct only in the proper usage, i.e. in use according to Jesus' intent, not in such things as healing leprosy with baptismal water or blessing fields with hosts. Wolferinus went too far in reaching conclusions on this doctrine of *in usu* by thinking that the real presence ends the moment the Mass is over.

Luther protested strongly against this in his two letters, and was also joined in this by Bugenhagen.[19] He thought it was a scandal that the priest in question saw fit to mix the consecrated bread and wine with the unconsecrated elements after the Mass. The Reformator asked who the priest had learned this from and whose example he was following.

Luther rebuked Wolferinus for arousing, in general, with his incorrect use, speculation over the duration of the real presence, which was both dogmatically and pastorally "a scandalous and detrimental issue".[20] First, it

---

[18] *WA Br* 11, 258, 7–10: "Ideo simpliciter est ejiciendus extra nostras Ecclesias. Vadat ad suos Zuinglianos. Non est opus, ut carcere teneatur homo alienus a nobis, cui nihil etiam iuranti credendum est."

[19] See *WA Br* 10, 336–341 (Luther's and Bugenhagen's Letter to Simon Wolferinus in Eisleben, 4.7.1543) and *WA Br* 10, 348–349 (Luther's second Letter to Simon Wolferinus, 20.7.1543).

[20] *WA Br* 10, 340, 16–22: "Non nos a te, sed tu a nobis haud dubie habes, quod Sacramenta sint actiones, non stantes factiones. Sed quae est ista singularis tua temeritas, ut tam mala specie non abstineas, quam scire te oportuit esse scandalosam, nempe quod reliquum vini vel panis misces priori pani et vino? Quo exemplo id facis? Non vides certe, quam periculosas quaestiones movebis, si tuo sensu abundans contendes, cessante actione cessare Sacramentum?"

was dangerous to claim to know for certain when the real presence ended. Secondly, the disrespectful behaviour of the said minister harmed the congregation's sense of faith and aroused offence and sophistry. Soon the claim of Zwinglianism echoed: "You sound Zwinglian and I am begining to believe that you are involved in their insanities."[21]

While urging Wolferinus to get back in line, Luther also exposed the normal use of Wittenberg, according to which the clergy or the last communicants finished all the elements. This is how no further pastoral or theological problems evolved: "You can well do as we do, that is drink and eat the rest of the elements with a few communicants, so that no hurtful or detrimental questions would arise about the duration of the sacramental act, questions you will choke on if you do not soon come to your senses."[22]

Luther reminded Wolferinus that he had learned the concept of *in usu* from the theologians of Wittenberg (not the other way around) but applied it incorrectly. The Reformator's train of thought reflects the concept according to which the Eucharist is both a created reality (*factus*) and an act (*actus*). In an ontological sense the consecrated bread is a new essence or element (*factus*) and eating it is an act.

In the second letter Luther defined the sacramental act broadly, so that apart from the consecration and the communion, also the remaining elements were to be finished. This was both theologically the safest and pastorally the most expedient usage: "Thus we are free and safe from all unsolved questions, gnawing at the conscience and offensive to it."[23]

The sacrament of unity and love

For Luther the Eucharist is a sacrament of faith: it is an act of obedience of the individual which strengthens his or her faith in God. But does this lead to some kind of individualistic understanding of the sacrament? The Lutheran Franz Pieper and the Roman Catholics Joseph Ratzinger and Louis Bouyer maintain that Luther somehow reduced the Eucharist to a supper for the forgiveness of sins of an individual.[24]

---

[21] *WA Br* 10, 340, 22–23.

[22] *WA Br* 10, 341, 37–41: "Poteris enim ita, ut nos hic facimus, reliquum Sacramenti cum communicantibus ebibere et comedere, ut non sit necesse, quaestiones istas scandalosas et periculosas movere de cessatione actionis sacramentalis, in quibus tu suffocaberis, nisi resipiscas."

[23] *WA Br* 10, 348, 13–33.

[24] Franz Pieper, *Christian Dogmatics*; Joseph Ratzinger, *Theologische Prinzipienlehre*, 273–276; Louis Boyier, *Eucharist,* 388.

We may receive this impression if we only read the disputed writings of 1520 or Catechisms. Despite the fact that this viewpoint does not do justice to Luther's concept of the Eucharist.

Since the Eucharist reflects God's self-giving love and brings Christ to the communicant, it also has a horizontal dimension in Luther's theology. The Eucharist unites the Christian with Christ and his saints. But it also creates communion among people attending the Eucharist. Therefore, the Eucharist is also a meal of *common thanksgiving*, meal of the *public commemoration* of Christ, meal of confession of *common faith* and a meal of *communion.*[25]

The nature of communion in the Eucharist is vividly present in Luther's sermon on *The Blessed Sacrament of the Holy and True Body of Christ and the Brotherhoods*, 1519. Luther starts the sermon unambiguously by stating that the significance or effect of this sacrament is the communion of all saints.

According to Luther the Eucharist is a visible sign of the union of all Christians with Christ and other Christians. It is like a visible proof and seal of belonging to the Kingdom of God, whose head is Christ, and whose citizens include both saints still struggling in this world and saints who have already reached home. According to the Reformator, the old name of the Eucharist *communio,* and its derivation *communicatio,* portrays its contents very well, meaning doing something together and sharing gifts. Through the Sacrament of the Altar all the good from Christ and his saints will become shared property. Similarly, one person's anxiety, suffering and sin will belong to everyone:

"The significance or effect of this sacrament is the communion of all saints. From this it derives its common name *synaxis* or *communio*, that is, fellowship. And the Latin *communicare*, or as we say in German, *zum sacrament gehen*, means to take part in this fellowship ... This communion consists in this, that all the spiritual possessions of Christ and his saints are shared with and become the common property of him who receives this sacrament. Again all sufferings and sins also become common property; and thus love engenders love in return and mutual love unites."[26]

---

[25] See Simo Peura, "The Church as Spiritual Communion", 93–131.

[26] *Martin Luther Studienausgabe* (Berlin) [=StA], 1, 273, 16–24: "Die Bedeutung odder das werck disses sacraments ist gemeynschafft aller heyligen, drumb nennet man es auch mit seynem teglichen namen Synaxis oder Communio, das ist gemeynschafft, vnd Comunicare auuf latein heyst dis gemeysachfft empfahen, wilchs wir auff deutsch sagen zum sacrament gehen, vnd kumpt daher, das Christus mit allen heyligen ist eyn geystlicher corper." *StA* 1, 274, 15–18: "Dysse gemeynschafft steht darynne das alle geystlich gutter Christi vnnd seyner heyligen mit geteyllet vnd gemeyn werden dem, der dyss sacrament empfeht, widderrumb alle leyden

This communion taking place in love is a reciprocal sharing both between Christ and a Christian and among Christians. Christ gives Christians all good things, his grace, holiness and righteousness, making them partakers of both his life and suffering. Therefore at the Eucharist both the bread and the wine are distributed, which elements symbolised life and suffering in the Old Testament.[27] Christians give Christ their own anxiety, misery, angst and sin. This sharing is not only vertical but is to take place among people as well. Those in communion with one another are to give all their good things to be shared and respectively own the wants and needs of others. In this sense the Eucharist has a strong ecclesial and ethical dimension, similar to baptism:
"Christ with all saints, by his love, takes upon himself our form (Phil. 2:7), fights with us against sin, death, and all evil. This enkindles in us such love that we take on his form, rely upon his righteousness, life, and blessedness. And through the interchange of his blessings and our misfortunes, we become one loaf, one bread, one body, one drink, and have all things in common. O this is a great sacrament, says St. Paul, that Christ and the church are one flesh and bone. Again through this same love, we are to be changed and to make the infirmities of all other Christians our own; we are to take upon ourselves their form and their necessity, and all the good that is within our power we are to make theirs, that they may profit from it. That is real fellowship, and that is the true significance of this sacrament. In this way we are changed into one another and are made into a community by love. Without love there can be no such change."[28]
In his sermon of 1519 Luther uses surprisingly strong expressions concerning the *change* of the elements of the Eucharist. Some researchers say these expressions are to be interpreted as symbolic.[29] The Luther expressions are, however, real not just symbolic.
The "changing" of the bread and the wine is spoken of in many Early Church liturgies and written about by theologians as far back as a thousand years before the doctrine of transsubstantiation. The Reformer can also talk about the "change" of the bread and the wine despite his criticism of the concept of transubstantiation. In his thinking the "change" taking place in Christians on the one hand and the "change" of bread and wine on the other hand are not disconnected, but belong together. While the congregation's change and growth into a community of love becomes possible on the basis that the bread and the wine "change" to Christ's real

---

vnd sund auch gemeyn werden vnd alsso liebe gegen liebe antzundet wirdt vnd voreynigt."

[27] *StA* 1, 280, 5–11.

[28] *StA* 1, 278,34–279,12. English translation from *Luther Works.*

[29] Paul Althaus, "Luthers Abendmahlslehre", 5.

body and blood, yet the Eucharist was not instituted for naught but for the very reason that the congregation might "change" and grow into a community of love. Both are real and require the other:

"Besides all this, Christ did not institute these two forms solitary and alone, but he gave his true natural flesh in the bread, and his natural true blood in the wine, that he might give a really perfect sacrament or sign. For just as the bread is changed into his true natural body and the wine into his natural true blood, so truly are we also drawn and changed into the spiritual body, that is, into the fellowship of Christ and all saints and by this sacrament put into possession of all the virtues and mercies of Christ and his saints."[30]

The nature of the Eucharist, that it is public and serves to enhance fellowship, also has its own practical consequences regarding those who intend to partake of it. According to Luther, a Mass officiated by a priest for his own private devotion is in conflict with the communion nature of the Eucharist.[31]

On the other hand he also rejected the notion of arranging the Eucharist in a private home without a minister. Parents are to teach the gospel to their families, but the Eucharist was instituted as a public remembrance of Christ and as the meal of church communion so the one officiating it is to be a minister ordained into public office, that is priesthood.[32] The com-

---

[30] *StA* 1, 279, 31–280, 4: "Vbir das alles hatt er disser zwo gestalt nit bloss nach ledig eyngesetzt, sondern seyn warhafftig naturlich fleysch yn dem bort, vnd seyn naturlich warhafftig blut yn dem weyn geben, dass er yhe ein volkomens sacrament odder zeychen gebe. Dann zu gleych als dass brot yn seynem warhafftigen naturlichen leychnam vnd der weyn yn seyn naturlich warhafftig blut vorwandelt wirt, alsso warhafftig werden auch wir in den geystlichen leyp, das ist yn die gemeynschafft Christi vnd aller heyligen getzogen und vorwandelt vnd durch diss sacrament yn alle tugende vnd gnad Christi vnd seyner heyligen gesetzt." Translation from *Luther Works*.

[31] *WA* 8, 513, 29–514, 3; *BSLK*, 418–419; *WA* 39 I, 134–173.

[32] See for example *WA Br* 7, 339, 18–32: "Dass aber ein Hausvater die Seinen das Wort Gottes lehret, ist recht und soll so sein; den Gott hat befohlen, dass wir unser Kinder und Haus sollen lehren und ziehen, und ist das Wort einem iglichen befohlen. Aber das Sacrament ist ein offenbarlich Bekenntnis und soll offenbarlichen berufene Diener haben, weil dabei stehet, als Christus sagt, man soll es tun zu seinem Gedächtnis, das ist, wie St. Paulus sagt, zu verkundigen oder predigen des Herrn Tod, bis er komme, und daselbst auch spricht, man solle zusammenkommen, und hart straft die, so sonderlich ein iglicher für sich selbs wollt des Hernn Abendmahl gebrauchen... Dann es ein gar anders umb ein ein offentlich Ampt in der Kirchen und umb ein Hausvater uber sein Gesind, darumb sie nicht zu mengen sind noch zu trennen." See also *WA Tr* 5, 6361; *WA Br* 7, 338, 7; *WA Br* 5, 528; 6, 143, 12; 7, 143, 12.

munion nature of the Eucharist requires that both a congregation and an ordained minister be present.

Here, it seems to me that currently practices differ between the German and Scandinavian Lutheran Churches. According to the Finnish and Swedish Lutheran Churches, the Eucharist can be led and celebrated only by a minister who is ordained and authorized by a validy consecrated bishop. This principal is also clearly expressed in the ecumenical paper "Justification in the Life of the Church", between the Lutheran and Catholic Churches of Sweden and Finland.[33]

Criticism of the Scholastic doctrine of the sacrifice of the Mass

Luther fought disputes concerning the Eucharist on two fronts. At the onset of the Reformation, in the early 1520s, he discussed the doctrine of transubstantiation, the distribution of wine to lay people as well as the sacrificial nature of the Eucharist with the Catholic Scholastics of his time. The sacrificial interpretation of the Mass offended Luther the most. It was to him a most ungodly abuse.

The increase in the sacrificial nature of the Mass has gone through a great many phases and it has included many models. According to St Augustine each sacrifice and the act of offering (*offere*) includes four parts or components: 1) the recipient or the one to whom the sacrifice is given (*cui offeratur*), 2) the donor or the one who gives (*a quo*), 3) the gift or what is given (*quid*), as well as 4) the beneficiary (*benefitor*) or the one for whom it is given (*pro quibus*).[34] It is to be noted that the Mass can be understood as a sacrifice in various ways. In the Middle Ages there were many patterns as to who or what was the recipient, the subject, the gift or the beneficiary.[35]

According to Thomas of Aquinas, celebrating the Eucharist is both a sacrament and a sacrifice. The Eucharist can be seen as a sacrifice for

---

[33] "(239 §) Catholics and Lutherans in Sweden and Finland are agreed that God has instituted the priesthood for the administration of the Word and the sacraments of the Church. They are also agreed that only a person who is ordained and authorized by a validly consecrated bishop can celebrate the Eucharist in our churches." Justification in the Life of the Church. A Report from the Roman Catholic – Lutheran Dialogue Group for Sweden and Finland. Available in www.

[34] St Augustine, *De trinitate* 4, 14 (*PL* 42, 819–1098): "Ut quoniam quatuor considerantur in omni sacrificio: cui offeratur, a quo offeratur, quid offeratur, pro quibus offeratur."

[35] See for example Wolfgang Simon, *Die Messopferlehre Martin Luthers*, 9–79; Frank S. Senn, *Christian Liturgy*, 253–263; Erwin Iserloh, "Abendmahl", in *TRE* I, 90–103.

three reasons. First, it is the representative image of Christ's suffering; secondly, in it the Lord's suffering is jointly remembered; finally, it communicates the fruits of Christ's passion to those partaking of it.[36] Luther would not have had difficulty accepting such a view.

Later in the Middle Ages, especially among some Nominalists, the notion of the sacrifice, however, gained more and more anthropocentric emphases. It was taught that Christ's death reconciled us from original sin, but to reconcile for daily sins we need the sacrifice of the Mass. The more the Eucharist gained an *independent sacrificial position* beside the sacrifice of Christ, the more strongly it seemed to be in conflict with the New Testament, according to which Christ's sacrifice was once for all, complete and adequate (Heb 10:10). The more the *priest* was emphasized as the active officiator of the sacrifice, the more passive role was afforded to the sacrificial offering of Christ. The more teaching was offered on how the fruits of the sacrifice of the Mass were to benefit *absent* parishioners and those in purgatory, the more instrumental value was conferred upon the Eucharist.

The Second Council of Lyon had defined the officiation of the Eucharistic sacrifice as one way to bring relief to souls in purgatory.[37] This strengthened the position of the Votive Masses, where the parishioner purchased a Mass from a priest on behalf of a reason or a person. The priest celebrated the Votive Mass alone joining the intercessory prayers to the Canon Prayers of the Mass. The Mass, administered in Latin and partially in an inaudible voice, left the parishioners with the role of a passive audience.

Luther strongly resisted the pattern where the priest was interpreted as offering up the sacrifice and parishioners, absent and in purgatory, were the beneficiaries. The problem was worsened by the fact that the Mass could be purchased from a priest.

---

[36] *STh* III, q.73, a.4: "Dicendum quod, hoc sacramentum habet triplicem significationem. Unam quidem respectu praeteriti: inquentum scilicet est *commemorativum Dominicae passionis*, quae fuit verum sacrificium, ut supra dictum est. Et secundum hoc nominatur 'sacrificium'." See also *STh* q.79, a.7, r: "Dicendum quod hoc sacramentum non solum est sacramentum, sed etiam est sacrificium. Inquantum enim in hoc sacramento repraesentatur passio Christi . . . habet rationem sacrificii; inquantum vero in hoc sacramento traditur invisibilis gratia sub visibili specie, habet rationem sacramenti." Also *STh* III, q.83, a.1, r: "Dicendum quod duplici ratione celebratio hujus sacramenti dicitur immolatio Christi. Primo ... Celebratio autem hujus sacramenti est imago quaedam et repraesentativa passionis Christi quae est vera eius immolation ... Alio modo quantum ad effectum passionis."

[37] *DS* 856; *DS* 940. See also *DS* 1304 and 1743.

Criticism of the implicit doctrine of the sacrifice of the Mass and of the image of God it called for came out early in Luther's 1518 sermon on the Eucharist. According to the central claim of the sermon, God is not a tax collector or a revenger, who expects outward deeds and sacrifices from people, but rather a savior and a giver of gifts, who desires faith from the heart and a confident trust. The real communicant is a person who confesses his or her sins and unworthiness and who believes that grace is bestowed gratuitously in the Eucharist. The expressions describing God, "not needy" and "generous", indicate that in the sacrament of the Eucharist God is the giver of the gift, not its recipient: "God does not need (*non indicus*) any of your good things, but he will come to you and bestow upon you generously (*largus*) of his own good supply."[38]
Luther openly attacked the doctrine of the sacrifice of the Mass in three of his early writings, 1520-21. According to him the doctrine of the sacrifice of the Mass presents an altogether false image of God. In his work *The Misuse of the Mass* (*De abroganda missa privata*), Luther emphatically declares that the one who considers the Mass a sacrifice wants to reconcile and placate God. And the one who wishes to reconcile God must consider him to be angry, expecting placation (*iratum et implacatum*). Anyone believing in an irate God thus expects from him more anger than love, more malevolence than good. So the theologians of the sacrifice of the Mass have confused the entire Christian faith because "they have turned divine love into anger, made the Father an enemy, created hell of heaven, traded the completed work of reconciliation for an incomplete task."[39] They seem to believe in a god who has in his anger closed the gates to heaven and opened the doors to hell, not because of people's

[38] *WA* 1, 330, 33–4: "Deus tuus est bonorum tuorum non indigus, sed bonorum suorum largus in te venit ad te."
[39] *WA* 8, 441, 20–33: "Deinde, cum sacrificant, necesse est, cogitent deum placare. Velle autem deum placare est eum iratum et implacatum credere. Credere autem iratum est expectare iram potius quam charitatem, mala potius quam bona. At Eucharistiam salubriter accepturis necesse est credere deum summa charitate iandudum placatissimum ultro donare id, quo nihil habet charius, ita ut nihil eque pugnet adversus Eucharistiae fructum, atque haec sacrilega opinio papistarum et nocentissima conscientia deum esse iratum et hoc sacrificio placandum, qui, nisi summe esset placatus et amantissimus, tantas suoas opes nec exhibet, nec effunderet. Vides ergo, ut sacrifices isti, verius carnifices, suo sacrificio nos docent incurrere horrenda et pericula et omnia bona in mala, vivifica in mortifera, salutifera in damnabilia, certa in incerta, fidem in dubium, sacuratem in paverom, breviter, ipsam divinam charitatem in iram et amorem in odium, patrem in hostem, coelum in ingernum et summa in infirma verter, omnia miscere, confundere et perturbare." See also *WA* 8, 444, 38–445, 3.

sins or the neglect of the Ten Commandments but because God Himself is "a tyrannical judge and a tax collector".[40]
According to Luther the doctrine of the sacrifice of the Mass also distorts the doctrine of justification, as it gives the impression that celebrating the Mass, partaking of it or purchasing one is a meritorious act, by which God has mercy on people and receives them to his bosom; thus the uniquen-ess of Christ's death, gratuitous grace and the significance of faith are all bypassed. Luther considered the doctrine of the sacrifice of the Mass such a serious distortion that he hoped it would become the main theme for an ecumenical council.[41]

Practical consequences of the criticism directed at Scholasticism

The Roman Catholic Johannes Eck defended the distribution of mere bread to the lay people using John 6:51: "If anyone eats of this bread, he will live forever" (Jn 6:51), while the Reformed Zwingli rejected the real presence with another verse from the same gospel: "It is the Spirit who gives life; the flesh profits nothing" (Jn 6:63). Luther contended that John's Gospel had to be considered, but it could not have a decisive position for the doctrine and practice of the Eucharist, because it was a matter of dispute whether those verses spoke about the Eucharist.[42]
According to Luther, in the interpretation of both the doctrine of the Eucharist and the practice of the Mass, decisive importance was to be placed on the accounts of the institution of the Lord's Supper in the New Testament. The basis for assessing whether a Mass was proper was the first Eucharist instituted by Christ: "The Mass is the more Christian, the more it resembles the first Mass officiated by Christ."[43] The gospel accounts of the institution shows how the Eucharist is to be properly celebrated (*recht halten*) and how it is to be understood correctly (*recht vorstahn*). They are an absolute minimum; they have nothing extra, nothing unnecessary. They also have everything adequately, missing nothing that belongs to the perfect integrity, use, or efficacy of the sacrament.[44]

---

[40] *WA* 8, 467, 7–10: "Ex quo ulterius sequitur coelum esse clausum et infernum paratum homini summa iniquitate dei, nempe non propter peccata hominis, neque propter non impleta mandata dei, sed propter tyrannicam et arbitratiam exactionem dei."
[41] See Smalcald Articles, II, 10 in *BSLK*.
[42] *WA* 6, 502, 7–13.
[43] *WA* 6, 523, 25–26: "Missa quanto vicinior et similior primae omnium Missae, quam Christus in caena fecit, tanto Christianor." See also *StA* 1, 290, 31–32.
[44] *StA* 1, 291, 12–18: "Wollen wir recht mess halten vnd vorstahn, so mussen wir

Thus the rite divinely instituted by Christ entails bringing forth the bread and the wine, giving thanks, blessing these elements, breaking the bread and distributing the consecrated gifts.[45] Everything else is a later addition or human tradition. Apart from the Canon Prayer of the Mass, Luther nevertheless did not remove the other parts of the Roman Mass, preserving the Liturgy of the Word nearly unaltered. In 1523 in the renewed Order of the Mass, *Formula missae*, Luther kept practically all the sections of the Latin mass of the Western church (such as the Psalm Introit, the Kyrie, the Gloria, the Collect Prayer, the Epistle, the Gospel, the Gradual, the Alleluia, the Creed, the Sanctus, the Agnus Dei and the Communion Hymn). According to him these parts gave proof of the "original purity of the early church", beautified the celebration of the Eucharist and imparted the word of God both in a read and sung form among the people.[46]
Luther was both doctrinally and liturgically a traditionalist, yet his theology of the Eucharist led to the change of some practices concerning the Mass.[47] As *the first* consequence of Luther's protest, Votive Masses were abolished. This question was not about a harmless detail but had significant spiritual and economic consequences. To give an example: in the church of a small town the size of Wittenberg with a population of some 2,500, as many as 8,994 Masses were administered under the sponsorship of a certain foundation during 1519, which makes an average of 24 Masses per day.[48] Many priests made a living from Votive Masses. Thus the critique of the Reformation took away their livelihood. Apart from Votive Masses, Private Masses were also discontinued, which the priest administered without the congregation for his own devotion, even though they did not include such abuse as did the Votive Masses.[49]

---

alles faren lassen, was die augen vnd alle synn in dissen handel mugen zeygen vnd antragen, es sey kleyd, klang, gesang, tzierd, gepett, tragen, heben, legen odder was da geschen mag yn der mess biss das wir zuuor die wort Christi fassen vnd wol bedecken damit er die mess volnbrach vnd eyngesetzt vnd vns zuuolnbringen beuolhen hatt dan darynnen ligt die mess gantz mit all yhrem wessen, werck, nutz vnd frucht on wilche nichts von der mess empfangen wirt." *WA* 6, 513, 9–11: "Nihil enim in his omissum, quod ad integritatem, usum et fructum huis sacramenti pertinet, nihilque positum, quod superfluum et non necessarium sit nobis nosse." See also *WA* 6, 512, 33–34.

[45] *WA* 12, 206, 17–18: "Nam hoc negare non possumus, Missas et communionem panis et vini ritum esse a Christo divinitus institutum."

[46] See for example *WA* 12, 206, 23–207, 9; 37, 27–29.

[47] On Luther's liturgical traditionalism see more for example Schultz, "Luthers Liturgische Reformen", 247–275; Senn, "The Reform on the Mass", 35–52.

[48] Junghaus, *Wittenberg als Lutherstadt* and "Luther on the Reform of Worship".

[49] On medieval liturgical practices see Cabié, *The Church at Prayer*.

The second change was to begin to distribute the two elements to the congregation as well. Luther did not consider the distribution of mere bread, or the Eucharist in one kind, wrong as such. To be exact, Luther's protest had been directed at the magisterium of the church *denying* the distribution of the wine to the parishioners, as Luther believed it did not have that right. The Words of Institution unequivocally indicate that Christ also distributed the wine to each and everyone, which tradition was reinforced by the patristic sources to be in accord with the Early Church.[50] Concerning the issue of the chalice for the laity, Luther's stand became stricter. Back in the early 1520s he supported the idea that during the phase of transition all could act according to their consciences. At the end of the 1520s he stated that the congregation had received enough instruction on the matter so the distribution of the bread alone did not need to be allowed any longer.

Thirdly, the minister began to read the Words of Institution in a loud voice to the congregation, at first in Latin, but later in the vernacular as well. Traditionally, Luther regarded the Words of Institution as words of consecration directed towards the elements. But they were also words of promise, including a promise of Christ's presence and the forgiveness of sins. Therefore they were to be read or sung aloud so that every person would be able to hear them and believe them.[51] The Lutheran speciality was that they were also used as the words of distribution. As the receiving of the Eucharist called for faith, it also called for the presence and participation of the believer.

Fourthly, Luther removed the entire Canon Prayer of the Mass from its proximity to the Words of Institution. This Canon Prayer, to be read prior to the distribution of the Eucharist, consisted of some twelve prayers. The majority of the Eucharistic prayers of the Eastern Church were named after the Church Fathers and they often proceeded in accordance with the contents of the Creed, the emphasis being on the remembrance of God's saving deeds.[52] On the other hand, the origin of the Canon Prayer is obscure. Nor does it have a consistently proceeding sequence. The prayers emphasize supplication and the sacrifice which is offered up by the congregation.[53]

---

[50] *StA* 2, 273, 1–15; *WA* 6, 507, 6–13; *WA* 10 II, 11–41.

[51] *WA* 12, 212, 17-26.

[52] Original texts see for example Brightman (ed.), *Liturgies Eastern and Western*; Hänggi and Pahl (ed.), *Prex Eucharistica*. English translations see Jasper and Cuming, *Prayers of the Eucharist*.

[53] See for example Wegmann, "Genealogie", 212: "Jede Rekonstruktion des römischen Kanons bleibt hypotetisch." Also Rudolf Stählin, "Die Geschichte", 36: "Die

Discussion on the removal of the Canon Prayer of the Mass

Luther removed almost the entire *canon missae* prayer read before the Eucharist. The underlying reason was found in the wording of the prayer, which in Luther's words "sounded and smelled like a sacrifice".[54] The solution was a radical one as the prayer was and is the heart of the Mass, parallel to the distribution of the elements. Several theological and liturgical revelations of Luther's have been later adopted across denominational borders, yet the amputation of the Eucharistic prayer has raised critical discussion.

As early as 1930 when his book came out, Yngve Brilioth assessed that Luther was lucid and deep in his doctrine of the Eucharist but as a liturgist he was impractical. He thought that by removing the prayers from the mere Words of Institution Luther destroyed the liturgy of the Eucharist, leaving a mere torso.[55] William D. Maxwell said that Luther's way of dealing with the Canon was "negative, illogical and subversive" and that even Luther's own theology would not have demanded that removal. Luther's solution has also been criticized by a great many researchers in different churches.[56] Many felt Luther over-emphasized the pedagogic dimension of the Mass, which meant that prayer and thanksgiving were overshadowed. By emphasizing the mere Words of Institution as a formula of consecration and by removing the prayers around these words Luther was more papal than the Pope himself. Luther went all the way to the end of a path which was problematic from the start.[57]

A more positive assessment has been given by Bryan D. Spinks[58] and representatives of confessional Lutheranism Oliver Olson, Gottfried Krodel, and Armand Boehme.[59] These were joined by Dorothea Wendebourg, a German professor, who in her 1997 inauguratory presentation set out to strongly support Luther's solution, deeming it exemplary.

Geschichte des römischen Ritus in den Jahrhunderten nach Hippolyt liegt völlig im Dunkel." More on the development of the Mass see Jungmann, *Missarum solemnia*.

[54] *WA* 12, 212, 14–22

[55] Brilioth, *Eucharistic Faith*, 110–116 and *Nattvarden*, 183.

[56] Maxwell, *An Outline of Christian Worship*, 73–79.

[57] See for example Schmidt-Lauber, *Die Eucharistie*, 84–89; Jenson, *Christian Dogmatics*, 337–366; Pfatteicer, *Commentary*, 183; Parvio, "Ehtoollisliturgian ongelmia", 118–134; Kotila, *Liturgian lähteillä*, 103–118; Reed, *The Lutheran Liturgy*, 336–337; Brand, "Luther's Liturgical Surgery"; Lathrop, "The Prayers of Jesus", 158–173; Senn, "Martin Luther's Revision", 101–118 ; Pfatteicher & Messerli, *Manual on the Liturgy*, 242.

[58] Spinks, *Luther's Liturgical Criteria*,16–41.

[59] Olson, "Contemporary Trends", 110–157; Krodel, "The Great Thanksgiving", 12–26; Boehme, "Sing a New Song", 96–116.

Wendebourg stated that Luther's solution was a necessary liturgical consequence of his doctrine of justification. The Words of Institution are to be clearly separated from the surrounding prayers, because the Words of Institution are about God's act (*actio Dei*) whereas the prayer is the congregation's act (*actio ecclesia*). In the Western Mass the ascending, i.e. anabatic, sacrificial dimension threatens to override the descending, i.e. katabatic, sacramental dimension. In her evaluation of the current liturgical movement where the worship service is seen as an offering of thanksgiving, instead of being God's gift, Wendebourg finds the same problematic anthropocentric development to hold true. Luther both adhered to the Western liturgical tradition and made the necessary alterations by disentangling the Words of Institution from the surrounding prayers. The reading of merely the Words of Institution thus consistently expresses the Lutheran doctrine of justification.[60]

It can be stated in Luther's defence that the Canon of the Mass is ambiguous as a text. Luther was unable to go beyond the distorted sacrificial interpretations of his time in his reading of the Canon, nor could he reach the "original" interpretation of the Canon, which might have been more acceptable to him. On the other hand, the Canon of the Mass includes parts from such different times that one may wonder if it has actually got an original interpretation. At any rate there are good grounds to consider Luther's resolution too extreme – one of them being his own doctrine of justification which does not render this removal necessary.

Wendebourg's theses have a few problems. First, Luther's critique of the Canon was not directed at the prayer itself but at the wording of the prayer. It is a specific wording that "sounded and smelled like a sacrifice". This also comes out conversely, in the *Formula missae* he expressly preserved the Preface he approved of, which was also part of the Canon Prayer. Secondly, Luther's theology does not contain a polarity between God's promises and human prayers. Luther says that what God specifically promises, people are to pray for. This is plainly stated in the explanation to the Lord's Prayer in the Large Catechism: "Just as the name of God is in itself holy, we pray nevertheless that it may be holy among us."[61]

Thirdly, the Words of Institution themselves call for the context of prayer. According to the account of the institution, Jesus took bread and "gave thanks to God", meaning that he read an ordinary Jewish table grace. The Christian prayer of the Eucharist has risen out of the Words of Institution. It would be anachronistic to think that Jesus took the bread and read the

---

[60] See Wendebourg, "Den falschen Weg", in *ZThK* 1997, 437–467 and her response, "Noch einmal 'Den falschen Weg'", in *ZThK* 2002, 400–440.

[61] *BSLK*, Der Große Katechismus, Vater unser, 5–19 and 49–50.

Words of Institution from a synoptic gospel. If, as does Luther, we view the first Eucharist the norm for the celebration of the Mass, then after the bringing forth of the bread and the wine comes giving thanks to God and remembering his good deeds in prayer. Thanksgiving logically means that something good has happened to people. Thanksgiving and the whole liturgy is a reaction to God's saving action. In this sense, too, the prayer of the Eucharist fits well with Luther's own doctrine of justification.

The mechanical separation of God's act and that of the congregation in the liturgical event would lead to both practical and theological problems. In the liturgy God's and the congregation's acts are concentric and interpenetrating. When we study the phenomenon of the Mass with the five senses, we only perceive the congregation's offering of thanksgiving and human actions: *people* pray, read the Bible, sing hymns, consecrate the bread and the wine and distribute the sacrament. From the viewpoint of the promise in God's word, the thanksgiving offered by the congregation becomes God's act.[62] To use the famous principle of St Augustine: the congregational offering of thanksgiving is the element that God's word attaches itself to and penetrates. On the basis of God's own promise he is present and works in and through the act of the congregation. If we said that this matter concerns God's and people's cooperation, we would be quite right.

In hindsight we might speculate that had Luther known more about the divinely centred and more descending, i.e. katabatic, sacramental prayers of the Eastern Church, he might have replaced the Canon Prayer with one of these – or reconstructed a new one. For good reason, many Lutheran churches have ended up with such solutions today.

Luther's positive understanding of sacrifice

In the field of research, a Protestant paradigm prevailed for a long time, according to which Luther unequivocally rejected all kinds of talk about the sacrifice of the Mass, as that was considered to represent Roman Catholicism and false religiosity.[63] It is true that Luther strongly criticized the then current concept of the Mass as a sacrifice. Nevertheless, our image of Luther is not clear enough. The New Testament often speaks in a positive sense of the sacrifice and of sacrificing, and Christians are admonished to offer God spiritual sacrifice (Rm 12:1; 1. Pt 2:5; Hb 13:15-16). Luther does the same. In his 1520 sermon on the Eucharist, for example,

---

[62] Here I agree with Jenson, *Christian Dogmatics*, 341–342 and his other writings.

[63] See Wislöff, *Abendmahl und Messe*.

he claims that "it is not only permissible but also useful to call the Mass a sacrifice."[64] How are these disparate points to be explained?

In the 1980s researchers such as Juhani Forsberg and Robert Jenson noticed that Luther also had an alternative theology of the sacrifice.[65] The Roman Catholic Reinhardt Messner in his dissertation in the 1990s contemplated, without prejudice, if Luther could also be a theologian supporting the sacrifice of the Mass (*Theologe des Messopfers*).[66] Finally, Wolfgang Simon in his massive study proved that Luther had an alternative theology of the sacrifice of the Mass. According to Simon, Luther did discard the interpretation of such a doctrine of the sacrifice of the Mass where the priest sacrificed the body and blood of Christ for the benefit of absent, live, parishioners and for those dead in Purgatory. Despite this, according to Simon one could find from Luther the doctrine of the sacrifice of the Mass.[67]

In Luther's thinking a sacrifice always has a reactive, or as Simon puts it, an "aposterior" nature. The sacrifice of the Mass cannot be an act whereby people aim to do their best to make God love them but it is always a reaction in which people respond to the saving deed already accomplished by God. A reactive act calls for faith: by believing in God's once for all saving deed on the cross, people confess God to be God, who acts first and who wills good things to them.

First, according to Luther, the Mass is called a sacrifice on the basis *of the gifts of food and money, to be brought to the celebration and to be distributed among people*: "We need to differentiate very clearly what we sacrifice and what we do not. The word 'sacrifice' has no doubt come about and kept its status in connection with the Eucharist, because during the Apostles' time, when certain Old Testament traditions were still observed, Christians brought together food, money, and other useful things to be divided to those in need, in connection with the Mass."[68]

---

[64] *StA* 1, 303, 11–13: "Auß welchen worten wir lernen, das ... nach der meyß ist es leydlich, yha nuetzlich, das wir die meß ein opffer heyssen".

[65] Juhani Forsberg, "Rukous tekona", 29–41; Robert Jenson, *Christian Dogmatics*, 351–352.

[66] Messner, *Die Messereform Martin Luthers*, 172–185.

[67] See Simon, *Die Messopfertheologie Martin Luthers*, especially 262–389 and 699–712.

[68] *StA* 1, 299, 15–300, 5: "Derhalben die weyl nu fast alle welt auß der messe hatt ein opffer gemacht ... ßo muessen wir hie weyßlich unterscheydt haben, was wir hie opffern oder nit opffern. Es ist on allen zweyffel das wort 'opffern' in der meß da her kummen und bißher blieben, das zu den zeytten der Apostolen, da noch ettlich ubung des alten testaments ganghafftig waren, die Christen zusammen trugen essen, gellt und nottdurfft, wilchs neben der meß wart außgeteyllet den duerfftigen, wie ich gesagt habe, als wir noch leßen Act. iiij. das die Christen vorkaufften allis

Underlying this way of speaking is the tradition of the Early Christians to bring food and money to the Mass as gifts of God's creative work. Some of these were given to people suffering from want and some were set aside for holy use in the Eucharist. The giver would be a well-to-do parishioner, the gift is the shared wealth or property, the recipient and the beneficiary is the parishioner in need. Such a sacrifice is a social one because the communication of the gift takes place among people. The term does not refer to sacrifice but to the gifts of creation brought forth and the prayers attached to them.
According to an old tradition, the bread and the wine to be used at the Eucharist were separated from among the gifts (though this tradition gradually faded). According to Luther the bread and the wine as gifts of God's creative work were a part of the offering of thanksgiving. At the beginning of the Eucharistic liturgy they were brought forth and offered as signs of the congregation's gratitude. But as soon as they were consecrated, they became the sacrament which was not sacrificed to God but distributed to people as God's gift.[69]
Secondly, Luther speaks about the sacrifice in the sense that *in the Eucharist the congregation is giving and offering itself to God*. In this case the one sacrificing is not only the priest ordained into office but each Christian baptised into the common priesthood through baptism, meaning the entire congregation. And furthermore the sacrificial gift is not Christ's body and blood but the whole persona of the Christian: Christians give God themselves, their will, their thanksgiving and praise.
Such a concept comes out especially in the work *Misuse of the Mass*. Apart from praying and teaching, the intrinsic task of the priesthood is to offer sacrifice. In the New Covenant, sacrifice however concerns all Christians not only priests. Since in the New Testament the priesthood is made common by naming all baptized believers "the holy and royal priesthood",

---

was sie hetten und brachtens fur die fueß der Apostolen, die liessens dan außteyllen unnd geben auß dem gemeynengut eynem yglichen was eer bedurfft. Szo leret nu der heylig Apostel S. Pauel, das man allis essen und wes wir brauchen sollen mit beeten und gottis wort gebenedeyen, und got darumb dancken, da her kompt das Benedicite unnd Gracias ubir tisch. So war der prauch des alten testaments, wen man gott danckt ubir den enpffangenen, guetter, das man sie empor hub mit den henden gegen gott, wie do stett ym gesetz Mosi: drumb haben die Apostell auch alßo auffgehaben, gott gedanckt, und speyß und was die Christen zusammen trugen mit dem gottis wort gebenedeiet. Auch Christus selbs, wie S. Lucas schreybt, hub den kilch auff und danckt got, tranck und gab den andern, ehe er das sacrament und testament eynsetzet."

[69] *WA* 6, 525, 1–3: "Panis enim et vinum antea offeruntur ad benedicendum, ut per verbum et orationem sanctificentur. Postquam autem benedictus et consecratus est, iam non offertur sed accipitur dono a Deo."

therefore sacrificing is also common, and belongs to everyone.[70] Since sacrificing is the task of the common priesthood, it follows then that the status of donor belongs to the entire congregation.

What does Luther mean by giving of oneself? In the New Covenant sacrificing is above all spiritual: to this belongs the mortification of the sin in oneself, private and communal prayer, the thank offering in the divine service (*sacrificium laudis*) as well as sacrificing oneself, i. e. giving oneself to be used by God as an object of his work (*seipsum offere*). Ultimately the last item includes the following of the suffering Christ, i.e. the entire Christian life based on faith and love.[71]

These concepts of sacrifice are presented, for example, in a sermon on the Eucharist of 1520. When by gift we mean sacrament, Christ in the bread and the wine, people cannot be benefactors nor can God be the recipient. It is just the other way around: in the sacrament "God gives us everything." But it is acceptable to call the Mass a sacrifice when by gift we mean thanksgiving in the divine service and giving of oneself.[72] In the Mass people can be ascribed to the position of donor and God the position of recipient when the gift means a thanksgiving rising from faith and Christians' offering themselves.

---

[70] *WA* 8, 420, 8–15: "Paremus et alterum aeque fortem et pergamus testimonia adducere de sacerdotio novi testamenti et eius officio! Paulus Rom. XII 'Obsecro vos per misericordiam Dei, ut exhibeatis corpora vestra hostiam sanctam, viventem, placentem Deo, rationabile obsequium vestrum'. Hic negare nemo potest, quin sacerdotale officium describat, quod est offere seu exhibere hostiam et rationabilem cultum, hoc est, ut non pecora irrationalia, sicut legis sacerdotes, sed *se ipsos offerant*. Quare hic locus sacerdotes facit. At *communiter omnibus Christianis* dicitur. *Omnes enim suo corpora offere debent Deo in hostiam sanctam et rationale sacrificium*."

[71] *WA* 8, 420, 17–24: "Habemus ergo hoc loco Pauli auctoritate non solum, quod sit sacerdotium et qui sacerdotes novi testamenti, sed et quod sit eorum officium et sacrificium, nempe *se ipsos mortificare et offere in hostiam sanctam*, quo verbo simul universa legis sacrificia mystice interpretatur. Sic enim et Christus, summus sacerdos, prior sese sacrificavit, factus omnibus filiis suis sacerdotibus exemplum et sequantur vestigia eius."

[72] *StA* 1, 302, 3–12: "Drumb sollen wir des worts 'opffer' wol warnhemen, das wir nit vormessen, etwas gott zu geben yn dem sacrament, ßo er uns darynnen alle dingk gibt. Wir sollen geystlich opffern, die weyll die leyplichen opffer abgangen und in kirchen, kloester, spital guetter vorwandelt seyn. Was sollen wir den opffern? *Uns selb und allis was wir haben mit gleyssigem gepeet*, wie wir sagen 'dein will geschehe auff der erden als ym hymel', Hie mit *wir uns dargeben sollen* gottlichem willen, das er von und auß uns mache, was er wil noch seynem gottlichen wolgefallen, dartzu yhm *lob und danck opffern* auß gantzem hertzen fur sein unaussprechliche suesse gnade und barmhertzickeit die er uns in dißem sacrament zugesagt und geben hat." Italics mine.

Luther's *On the Babylonian Captivity of the Church* makes a corresponding distinction between the sacrament and the sacrifice. According to Luther people give and sacrifice *prayers* to God but not the Mass, i.e. the sacrament (*non Missa sed orationes offerantur Deo*). When the Scholastic doctrine of the Mass as a sacrifice understands the consecrated elements to be the people's gift, Luther in a way replaces them with prayer. The Eucharist descends whereas prayer ascends. The Eucharist is a sacrament and a testament which comes from God to us (*a Deo ad nos*) through the service of the minister and it requires faith. On the other side, prayer is a sacrifice and a good deed which rises from our faith to God (*a fide nostra ad Deum*) through the service of the minister and it requires hearing.[73] Luther can thus easily accept a constellation where people are understood as being in the position of donors and God that of a recipient. The sacrifice in this is not the sacrament but the intercessory prayer.

Thirdly, Luther calls the Mass a sacrifice because in it *"Christ sacrifices us"*. "We learn from these words that we do not sacrifice Christ but Christ offers us. It is in this very sense that it is not only permissible but also useful to call the Mass a sacrifice, not for the Mass itself, but because we sacrifice ourselves with Christ."[74] In the cult of Christianity, prayer, thanksgiving, praise and self-sacrifice are thus not brought directly to God but everything takes place through Christ.[75] This concept is seen in the closing formula of the Collect and Eucharistic prayers, i.e. *per Iesum Christum Dominum nostrum* or *per ipsum et cum ipso et in ipso.*

The idea of the two subjects of giving, i.e. those of Christ and the congregation, as part of Luther's third model, is not unique within the history of theology. Both the modern liturgical movement as well as present-day Roman Catholic theology stress the doctrine of Christ as a primary subject of the liturgy. Christ is not only the object of the liturgy celebrated by the congregation but also a subject who works in and through the liturgy of

---

[73] *WA* 6, 526, 13–18.

[74] *StA* 1, 303, 11–15: "Auß welchen worten wir lernen, das wir nit Christum, sondern Christus uns opffert, und nach der meyß ist es leydlich, yha nuetzlich, das wir die meß ein opffer heyssen, nit umb yret willen, sondern das wir uns mit Christo opffern." See also Simon, *Die Messopferlehre*, 298–300.

[75] *StA* 1, 302,27 – 303,7: "Das ist wol war, solch gepeet, lob, danck und unser selbs opffer sollen wir nit durch uns selbs fur tragen fur gottis augen, sondern auff Christum legen und yhn lassen dasselb furtragen, wie S. Pauel leret Heb. xiij. Lasset uns altzeyt gott opffern ein opffer des lobes, wilchs ist die frucht der lippen, die yhn bekennen und preyssen, und das allis durch Christum, den darumb ist er auch ein priester, wie ps. 109. sagt 'Du bist ein ewiger priester nach der weyße Melchisedech', das er fur uns bittet ym hymel, unser gepett und opffer emphehet, und durch sich selb, als ein frumer pfaff, fur gott angenhem macht."

the congregation. Luther says this principal in a his way: "Christ is the cook, the server, the food and the drink of Holy Communion."[76]

Despite his strong criticism directed at the doctrine of the sacrifice of the Mass, Luther has his own positive theory of the Mass as a sacrifice. The Mass can be called a sacrifice in the sense that 1) in connection with the Mass Christians give of their earthly goods to their needy fellowmen, and 2) they give to the Heavenly Father as a spiritual sacrifice their will, thanksgiving, praise and their entire persons as well as 3) they give themselves in Christ, through him and with him. The bread and the wine can in themselves as good gifts of creation be considered the visible signs of the spiritual sacrifice of thanksgiving among Christians."

Critique of the concept of transsubstantiation

It is true that Luther also criticized the doctrine of transsubstantiation. In modern research, Luther's criticism is however sometimes afforded a disproportionately large role. To Luther the concept of transsubstantiation was more unnecessry than false. To him it was not a heresy but a theologically and pastorally useless effort to explain Christ's sacraments by means of Aristotelian philosophy.

Luther presented four counter-arguments. According to him the language of the Bible does not call for transsubstantiation. "The church lived quite well for 1,200 years without this term". If believers worshipping the Eucharistic elements were to be protected against idolatry, transsubstantiation was a poor and useless means for doing this: simple believers understand correctly that they worship Christ present at the Eucharist (not the bread as such), but they will never understand the explanation of the sacraments by means of Aristotelian metaphysics. Besides, someone might digress to worship the accidents of bread and wine despite the doctrine of transsubstantiation. Finally, philosophy may well serve theology, but divine revelation cannot be submitted to the bondage of a currently fashionable philosopher.[77]

Since theology was to be independent of philosophy, Luther thought it was safer to explain Christ's presence in the elements on the basis of the Chalcedonian Christology. "Just as each thing is in respect to Christ, so it is also in respect to the sacraments." In the consecrated wafer both the substance of bread and of Christ's body are present together, as are

[76] *WA* 23, 270, 9-11: "Denn her hats nicht alleine eingesetzt, sondern machts und helts auch selbs, vnd ist der koch, kelner, speise und trank selbs."

[77] *WA* 6, 508–510.

Christ's human and divine natures present together in the Person of Christ. "If philosophy does not comprehend this, faith will."[78]
Despite Luther's criticism of the concept of transsubstantitation he defended the sacramental realism and the doctrine of real presence against spiritual interpretations. He develop many arguments for real presence and many counter-arguments against to spiritualistic view.

Why does a Christian need the Eucharist?

When the Reformation was just starting, many people felt it was a liberation movement. The new doctrine and the new practices awakened spiritual enthusiasm among ordinary people. But in such a movement too, it is a short way from the ecstasy of freedom to indifference.
The preface to the Large Catechism vividly reveals that even Luther had become disappointed in regard to his expectations. In this preface, instead of condemning the Papists or those supporting the radical form of the Reformation, Luther strongly criticised ministers who had sided with the Reformation. He objected to their misinterpreting the freedom of the gospel and giving in to spiritual sloth. He felt that was why many parishioners had been led to an incorrect understanding. They worked out that the new interpretation of the gospel would make confession and the Eucharist voluntary or unnecessary for Christians.
In addition, the spiritualistic view of the sacrament held by the radical wing of the Reformation and even Luther's own early emphasis on the significance of faith included elements which meant that it was but a short step to the depreciation of the sacraments. If faith alone will save, why does one need confession and the Eucharist any longer?
In the *Large Catechism* Luther presents three reasons why the Christian is to partake of the Eucharist. One is to attend the Eucharist because of Christ's command, because of the promise included in it and because of one's own need.
First the Christian is to partake of the Eucharist because Christ Himself instituted it and he told Christians to celebrate it often. According to Luther, salvation is received by faith, but faith also entails obeying God's

---

[78] *WA* 6, 511, 34–39: "Sicut ergo in Christo res se habet, ita et in sacramento. Non enim ad corporalem inhabitationem divinitatis necesse est transsubstanciari humanam naturam, ut divinitas sub accidentibus humanae naturae teneatur. Sed integra utraque natura vere dicitur 'Hic homo est deus, hic deus est homo'. Quod et si philosophia non capit, fides tamen capit. Et maior est verbi dei autoritas quam nostri ingenii capacitas."

will and Christ's command.[79] Secondly, the Christian needs to come to the Lord's table because Christ attached to it the promise of the forgiveness of sins and of eternal life. The Eucharist offers people what God's word promises. Of course, God is present in nature and even under each stone, but as Saviour and "God to me personally" he can only be found in the Mass, where the gospel is proclaimed and the Eucharist administered.[80] According to Luther even people's own anxieties lead them to the Communion table. They can fall into despair or become proud or indifferent. In both, people run the risk of losing saving faith. The Christian constantly falls, needing forgiveness.[81] Yet, by human anxiety Luther does not merely mean guilt from sins of commission. At issue is more broadly the sphere of life where people live. In addition to guilt, for example sickness, loneliness, fear of death, depression or experience of the futility of life feel like the powers of evil threatening faith and all human existence.[82]

Literature

Althaus, Paul. "Luthers Abendmahlslehre." *LuJ* 11 (1929), 2–42.

Boehme, Armand J. "Sing a New Song. The Doctrine of Justification and the Lutheran Book of Worship Sacramental Liturgies." *CTQ* 43 (1979), 96–119.

Boyer, Louis. *Eucharist. Theology and Spirituality of the Eucharistic Prayer.* London: Notre Dame Press, 1968.

Brand, Eugene L. "Luther's Liturgical Surgery. 20th Century Diagnosis of the Patient." In *Interpretating Luther's Legacy. Essays in Honor of Edward C. Fendt,* edited by Fred W. Mauser and Stanley D. Schneider, 108–119. Minneapolis: Augsburg Publishing House, 1969.

Brightman, F. E (ed.). *Liturgies Eastern and Western. Principal Liturgies of the Church. Vol. I. Eastern liturgies.* Oxford, 1896.

Brillioth, Yngve. *Eucharistic Faith and Practise. Evangelical and Catholic.* London, 1930.

–. *Nattvarden i evangeliskt gudtjänstliv.* 2. upplagan. Stockholm: Svenska Kyrkans Diakonistyrelses Bokförlag, 1951.

---

[79] *WA* 30, I, 228, 7–35.

[80] *WA* 30 I, 230, 24–38.

[81] *WA* 30 I, 231, 14–232, 29.

[82] Here I agree with Peters, *Kommentar zu Luthers Katechismen*, 176–177, who writes: "Er fügt die 'Furcht des Tods, Anfechtung des Fleischs und Teufels' hinzu, in welchen es nicht um die Dimension der 'Schludfrage', sondern um den Bereich der 'Machtfrage' geht."

Cabié, Robert. *The Church at Prayer: Introduction to the Liturgy.* Volume 2, The Eucharist. Translated by Matthew J. O'Connell. Collegeville, MN: Liturgical Press, 1986.

Cleve, Fredric. *Luthers nattvardslära mot bakgrunden av Gabriel Biels uppfattning av nattvard och sakrament.* Acta academiae Aboensis. Åbo: Åbo Akademi, 1968.

Ebeling, Gerhard. *Das Wesen des christlichen Glaubens.* Tübingen: Mohr, 1959.

–. *Luther. Einführung in sein Denken.* Tübingen: Mohr, 1964.

Forsberg, Juhani. "Rukous tekona, uhrina ja jumalanpalveluksena." In *Rukous ja jumalanpalveluselämä. STKS:n vuosikirja 1988,* edited by Tapio Lampinen, 29–42. Helsinki: STKSJ, 1988.

Hänggi, Anton and Pahl, Irmgard (ed). *Prex eucharistica: Textus e variis liturgiis antiquioribus selecti.* Spicilegium Friburgense 12. Freiburg: Éditions universitaires, 1968.

Hardt, Tom G. A. *Venerabilis & adorabilis eucharistia: en studie i den lutherska nattvardsläran under 1500-talet.* SDCU 9. Uppsala, 1971.

Hilgenfeld, Hartmut. *Mittelalterlich-traditionelle Elemente in Luthers Abendmahlschriften.* Zürich: Theologischer Verlag, 1971.

Iserloh, Erwin. "Abendmahl", III/2 (Mittelalter). In *TRE* 1:89–106.

Jasper, R. C. D. and Cuming, G. J. *Prayers of the Eucharist: Early and Reformed.* 3d ed. Collegeville, MN: Liturgical Press, 1987.

Jenson, Robert W. *Christian Dogmatics,* edited by Carl E. Braaten & Robert W. Jenson. Vol. 2. Philadelphia: Fortress Press, 1986.

Junghans, Helmar. "Luther on the Reform of Worship." *LuthQ* 13 (1999), 315–333.

–. *Wittenberg als Lutherstadt.* Berlin: Union Verlag, 1982.

Jungmann, Josef A. *Missarum sollemnia: eine genetische Erklärung der römischen Messe.* Wien, 1952.

Kotila, Heikki. Liturgian lähteillä: Johdatus jumalanpalveluksen historiaan ja teologiaan. Helsinki: University of Helsinki, 2000.

Krodel, Gottfried G. "The Great Thanksgiving of the Inter-Lutheran Commission on Worship: It is the Christians' Supper and Not the Lord's Supper." In *The Cresset*: Occasional Paper 1 (1976).

Lathrop, Gordon. "The Prayer of Jesus and the Great Prayer of the Church." *The Lutheran Quarterly* 26 (1974), 158–173.

Lessing, Eckhard. *Abendmahl.* BenshH 72 (= BensH.ÖS 1). Göttingen: Vandenhoeck & Ruprecht, 1993.

Maxwell, William D. *An Outline of Christian Worship: Its Developments and Forms.* London: Oxford University Press, 1963.

Messner, Reinhard. *Die Messreform Martin Luthers und die Eucharistie der Alten Kirche: Ein Beitrag zu einer systematischen Liturgiewissenschaft.* Innsbruck: Tyrolia, 1989.

Meyer, Hans Bernhard SJ. *Luther und die Messe: Eine liturgiewissenschaftliche Untersuchung über das Verhältnis Luthers zum Messwesen des späten Mittelalters*. Paderborn: Bonifacius, 1965.
Olson, O. K. "Contemporary Trends in Liturgy Viewed from the Perspective of Classical Lutheran Theology." In *LuthQ* 26 (1974), 110–157.
Parvio, Martti. "Ehtoollisliturgian ongelmia." In *TAik* 78 (1973), 118–134.
Peters, Albrecht. *Kommentar zu Luthers Katechismen*. Band 4: Die Taufe, Das Abendmahl. Göttingen: Vandenhoeck & Ruprecht, 1993.
–. *Realpräsenz: Luthers Zeugnis von Christi Gegenwart im Abendmahl*. AGTL 5. Berlin: Lutherisches Verlagshaus, 1960.
Peura, Simo. "The Church as Spiritual Communion in Luther." In *The Church as Communion: Lutheran Contributions to Ecclesiology*, edited by Heinrich Holze, 93–131. LWF.D 42. Geneva: Lutheran World Federation, 1997.
Pfatteicher, Philipp H. *Commentary on the Lutheran Book of Worship: Lutheran Liturgy in its Ecumenical Context*. Minneapolis: Augsburg Fortress, 1990.
Pfatteicher, Philipp H. and Messerli, Carlos R. (ed.). *Lutheran Book of Worship: Manual of the Liturgy*. Augsburg Fortress, 1979.
Pieper, Franz. *Christian Dogmatics*, 4 volumes. St. Louis: Concordia Publishing House, 1950-1953.
Ratzinger, Joseph Kardinal. *Theologische Prinzipienlehre: Bausteine zur Fundamentaltheologie*. München: Erich Wewel Verlag, 1992.
Reed, Luther D. *The Lutheran Liturgy: A Study of the Common Liturgy of the Lutheran Church in America*. Philadelphia: Muhlenberg Press, 1960.
Saarinen, Risto. *Gottes Wirken auf uns: Die transzendentale Deutung des Gegenwart-Christi-Motivs in der Lutherforschung*. HYSTLJ 9. Helsinki, 1988.
Sasse, Hermann. *This is my body: Luther's Contention for the Real Presence in the Sacrament of the Altar*. Adelaide: Lutheran Publishing House, 1977.
Schmidt-Lauber, Hans-Christoph. *Die Eucharistie als Entfaltung der Verba Testamenti: eine formgeschichtlich-systematische Einführung in die Probleme des lutherischen Gottesdienstes und seiner Liturgie*. Kassel, 1957.
Schulz, Frieder. "Luthers liturgische Reformen. Kontinuität und Innovation." In *ALW* 25 (1983), 247–275.
Senn, Frack S. *Christian Liturgy: Catholic and Evangelical*. Minneapolis: Augsburg Fortress, 1997.
–. "Martin Luther's Revision of the Eucharistic Canon in the Formula Missae of 1523." In *CTM* 44 (1973), 101–118.
–. "The Reform of the Mass: Evangelical, but Still Catholic." In *Catholicity of the Reformation*, edited by Carl E. Braaten and Robert W. Jenson, 35–52. Grand Rapids: Eerdmans, 1996.
Simon, Wolfgang. *Die Messopfertheologie Martin Luthers: Voraussetzungen, Genese, Gestalt und Rezeption*. SuR 22. Tübingen: Mohr, 2003.

Spinks, Brayan D. *Luther's Liturgical Criteria and his Reform of the Canon of the Mass*. GLS 30. Bramcote: Grove, 1982.
Stählin, Rudolf. "Die Geschichte des christlichen Gottesdienstes." In *Leiturgia. Handbuch des evangelischen Gottesdienstes*, hrsg. von K. F. Müller und W. Blankenburg, 9–78. Kassel: Johannes Stauda-Verlag, 1954.
Vajta, Vilmos. *Die Theologie des Gottesdienstes bei Luther*. Stockholm: Svenska kyrkans diakonistyrelse, 1950.
Wegman, H. A. J. "Genealogie des eucharistischen Hochgebetes." In *ALW* 33 (1991), 193–216.
Wendebourg, Dorothea. "Den falschen Weg Roms zu Ende gegangen? Zur gegenwärtigen Diskussion über Martin Luthers Gottesdienstreform und ihr Verhältnis zu den Traditionen der Alten Kirche." In *ZThK* 94 (1997), 437–467.
–. Noch einmal 'Den falschen Weg Roms zu Ende gegangen?'. Auseinandersetzung mit meinen Kritikern. In *ZThK* 99 (2002), 400–440.
Wengert, Timothy J. "Luther's Cathechisms and the Lord's Supper." In *WorWor* 17 (1/1997), 54–60.
Wislöff, Carl Fr. *Abendmahl und Messe: Die Kritik Luthers am Messopfer*. AGTL 12. Berlin: Lutherisches Verlagshaus, 1969.

Montag 22. September 2014
Augustinerkirche

Abendvortrag

„Aber man darf nicht vergessen, daß nicht nur die die römisch-katholische Kirche und die verschiedenen Kirchen des Ostens katholische Kirche im Sinn der Kirche der ersten Jahrhunderte sein wollen, sondern daß auch die Reformationskirchen, speziell diejenige des Augsburgischen Bekenntnisses, die wirkliche, die ursprüngliche Katholizität gesucht haben und suchen."

Joseph Ratzinger, Was eint und was trennt die Konfessionen?
Eine ökumenische Besinnung, in: IKaZ 1 (1972) 171-177, hier 176.

Der Altar der Erfurter Augustinerkirche:
Gedenkort von Luthers Kloster- und Priesterleben

Doctor communis?

Die ökumenische Bedeutung der Theologie Martin Luthers

Eero Huovinen

Welche ökumenische Bedeutung könnte Martin Luther heute haben?
Es ist bemerkenswert, dass das Johann-Adam-Möhler-Institut für Ökumenik, ein römisch-katholisches Institut, zusammen mit der Katholisch-Theologischen Fakultät der Universität Erfurt ein Symposion über die Theologie Martin Luthers organisiert, und dies gerade in dieser Stadt, die so wichtig im Leben Luthers war. Ich sehe darin ein schönes Zeichen, das auch für uns Lutheraner richtungsweisend sein kann.
2017, in drei Jahren, werden es 500 Jahre gewesen sein, wenn Martin Luther seine berühmten 95 Thesen aufstellte, die oft als Beginn der Reformation betrachtet werden. Es ist keine Kleinigkeit, in welchem Geist sie gesehen und gedeutet werden. Die Richtung, in die wir streben sollten, wird vom neuen Dokument der internationalen lutherisch-römisch-katholischen Kommission für die Einheit schon im Titel präzis zum Ausdruck gebracht. Er lautet: „Vom Konflikt zur Gemeinschaft".
In diesem Dokument bekennen wir zwei Sachen. Erstens: Der traurige Aspekt an der Reformation war, dass es in ihrem Jahrhundert zur Spaltung in der einen ungeteilten Kirche des Westens kam. „Die Tatsache, dass das Ringen um die Wahrheit im 16. Jahrhundert zum Verlust der Einheit der westlichen Christenheit führte, gehört zu den dunklen Seiten der Kirchengeschichte."
Diese Tatsache müssen wir ehrlich bekennen. Es ist nicht am allerwichtigsten, wer von uns mehr Schuld daran hatte. Zusammen sollen wir sagen: „Wir Christen sind dem Evangelium ... nicht immer treu gewesen."
Aber, zweitens, es gibt im Erbe der Reformation auch eine Möglichkeit zur Freude. Was immer in dieser Zeit gesagt wurde: das Bleibende ist das Evangelium von Jesus Christus. Martin Luther kann uns vieles lehren, vieles über Bildung, Freiheit, Musik, Toleranz, Politik, Welt und so weiter. Aber das Allerwichtigste ist das befreiende Evangelium. „Wahre Theologie und Gotteserkenntnis sind im gekreuzigten Christus." Das war der Kern in den Thesen von Martin Luther, mit denen die Reformation begann.
Was können wir heute gemeinsam sagen? Das Vorwort in unserem Dokument antwortet: „Das Evangelium soll gefeiert und an die Menschen unserer Zeit weitergegeben werden, damit die Welt glaube, dass Gott sich uns Menschen schenkt und uns in die Gemeinschaft mit sich und

seiner Kirche ruft. Das ist der Grund für unsere Freude im gemeinsamen Glauben."[1]
Im selben Geist versuche ich nun meinerseits zu fragen, ob Martin Luther für uns heute ein ökumenischer, ein gemeinsamer Lehrer im Glauben sein kann. Die Antwort ist keine Selbstverständlichkeit. Wir alle wissen, wie die Geschehnisse vor 500 Jahren zu einer Spaltung der westlichen Kirche führten; auch Martin Luther hatte daran seinen Anteil. Alle früheren Hundertjahrfeiern waren von gegenseitiger Kritik bestimmt und haben die Spaltung vertieft.
Jetzt leben wir aber in einem ökumenischen Zeitalter, das uns gute Möglichkeiten bietet, mit neuen Augen in die Geschichte zu schauen. Ich liebe das berühmte Motto von Papst Johannes XXIII.: „Das, was uns verbindet, ist viel stärker als das, was uns trennt".

Martin Luther als ökumenische Herausforderung

Es war der neue Geist der Ökumene, in dem Kardinal Jan Willebrands bereits 1970 den klassischen römisch-katholischen Titel des *doctor communis* für Martin Luther verwendete. Willebrands bezog sich auf die bekannte These Luthers, dass die Rechtfertigung die Lehre ist, mit der die Kirche steht und fällt. Im Blick darauf könne Luther auch für die römisch-katholische Kirche ein „gemeinsamer Lehrer" sein, denn Luther sei von dem Wunsch beseelt gewesen, dass „Gott unser Herr bleiben möge und dass die wichtigste Antwort des Menschen darauf bedingungsloses Vertrauen und Ehrfurcht vor Gott ist."[2]
Der Titel *doctor communis,* den der Kardinal für Luther gebrauchte, ist einer der Ehrentitel Thomas von Aquins. Nach Willebrands gehören Thomas und Luther, Mittelalter und Reformation, zusammen. Luther repräsentiere eine gemeinsame Tradition und führte sie fort. Dennoch sei *doctor communis* nicht einfach ein historischer Titel, der in die Vergangenheit weist. Mit diesem Titel wollte der Kardinal vielmehr deutlich machen, dass Luther etwas zu sagen hat, was der römisch-katholischen Kirche und den lutherischen Kirchen gemeinsam ist.
Kardinal Willebrands Gedanke wurde von Karl Card. Lehmann, Bischof von Mainz, fortgeführt. Lehmann schreibt über die ökumenische Bedeutung

---

[1] Aus dem Vorwort, Vom Konflikt zur Gemeinschaft. Gemeinsames Lutherisch-Katholisches Reformationsgedenken im Jahr 2017. Bericht der Lutherisch/Römisch-Katholischen Kommission für die Einheit, Leipzig – Paderborn 2013.
[2] J. Card. Willebrands, Mandatum unitatis. Beiträge zur Ökumene. Paderborn 1989, 124.

von Luthers *Katechismen*. Lehmann stellt fest, dass der *Kleine* und der *Große Katechismus* – im Gegensatz zu anderen Schriften Luthers – ein hervorragendes Beispiel für die Verbindung des Reformators mit der älteren Tradition sind.

Innerhalb der Geschichte der Kirche sind Luthers Katechismen weder neu noch eine zufällige Erfindung eines einzelnen Theologen. Vielmehr sind sie sowohl in ihrem Aufbau als auch von ihrem Inhalt her eng mit der klassischen Theologie der frühen Kirche und der Kirche des Mittelalters verbunden. Nach Lehmann ist Luther deshalb ein „Lehrer des Glaubens".[3]

Die Beschreibung Luthers als *doctor communis* war und ist aber nicht unproblematisch, weder für Katholiken, noch für Protestanten.

Nach traditioneller Einschätzung der römisch-katholischen Seite wich Luther von der einen, katholischen Tradition ab – und das war sein Untergang. Nach protestantischer Einschätzung wich Luther von der Tradition ab – und das war seine Sternstunde. Mit nur leichter Übertreibung kann man behaupten, dass Luther weder für die einen noch für die anderen *doctor communis* war.

Für die römischen Katholiken war Luther vielmehr ein Abweichler vom Hauptstrom, mit anderen Worten: ein Häretiker; für die Protestanten dagegen war er ein Leuchtfeuer vor dem dunklen Firmament, das die Kirche überschattet. Selbst wenn man Luther vor seinem kirchen- und profan-geschichtlichen Hintergrund untersucht, rücken seine Qualitäten, seine Einzigartigkeit und sein Abweichen von der Norm, das heißt, seine Bedeutung als Einzelner, in den Vordergrund. Daher erklärt sich, dass es nicht genügend Motivation gab, Luther als *doctor communis,* als Vertreter des einen, klassischen Christentums, genauer in den Blick zu nehmen.[4]

Luther – ein Individualist, der die Kirche zerstört?

In der Reformationszeit haben die römischen Katholiken Luther als Erz-Häretiker und als Zerstörer der Einheit der Kirche beschrieben. Noch zu Beginn des 20. Jahrhunderts wurde Luther meistens in dunklen Farben gezeichnet, nicht nur um seine Lehre ins Abseits zu stellen, sondern auch, um ihn persönlich als pathologischen Fall zu betrachten. Zum Beispiel behauptete Heinrich Denifle, dass Luther seine Rechtfertigungslehre nur

---

[3] K. Card. Lehmann, Luther als Lehrer des Glaubens? Die ökumenische Bedeutung seiner Katechismen. – Lutherische Kirche in der Welt, in: JMLB 45 (1998) 131-146.

[4] „Die Bedeutung des überkommenen Dogmas für Luther kann schwerlich überschätzt werden; sie ist in der Forschung weithin zu gering veranschlagt worden." B. Lohse, Martin Luther. Eine Einführung in sein Leben und sein Werk, München 1981, 171. Zur Geschichte der Luther-Forschung vgl. ebd., 207-246.

ersonnen habe, um selbst ein sorgloses, libertinistisches Leben führen zu können. Von diesem Standpunkt aus betrachtet, könnte man sagen, dass Luther als Produkt individueller Schwächen und Befangenheiten angesehen wurde.

Am Vorabend des Zweiten Weltkriegs gab es jedoch einen wissenschaftlichen Durchbruch von großer ökumenischer Bedeutung durch die Veröffentlichung von Josef Lortz' Buch: *Die Reformation in Deutschland.* Lortz kritisierte die Fehler der mittelalterlichen Kirche. Er war bestrebt, Luthers eigene spirituelle Intentionen zu verstehen. Er schätzte Luther als „religiöse Persönlichkeit". Trotz allem schlussfolgerte er aber, dass Luther als Theologe ein „Subjektivist" gewesen sei. Nach Lortz' Ansicht repräsentiert Luther eine Katholizität, die nicht katholisch im authentischen Sinn ist. Luther habe in einzigartiger Weise die Bedeutung des Apostels Paulus hervorgehoben. Aber Luther sei nicht der ganzen Heiligen Schrift gewärtig gewesen. Der Revolutionär Luther wäre demnach ein Gefangener seiner eigenen Ideen.[5]

Die Theorie von Luthers Subjektivismus wurde allerdings bald von römisch-katholischen Theologen kritisiert. Lortz' eigene Schüler, insbesondere Erwin Iserloh und Peter Manns, hielten dafür, dass die Subjektivismusthese überzogen und herabsetzend sei. Manns gebrauchte für Luther den Titel „Vater im Glauben"; er untersuchte Luther besonders im Blick auf die Frömmigkeit der mittelalterlichen und der frühen Kirche; der Titel „Vater im Glauben" leitet sich von dieser spirituellen Tradition her.

In offiziellen römisch-katholischen Stellungnahmen nach dem Zweiten Vatikanischen Konzil, unterscheidet sich die Position, die Luther eingeräumt wird, wesentlich von der zu Beginn des 20. Jahrhunderts. In Übereinstimmung mit Kardinal Willebrands und anderen Ökumenikern, zitierte Papst Johannes Paul II. in mehreren Fällen Luthers geistliche Texte, z.B. den *Kommentar zum Römerbrief.* Darüber hinaus sprach er positiv über Luthers Bedeutung für das gesamte Christentum.

Ein Vorläufer der individuellen Freiheit?

Mutatis mutandis, ist die protestantische Lutherforschung denselben Kanälen gefolgt wie die römisch-katholische Theologie. Protestantische

[5] J. Lortz, Die Reformation in Deutschland, Bd. 1-2, Freiburg i. Br. 1941. Vgl. E. Huovinen, Die ökumenische Bedeutung des Luther-Verständnisses von Joseph Lortz für die Lutherforschung in Finnland, in: Zum Gedenken an Joseph Lortz. Beiträge zur Reformationsgeschichte und Ökumene, hg. v. R. Decot / R Vinke, Wiesbaden – Stuttgart 1989, 262-292.

Studien, sowohl historische als auch systematische, unterstützten die Sicht auf Luther als „Reformator". Indirekt führte diese Forschungsrichtung ziemlich wahrscheinlich zu einer Betonung der Außerordentlichkeit und der Einzigartigkeit Luthers.

Wenn man die Geschichte der protestantischen Lutherforschung[6] untersucht, ist es ziemlich erstaunlich, mit welchem Nachdruck Luther als außergewöhnliches Original dargestellt wird. Während der Zeit der lutherischen Orthodoxie wurde Luther von vielen sogar für unfehlbar gehalten als Lehrer des wahren Glaubens. Luther wurde als Entsprechung zum Engel aus der Johannesoffenbarung betrachtet: „Er hatte den Bewohnern der Erde ein ewiges Evangelium zu verkünden, allen Nationen, Stämmen, Sprachen und Völkern" (Offb 14,6). Der Pietismus betrachtete Luthers Theologie als Ausdruck persönlicher Frömmigkeit, und zwar vom Standpunkt des wiedergeborenen, lebendigen Glaubens und der Heiligung aus. Bei einer solchen Sichtweise liegt die Bedeutung des christlichen Glaubens in der inneren und persönlichen Glaubenserfahrung.

Während der Aufklärung wurde Luther zum Vorläufer der Freiheit des Verstandes und der Vernunft erklärt, zu dem Einen, der den christlichen Glauben vom dunklen Aberglauben des Mittelalters befreite. Die allgemeine anthropologische Denkweise, die für jene Zeit charakteristisch war, führte zu einem Bild Luthers als zeitgebundener Denker, dessen Gedanken keine Normativität beanspruchen konnten. Luther wurde vielmehr als große Persönlichkeit und als Kämpfer bewundert, aber er wurde auch kritisch hinterfragt auf der Basis der Vernunft und der ethischen Forderungen des Gewissens.

Gotthold Ephraim Lessing war stolz darauf, dass Luther die Menschen von der Knechtschaft der Tradition befreit hatte; die Aufgabe der Aufklärung sei es lediglich, die Früchte dieser Befreiung zu ernten. Friedrich der Große war allerdings damit nicht zufrieden, sondern frohlockte, dass Luther, „der arme, verdammte Teufel", die Menschen vom Joch der Priester befreit und so die Einkünfte des Staates vergrößert hatte. Das Luthertum begann, sich in den Protestantismus zu verwandeln, der sich dem aufgeklärten Subjektivismus zuwandte.

Albert Ritschl strebte danach, Luther in seinen eigenen historischen Kontext einzuordnen. Dennoch war Ritschl der Ansicht, dass Luthers Wert in erster Linie darin bestand, die alte spekulative Metaphysik und den Mystizismus vom Thron gestoßen zu haben. Letztlich verkünde Luther die Freiheit und Unabhängigkeit der Seele.

Die jüngere Lutherforschung ist stark von denselben protestantischen Theologiemodellen beeinflusst worden. In öffentlichen kirchlichen Diskus-

[6] Vgl. B. Lohse, Martin Luther, a.a.O., 213-240.

sionen wird Luther oft als ein zeitgebundener Dilettant hingestellt oder als ungezügelte Ausnahmegestalt in der Theologiegeschichte, einer, der Christen, die aktuellen Trends folgen wollen, nicht unbedingt empfohlen werden kann. Solche Kommentare werfen oft vor ihrem eigenen Hintergrund dieselbe Frage auf: War Luther ein Privatgelehrter oder ein *doctor communis*?

Im Gegensatz zu diesem Paradigma, das die Unterschiede zwischen dem katholischen Mittelalter und Luther betont, finden wir, dass zum Beispiel in den Vereinigten Staaten die Interpretation der „Katholizität der Reformation" von Robert Jenson und Carl Braaten neue Gesichtspunkte hervorgebracht hat.[7] In Finnland wurden ähnliche neue Gedanken von Prof. Tuomo Mannermaa und seinen Schülern eingeführt.[8] Beide Seiten skizzierten das philosophische, theologische und spirituelle Denken des Mittelalters und versuchten so, die Epoche zu verstehen, die Luther vorausging. Darüber hinaus richteten sie ihre Aufmerksamkeit darauf, wie das moderne Bild Luthers durch verschiedene philosophische Voreinstellungen und Trends beeinflusst worden ist.

Zurück zu unserer Grundsatzfrage: War Luther außergewöhnlich, einzigartig, in mancher Beziehung ein *Novum* oder war er ein Bindeglied, ein Zeuge in der Kette des klassischen christlichen Glaubens, den er teilte? Zweifelsohne ist diese Frage vom Standpunkt der akademischen Forschung aus eine zu allgemeine. Ich glaube aber, dass diese Frage uns behilflich sein kann, wenn wir versuchen zu verstehen, worum es in Luthers Theologie – und auch allgemeiner im christlichen Glauben als Ganzem – geht. War Luther lediglich der Vater des Luthertums oder war er für das ganze Christentum „Vater im Glauben"? *Doctor privatus* oder *doctor communis*?

Die ökumenische Bedeutung der *Katechismen* Luthers

Um eine erste Antwort auf diese knapp skizzierte Frage zu geben, werde ich mich auf die Interpretation Karl Lehmanns stützen. Nach Lehmanns Ansicht können besonders die Katechismen Luthers ein Licht sowohl auf seine Beziehung zu der Tradition, die ihm vorausging, als auch auf seine Bedeutung für die Kirche werfen. Lehmann schreibt, darüber erstaunt zu sein, wie wenig Luthers Katechismen ökumenischer Reflexion unterzogen

---

[7] Vgl. Catholicity of the Reformation, hg. v. C. E. Braaten, R. W. Jenson, Grand Rapids (USA) u. Cambridge (UK) 1996.

[8] Über die finnische Lutherforschung siehe: J. Forsberg, Die finnische Lutherforschung seit 1979, in: LuJ 72 (2005) 147-182.

worden sind.[9] Es scheint jedoch mindestens sechs gute Gründe zu geben, sich diesen Katechismen in ökumenischer Lesart zu nähern.
(1) Erstens sind der *Kleine* und der *Große Katechismus* Beispiele für Luthers tiefsten Wunsch, *doctor communis* zu sein. Wenn irgendwo, dann war Luther in den Katechismen *doctor*: ein Lehrer des einfachen Volkes und ein Führer für Priester, die theologisches Wissen und Training brauchten. Unter den Schriften Luthers betonen die Katechismen am deutlichsten, was im klassischen christlichen Glauben gemeinsam ist.
In Übereinstimmung mit der Grundidee eines Katechismus wollte Luther lehren, was notwendig ist, um zu leben wie ein Christ. Als *doctor* war der Katechet Luther in erster Linie geistlicher Lehrer. Seine Ziele, zu lehren und zu lernen, waren nicht das Vergrößern von Wissen um seiner selbst willen, sondern den Glauben an Gott zu pflegen und die Nächstenliebe zu stärken.
(2) Zweitens war Luther in seinen Katechismen in dem Sinn ein *doctor communis*, dass er sein katechetisches Lehren auf einer langen Tradition gründete. Das bedeutet, Luthers *Kleiner* und *Großer Katechismus* waren fest und bewusst auf dem Traditionsgerüst des Judentums und der frühen Kirche gebaut: dem Dekalog, dem Glaubensbekenntnis, dem Gebet des Herrn und den Sakramenten. Auch in seiner eigenen Zeit waren Luthers katechetische Ideen weder originell noch neu. Die Zehn Gebote, das Glaubensbekenntnis und das Vater Unser waren didaktisches Erbe des Mittelalters.
Obwohl katechetische Bücher dieser Art nicht in Schriftform existierten, waren die drei ersten Punkte, die ich eben genannt habe, Eckpunkte christlicher Erziehung. Petrus Abelardus legte seinen berühmten *Kommentar zum apostolischen Glaubensbekenntnis und zum Vater Unser* vor, den alle Christen gemeinsam lesen und auswendig lernen sollten. Erasmus von Rotterdam schrieb kurz nach 1510 einen *Katechismus*. Dies ist die Struktur, die Luther entwickelte und vertiefte.
Bereits die Anlagen des *Kleinen* wie des *Großen Katechismus* betonen die Kontinuität mit der Tradition des Glaubens. Die Zehn Gebote sind das Fundament der jüdisch-christlichen Lebensweise. Das Glaubensbekenntnis hat seine Wurzeln im ersten christlichen Jahrhundert. Das Gebet des Herrn ist das Vorbild-Gebet, das von Jesus selbst gelehrt wird. Auch die Antwor-

---

[9] K. Lehmann, Luther als Lehrer?, a.a.O., 148. Im Jahre 1999 hat die Finnische Lutherische Kirche einem neuen offiziellen *Katechismus* zugestimmt. Sein Basistext wurde von Eero Huovinen verfasst. Seiner historischen und ökumenischen Bedeutung geschuldet, schloss der *Katechismus* den gesamten Text von Luthers *Kleinem Katechismus* ein. Dieser neue *Katechismus* ist ins Englische, Schwedische, Lateinische, Arabische, Russische, Chinesische, Ungarische, Deutsche, Spanische, Kroatische und Französische übersetzt worden.

ten der Katechismen Luthers kommen eher von dem Judentum, dem Neuen Testament und dem frühen Christentum, als dass sie Neuerungen der Reformation wären.
(3) Drittens sind Luthers Katechismen, besonders die Erklärung des Dritten Artikels des Glaubensbekenntnisses, auf zwei klassischen Dogmen des Christentums aufgebaut; der Trinitätslehre und der Lehre von den zwei Naturen Jesu Christi. Obwohl die Rechtfertigung nicht als Begriff in den Katechismen erwähnt wird, ist sie doch implizit ein zentrales Thema, das fest auf der Trinitätslehre und der Christologie basiert: Erlösung ist das Werk des dreieinen Gottes, gegründet in der Person und dem Wirken Jesu Christi. Selbstverständlich stehen auch heute die Römisch-Katholische Kirche, der Weltkirchenrat und der Lutherische Weltbund ebenso wie die Vereinigungen vieler anderer ökumenischer Organisationen fest zu diesen Dogmen.
(4) Viertens sind Luthers Katechismen auch Zeugnisse des gemeinsamen Glaubens in dem Sinn, dass in ihnen Kontroverstheologie, die entweder auf Rom oder die radikale Reformation zielt, lediglich eine untergeordnete Rolle spielt. Der *Kleine Katechismus* enthält keinerlei direkte Polemik. Der *Große Katechismus*, gedacht für Pfarrern, enthält einige kritische Kommentare über „die Kirche des Papstes" und über spiritualistische Taufkonzepte; aber im Vergleich zu Luthers anderen Schriften weist er keine antiökumenischen oder kontroverstheologischen Züge auf.
(5) Fünftens kann man in Übereinstimmung mit den Gedanken Lehmanns in Luthers *Großem Katechismus* ein spirituelles Ethos der Selbstkritik erkennen, das ebenso von ökumenischer Bedeutung sein kann.
Der *Große Katechismus* ist ein gutes Beispiel dafür, was eine ernsthafte und aufgeschlossene Analyse der Kirche und des Christentums sein könnte. Gleichzeitig rühmt sich der Katechismus des Durchbruchs des Evangeliums, er taxiert nicht nur die Probleme der theologischen Gegner, sondern im gleichen Maße die jämmerliche Mittelmäßigkeit christlichen Lebens seines eigenen Lagers.
Im Vorwort ist zu lesen, dass es ausdrücklich die eigenen „Hirten", die Priester sind, die in das Reformationslager gewechselt sind, die als „faule Wänste" (*ignavos vetres*) und „vermessene Heilige" (*praesumptuosos sanctos*) ertragen werden müssen. Sie seien mehr an den Nebeneinkünften als an den Pflichten ihres Amtes interessiert, an ihren Aufgaben wie Gebet, Studium und Dienst an den Gemeindemitgliedern. „Ach, das sind allzumal schändliche Fresser und Bauchdiener, die mit mehr Recht Sauhirten oder Hundeknechte sein sollten als Seelsorger und Pfarrer."[10] Selbst-

[10] *Der Große Katechismus*, Vorrede, BSLK 565.

kritik in Bezug auf die eigene Kirche und den eigenen Stand des Christseins ist Voraussetzung für echte ökumenische Beziehungen.

(6) Sechstens versucht Luther in den Erklärungen der Sakramente am Ende des *Großen Katechismus'*, sich mit den Lehren seiner Vorgänger zu verbinden. Dies hat ebenfalls eine positive ökumenische Bedeutung. Die Sakramentenlehre Martin Luthers ist von einem starken theologischen Realismus geprägt wie von einem Verständnis der Wirksamkeit des Wortes Gottes. Taufe, Beichte und Heilige Kommunion beziehen sich nicht einfach auf etwas außerhalb ihrer selbst, sondern sie schließen Christus und all seine Werke ein. Sie sind wirksame Zeichen (*signa efficacia*) der Gegenwart Christi, der Gnade Gottes und der Gemeinschaft der Christen.[11]

Die zentrale Stellung der Sakramente

Die heiligen Sakramente sind in den *Katechismen* wie in anderen Schriften Luthers von zentraler Bedeutung. Die Taufe verbindet den Menschen sowohl mit Christus als auch mit seiner Kirche. Im Einklang mit den starken Worten des *Großen Katechismus* gewährt Gott in der Taufe dem Glaubenden „Überwindung des Teufels und Todes, Vergebung der Sünden, Gottes Gnade, den ganzen Christus und den Heiligen Geist mit seinen Gaben."[12] Gleichzeitig wird deutlich, dass derjenige, der getauft ist, jeden Tag der Lehre, des Gebets, der Ermahnung und der Unterstützung anderer Christen bedarf, um Leid zu überwinden, am Glauben festzuhalten und in der Liebe gestärkt zu werden.

Nicht nur in der Taufe, sondern auch in der Erklärung der Heiligen Kommunion herrscht der theologische Realismus. Die Eucharistie ist das Mahl der Gegenwart Christi, das mit anderen Christen verbindet und die „Vergebung der Sünden und das ewige Leben" schenkt.

Bis in unsere Zeit ist die Lehre und Praxis der Heiligen Kommunion ein zentrales ökumenisches Thema zwischen Lutheranern und römischen Katholiken sowie anderen Kirchen. Die Heilige Kommunion schließt fast alle theologischen *loci* von der Schöpfung über die Erlösung bis zur Eschatologie ein. Der Engpass auf dem Weg zur sichtbaren Einheit der Kirchen ist die Theologie des Amtes, die eine gemeinsame Abendmahlsfeier bis jetzt nicht ermöglicht hat.

---

[11] Zur Wirkungsweise der Sakramente in der Theologie Luthers vgl. E. Huovinen, Fides infantium. Martin Luthers Lehre vom Kinderglauben, in: VIEG 159 (1997) 45-74.

[12] *Großer Katechismus,* Von der Taufe, BSLK 819.

Folglich ist es interessant zu fragen, was Martin Luthers Verständnis von der Heiligen Kommunion zur Annäherung zwischen den Kirche heute beitragen könnte. Könnte er auch ein *doctor communis* für die Theologie der Eucharistie sein?[13]

Das Sakrament der Gegenwart Christi

Für Martin Luther war die Eucharistie das Sakrament der Realpräsenz Christi. Deshalb ist sie nicht nur eine Feier der Erinnerung, in der wir der Lehren und Werke Jesu gedenken. Sie ist auch keine rein symbolische Feier, in der uns Brot und Wein an den Leib Christi erinnern, der abwesend und fern im Himmel ist. Luther wiederholte häufig die Einsetzungsworte „Dies ist mein Leib", *hoc est corpus meum*. Diese Worte müssen einfach und realistisch interpretiert werden. Die Hostie symbolisiert nicht nur den Leib des Herrn und weist nicht nur auf einen solchen Christus hin, der anderswo weilt. Die Einsetzungsworte beinhalten und bewirken, was sie verheißen.

Der Gedanke der Realpräsenz ist natürlich nicht der einzige Bestandteil der Eucharistielehre in der Bibel und der Tradition. Luther verbindet ebenso andere Motive mit der Kommunion: Gnade und Vergebung der Sünden, Gemeinschaft der Christen, Erinnerung an Christus, Mahl der Dankbarkeit und Bekenntnis des Glaubens an Gott. Sie ist gleichzeitig die Darstellung des Opfers, das Christus auf Golgatha gebracht hat, und ein Vorgeschmack des himmlischen Festes.

Nach Luther ist das Wesen der Eucharistie jedoch die Realpräsenz von Fleisch und Blut Christi in Brot und Wein. Für Luther war dieser Glaube keine abstrakte theologische Theorie oder philosophische Idee. Er wollte sich auf das einfache Wort Gottes verlassen, auf das Neue Testament, das von Christus selbst eingesetzt worden ist. Christus gab seinen eigenen Leib hin „für uns zur Vergebung der Sünden" (Matth 26,28).

Der Glaube an die Realpräsenz Christi in der Eucharistie hat Lutheraner und Katholiken immer verbunden. Auf beiden Seiten haben wir immer darauf vertraut, dass Christus selbst bei der Heiligen Eucharistie in Brot und Wein „wahrhaftig und wesenhaft", *„vere et substantialiter"*, gegenwärtig ist und dem getauften Glaubenden die Wirklichkeit der ganzen Erlösung schenkt. Als eine Gemeinschaft lebt die Kirche, in des Wortes wahrs-

---

[13] Vgl. Justification in the Life of the Church. A Report from the Roman Catholic – Lutheran Dialogue Group for Sweden and Finland, Uppsala, Stockholm and Helsinki 2010. (*Rechtfertigung im Leben der Kirche. Ein Bericht aus der Römisch-Katholisch/ Lutherischen Dialoggruppe für Schweden und Finnland*).

ter Bedeutung, *de eucharistia,* aus dem Geheimnis und der Gabe der Eucharistie.

In der lutherischen Eucharistie-Theologie gründet die Realpräsenz Christi auf der Gotteslehre, auf der Christologie und auf der Rechtfertigungslehre. Für Luther ist Gott in seinem Wesen Geber und Stifter.

Gemäß dem Glaubensbekenntnis ist der dreieine Gott kein eifersüchtiger Richter oder Händler, der Ausgleich fordert, sondern selbst-opfernde Liebe, die uns liebt und für uns nur Gutes will. Luther fasste die Botschaft des Glaubensbekenntnisses zusammen, indem er die Metapher des Schenkens verwendet: „Wir sehen hier im Glaubensbekenntnis, wie Gott sich selbst uns vollständig gibt, mit all seinen Gaben und all seiner Kraft ... der Vater gibt uns seine ganze Schöpfung, Christus all seine Werke und der Heilige Geist all seine Gaben."[14]

Gottes Liebe ist der Grund für die Inkarnation Christi und die Grundlage für das Sakrament der Eucharistie. Aus Liebe zu uns wurde Gott Mensch in Christus, um uns mit sich zu versöhnen. Aus Liebe zu uns hat Christus die Eucharistie eingesetzt, so dass er weiterhin unter uns gegenwärtig sein und das Geschenk der Versöhnung in unser Leben bringen kann.

Die Realpräsenz Christi in der Eucharistie bildet daher eine untrennbare Einheit mit dem Geschenk des Sakraments, seiner Wirksamkeit. Die Eucharistie ist die Feier des Todes und der Auferstehung Christi, wo wir an der Versöhnung am Kreuz teilhaben, der Vergebung der Sünden und dem ewigen Leben – alles in allem – wir haben an Christus selber teil.

Deshalb ist die Realpräsenz Christi im Sakrament der Eucharistie solch ein Glaubensschatz, der Lutheraner immer näher mit römisch-katholischen, Orthodoxen und anderen Christen, bringen kann, die diesen Glauben in Lehre und Praxis bekennen.

---

[14] „Daraus siehst du nun, dass das Glaubensbekenntnis eine gar sehr andere Lehre ist als die der zehn Gebote. Denn jene lehrt wohl, was wir tun sollen, diese aber sagt, was Gott uns tut und gibt. Die zehn Gebote sind auch ohnedies in aller Menschen Herzen geschrieben, das Glaubensbekenntnis dagegen kann keine menschliche Klugheit begreifen: es muss allein vom Heiligen Geist gelehrt werden. Jene Lehre [der zehn Gebote] macht darum noch keinen Christen; es bleibt noch immer Gottes Zorn und Ungnade über uns, weil wir's nicht halten können, was Gott von uns fordert. Diese Lehre [des Glaubensbekenntnisses] dagegen bringt lauter Gnade, macht uns fromm und Gott angenehm. Denn durch die hier gegebene Erkenntnis bekommen wir Lust und Liebe zu allen Geboten Gottes, weil wir hier sehen, wie sich Gott ganz und gar mit allem, was er hat und vermag, uns zur Hilfe und zum Beistand gibt, damit wir die zehn Gebote halten können: der Vater schenkt alle Kreaturen, Christus alle seine Werke, der Heilige Geist alle seine Gaben"; *Großer Katechismus,* Der Glaube, BSLK 752. Zur Eucharistie-Theologie Luthers vgl. u.a.: J. Jolkkonen, *Eucharist. Engaging Luther, A (New) Theological Assessment,* hg. v. O.-P. Vainio, Eugene OR 2010, 108-137.

Es ist ein Geheimnis des Glaubens, über das Papst Johannes Paul II. in seiner Enzyklika *Ecclesia de Eucharistia* schrieb. Christus, der wahre Mensch und wahre Gott ist im Brot und im Wein der Eucharistie wirklich, ganz und vollständig gegenwärtig.[15] Wir Lutheraner können uns von ganzem Herzen den Worten der Enzyklika über die Realpräsenz Christi und die Gabe des Heiligen Geistes anschließen. Die Gegenwart Christi ist wahr „in objektiver Realität", *in ipsa rerum natura,* und „unabhängig von unseren Gedanken", *a nostro scilicet spiritu disiuncta.* Das Sakrament der Eucharistie vergegenwärtigt nicht nur die Person und das Werk Christi, sondern schenkt ihn uns persönlich. „Auf diese Weise wendet die Eucharistie den Menschen von heute die Versöhnung zu, die Christus ein für allemal für die Menschen aller Zeiten erworben hat."[16]

Die Heilige Eucharistie als gemeinsame Feier

Ausgehend vom Begriff (*synaxis, communio*) ist die Heilige Eucharistie eine gemeinsame Feier. Paulus formuliert: „Ist das Brot, das wir brechen, nicht Teilhabe *(koinonia)* am Leib Christi?" (1Kor 10,16)

Die Heilige Eucharistie verbindet Christus mit dem Sünder und den Christen mit anderen Christen. Die Kommunion ist nicht nur eine Angelegenheit zwischen Gott und dem Einzelnen, sondern ein gemeinsames Ereignis mit ekklesiologischer und ethischer Dimension. Diejenigen, die das konsekrierte Brot und den konsekrierten Wein miteinander teilen, teilen auch alle Freude und allen Schmerz, allen Sieg und alles Leid, alle Sorge und allen Trost. Alle, die mit Christus im konsekrierten Brot und Wein verbunden sind, sind auch untereinander in Glaube und Liebe verbunden.

Dieser gemeinschaftliche Charakter des Heiligen Abendmahles wird in der Theologie Martin Luthers kraftvoll zum Ausdruck gebracht: „Diese beiden Gestalten hat Christus nicht für sich allein eingesetzt, sondern er hat sein wahrhaftig natürliches Fleisch in dem Brot und sein natürliches wahrhaftiges Blut in dem Wein gegeben, dass er je ein vollkommenes Sakrament oder Zeichen gebe. Denn wie das Brot in seinen wahrhaftigen natürlichen Leib und der Wein in sein natürliches wahrhaftiges Blut verwandelt wird, so wahrhaftig werden auch wir in den geistlichen Leib, das ist in die Gemeinschaft Christi und aller Heiligen, gezogen und verwandelt und

---

[15] Vgl. *Ecclesia de Eucharistia,* § 15.
[16] Ebd., § 12.

durch dieses Sakrament in alle Tugenden und Gnaden Christi und seiner Heiligen gesetzt."[17]

Da die Eucharistie *communio* in Christus ist, vereint uns das Sakrament auch mit anderen Christen und der ganzen Gemeinschaft der *communio sanctorum*. Teilhabe an Christus durch Wort und Sakrament heißt, Teilhabe am Leib Christi, in der Gemeinschaft aller Heiligen. Der Austausch der Liebe Christi findet zwischen allen Mitgliedern dieser Gemeinschaft statt.

Die Art und Weise, in der Martin Luther hier über den gemeinschaftlichen Charakter der Eucharistie und des Glaubens spricht, kann Möglichkeiten für neue ökumenische Annäherungen auf dem Gebiet der Ekklesiologie eröffnen.[18]

Im *Großen Katechismus* betont Luther stark die Rolle der christlichen Kirche. Der Heilige Geist schafft neues geistliches Leben und erreicht dies „durch die christliche Kirche". Luther stellt fest: „Das bedeutet, dass er uns zuerst in seine heilige Gemeinde führt und in den Schoß der Kirche legt, durch welche er uns predigt und zu Christus bringt. Denn weder du noch ich könnten jemals etwas von Christus wissen oder an ihn glauben und ihn zum Herrn bekommen, wenn es uns nicht vom Heiligen Geist durch die Predigt des Evangeliums angeboten und in den Busen geschenkt würde."[19]

Auf der Basis des oben Ausgeführten, wo Luther von der Gegenwart Christi, dem Gemeinschaft stiftenden Wesen der Heiligen Eucharistie und der Rolle der Kirche spricht, können wir Lutheraner übereinstimmen mit den Worten Papst Johannes Paul II., dass die Heilige Eucharistie eine „einheitsstiftende Wirkung"[20] hat. „Unsere Vereinigung mit Christus, die

---

[17] Ein Sermon von dem hochwürdigen Sakrament des heiligen wahren Leichnams Christi und von den Brüderschaften. 1519, in: WA 2, 742-758, hier 749. (Vorsichtig an modernes Deutsch angepasst.)

[18] S. Peura, The Church as Spiritual Communion in Luther, in: The Church as Communion. Lutheran Contributions to Ecclesiology, hg. v. H. Holze, Genf 1997 (LWF Documentation 42), 93-131.

[19] *Großer Katechismus*, Der Glaube, Dritter Artikel, BSLK 741.

[20] „Mit der eucharistischen Kommunion wird die Kirche zugleich in ihrer Einheit als Leib Christi gefestigt. Der heilige Paulus bezieht sich auf diese *einheitsstiftende Wirkung* der Teilnahme am eucharistischen Mahl ... Die Argumentation ist überzeugend: Unsere Vereinigung mit Christus, die Geschenk und Gnade für jeden einzelnen ist, bewirkt, daß wir in ihm auch zur Einheit seines Leibes, zur Kirche, zusammengefügt werden. Die Eucharistie festigt die Eingliederung in Christus, die in der Taufe durch die Gabe des Geistes grundgelegt worden ist (vgl. *1 Kor* 12, 13.27). ... Den Keimen der Entzweiung unter den Menschen, die – wie die tägliche Erfahrung zeigt – aufgrund der Sünde tief in die Menschheit eingegraben sind, stellt sich *die schöpferische Kraft der Einheit* des Leibes Christi entgegen. Die

Geschenk und Gnade für jeden einzelnen ist, bewirkt, dass wir in ihm auch zur Einheit seines Leibes, zur Kirche, zusammengefügt werden."

Gemeinschaft fügt nicht nur Christen und Sünder zusammen, sie fügt auch Christen innerhalb derselben Kirche zusammen, Junge und Alte, Frauen und Männer, Priester und Gemeindemitglieder. Sie fügt Diözesen zusammen und schließlich auch lokale Kirchen, die zu verschiedenen Teilen der Welt gehören, Kirchen, die denselben Glauben bekennen.

Es ist mein glühender Wunsch, dass wir Lutheraner mit unseren römisch-katholischen und anderen christlichen Schwestern und Brüdern am gemeinsamen Tisch der Kommunion zusammenkommen können. Wir sehnen uns nach einem gemeinsamen Tisch, weil die Heilige Eucharistie die Feier der Gegenwart Christi und *communio sanctorum* ist.

Es gibt jedoch keinen kurzen Weg zu einer gemeinsamen Heiligen Eucharistie. Einheit hält nicht ohne Wahrheit, wir brauchen „die Wahrheit in Liebe", *veritas in caritate.* Das Ziel sichtbarer Einheit und einer gemeinsamen Kommunion erfordert, dass wir tiefer in den Grund unseres gemeinsamen christlichen Glaubens graben. Wir brauchen Geduld, um in der geoffenbarten Wahrheit zu graben, und wir brauchen den Mut, die entscheidenden Schritte zu gehen, wenn ein angemessener Konsens erreicht ist.

Zusammenfassend wage ich zu behaupten, dass Martin Luther in seinen Katechismen und in seinen Schriften über die Heilige Kommunion als *doctor communis* spricht; er versucht, keine neue Lehre zu entwickeln, sondern ist eher bestrebt, den gemeinsamen Glauben der ungeteilten Christenheit auszudrücken und zu interpretieren. Daher werden seine Schriften ökumenische Früchte tragen.

Eucharistie, die die Kirche auferbaut, schafft gerade dadurch Gemeinschaft unter den Menschen." *Ecclesia de Eucharistia* § 23-24.

Dienstag
23. September 2014

„Gott, der eine Gott, der Schöpfer des Himmels und der Erde, ist etwas anderes als eine philosophische Hypothese über den Ursprung des Kosmos. Dieser Gott hat ein Gesicht, und er hat uns angeredet. Er ist im Menschen Jesus Christus einer von uns geworden, wahrer Gott und wahrer Mensch zugleich. Luthers Denken, seine ganze Spiritualität war durchaus christozentrisch: „Was Christum treibet", war für Luther der entscheidende hermeneutische Maßstab für die Auslegung der Heiligen Schrift. Dies aber setzt voraus, dass Christus die Mitte unserer Spiritualität und dass die Liebe zu ihm, das Mitleben mit ihm unser Leben bestimmt."

Aus der Rede Papst Benedikts XVI. im Kapitelsaal des Erfurter Augustinerklosters am 23. September 2011

Während der Morgengebete des Symposiums stand auf dem Altar der Augustinerkirche der *Codex Pauli*, den Papst Benedikt XVI. bei seinem Deutschlandbesuch im September 2011 dem Ratsvorsitzenden der Evangelischen Kirche in Deutschland (EKD), Nikolaus Schneider, als ökumenisches Gastgeschenk überreicht hatte. Es handelt sich um eine Sammlung paulinischer Briefe, die im Paulusjahr 2008/2009 von Benediktinern der römischen Abtei St. Paul vor den Mauern im Stil alter klösterlicher Handschriften gestaltet wurde.

Last und Lust des täglichen Gebets bei Martin Luther

Irene Mildenberger

„Last und Lust des täglichen Gebets bei Martin Luther", so habe ich meine Überlegungen überschrieben.[1] *Last und Lust* – damit beschreibe ich die Spannung in der Haltung Luthers zum Gebet, insbesondere zum Stundengebet, die Spannung zwischen völliger Ablehnung der früheren Praxis des Stundengebets im Kloster und selbstverständlicher Aufnahme von Stundengebeten in seine neuen Gottesdienstordnungen. Ich spreche dabei bewusst vom *täglichen Gebet*. Es geht also auch um andere Formen neben dem Stundengebet. Und nicht nur das öffentliche, gemeinsame Gebet soll in den Blick kommen, sondern auch Luthers persönliches Beten. Ein Drittes: In der Aufnahme des Titels dieses Symposiums liegt mir daran, auch nach den *Wirkungen* von Luthers Haltung zum Gebet zu fragen, danach, wo wir heute in den Kirchen der Reformation etwas von Luthers Lust am Gebet entdecken können. Zugleich geht es um die Frage, was das für unser ökumenisches Miteinander bedeuten kann.

Ich spreche dabei nicht als Lutherforscherin – denn das bin ich nicht. Aber ich spreche als lutherische Liturgiewissenschaftlerin, und habe mich als solche natürlich immer wieder mit Luther, mit seinen Gottesdienstordnungen und seinem Beten beschäftigt. Ich spreche zugleich als Pfarrerin in Luthers ehemaligem Erfurter Kloster, die nun seit fast drei Jahren verantwortlich ist für das tägliche Gebet in der Augustinerkirche. Als eine, die damit das Privileg – und manchmal auch die Last – hat, praktisch täglich mit anderen gemeinsam nach fester Ordnung zu beten. Ich spreche als protestantische Christin, die von der Liturgischen Bewegung innerhalb der Evangelischen Kirche geprägt ist und für die das Stundengebet seit der Jugendzeit wichtiger Teil des geistlichen Lebens ist, die zudem seit zehn Jahren einer kontemplativen evangelischen Schwesternschaft angehört.[2] All das trägt dazu bei, wie ich auf Luther und auf unsere gegenwärtige Praxis sehe.

Im Folgenden werde ich zuerst etwas sagen zu der Last, die das Stundengebet für Luther darstellte. Danach will ich zweitens den lustvollen Beter Luther in den Blick nehmen. In einem dritten Abschnitt ist – in größter

---

[1] Im Folgenden ist die Form der mündlichen Rede weitgehend bewahrt geblieben.

[2] Evangelische Schwesternschaft Ordo Pacis, www.ordo-pacis.de. Die Gemeinschaft hat ihre Wurzeln in der Berneuchener Bewegung und wurde 1953 gegründet.

Kürze – zu fragen, wie Luthers Haltung in den folgenden Jahrhunderten nachgewirkt hat. Im Blick auf aktuelle Entwicklungen in einigen deutsch- und englischsprachigen protestantischen Kirchen frage ich viertens nach der Lust am Gebet heute, wobei auch die ökumenische Dimension des Gesagten in den Blick genommen wird.

1. Die Last des täglichen Gebets bei Luther

Im Juli 1505 kam Martin Luther als Postulant in das Kloster der Augustinereremiten zu Erfurt, wurde im September als Novize aufgenommen. Damit gehörte das gemeinsame Stundengebet zu den feststehenden Elementen seines Tageslaufs.

Aber was und wie haben die Augustiner in Erfurt damals tatsächlich gebetet? Das zu sagen ist weniger einfach und eindeutig, als man auf den ersten Blick meinen könnte. So ist es jedenfalls von Angelus Häußling zu lernen, der 1987 einen Beitrag über „Luther und das Stundengebet" veröffentlichte.[3] Vermutlich, so jedenfalls Häußling, folgten die Augustiner dem römischen Kurialbrevier – also einer gegenüber dem klassischen monastischen Brevier deutlich kürzeren Fassung der Gebete. Aber welcher Kalender wurde verwendet? Wie oft betete man tatsächlich die Ordnung de tempore, also die normalen Sonn- und Werktagsgebete, und wie oft durchbrachen Heiligentage diese Ordnung, mit der Folge, dass nur eine kleine Auswahl von Psalmen gesungen wurde, dass Antiphonen und Responsorien nicht der Heiligen Schrift entnommen waren und Lesungen den Heiligenviten entstammten, statt den Homiliaren der Väter, dass späte Heiligenlieder die Hymnen des Ambrosius ersetzten? Später wird Luther jedenfalls sehr negativ über diese Ordnungen de sanctis urteilen. Viele seiner Vorwürfe an das Stundengebet sind vor allem auf sie bezogen. Zu den Gebeten an den vielen Heiligentagen kamen vermutlich weitere Votiv-Offizien, z. B. zu Ehren Marias, die das Pensum erhöhten und die Struktur des Gebets weiter verkomplizierten.

Auch wenn wir wie gesagt die genauen Einzelheiten nicht kennen, ist es nach Häußling eine sicher zu korrigierende Idealvorstellung, Luther habe im Kloster wirklich wöchentlich den ganzen Psalter gebetet, wie es in der

---

[3] A. Häußling, Luther und das Stundengebet, in: Freude am Gottesdienst. FS Frieder Schulz, hg. v. H. Riehm, Heidelberg 1988, 419-427. Vgl. zum Thema außerdem A. Odenthal, Liturgie vom Frühen Mittelalter zum Zeitalter der Konfessionalisierung. Studien zur Geschichte des Gottesdienstes, Tübingen 2011 (SMHR 61), dort Kapitel IX. „... totum psalterium in usu maneat." Martin Luther und das Stundengebet, ebd., 208-250; J. N. Alexander, Luther's Reform of the Daily Office, in: Worship 57 (1983) 348-360.

Grundordnung des Stundengebets vorgesehen war, habe regelmäßig die alten, klassischen Stundenhymnen von Ambrosius gesungen und die Homilien der Väter als Auslegung der Schriftlesungen gehört.
Immerhin, für die ersten Klosterjahre ist davon auszugehen, dass Luther das Gebet zusammen mit seinen Brüdern im Chor betete. In der Zeit in Wittenberg änderte sich das, da Luther durch seine Verpflichtungen an der Universität oft daran gehindert war, am Chorgebet teilzunehmen. Die Verpflichtung blieb aber, das versäumte Pensum musste nachgeholt werden, Luther tat das, wie er später immer wieder berichtet, oft für eine oder manchmal sogar mehrere Wochen am Stück. Als Illustration einige dieser Berichte aus den Tischreden:
„Als ich", sprach D. Martin Luther, „noch im Kloster ein Mönch war, hatte ich so viel zu schaffen mit Lesen, Schreiben, Predigen und Singen in der Kirche, daß ich dafür meine horas canonicas nicht beten konnte. Darüm wenn ich sie die sechs Tage uber in der Woche nicht beten konnte, so nahm ich den Sonnabend für mich und bliebe ungessen den Mittag und auf den Abend, und betete den ganzen Tag uber ... Wir hatten auch einen Bruder im Kloster, der versäumete viel Betstunden um seines Studirens Willen, aber er konnte keine Indulgenz erlangen; darüm so dingete er Einen, der des Tages für ihn betete, auf daß er des Tages möchte zweimal lesen."[4]
In einer anderen Stelle heißt es: „Unser Herr Gott hatt mich mit gewald ab horis canonicis gerissen anno 1520, do ich schon uil schreib, vnd spart oft acht tag mein horas zusamen; auf einen sonabent zalt ich nach einander ab, das ich per totum diem weder aß noch tranck, vnd schwecht mich also hart, das ich nimmer schlafen kunde, also das man mir Docotor Esch haustum soporiferum [=Schlaftrunk, IM] must geben, welches ich noch füle in meinem Kopf."[5]
Solche Erfahrungen meine ich, wenn ich von der Last des täglichen Gebets bei Luther spreche. Solche Erfahrungen machen auch deutlich, warum es für Luther eine Befreiung war, diese Verpflichtung zum täglichen Stundengebet aufzugeben.[6] Und sie erklären sein hartes Urteil über das Beten in den Klöstern und Stiften:
Ich erinnere an das bekannte Diktum aus Luthers erster Gottesdienstschrift von 1523:
„Drey grosse mißbreuch sind ynn den Gottis dienst gefallen. Der erst, das man gottis wort geschwygen hat, und alleyne geleßen und gesungen ynn der kirchen, das ist der ergiste mißbrauch. Der ander, da Gottis wort

---

[4] Tischreden Nr. 5094 in der Überlieferung von Aurifaber, in: WA.TR 4, 654.
[5] Tischreden Nr. 1253, in: WA.TR 2, 11.
[6] Odenthal hat diese negativen Äußerungen Luthers zum Stundengebet ausführlich zusammengetragen und analysiert. Vgl. Odenthal, Liturgie, a.a.O., 228-238.

geschwygen gewesen ist, sind neben eyn komen so viel unchristlicher fabeln und lugen, beyde ynn legenden, gesange und predigen, das greulich ist tzu sehen. Der dritte, das man solchen gottis dienst als eyn werck than hatt, da mit gottis gnade und selickeyt zur werben, da ist der glaub untergangen, und hatt yderman zu kirchen geben, stifften, pfaff, munch und nonnen werden wollen."[7]

Und schon in der Schrift Von den guten Werken aus dem Jahr 1520 sagt Luther im Zusammenhang mit dem dritten Gebot: „Czum funfften, Wer ist so hart und steynernn, den solch mechtige wort nit sollen bewegenn, mit aller zuversicht, frolich und gerne zubeten? Aber wie vil gebet must man auch reformieren, wo man diesen worten nach recht betten sollt! Es sein itzt wol alle kirchen und Closter vol betens und singens, wie gaht es aber zu, das wenig besserung und nutz davon kompt, und teglich erger wirt? Es ist kein andere ursach, dan die S. Jacobus antzeigt und sagt ‚Jhr bittet vil, und euch wirt nichts, drumb das yhr nit recht bittet': dan wo disser glaub und zuvorsicht ym gebet nit ist, da ist das gebet todt, unnd nichts mehr, dann ein schwere muhe und erbeit".[8]

Etwas später heißt es: „Wie David sagt: ... got ist nah bey denen die yhn anruffen, szo das sie yhn in der wahrheit anruffen. Warumb setzt er dartzu ‚in der Wahrheit anruffenn'? Nemlich, das nit gebettet noch angerufft heyst, wo der mundt allein murmelt. Was solt got thun, wen du also daher kumist mit deinem maul, buch odder pater noster, das dw nit mehr gedenckist, dann wie du die wort volendist und die zal erfullest? Das wen dich jemandt fragt, was die sach were odder was du furgenommen hettist, drumb du bittest, wurstu es selb nit wissenn, dann du hast dich nit drauff bedacht, dis odder das got furtzulegen odder begeren, dein einig ursach zu betten ist die, das dir das und sovil zubetenn auffgelegt ist, das selb wiltu halten und volnbringenn."[9]

Ein letzter Beleg für diese Kritik am falschen Beten: Im Klugschen Gesangbuch – in der zweiten Auflage von 1533, in der Martin Luther auf dem Titelblatt als Autor bzw. Herausgeber genannt wird – heißt es vor dem Abdruck von zum Singen eingerichteten Cantica und Psalmen: „Aller meist aber darumb/ das wir solche Lieder odder Psalmen gerne wollten/ mit ernst vnd andacht/ mit hertz und verstand/ gesungen haben/ nicht wie man sie jnn den Stifften und Klöstern/ mit grossem missebrauch vnd Abgötterey/ noch heutiges tages plöcket vnd heulet/ da man nichts draus versteht/ noch zu verstehen willen oder vleis hat/ schweige denn/ mit

---

[7] Von Ordnung Gottesdiensts in der Gemeine. 1523, in: WA 12, 35-37, hier 35.
[8] Von den guten Werken. 1520, in: WA 6, 202-276, hier 233.
[9] Ebd., 239-240.

andacht vnd mit frucht/ singen solt/ Darumb auch Gott mehr damit erzörnet denn versünet wird."[10]

2. Luthers Lust am Gebet

2.1 Das tägliche gemeinsame Gebet in Luthers Gottesdienstschriften

Angesichts solcher Erfahrung und solchen Urteils erscheint es umso erstaunlicher, mit welcher Selbstverständlichkeit Luther in seinen Schriften zum Gottesdienst dem gemeinsamen täglichen Gebet einen großen Raum gibt. Dabei geht es ihm in diesen Schriften aus den Jahren 1523 und 1526 allerdings nicht darum, ausgeführte Ordnungen für ein solches Gebet zu bieten, ein Ablauf für das gemeinsame Beten lässt sich am ehesten aus der dritten Gottesdienstschrift von 1526 erschließen.

In der bereits zitierten ersten Schrift zum Thema Gottesdienst, Von Ordnung Gottesdiensts in der Gemeine, finden sich nur knappe Hinweise. Das wichtigste ist, „das die Christlich gemeyne nymer soll zu samen komen, es werde denn da selbst Gottis wort gepredigt und gebett, es sey auch auffs kurtzist."[11] Luther will ein Morgen- und ein Abendgebet, das nicht länger als eine Stunde dauern soll.[12] Es beginnt mit Lesung und Auslegung,[13] als lobende Antwort folgen Psalmen, Responsorien und Antiphonen. Die biblische Lesung soll fortlaufend geschehen, morgens aus dem AT, abends aus dem NT. Wer mag, kann mittags ein weiteres Gebet halten.[14]

Für Luther ist klar, dass unter der Woche nicht die ganze Gemeinde an solchen Gebetsgottesdiensten teilnimmt: „Auch ob solchs tegliches gottis diensts vielleicht nicht die gantze versammlunge gewartten kunde, sollen doch die priester und schuler und tzuvor die ienigen, so man verhofft gutte prediger und seelsorger aus zu werden, solchs thun."[15]

---

[10] Ich zitiere nach der Faksimileausgabe: Das Klug'sche Gesangbuch 1533, nach dem einzigen erhaltenen Exemplar der Lutherhalle zu Wittenberg ergänzt u. hg. v. K. Ameln, Kassel-Basel 1954, fol 133r.

[11] Von Ordnung Gottesdiensts in der Gemeine. 1523, in: WA 12, 35-37, hier 35.

[12] „... denn man muss die seelen nicht uberschutten, das sie nicht mude und uberdrussig werden, wie bis her ynn klostern und stifften sie sich mit esels erbeyt beladen haben." Ebd., 36.

[13] Als biblische Belege für diese Folge von Lesung und Auslegung nennt er Psalm 102,22-23 und 1 Kor 14,26ff, wobei er das bloße Vorlesen dem Zungenreden vergleicht, das noch der Weissagung oder Auslegung bedarf. Vgl. ebd., 35.

[14] „Will man nu solch versamlung des tags noch ein mal hallten nach essens, das stehe ynn freyer wilkore." Ebd., 36.

[15] Ebd.

Anders ist es am Sonntag, wo die Vesper neben der morgendlichen Messe als abendlicher zweiter Gottesdienst für die ganze Gemeinde gedacht ist. Dabei soll in der Messe über das Evangelium des Tages gepredigt werden, in der Vesper über die Epistel – oder über ein fortlaufendes biblisches Buch. Luthers Kritik an den Heiligenproprien war oben schon angesprochen, hier schreibt er: „Aber die Antiphen und Responsoria und Collecten, legenden von den heyligen und vom creutz, laß man noch eyn tzeyt stille ligen, bis sie gefegt werden, denn es ist greulich viel vnflatts drynnen."[16]

Die zweite, ausführlichere Gottesdienstschrift des Jahres 1523, Formula missae et communionis,[17] legt, wie ja schon der Titel zeigt, den Hauptaugenmerk auf die Neuordnung des Abendmahlsgottesdienstes. Es soll, so meint Luther, nicht mehr täglich Messe gefeiert werden, die Stundengebete in ihrer Fülle können hingegen täglich fortgeführt werden, abgesehen auch hier von den Heiligenproprien: „An den übrigen Tagen, die wir Werktage nennen, sehe ich nichts, was man nicht bestehen lassen könnte, nur die Messfeier soll man nicht feiern. Denn die Matutin mit drei Lesungen, die Stundengebete, hierauf die Vesper und die Komplet im Kirchenjahr – aus genommen die Feste der Heiligen – sind nichts anderes als Worte der Heiligen Schrift."[18]

Auch bei der Deutschen Messe von 1526[19] steht, wie der Titel zeigt, der sonntägliche Abendmahlsgottesdienst im Zentrum. Aber hier gibt Luther doch auch ausführlichere Anweisungen für den werktäglichen Gottesdienst. Hierbei zeichnet sich schon eine Differenzierung ab, die sich in der Entwicklung der nächsten Jahrzehnte und teilweise Jahrhunderte fortsetzen wird. Zuerst spricht er über die jeweiligen Lesungen und Predigten.[20] Diese sind natürlich auf Deutsch zu halten. Dann aber kommen die Schüler in den Blick, die an diesen täglichen Gottesdiensten teilnehmen sollen.

---

[16] Ebd., 37.

[17] Formula Missae et Communionis. 1523, in: WA 12, 205-220. Ich zitiere nach der deutschen Übersetzung von J. Neijenhuis, Ordnung der Messfeier und Kommunion für die Wittenberger Kirche 1523, in: M. Luther, Lateinisch-Deutsche Studienausgabe, Bd. 3, Die Kirche und ihre Ämter, hg v. G. Wartenberg/M. Beyer, Leipzig 2009, 649-679.

[18] Ebd., 677.

[19] Deutsche Messe und Ordnung Gottesdiensts. 1526, in: WA 19, 72-113.

[20] Während sonntags im Frühgottesdienst, der Elemente der Mette enthält, über die Epistel gepredigt werden soll, steht am Vormittag das Evangelium im Zentrum. In der Vesper – die Luther schon am frühen Nachmittag ansetzt – soll fortlaufend das Alte Testament gepredigt werden. Aber auch für die verschiedenen Werktage schlägt Luther jeweils Lesungen vor, Montag- und Dienstagmorgen sind dem Katechismus gewidmet, Mittwochmorgen ist Matthäus an der Reihe, Samstagabend Johannes, Donnerstag und Freitag morgens sollen die übrigen neutestamentlichen Schriften gelesen werden. Vgl. ebd., 78-80.

Sie sollen Psalmen auf Lateinisch singen, ebenso biblische Lesungen zuerst auf Latein und erst dann auf Deutsch lesen, letzteres einerseits um im Übersetzen geübt zu werden, aber auch „ob yemands von den leyen da were und zu horet."[21] Dieses Gebet soll offensichtlich vor der für alle bestimmten Lesung und Predigt stattfinden: „Darnach gehen sie mit eyner antiphen zur deudschen lection, davon droben gesagt ist. Nach der lection singet der gantze Hauffe[22] eyn deutsch lied, darauff spricht man heymlich ein vater unser."[23] Für den Abschluss mit Gebet und Segen ist ein Pfarrer verantwortlich. Auch das Abendgebet besteht aus Lateinischen Psalmen, gegebenenfalls einem Hymnus, lateinischer und deutscher Lesung, dem lateinischen Magnifikat und dem Abschluss mit Gebet und Segen. Ein wichtiges Ziel dieser Morgen- und Abendgebete sieht Luther darin: „wie gesagt ist, wyr wollen die jugent bey der latinschen sprachen ynn der Biblia behalten und uben."[24]

Die Bedeutung des Wortes Gottes hatte Luther ja schon 1523 hervorgehoben. Es soll im Zentrum des Gebetes stehen: „Aber die Summa sey die, das es ia alles geschehe, das das wort ym schwang gehe und nicht widderumb eyn loren und dohnen draus werde, wie bis her gewesen ist. Es ist alles besser nach gelassen, denn das wort. Und ist nichts besser getrieben denn das wort."[25]

So gehört zu den wenigen konkreten Angaben in der Formula Missae der Hinweis: „Aber der in Teile gegliederte ganze Psalter und die in Lektionen eingeteilte ganze Heilige Schrift soll in der Kirche auf Dauer zu Gehör kommen."[26]

Die Ansätze zu Leseordnungen, die Luther in den verschiedenen Schriften gibt, sind dabei nicht einheitlich und nicht bis ins Einzelne durchdacht. Deutlich ist nur, dass Luther abgesehen vom Sonntag fortlaufende Lesungen will. Wir wissen ja auch aus seinen Predigten, dass er selbst in Wittenberg immer wieder biblische Bücher fortlaufend in Predigten ausgelegt hat. 1526 kommt zu den Schriftlesungen noch der Katechismus, der auch als auszulegende Lesung verstanden wird: „des Montags und Dinstags frue geschihet eyne deudsche Lection von den zehen geboten, vom glauben und vater unser, von der tauffe und sacrament, das diese zween tage den Catechismen erhalten und stercken ynn seym rechten verstand."[27]

---

[21] Ebd., 80.

[22] Hier sind jetzt offensichtlich die „leyen" mit gemeint.

[23] Ebd.

[24] Ebd.

[25] Von Ordnung Gottesdiensts in der Gemeine. 1523, in: WA 12, 35-37, hier 37.

[26] Formula Missae et Communionis. 1523, in: Lateinisch-Deutsche Studienausgabe, Bd. 3, a.a.O. (siehe Anm. 17), 677.

[27] Deutsche Messe und Ordnung Gottesdiensts. 1526, in: WA 19, 72-113, hier 79.

2.2 „Fur die knaben ... zu uben"

Es ist bereits deutlich geworden: Luther erwartet nicht, dass die ganze Gemeinde an diesen täglichen Metten und Vespern teilnimmt. Aber auch bis dahin war das Stundengebet ja nicht der gemeinschaftliche Gottesdienst der Laien: „Auch ob solchs tegliches gottis diensts vielleicht nicht die gantze versammlunge gewartten kunde, sollen doch die priester und schuler und tzuvor die ienigen, so man verhofft gutte prediger und seelsorger aus zu werden, solchs thun."[28] Was aber für die Gemeinde bestimmt ist, sind die Wochenpredigten, also Lesung und Auslegung des Wortes Gottes. „Weyl alles Gottis diensts das grössist und furnemst stuck ist Gottis wort predigen und leren, halten wyrs mit dem predigen und lesen also" – so beginnt Luther darum seine ordnenden Ausführungen in der Deutschen Messe.[29]

Gleichzeitig sagt Luther ausdrücklich, dass die Gebete für die teilnehmenden Schüler noch weitere Zwecke haben. Sie sollen sich in Latein und im Singen üben, und sie sollen – wie die übrige Gemeinde natürlich auch – mit der Bibel vertraut werden. Das tägliche Gebet hat also auch einen pädagogischen Aspekt. So heißt es in der Formula Missae: „Es ist schön, ja, es ist sogar notwendig, dass die Knaben sich daran gewöhnen, die Psalmen zu lesen und zu hören und auch Lektionen aus der Heiligen Schrift."[30] Und in der Deutschen Messe: „wyr wollen die jugent bey der latinschen sprachen ynn der Biblia behalten und uben."[31]

Ein weiterer Grund ist für Luther übrigens die lateinische Musik, die er nicht aufgeben will – davon spricht Luther allerdings im Zusammenhang mit der Messe, nicht mit dem Stundengebet, und sein Hauptargument ist auch hier die Übung der Sprachen:

„Den ich ynn keynen weg will die latinische sprache aus dem Gottis dienst lassen gar weg komen, denn es ist myr alles umb die jugent zu thun. Und wenn ichs vermöcht und die Kriechische und Ebreische sprach were uns so gemeyn als die latinische und hette so viel feyner musica und gesangs, als die latinische hat, so solte man eynen sontag ymb den andern yn allen vieren sprachen, Deutsch, Latinisch, Kriechisch, Ebreisch messe halten, singen und lesen."[32]

Eine Tendenz zur Pädagogisierung des Gottesdienstes, insbesondere des Stundengebets ist also nicht abzustreiten. Sie wird auch da noch einmal

---

[28] Von Ordnung Gottesdiensts in der Gemeine. 1523, in: WA 12, 35-37, hier 36.

[29] WA 19, 72-113, hier 78.

[30] Formula Missae et Communionis. 1523, in: Lateinisch-Deutsche Studienausgabe, Bd. 3, a.a.O., 677.

[31] WA 19, 72-113, hier 80.

[32] Ebd., 74.

erkennbar, wo der Katechismus als Grundlage der Predigt eingeführt wird, es also regelmäßige Katechismuspredigten gibt. Man kann sagen, dass an vielen Orten aus dem ehemaligen Stundengebet der Klöster und Kleriker im Laufe der folgenden Jahrzehnte die Sing- und Bibelstunde der Schüler wird. Frieder Schulz hat darum für diese Gebete das Stichwort „Lernzeit" geprägt und sagt: „Die in der Reformation zustandegekommene Verbindung von Kirche und Schule hat sich insofern nicht bewährt, als die Stundengebete praktisch zu Schulstunden wurden und mit der Emanzipation der Schule verkümmerten".[33]
Kurz ist hier noch auf die Sondersituation in evangelisch gewordenen bzw. einzelnen gemischtkonfessionellen Stiften hinzuweisen, die auch weiterhin ein relativ ausführliches Stundengebet gepflegt haben. Dieser Bereich des täglichen Gebetes neben Schule und Gemeinde soll hier aber nicht weiter in den Blick genommen werden.[34]
Grundsätzlich stellt sich die Frage, ob die in die Schule gewanderten Stundengebete durch die angesprochene Pädagogisierung nicht wiederum in den Bereich der Last gehören? Als Pflicht und Unterricht jetzt statt wie zuvor als Pensum und verdienstliches Werk?
Ich denke, dass dieses Urteil zu einseitig ist, jedenfalls wenn wir auf Martin Luther selbst sehen. Einübung ist für ihn ein wichtiger Schritt zu einem persönlichen Gebet, dazu wird gleich noch mehr zu sagen sein. Aber zuvor sind noch andere Formen des täglichen Gebetes bei Luther zu betrachten:

2.3 Die Hausgebete Luthers

Im Kleinen Katechismus Luthers finden sich neben der Auslegung der klassischen Katechismusstücke, Dekalog, Credo, Vaterunser, Taufe, Beichte und Abendmahl, auch die sogenannten Hausgebete Luthers, der Morgen- und Abendsegen sowie das Tischgebet.[35]

---

[33] F. Schulz, Die Ordnung der liturgischen Zeit in den Kirchen der Reformation, in: ders., Synaxis. Beiträge zur Liturgik, Göttingen 1997, 359-383, hier 377-379, Zitat 377. Zuerst in LJ 32 (1982) 1-24.

[34] Zu Luthers eigenen Ansätzen, das Stundengebet als Chorgebet zu reformieren und neu zu ordnen vgl. Odenthal, Liturgie, a.a.O. (siehe Anm. 3), 242-246. Zu den Stiften in der Zeit nach Luther vgl. ebd., Kapitel X-XIII; ders., Die Ordinatio Cultus Divini et Caeremoniarium des Halberstädter Domes von 1591. Untersuchungen zur Liturgie eines gemischtkonfessionellen Domkapitels nach Einführung der Reformation, Münster 2005 (LQF 93).

[35] Der kleine Catechismus für die gemeine Pfarrherr und Prediger. 1529, in: WA 30 I, 239-425. Die Hausgebete: ebd., 392-396.

Vor allem Luthers Morgen- und Abendsegen haben eine sehr große Wirkung entfaltet. So sind zum Beispiel viele Morgen- und Abendlieder Nachdichtungen dieser Gebete.[36]

Frieder Schulz hat gezeigt, dass Luther in diesen beiden Gebeten Elemente von Prim und Komplet aufgenommen hat.[37] Besonders deutlich ist das für zwei Psalmverse, die in der Komplet ihren festen Platz haben: „In deine Hände befehle ich meinen Geist" (Ps 31,6) und „Er hat seinen Engeln befohlen über dir, dass sie dich behüten auf allen deinen Wegen" (Ps 91,11). „Denn ich befehle mich, mein leib und seele und alles jnn deine hende, Dein heiliger Engel sey mit mir, das der böse feind keine macht an mir finde, Amen."[38] So gleichlautend enden ja Morgen- und Abendsegen.

Schulz weist in seiner Untersuchung auch ältere Vorlagen der Gebete Luthers nach.[39] Luther hat seinen Morgen- und Abendsegen also nicht völlig neu geschaffen. Aber in Luthers kunstvoller rhythmischer und gut zu behaltender Sprachform, die Schulz analysiert, sind diese Gebete bis heute Grundbestand des evangelischen Betens geblieben.

Ob nun gesprochen oder als Morgen- und Abendlied gesungen sind sie knappe Formen des täglichen Gebets an den Wendezeiten des Tages, die es allen ermöglichen, den Tag einfach und praktikabel durch das Gebet zu prägen. Wenn man, wie Luther das eigentlich vorsieht, zuerst noch Vaterunser und Credo betet und der Morgen- bzw. Abendsegen nur den Abschluss bilden – dem am Morgen sogar noch ein Lied folgt, dann kann man hier wirklich von einer kleinen Gebetszeit reden.

Entsprechendes gilt auch für den Tischsegen, das „Benedicite" und „Gratias". Auch hier hat Martin Luther gebräuchliche Vorlagen übernommen, vor und nach dem Essen jeweils Psalmverse, das Vaterunser und ein kurzes Gebet.[40] Allerdings sind diese Gebete nicht so prägend geworden,

---

[36] Das gilt zum Beispiel auch für das Morgenlied, das am 23.9., dem Tag dieses Vortrages, im Morgenlob gesungen wurde: „Aus meines Herzens Grunde" von Georg Niege (Gotteslob Nr. 86 bzw. Evangelisches Gesangbuch Nr. 443). Die siebenstrophige Fassung im Evangelischen Gesangbuch nimmt tatsächlich den gesamten Morgensegen auf, in der vierstrophigen Fassung fehlt z. B. die Bitte um den Beistand der Engel Gottes. In der letzten Strophe findet sich sogar die „Rubrik" „alsdann mit Freuden an dein Werk gegangen" wieder.

[37] F. Schulz, Die Hausgebete Luthers, in: ders., Mit Singen und mit Beten. Forschungen zur christlichen Gebetsliteratur und zum Kirchengesang, gesammelte Aufsätze mit Nachträgen 1994, hg. v. A. Völker, Hannover 1996, 68-80.

[38] WA 30 I, 239-425, hier 394. Frieder Schulz nennt neben den Psalmversen sowohl Beziehungen zu den Orationen als auch den Hymnen von Komplet und Prim. Vgl. Schulz, Hausgebete, a.a.O., 70f.

[39] Ebd., 71-73.

[40] Ebd., 76-79. Hierbei geht Schulz auch auf die evangelischen Tischlieder ein.

wenn auch die von Luther genannten Psalmverse noch immer zu den häufigsten Tischgebeten gehören.

Vor allem, wenn man die ausgeführten Formen Luthers in Betracht zieht, kann man Schulz zustimmen, der urteilt: „Mit seinen Hausgebeten hat Luther die Gebetsübung der ‚Mönchsfamilie' in elementarisierter Form auf die ‚weltliche' Familie übertragen und damit die Laienfrömmigkeit belebt."[41]

2.4 Luthers persönliches Beten und die Einübung in den Glauben

Luther selbst aber hat sich nicht mit diesen elementarisierten Formen zufrieden gegeben – von seinen Mitarbeitern erfahren wir etwas über den Stellenwert, den das regelmäßige und intensive Gebet in seinem Leben hatte.

Veit Dietrich schreibt am 30. Juli 1530 von der Feste Coburg aus an Melanchthon und erzählt dabei über Luther: „Es geht kein Tag vorüber, in welchem er nicht aufs wenigste drei Stunden, so dem Studiren am allerbequemlichsten sind, zum Gebet nimmt. 2. Es hat mir einmal geglückt, daß ich ihn hörete beten. Hilf GOtt! Welch ein Geist, welch ein Glaube ist in seinen Worten. Er betet so andächtiglich als einer, der mit GOtt, mit solcher Hoffnung und Glauben [redet], als einer, der mit seinem Vater redet."[42]

Melanchthon selbst berichtet in seiner Grabrede über Luther und sein Gebet: „Was soll ich von seinen weiteren Tugenden sagen? Oft bin ich hinzugekommen, als er unter Tränen sein Gebet für die ganze Kirche sprach. Er nahm sich nämlich eine gewisse Zeit, um einige Psalmen laut zu lesen, mit denen er seufzend und weinend seine Gebete verflocht. Oft sagte er auch, er zürne denen, die aus Trägheit oder wegen beruflicher Überlastung sagen, ein Gebetsseufzer genüge schon. Deshalb sprach er, sind uns nach Gottes Ratschluss feste Formen vorgeschrieben, dass die Gemüter durch dieses Lesen entzündet werden, ja dass auch die Stimme vernehmbar bekenne, welchen Gott wir anrufen."[43]

---

[41] Ebd., 80. Vgl. auch das Fazit von J. N. Alexander: „it appears that in response to the needs of the individual believer's spiritual life, Luther restored a daily office for regular worship for private and/or family recitation." J. N. Alexander, Luther's Reform of the Daily Office, in: Worship 57 (1983) 360.

[42] Der lateinische Brief ist in WA.B 5 als Beilage zu Nr. 1614 abgedruckt, 419-421. Ich zitiere die Übersetzung nach W^2 16, Nr. 1184, 1762-1763, hier 1763.

[43] Ph. Melanchthon, Rede bei der Bestattung des ehrwürdigen Mannes D. Martin Luther. Oratio in funere reverendi viri D. Martini Lutheri, 1546, übersetzt von

Gerade die Praxis, auch das Stundengebet individuell zu verrichten, von der wir aus Luthers Erfahrung gehört haben, erlaubt es meines Erachtens, hier das individuelle Gebet Luthers mit in Betracht zu ziehen, wenn vom täglichen Gebet die Rede ist. Denn auch hier geht es Luther um eine regelmäßige Praxis mit festen, geprägten Formen. Das erfahren wir nicht nur aus den Worten Melanchthons, sondern auch von Luther selbst, der in einer kleinen Schrift aus dem Jahr 1535 davon berichtet hat: Eine einfältige Weise zu beten für einen guten Freund.[44]

Anhand seiner eigenen Gebetspraxis gibt Luther hier Hilfestellungen für eine Einübung ins eigene regelmäßige Beten. Dazu sind nicht nur feste Formen, sondern auch feste Zeiten hilfreich:

„Darum ist's gut, dass man frühmorgens lasse das Gebet das erste und abends das letzte Werk sein. Und hüte sich mit Fleiß vor diesen falschen, trügerischen Gedanken, die da sagen: ‚Harre ein wenig, über eine Stunde will ich beten, ich muss dies oder das zuvor erledigen.' Denn mit solchen Gedanken kommt man vom Gebet zu den Geschäften; die halten und umfangen einen dann so, dass aus dem Gebet an diesem Tage nichts wird."[45]

Natürlich war Luther diese Praxis der festen Zeiten aus dem Kloster gewohnt, aber egal ob wir im klösterlichen oder nichtklösterlichen Alltag leben, ich vermute, dass jeder die Gefahr kennt, die Luther hier benennt. Und so gehört der Rat, dem Gebet feste Zeiten möglichst gleich am Morgen und Abends vor dem Schlafen zu geben, ja auch zu den weit verbreiteten Regeln des geistlichen Lebens.

Luther rät nicht nur zur festen Zeit, sondern auch zum besonderen Ort. Er selbst gehe „in die Kammer oder, wenn es der Tag und die Zeit ist, in die Kirche unter die Menschen".[46]

Die nächste Anweisung Luthers spiegelt sich auch in Melanchthons Bericht wieder: Luther empfiehlt ein sich warmbeten, das Erwärmen des Herzens, das Entzünden der Gemüter, wie es bei Melanchthon heißt,

---

S. Bräuer, in: Melanchthon deutsch, hg. v. M. Beyer / St. Rhein / G. Wartenberg, Bd. 2, Theologie und Kirchenpolitik, Leipzig 1997, 156-168, hier 163.

[44] Eine einfältige Weise zu beten für einen guten Freund. 1535, in: WA 38, 358-375. Ich folge der neuen Ausgabe und Übertragung: M. Luther, Wie man beten soll. Für Meister Peter den Barbier, hg. v. U. Köpf/P. Zimmerling, Göttingen 2011. Vgl. zum folgenden auch: S. Harms, Glauben üben. Grundlinien einer evangelischen Theologie der geistlichen Übung und ihre praktische Entfaltung am Beispiel der „Exerzitien im Alltag", Göttingen 2011 (APTLH 67), insbesondere Teil II: Geistliche Übung bei Martin Luther: ebd., 87-140.

[45] Eine einfältige Weise zu beten für einen guten Freund. 1535, in: M. Luther, Wie man beten soll, a.a.O., 39.

[46] Ebd.

indem geprägte Gebete laut gesprochen werden: ich „hebe an, die Zehn Gebote, das Glaubensbekenntnis und, wenn ich noch Zeit habe, etliche Sprüche Christi, Pauli oder Psalmen mündlich bei mir selbst zu sprechen, gerade so, wie die Kinder tun."[47]

Dies ist die Vorbereitung zum eigentlichen Gebet: „Wenn nun das Herz durch solch mündliches Gespräch erwärmt und zu sich selbst gekommen ist, so knie nieder oder stehe mit gefalteten Händen und Augen gen Himmel und sprich oder denke so kurz du kannst".[48] Es folgt ein Eingangsgebet und dann das Vaterunser als das Zentrum des Gebetes. Nachdem er es einmal ganz gebetet habe, gehe er noch einmal jede einzelne Bitte betend durch, was er beispielhaft und ausführlich in seiner Schrift durchführt. „Auch sollst du wissen, dass ich nicht alle diese Worte im Gebet gesprochen haben will; denn da würde doch zuletzt ein Geplapper und lauter leeres Gewäsch daraus, aus dem Buch oder Buchstaben dahergelesen, wie die Rosenkränze bei den Laien und die Gebete der Pfaffen und Mönche gewesen sind. Sondern ich will das Herz damit angeregt und unterrichtet haben, was es für Gedanken im Vaterunser fassen soll ... denn ich binde mich auch selbst nicht an solche Worte und Silben, sondern spreche die Worte heute so, morgen so, wie ich warm und willig bin, bleibe jedoch, so nahe ich immer kann, gleichwohl bei denselben Gedanken und Sinn."[49]

Allerdings besteht die Möglichkeit, dass in solchem Beten der Heilige Geist beginnt, zu uns zu sprechen. Dann müssen unsere Worte schweigen: „Es kommt wohl oft vor, dass ich mich in einem Stück oder Bitte in so reiche Gedanken verliere, dass ich alle anderen sechs anstehen lasse. Und wenn auch solche reichen, guten Gedanken kommen, so soll man die anderen Gebete fahren lassen und solchen Gedanken Raum geben und mit Stille zuhören und sie beileibe nicht hindern; denn da predigt der Heilige Geist selbst, und ein Wort seiner Predigt ist besser als tausend unserer Gebete."[50]

Für Meister Peter führt Luther diese Weise des Betens dann auch noch am Dekalog und – in der erweiterten Ausgabe – am Apostolikum durch und meint, dass auch ein Psalm oder ein Kapitel der Schrift auf diese Weise gebetet werden können. Dennoch bleibt das Vaterunser ihm am wichtigsten: „Das ist kurz vom Vaterunser oder Gebet gesagt, wie ich selbst zu beten pflege, denn ich sauge noch heutigen Tages an dem Pater noster wie ein Kind, trinke und esse davon wie ein alter Mensch, kann daran nicht

[47] Ebd.
[48] Ebd., 40.
[49] Ebd., 45f.
[50] Ebd., 46.

satt werden, und es ist mir auch mehr als der Psalter (den ich doch sehr lieb habe), das allerbeste Gebet."[51]

An dieser kleinen Schrift Luthers wird deutlich, dass der Katechismus für ihn sehr viel mehr ist, als nur ein Lernstoff für Kinder. Das lässt sich auch in seiner Vorrede zum Großen Katechismus zeigen, wo Luther schreibt:

„Uber das schlehet mit zu das schendlich laster und heymlich böse geschmeis der sicherheit und uberdrus, Das viel meinen, der Catechismus sey ein schlecht geringe lere, welche sie mit einem mal uberlesen und denn also bald alles können, das buch yn winckel werffen und gleich sich schemen mehr drinnen zu lesen ... Das sage ich aber für mich: Ich bin auch ein Doctor und prediger ia so gelert und erfaren als die alle sein mügen, die solche vermessenheit und sicherheit haben: Noch thue ich wie ein kind, das man den Catechismon leret, und lese und spreche auch von wort zu wort des Morgens und wenn ich zeit habe das Vater unser, zehen gepot, glaube, Psalmen etc. Und mus noch teglich dazu lesen und studieren, Und kann dennoch nicht bestehen wie ich gerne wollte, Und mus ein kind und schüler des Catechismus bleiben und bleibs auch gerne."[52]

In diesen Aussagen wird nicht nur der lustvolle Beter Luther erkennbar. Gleichzeitig wird für mich deutlich, dass zumindest für Luther selbst der Vorwurf nicht wirklich trifft, seine Neuordnung des Stundengebetes bedeute die Pädagogisierung des Gottesdienstes.

Das Lernen von Psalmen, Bibelworten und Katechismusstücken ist für ihn nur eine erste Stufe der Einübung in den Glauben. Diese Einübung ist für Pfarrer – und für solche, die es werden könnten[53] – besonders wichtig. Darum heißt es auch in der Einführung zum Großen Katechismus über die Pfarrer: „Und das sie doch so viel thetten, weil sie des unnützen schweren geschwetzes der sieben gezeiten nu los sind, an der selbigen stat Morgens, Mittags und abends ettwa ein blat oder zwey aus dem Catechismo, betbüchlin, New testament odder sonst aus der Biblia lesen und ein Vater unser fur sich und yhr Pfarrkinder betten, Auff das sie doch dem Euangelio widderümb ein ehre und danck erzeigten, durch welchs sie den so mancherley last und beschwerungen erledigt sind, Und sich doch schemeten

[51] Ebd., 47.

[52] Deutsch Catechismus. (Der Große Katechismus.) 1529, in: WA 30 I, 125-238, hier 126.

[53] Vgl. noch einmal: „Auch ob solchs tegliches gottis diensts vielleicht nicht die gantze versammlunge gewartten kunde, sollen doch die priester und schuler und tzuvor die ienigen, so man verhofft gutte prediger und seelsorger aus zu werden, solchs thun." Von Ordnung Gottesdiensts in der Gemeine. 1523, in: WA 12, 35-37, hier 36.

ein wenig, das sie gleich wie die sew und hunde nicht mehr vom Evangelio behalten denn solche faule, schendliche, fleischliche freyheit."[54]
Der Weg vom Auswendiglernen über das Verstehen hin zum Üben des Glaubens wird in Ansätzen auch in der Deutschen Messe erkennbar, wo Luther schon einmal über den Katechismus schreibt. Da macht er ein Kinderspiel daraus, Bibelworte, die die Kinder im Gottesdienst gehört haben, in verschiedene Beutel zu sortieren, nach Glauben – an unsere Sünde und unsere Erlösung – und Liebe – was wir tun und was wir erdulden sollen. „Und las sich hie niemand zu klug duncken und verachte solch kinderspiel ... Sollen wyr kinder ziehen, so mussen wyr auch kinder mit yhn werden. Wolt Got, das solch kinderspiel wol getrieben wurde; man solt ynn kurtzer zeyt grossen schatz von Christlichen leuten sehen".[55]
Zum Abschluss zwei weitere Belege, die zeigen, dass sich dieser Gedanke der Einübung in den Glauben nicht nur bei Luther selbst finden lässt. Bugenhagen folgt in seiner Braunschweiger Kirchenordnung von 1528 den Überlegungen Luthers von 1526 und ordnet das tägliche Gebet mit den Schülern an. Zu Beginn des entsprechenden Abschnittes heißt es unter der Überschrift „Vam singende unde lesende der scholekynderen in der kerken." als erstes: „Vele, de gelert synt, möten bekennen, dat id en tor lere unde tor memorie geholpen hefft, dat se in der jöget mosten singen psalme unde etlike antiphen unde responsoria etc., welk ock plach mit guder meticheit gewönlick syn in kleynen steden unde ock in groten ... Darumme wille wy sulke nutticheit unsen kynderen ock hebben, dat se avent unde morgen singen unde lesen alle dage, welk me plecht to nömen vesper unde metten. Unde de tovorne so geleret hebben, scholen unsen kynderen dat ock nicht vorgunnen, se scholen de brugge nicht upwerpen, wen frame lüde over dat water willen navolgen. Wat en geholpen hefft, wert anderen ock helpen."[56] Die Brücke also, die gelehrten und erfahrenen Menschen durch das Singen als Chorschüler geholfen hat, sollen sie nicht abreißen und anderen nach ihnen den Weg übers Wasser unmöglich machen.
Die „Wittenberger Artikel" von 1536 fassen Verhandlungsergebnisse zwischen Witttenberger Theologen und einer Englischen Gesandtschaft zusammen. Es gibt einen Abschnitt „XV. Von den klostergelubden."
Stifte und Kloster, so heißt es da, sind ursprünglich dazu da, Menschen (quasi als Stipendiaten) für die Kirche auszubilden, die dann Pfarrer und

---

[54] WA 30 I, 125-138, hier 125.

[55] Deutsche Messe und Ordnung Gottesdiensts. 1526, in: WA 19, 72-113, hier 78.

[56] Der erbarn Stadt Brunswig christlike ordeninge to denste dem hilgen evangelio, christligker leve, tucht, frede unde eynicheit. Ock darunder vele christlike lere vor de borgere. Dorch Joannem Bugenhagen Pomeren bescreven. 1528, in: EKO VI.1, 348-455, hier 399.

Prediger werden können. „Dieser meinung sind erstlich ane zweivel stifft und closter aufgericht und begabet worden, das man ein zimlich anzal personnen haben mocht, daraus man prediger und andere kirchendiener welhet ... Zu diesem nutz ist gut, das man, doch ane falsche lahr und mit besserung der gottesdienst, stifft und closter erhalde. Denn es ist auch nicht gnug, das die jugent, so der kirchen dienen sol, allein studirt, sondern junge leut solten auch zu kirchenubungen und zu lieb der ceremonien gewehnet werden, sonst werden rohe, wilde leut daraus. So ist gut, das man gelerte und geubte prediger habe, die lange zeit bei der schul und gelarten gewesen sind und haben in solicher geselschaft von geistlichen sachen vil gehort und gemerket ... Paulus spricht, man sol nicht neue cristen, sondern erfharne cristen zu pischoffen wehlen ... Darumb wer wol zu wunschen, das soliche stifft und closter weren, darin cristliche lahr gelehrte und getrieben wurde und junge leut aufgezogen und dazu geubet, das sie der kirchen recht und nutzlich dienen konten."[57]

3. Wirkungen Luthers: Tägliches Gebet im Luthertum vom 16. bis ins 19. Jahrhundert

Wie hat weitergewirkt, was Luther zum täglichen Gebet gesagt und geordnet hat? Hier kann kein Abriss der Geschichte des Stundengebets in den Lutherischen Kirchen gegeben werden, wenige Stichpunkte und der Verweis auf weiterführende Literatur sollen reichen.

Zuerst sei nochmals auf die Sonderform der Stifte und Klöster hingewiesen, in denen teilweise noch lange ein eigenständiges Stundengebet gepflegt wurde und sogar eigenständige Bücher entstanden.[58]

Was die Gemeinden angeht, so hat Johannes Bugenhagen mit seinen Ordnungen genauer ausgeführt, was in Luthers deutscher Messe angelegt war.[59] Er differenziert die Ordnung der Wochengottesdienste je nach der Größe des Ortes und den vorhandenen Schulen. Tägliche Mette und Vesper können nur da gefeiert werden, wo es (Latein-)Schulen gibt und die Schülerchöre das Singen übernehmen. In den Dörfern bleibt nur die

---

[57] Die Wittenberger Artikel von 1536 (Artickel der christlichen lahr, von welchen die legatten aus Engelland mit dem herrn doctor Martino gehandelt anno 1536), Lateinisch und deutsch zum ersten Male hg. v. Georg Mentz, Darmstadt 1968, reprographischer Nachdruck der 1. Auflage, Leipzig 1905 (QGP 2), 71 u. 73.

[58] Vgl. dazu neben den oben in Fußnote 34 genannten Beiträgen von Odenthal auch H. Goltzen, Der tägliche Gottesdienst. Die Geschichte des Tagzeitengebets, seine Ordnung und seine Erneuerung in der Gegenwart, in: Leit. 2, Kassel 1956, 99-296, hier 207-212.

[59] Vgl. zum Folgenden ebd., 198-207.

Vesper am Sonnabend, auch sind oft Früh- oder Nachmittagsgottesdienst am Sonntag als Mette oder Vesper gestaltet. Ein oder zweimal in der Woche soll es aber Wochenpredigten geben, normalerweise an den alten Fasttagen Mittwoch oder Freitag.

Diese Ordnungen Bugenhagens waren offensichtlich prägend. Goltzen fasst zusammen: „Die norddeutschen Kirchenordnungen bis hin in die baltischen Länder bieten im wesentlichen das gleiche Bild. Auch die nicht von Bugenhagen selbst entworfenen Ordnungen sehen Metten und Vespern vor, in den Städten täglich, auf den Dörfern meist nur sonnabends und sonntags."[60]

Diese Ordnungen galten zumindest in Norddeutschland noch weit ins 17. Jh. hinein. In Süddeutschland waren die Horen eher nicht üblich, eine Ausnahme bietet Nürnberg, wo noch bis Ende des 18. Jh. Mette und Vesper gesungen wurden.[61]

Auch musikalische Quellen für das Stundengebet im Luthertum lassen sich finden und auswerten. Auch hier nur einige wenige Hinweise. Oben wurde schon gesagt, dass das Klugsche Gesangbuch von 1533 zum Singen eingerichtete Cantica und auch einige Psalmen abdruckt. Entsprechendes gilt auch für das Babstsche Gesangbuch von 1545.[62] Dies ist insofern bemerkenswert, als es sich hier nicht um Chorgesangbücher handelt, sondern um echte Gemeindegesangbücher. Das zeigt schon das jeweilige kleine Format. Hier wurde also noch versucht, das Stundengebet für die Gemeinde zu behalten bzw. überhaupt erst einzuführen. Weitere ein- und mehrstimmige Stücke für die Stundengebete sind zum Beispiel im Handbuch der Deutschen Evangelischen Kirchenmusik gesammelt.[63] Daneben gibt es natürlich – wie schon oben gesagt – weiter die lateinische Kirchenmusik, die für die Horen bestimmt war.

Versuche, die Gregorianik in die Landessprache zu übertragen, gab es im Übrigen nicht nur in Deutschland, sondern zum Beispiel auch bei den ungarischsprachigen Lutheranern und Reformierten in Ungarn und

---

[60] Ebd., 206.

[61] Ebd., 212-214. Vgl. außerdem das reichhaltige Material bei P. Graff, Geschichte der Auflösung der alten gottesdienstlichen Formen in der evangelischen Kirche Deutschlands, Bd. 1, Bis zum Eintritt der Aufklärung und des Rationalismus, Göttingen ^{2}1937, 206-221.

[62] Die Vorrede vor den Psalmen ist aus dem Klugschen Gesangbuch übernommen, auch die Auswahl der atl. und ntl. Cantica und der wenigen Psalmen stimmt fast ganz mit der des Klugschen Gesangbuchs von 1533 ein. Die musikalische Gestaltung ist allerdings nicht gleich, vor allem bietet das Babstsche Gesangbuch keine mehrstimmig gesetzten Psalmtöne. Das Babstsche Gesangbuch von 1545. Faksimiledruck mit einem Geleitwort hg. v. K. Ameln, Kassel u.a. 1988.

[63] HDEKM 1,1 und 1,2, wo es jeweils einen Abschnitt zu den Horen gibt.

Siebenbürgen. Das wichtigste gedruckte Buch mit dieser ungarischen Gregorianik, das „Alte" oder „Große Gradual", erschien 1636 – allerdings enthielt es nicht nur Musik für das Stundengebet, sondern auch für die Messe.[64]

Neben den Horen sind andere Formen des (werk-)täglichen Gebetes zu benennen. Von den Wochenpredigten als eigener Form war schon die Rede. Hier ist vor allem Luthers Mahnung aufgenommen, dass das Wort im Schwange gehen solle.[65] Als andere Form neben den Horen bzw. an ihrer Stelle entstanden sogenannte Betstunden.[66]

Daneben wurde auch die Linie fortgeführt, die mit Luthers Hausgebeten begonnen hat. Hausandachten bzw. Familienandachten wurden eine feste Form im Protestantismus. Im Laufe der Jahrhunderte wurde eine Fülle an evangelischen Andachtsbüchern gedruckt. Sie finden sich in allen verschiedenen Frömmigkeitsrichtungen.[67]

4. Luthers Lust am Gebet – und wir heute?

Nach diesen wenigen Bemerkungen zur Entwicklung der vergangenen Jahrhunderte soll hier zum Abschluss der Blick in die Gegenwart gerichtet werden. Wie halten es die Lutheraner – und auch andere protestantische Kirchen – heute mit dem Stundengebet? Auch hier kann keine Vollständigkeit erreicht werden, aber die Beispiele aus dem deutsch- und englischsprachigen Bereich ergeben doch ein deutliches Bild.[68]

---

[64] Im Jahr 2011 fand in Klausenburg eine Tagung zum 375. Jahrestag des Erscheinens dieses Graduale statt. Die Tagung ist dokumentiert in RefSz 104 (2011) 347-568.

[65] Vgl. dazu P. Graff, Geschichte der Auflösun, Bd. 1, a.a.O., 215f u. 218f.

[66] Die Terminologie ist hier nicht eindeutig, einerseits sind mit den Betstunden teilweise die schon besprochenen Morgen- und Abendgebete und ihre Weiterentwicklungen gemeint, andererseits besondere, zum Teil wöchentlich stattfindende Bußgottesdienste. Noch der Entwurf gebliebene Band II der Lutherischen Agende von 1960 enthält eine Ordnung für die Betstunde und eine ausführliche Sammlung „Gebete für Betstunden". Vgl. Agende für Evangelisch-Lutherische Kirchen und Gemeinden, Bd. 2, Die Gebetsgottesdienste (Zur Erprobung bestimmter Entwurf), Berlin 1960, 78f u. 171-228.

[67] Bei Graff findet sich ein eigener kurzer Abschnitt zur „Hauskirche": P. Graff, Geschichte der Auflösung, Bd. 1, a.a.O., 240-246. Sehr viel ausführlicher: W. Ratzmann, Der kleine Gottesdienst im Alltag. Theorie und Praxis evangelischer Andacht, Leipzig 1999 (BLSp 3), hier 47-73 zur Geschichte der Andachten zwischen Reformation und 20. Jh.

[68] Vgl. auch I. Mildenberger, Ökumenische Stundengebete, in: RefSz 104 (2011) 515-526, hier besonders 519-523.

Die aktuellen gottesdienstlichen Bücher vieler protestantischer Kirchen bieten Ordnungen und dazu reichhaltiges Material für das Stundengebet. In manchen Konfessionen ist das eine neue Entwicklung. Im Luthertum hingegen begann die Wiederentdeckung des Stundengebetes bereits im 19 Jahrhundert. Einflussreich war in Deutschland Wilhelm Löhe, der in seiner „Agende für christliche Gemeinden des lutherischen Bekenntnisses",[69] die vor allem für deutsch-lutherische Gemeinden in Amerika bestimmt war, Matutin und Vesper aufnahm. Löhes Ordnungen beginnen, das ist seine Besonderheit, jeweils mit einer Beichte in Form des Confiteor. Möglicherweise war er hier durch das Book of Common Prayer mit angeregt, wo den Gebeten auch jeweils eine Beichte vorangeht, allerdings in anderer Form. Ansonsten hat Löhe bewusst auch auf die Ordnungen der Reformationszeit zurückgegriffen.[70] Die täglichen Gebetszeiten wurden in dem von Löhe gegründeten Diakonissenmutterhaus in Neuendettelsau regelmäßig gehalten und verbreiteten sich von da aus in der lutherischen Mutterhausdiakonie.[71]

In den amerikanischen lutherischen Büchern finden sich schon seit Ende des 19 Jh. Ordnungen für das tägliche Gebet, vor allem wohl vom Book of Common Prayer beeinflusst, aber vielleicht zusätzlich auch von Löhes Agende.[72]

Die Evangelische liturgische Bewegung in Deutschland in der ersten Hälfte des 20. Jh. widmete sich intensiv auch dem Stundengebet. Neben der Hochkirchlichen Vereinigung und der Kirchlichen Arbeit Alpirsbach ist hier vor allem die Berneuchener Bewegung mit der Evangelischen Michaelsbruderschaft zu nennen,[73] deren liturgische Arbeiten in der Kirche den größten Einfluss gehabt haben.[74]

---

[69] W. Löhe, Gesammelte Werke, hg. v. K. Ganzert, Bd. 7, Die Kirche in der Anbetung, Teilbd. 1, Agende für christliche Gemeinden lutherischen Bekenntnisses, Neuendettelsau 1954. Hier ist die zweite Auflage dieser Agende aus den Jahren 1853/1859 abgedruckt.

[70] Ebd., 88-104. Interessant insbesondere auch die „Tabelle zum Nachweis des Verhältnisses zwischen den römischen und lutherischen Matutinen und Vespern Zugleich mit einem Hinblick auf das Common-Prayer-Book der anglikanischen Kirche", zwischen 96 u. 97.

[71] Vgl. dazu und zu Löhe insgesamt H. Goltzen, Der tägliche Gottesdienst, a.a.O. (siehe Anm. 58), 99-296, hier 216f.

[72] Vgl. dazu Ph. H. Pfatteicher, Commentary on the Lutheran Book of Worship. Lutheran Liturgy in Its Ecumenical Context, Minneapolis 1990, 348f.

[73] Vgl. zu diesen Gruppen die Hinweise und Literaturangaben bei C. Dahlgrün, Stundengebet II. Praktisch-theologisch, in: TRE 32 (2001) 276-280, hier 277.

[74] Das aktuelle Stundenbuch der Evangelischen Michaelsbruderschaft: Evangelisches Tagzeitenbuch, hg. v. d. Evangelischen Michaelsbruderschaft, Münsterschwarzach-Göttingen ^{4}1998.

Dennoch blieben die Ordnungen für das tägliche Gebet in den offiziellen liturgischen Büchern des deutschen Protestantismus eher eine Randerscheinung. Der Entwurf der Lutherische Agende II für Gebetsgottesdienste von 1960, der Ordnungen für vier Tagzeitengebete bietet,[75] wurde nie fest eingeführt. Immerhin wurden entsprechende Ordnungen in einige der Regionalausgaben des Evangelischen Kirchengesangbuchs aufgenommen. Inzwischen finden sich zwar in fast allen Regionalausgaben des Evangelischen Gesangbuchs Ordnungen für Mette, Mittagsgebet, Vesper und Komplet, die aber jeweils nur einen Psalm enthalten und nur bei den Gebeten – mittags auch bei den Lesungen – Varianten für die verschiedenen Wochentage. Für ein regelmäßig praktiziertes Tagzeitengebet ist das Angebot im aktuellen Gesangbuch also nicht ausreichend.

Das ist zum Beispiel im amerikanischen Luthertum anders. Hier enthalten die jeweiligen gottesdienstlichen Bücher, die gleichzeitig Agende und Gesangbuch und damit für die Hand der ganzen Gemeinde bestimmt sind, nicht nur Ordnungen für Morgen-, Abend- und Nachtgebet, sondern auch Varianten für verschiedene Kirchenjahreszeiten sowie einen vollständigen zum Singen eingerichteten Psalter und weiteres Material.[76]

Ordnungen für Gebetszeiten finden sich auch in Kirchen der reformierten Tradition, zum Beispiel im Reformierten Gesangbuch der Schweiz von

---

Ein Beispiel für den Einfluss dieser Tradition sind Eingänge für die Gebete zu den verschiedenen Tageszeiten. Sie sind ursprünglich eine besondere Berneuchener Tradition, sind aber inzwischen ins Gesangbuch aufgenommen worden und werden auch bei vielen Andachten verwendet, ohne dass die Beter noch die Herkunft kennen. Auch die Stundengebete im Augustinerkloster beginnen damit und die Eingänge wurden teilweise auch in das Abend- und Morgenlob des Kongresses aufgenommen. Die Eingänge finden sich in der Stammausgabe des Evangelischen Gesangbuchs unter Nr. 816, 821 und 853, bei den Morgen- und Abendgebeten stehen sie jeweils prominent am Anfang, unmittelbar nach Luthers Morgen- und Abendsegen.

[75] Agende 1960, Bd. 2, a.a.O. (siehe Anm. 66), 21-75.

[76] Die beiden größten amerikanischen lutherischen Kirchen, die Evangelical Lutheran Church in America (ELCA) und die Lutheran Church-Missouri Synod haben im gleichen Jahr jeweils ihr neues Gesang- und Gottesdienstbuch veröffentlicht. Die ELCA gehört zum Lutherischen Weltbund, anders als die konservativere Missouri Synod, die z.B. die Frauenordination ablehnt und in Deutschland die SELK als Partnerkirche hat.

Die ELCA veröffentlichte gemeinsam mit der kanadischen ELCIC (Evangelical Lutheran Church in Canada): Evangelical Lutheran Worship, Minneapolis 2006. Daily Prayer hier 293-331, es folgen die Psalmen als Nummer 1-150 des Gesangbuches.

Lutheran Service Book, prepared by the Commission on Worship of the Lutheran Church-Missouri Synod, Saint Louis 2006, Daily Office hier 219-259, Daily Prayer for Individuals and Families 294-298, der Psalter eröffnet das Buch mit Nr. 1-150 vor den Gottesdienstordnungen.

1998,[77] im „Book of Common Worship" der amerikanischen Presbyterianer[78] oder auch in den Niederlanden, im „Dienstboek een proeve" von 1998.[79] Die beiden letztgenannten Bände sind allerdings nicht für die Hand der gesamten Gemeinde gedacht. Immerhin, das Book of Common Worship enthält einen vollständigen zum Singen eingerichteten Psalter, zudem gibt es eine handliche Sonderausgabe, die alle für das Stundengebet notwendigen Materialien aus der Agende enthält.[80] Und beide Bücher bieten ein deutlich reichhaltigeres Angebot als das deutsche Evangelische Gesangbuch.
Als Beispiel aus der methodistischen Tradition sei „The United Methodist Book of Worship" aus den USA genannt.[81] Auch hier finden sich Ordnungen für vier Gebete am Tag, zwei davon stehen auch in dem zugehörigen, für die Hand der Gemeinde bestimmten Gesangbuch, „The United Methodist Hymnal". Dort sind zudem viele zum gemeinsamen Singen und Beten eingerichtete Psalmen aufgenommen.[82]
Die Anglikanische Kirche stellt einen Sonderfall da. Das Book of Common Prayer enthielt ja schon seit der ersten Ausgabe von 1549 durchgängig Ordnungen für Morgen und Abendgebet. Die Geistlichen waren zu diesen Gebeten verpflichtet, aber auch die Gemeinden haben zumindest am Sonntag mit gebetet und hatten die Ordnungen immer in ihrem Gebetbuch stehen. Besonders der Evensong ist bis heute beliebt, er wurde und wird in Kathedralen und an Universitäten musikalisch reich gestaltet. Seit

[77] Gesangbuch der Evangelisch-reformierten Kirchen der deutschsprachigen Schweiz, Basel – Zürich 1998, die Ordnungen unter Nr. 555, 583, 586 u. 610. Vgl. zur Situation in der Schweiz und zu diesem Buch R. Kunz, Die historische Einordnung der Gregorianik-Renaissance im 20. Jahrhundert und die Rezeption der Tagzeitenliturgie im Umfeld der Gesangbuchrevision in den 1990er Jahren in der Schweiz, in: RefSz 104 (2011) 532-542.

[78] Book of Common Worship, prepared by the Theology and Worship Ministry Unit for the Presbyterian Church (U.S.A.) and the Cumberland Presbyterian Church, Louisville KY 1993.

[79] Dienstboek een proeve. Deel I, Schrift – maaltijd – gebed, Zoetermeer 1998. Es handelt sich hierbei genauer um eine Unionsagende von drei 2004 zur Protestantischen Kirche der Niederlande zusammengewachsenen Kirchen, wobei die Lutheraner zahlenmäßig eine kleine Minderheit waren. Zu diesem Buch und dem Stundengebet vgl. H Uytenbogaardt, Werdegang und Aufnahme des Gottesdienstbuches der Protestantischen Kirche in den Niederlanden, insbesondere der liturgischen Gesängen und des Stundengebets, in: RefSz 104 (2011) 507-514.

[80] Book of common worship, a.a.O.

[81] The United Methodist Book of Worship, Nashville 1992. Der Abschnitt „Daily Praise and Prayer": ebd., 568-580.

[82] The United Mesthodist Hymnal, Nashville 1989. Der Auswahlpsalter nach den Liedern: ebd., 735-862. Orders of Daily Praise and Prayer: ebd., 876-879.

1926 überträgt die BBC jede Woche einen Choral Evensong, die älteste durchgehende Live-Sendung des BBC![83] Seit den 1970er Jahren werden aber neben den Ordnungen des noch immer gültigen Book of Common Prayer von 1662 neue Ordnungen in die gottesdienstlichen Bücher aufgenommen. Das aktuelle Buch der Church of England, „Common Worship: Daily Prayer" von 2005, enthält Ordnungen und reiches Material für vier Gebetszeiten.[84]
Vergleicht man die verschiedenen Bücher und ihr Material, so fallen einige Gemeinsamkeiten auf. Das Stundengebet soll ein gemeinsames Gebet der Gemeinde oder doch von Gruppen in der Gemeinde sein, auch wenn manche Bücher auch einfache Ordnungen für das alleine beten anbieten. Meist finden sich vier Gebetszeiten. Eine reiche Auswahl an Psalmen, oft sogar der ganze Psalter, dazu weitere biblische Cantica sind abgedruckt, fürs gemeinsame Singen oder Sprechen eingerichtet. Meistens finden sich auch Psalmorationen. Zusätzliche neue Elemente sind aufgenommen, die teilweise auf altkirchliche Formen zurückgehen: ein Luzernar zur Eröffnung der Vesper, manchmal ein Weihrauchritus in Verbindung mit Psalm 141, das Gedächtnis der Auferstehung in einer Vigil am Sonnabend oder am Sonntagmorgen, eine Danksagung für die Taufe und anderes. Fast alle Ordnungen sehen die Möglichkeit vor, das Gebet mit einem Friedensgruß zu beenden. Hiermit wird teilweise an altkirchliche Traditionen aus der kathedralen Stundenliturgie angeknüpft.[85]
Wie aber sieht es mit Luthers so eindringlich vorgebrachter Forderung aus, das Wort müsse „im Schwang gehen"? Zwar findet sich selbstverständlich in jeder Ordnung mindestens eine Schriftlesung, aber keine einzige der Ordnungen schreibt verbindlich eine Auslegung vor, nicht einmal in den Büchern der besonders „luthertreuen" Lutheran Church-Missouri Synod.[86] Sehr wohl aber sehen die Ordnungen andere Formen

---

[83] Vgl. www.bbc.co.uk/programmes/b006tp7r (Stand: 12.05.2015).

[84] Auch der Hauptband: Common Worship. Services and Prayers for the Church of England, London 2000, enthält Ordnungen für das Stundengebet, ebd., 29-99, außerdem einen Psalter, ebd., 593-773, und weitere Cantica, ebd., 775-813. Beide Bände sind – wie alle liturgischen Bücher der Church of England – auch im Internet zu finden: www.churchofengland.org/prayer-worship/worship/texts.aspx; www.churchofengland.org/prayer-worship/worship/texts/daily2.aspx (Stand: 13.05.2015).

[85] Vgl. zu diesen besonderen Formen den Seminarbericht in diesem Band: „Stundengebetsordnungen bei Luther und im gegenwärtigen Protestantismus".

[86] In den – traditionelleren – Ordnungen für Matins und Vespers ebenso wie bei Morning Prayer und Evening Prayer heißt die entsprechende Rubrik nach den Lesungen (und Responsorium) jeweils „A Sermon or Catechetical Instruction may follow." Lutheran Service Book, a.a.O. (siehe Anm. 76), 222, 231, 238 u. 247. Auch das Vorgängerbuch von 1982 hat keine verpflichtende Predigt, bei Matins und

der Besinnung oder „reflection" nach den Lesungen vor, vor allem wird fast überall eine Zeit der Stille nach der Lesung verlangt oder zumindest vorgeschlagen. Andere Formen der Vertiefung können folgen, so heißt es im Buch der Evangelical Lutheran Church in America (ELCA), der größten Amerikanisch-Lutherischen Kirche: „The reading of scripture is followed by silence for reflection. Other forms of reflection may also follow, such as brief commentary, teaching, or personal witness; non-biblical readings; interpretation through music or other art forms; or guided conversation among those present."[87]

Auch die Auswahl der Lesungen selbst hilft zum Verständnis der Schrift. Während die meisten Leseordnungen für Wochentage fortlaufende Lesungen vorsehen – wie es ja auch Luther getan hat – hat die Berneuchener Bewegung schon in den 1930er Jahren eine Ordnung für die tägliche Lesung entwickelt, in der die Werktagslesungen jeweils auf den vorangegangenen Sonntag und seine Texte, vor allem das Evangelium, bezogen sind.[88] Seit einigen Jahren gibt es eine ähnliche, auch auf den Sonntag bezogene Werktagsleseordnung zum weitverbreiteten Revised Common Lectionary.[89] In beiden Ordnungen können also die Lesungen im Stundengebet der Werktage die am Sonntag gehörten Lesungen weiter vertiefen und helfen so, das Wort „im Schwang" zu halten.

Auch die Church of England hat 2010 ein zusätzliches Werktagslektionar vorgelegt, das sogenannte Pillar Lectionary, das insbesondere für Orte bestimmt ist, an denen Menschen die Gebetszeiten nicht regelmäßig besuchen, sondern nur punktuell.[90] Während das normale Werktagslekti-

---

Vespers kann sie nach Lesungen und Responsorium folgen, bei Morning Prayer und Evening Prayer besteht die Möglichkeit, am Ende zu predigen. Vgl. Lutheran Worship, prepared by the Commission on Worship of The Lutheran Church-Missouri Synod, St. Louis 1982. Die Ordnungen: ebd., 208-269.

[87] Evangelical Lutheran Worship, a.a.O. (siehe Anm. 76), 302 u. 313. Ähnlich auch in der Übersichtsordnung zu den Gebetszeiten: „Reflection on the reading(s) includes a time of silence, and may take other forms, too: a response through music or other arts; a brief verbal reflection such as preaching, teaching, or testimony." Ebd., 297.

[88] Die neueste Version dieser Ordnung findet sich im Evangelischen Tagzeitenbuch, sie wird aber z. B. auch in kirchlichen Amtskalendern und im Losungsbuch abgedruckt. Sie ist auch separat veröffentlicht: R. Brandhorst, Lesung der Heiligen Schrift im Kirchenjahr. Lektionar für alle Tage, Hannover 1997 (RGD 19).

[89] Das Revised Common Lectionary 1992 selbst ist die zweimal überarbeitete protestantische Version des Ordo Lectionum Missae, also der nachvatikanischen katholischen Leseordnung. Das Werktagslektionar Revised Common Lectionary Daily Readings, proposed by the Consultation on Common Texts, Minneapolis 2005, ist in Evangelical Lutheran Worship aufgenommen worden, a.a.O. (siehe Anm. 76), 1121-1153.

[90] www.churchofengland.org/media/1172737/2010%20additional%20weekday%20l

onar auch hier von Tag zu Tag fortlaufende Lesungen vorsieht, stehen die Lesungen dieser Ordnung für sich und sind aus sich heraus verständlich. So wird auch durch dieses Lektionar das Verständnis der Schrift auch ohne Auslegung erleichtert.

Im Übrigen können auch die Psalmorationen und die besonderen Formen wie Danksagung für die Taufe, Auferstehungsvigil und christologisch gedeutetes Luzernar als Form der (Christus-)Verkündigung verstanden werden.

Was ich hier aufgezeigt habe, bezieht sich natürlich nur auf die liturgischen Bücher und sagt noch nichts darüber, wieweit diese Ordnungen tatsächlich genutzt werden.

Immerhin, das kann ich sagen: hier in Erfurt, in Luthers ehemaligem Kloster, hat das tägliche Gebet seinen festen Platz. Fast 15 Jahre lang haben Evangelische Benediktinerinnen hier ihr Chorgebet gehalten. Das war so ansteckend, dass seit ihrem Weggang im Frühjahr 2011 eine Gruppe von Ehrenamtlichen das Gebet weiterträgt, immerhin zweimal täglich, mittags und abends. In einer schlichten Form, die es erlaubt, mit ganz wenigen zu beten, oder auch mit einer großen, aber völlig liturgie-unerfahrenen Gästegruppe, mit Menschen aus der ganzen Welt.

Seit Ostern 2014 feiern wir jede Woche am Donnerstagabend eine englischsprachige Vesper, die der Ordnung in „Evangelical Lutheran Worship" folgt.

Wir beten in ökumenischer Gemeinschaft, katholische Geschwister gehören zur Gruppe der Ehrenamtlichen, die die Gebete leiten, nicht zuletzt die Augustinermönche, die seit Herbst 2013 wieder in Erfurt leben.[91]

Was wir hier, an diesem besonderen Ort, beispielhaft erleben, das gilt auch in größerem Kontext: Das Stundengebet, das die evangelischen Kirchen wiedergewonnen haben, kann selbstverständlich ökumenisch gefeiert werden. Im Vorfeld des Ökumenischen Kirchentags 2010 in München entstand die Initiative Ökumenisches Stundengebet. Viermal am Tag fanden gemeinsame Stundengebete in der Münchner Dreifaltigkeitskirche statt. „Kleines ökumenisches Stundengebet" so nannten wir unser Projekt

---

ectionary.pdf (Stand: 12.05.2015). In der Einleitung heißt es: „It is intended particularly for use in those churches and cathedrals which attract occasional rather than regular congregations (eg Cathedral Evensong on weekdays). Each of the readings is designed to 'stand alone' (i.e., it is complete in itself and will make sense to the worshipper who has not attended on the previous day and who will not be present on the next day)."

[91] Wir üben auch unseren Glauben in ökumenischer Gemeinschaft, regelmäßig finden in Zusammenarbeit mit den Augustinern ökumenische Exerzitien im Alltag statt. Dem ersten dieser Exerzitienkurse lag Luthers „Einfältige Weise zu beten" zugrunde.

damals vorsichtig – das „klein“ ist inzwischen längst gestrichen, im Oktober 2014 verfasste sich die Initiative als Verein.[92] Aber noch immer gilt, was damals in unseren Gebetsheften stand:
„Im Stundengebet wird die Einheit der Kirche real. Gemeinsam in den Lobpreis Gottes einstimmen und Fürsprache für die Welt halten, das sind zentrale Lebensvollzüge der Kirche. Durch die gegenseitige Anerkennung der Taufe können wir im Stundengebet schon heute gemeinsam Kirche, gemeinsam Leib Christi sein!“
Ökumenische Gemeinschaft im miteinander beten – auch Martin Luther hätte sicher seine Lust daran!

[92] www.oekumenisches-stundengebet.de (Stand: 13.05.2015).

Prof. Dr. Reinhard Meßner: Amt und Ordination bei Luther im Licht der Geschichte der Ordination

Norbert Zonker

Während in der Alten Kirche die Ordination immer auf ein bestimmtes Amt bezogen war, kam es im 12. und 13. Jahrhundert in der römischen Kirche zu einer kirchenrechtlichen Neuinterpretation des Ordinationsverständnisses. Dabei wurden die *Vokation* (Berufung in das Amt der Kirche) und die *Ordination* (Einsetzung in das Amt der Kirche) getrennt. Es setzte sich mehr und mehr ein personalisiertes Amtsverständnis durch. Mit der Ordination wurde nun die Vorstellung eines *Character indelebilis* verbunden; der Geweihte hatte durch seine Weihe ein unauslöschliches und unwiderrufliches „Prägemal" empfangen. Der einmal Ordinierte kann die Weihegnade nicht mehr verlieren, selbst wenn er sein Amt aus disziplinarischen oder lehramtlichen Gründen nicht mehr ausüben darf.
Das ordinierte Amt wurde in diesem Verständnis vom Priestertum (*sacerdotium*) aus konzipiert: Demnach wurde als höchste Amtsstufe der Presbyterat angesehen, der wie der Episkopat Anteil am *sacerdotium* hat; das Bischofsamt galt als oberste Amtsstufe aufgrund seiner höheren Jurisdiktionsgewalt (*potestas iurisdictionis*). Dieser amtstheologischen Konzeption vom Priestertum her entsprach eine verbreitete Fehldeutung der Ordinationsliturgie, besonders der Presbyterordination, als deren zentralen Akt man nicht, wie es dem liturgischen Zeugnis entspricht, das Ordinationsgebet und die Handauflegung, sondern die Übergabe von Kelch und Patene sowie die diese Handlung begleitende Formel „Accipe potestam offerendi sacrificium in ecclesia pro vivis et mortuis, in nomine patris ..." ansah.
Gegen dieses Amtsverständnis wandte sich Martin Luther, der bei der Ordination von Amtsträgern bewusst wieder auf die altkirchliche Praxis zurückgriff. Für ihn ist die Vokation kein rein kirchenrechtlicher Akt, sondern sie geschieht durch Gott. Er verweist dabei auf Gal 1,1: „Paulus, ein Apostel nicht von Menschen, auch nicht durch einen Menschen, sondern durch Jesus Christus und Gott, den Vater ..." Das Wort Gottes setzt geistliche Wirklichkeit. „So habt nun acht auf euch selbst und auf die ganze Herde, in der euch der Heilige Geist eingesetzt hat zu Bischöfen, zu weiden die Gemeinde Gottes" (Apg 20,28).
Die Ordination verstand Luther deshalb als Bestellung zu einem bestimmten geistlichen Amt, besonders zum parochialen Hirtenamt. Die Ordinati-

on befähigt zur Verkündigung des Wortes Gottes und zur Verwaltung der Sakramente. Die Eucharistie ist der wichtigste Ort der Amtsausübung; dazu gehört das Hören auf das Evangelium, die Predigt, das Beten im Namen der Kirche und die Spendung der Kommunion.
Luther versucht damit das, was in der mittelalterlichen Ordinationstheologie getrennt wurde, wieder zusammenzuführen. Zugleich ist diese Verbindung von Amt und Eucharistie durchaus anschlussfähig für den heutigen ökumenischen Dialog. Luthers Ordinationsauffassung ist im übrigen derjenigen der Orthodoxie deutlich näher als der heutigen katholischen.

Weiterführende Literatur

Reinhard Meßner, Art. Ordination, in: LMA 6 (1993) 1435f.
Ders., Art. Sakrament/Sakramentalien. I. Westen, in: LMA 7 (1995) 1267-1272.
Ders., Einführung in die Liturgiewissenschaft, 2., überarb. Aufl., Paderborn 2009 (=UTB.W 2173), 366-382 (Die Ordination).

Martin Luther, Erfurt und die Scherflein der armen Witwe

Josef Pilvousek

Johannes Biereye, einer der bedeutenden Erfurter „Ortsgeschichtler", hatte 1917 Überlegungen über das Format Erfurts als Lutherstadt angestellt.[1] Aus den 80 bis 90 Städten, die als Aufenthaltsorte Luthers in Frage kommen, konstruierte er Triaden der wichtigsten: Wittenberg, Eisleben, Erfurt – Mansfeld, Worms, Eisenach – Marburg, Schmalkalden, Möhra. An dritter Stelle nennt er Erfurt, begründet dies damit, dass hier die Keime gepflanzt wurden, „die den sterblichen Luther zu unsterblicher Größe heranreifen ließen" und zieht die Aufenthaltszeit von mindestens neun Jahren als weiteres Indiz hinzu, um die dritte Stelle einnehmen zu können. Vor allem sind es die vielen Lutherstätten, die ihn faszinieren und die er beschreibt. Die Bedeutung der Aufenthaltsorte in Erfurt begrenzt er auf zwei Dinge:[2] Persönlich: „Es hat einen eigenen Reiz, genau an der Stelle zu stehen, an der große Männer dereinst standen .... Es regt sich ein gewisser Stolz auf die Bevorzugung, die die Heimat erfuhr." Wissenschaftlich: „Sie betrifft die Bereicherung unserer Kenntnis. Vieles begreift man ganz anders, wenn man den Schauplatz sieht. Eine Erforschung der Örtlichkeit im Zusammenhang mit ihrer geschichtlichen Bedeutung dürfte also wichtig sein."

Man wird es einer Stadt mit einem so bedeutenden Studenten wie den späteren Reformator Martin Luther nicht verübeln, wenn sie Jubiläen wie den Klostereintritt Luthers im Jahre 1505 feierlich begeht. Lutherzitate scheinen angebracht, daran zu erinnern, wie bedeutsam Erfurt und seine Universität für Martin Luther gewesen sind. Was soll man dagegen einwenden, wenn in diesem Jahr werbewirksam an den früheren Rang Erfurts im Leben Martin Luthers erinnert wird.

Ein erster, vorläufiger Blick auf gängige oder vermeintliche Lutherzitate im vollen Wortlaut lässt ganz vage Skepsis hinsichtlich der überragenden Bedeutung Erfurts für den älteren Luther und Luthers Stellung zu Erfurt aufkommen. „Wer recht studieren wolle, gehe nach Erfurt!" Das Zitat wird Martin Luther zugeschrieben, lässt sich aber nicht verifizieren. Es trifft

---

[1] J. Biereye, Erfurt als Lutherstadt, in: Erfurter Lutherbuch 1917, hg. v. A. Kurz, Erfurt 1917, 28f.

[2] Vgl. J. Biereye, Die Erfurter Lutherstätten nach ihrer geschichtlichen Beglaubigung, in: Jahrbücher der Akademie gemeinnütziger Wissenschaften zu Erfurt, N.F. Heft 34 (1917) 3f.

möglicherweise Luthers Meinung über die Bedeutung Erfurter Schulen, nachweisen lässt es sich nicht. Das sehr frühe Bekenntnis aus dem Jahre 1514: Die Erfurter Universität ist „Meine Mutter, der ich alles verdanke, was ich bin und habe“[3], gibt sicher seine Meinung über die Universität richtig wieder, ist aber wohl auch auf den zu dieser Zeit noch nicht behobenen Dissens hinsichtlich seiner Promotion in Wittenberg zurückzuführen.

Im Januar 1539, sieben Jahre vor seinem Tod, rühmte er die Erfurter Universität: „Die Universitet zu Erffurd war etwa in solchem Ansehen und so beruffen, das alle andere dagegen für kleine Schützenschulen angesehen worden.“ Dann aber fügt er apodiktisch hinzu: „Aber nu ist dieser Rhum und Maiestet dahin und ist diese Universitet gar tod." Rückblickend erinnert er sich an die feierlichen Promotionen und schmückt sie auf dem Hintergrund seiner momentanen Bewertung der Universität aus: „Wie war es eine so grosse Maiestet und Herrligkeit, wenn man Magistros promovirte und inen Fackeln fürtrug und sie verehrte. Ich halte, das keine zeitliche weltliche Freude dergleichen gewesen sey. Also hielt man auch ein sehr gros Gepreng und Wesen, wenn man Doctores machte. Da reit man in der Stadt umbher dazu man sich sonderlich kleidete und schmückte, welchs alles dahin ist und gefallen. Aber ich wollte, das man noch hielte." Auch den Grund für diesen Niedergang meint Luther zu kennen: „Weh dem Bischoff von Mentz, der die Universiteten zu Erffurd und Mentz lest wüste und zerstrewet werden und könnte sie doch mit einem Wort erhalten. In dieser Sünde steckt der Bischoff von Mentz und ist der schuldig, ja ist ein Pestilenz rechter Schulen und des ganzen Deutschen Landes."[4] Resümierend muss man wohl festhalten, dass dieses Zitat in erster Linie den Niedergang der Erfurter Universität und die Ursache dafür als Inhalt hat. Und auch wenn Martin Luther die Stadt Erfurt und ihre fruchtbaren Ländereien beschreibt, klingt mehr Beanstandung der gegenwärtigen Situation als lobende Anerkennung heraus: „Erfurd liegt am besten Orte, ist eine Schmaltzgrube. Da mus eine Stadt stehen, wenn sie gleich wegbrente. Wenn Nürmberg da stünde, sie sollt das gantze Land unter sich reissen. Denn wo bose Narung ist, da sind witzige Leute. Die müssens suchen. Wo aber gnug ist, da mest man sich, wie die Sewe und bawet nicht. Erffurt ist ein sehr fruchtbar Bethleheem gewest. Aber man hat mit dem Weite die Ecker also verderbt, das der Segen nun in ein Fluch gera-

---

[3] Luther an den Prior und die Senioren des Erfurter Augustinerkonvents. 16. Juni 1514, in: WA.B 1, 25f, hier 25.

[4] Tischreden oder Colloquia Doct. Mart. Luthers, Eisleben 1566 (Nachdr. der Orginalausgabe der Universitätsbibliothek Leipzig, Leipzig 1981), 372.

ten ist. Die Taler thun den Bawrn zu wol. Gott wird inen Taler geben und das liebe Korn nemen. Als denn wird hunger und tewrung folgen."[5]

Die Zustände früher und heute werden, so scheint es, von Martin Luther zusätzlich noch hell und dunkel getönt, so dass auch dem Letzten klar werden muss, dass sich in den dreißiger Jahren des 16. Jahrhunderts Vieles in Erfurt zum Schlechten verkehrt hat. Versuchen wir dem einmal nachzugehen und Luther seit seiner Immatrikulation 1501 bis zu seinem letzten Besuch in Erfurt und seiner letzten überlieferten Äußerung zu Erfurt zu begleiten, um uns ein ungefähres Bild seiner Stellung zu Erfurt zu verschaffen.

1. Erfurter Studien- und Klosterzeit

Luther war in seinen Erfurter Jahren kein normaler Einwohner der Stadt. Sowohl Kloster als auch Universität waren Bereiche für sich mit eigenem Gesichtskreis und Interessen.[6] Die Stadt war eher Umgebung, und könnte man ihn fragen, welchen seiner Lernorte er mehr geliebt habe, würde er sicher Eisenach antworten. Doch fragen wir zunächst, was sich urkundlich gesichert über Martin Luthers Erfurter Zeit bis 1511 sagen lässt. Martin Luther wurde im Sommersemester 1501 als „Martinus Ludher ex Mansfeldt" in die Matrikel eingetragen; das ist die erste gesicherte Nachricht über ihn in Erfurt. Luther war in der Gruppe der 41. der Anwärter, der den vollen Betrag von 23 Groschen bezahlte. Die Immatrikulationsfolge, die erst am Ende des Semesters nach der Höhe der bezahlten Gebühren feststand, war deshalb von Bedeutung, weil sich nach ihr die Zulassung zum Examen richtete.[7] Neben diesem ersten urkundlich verbürgten Eintrag ist das Datum des Bakkalarexamens am 29. September 1502 das zweite urkundlich gesicherte Datum. Das dritte ist der 6. Januar 1505; hier bestand er als zweiter seine Magisterprüfung. Wo Martin Luther in seiner Zeit als Student der artes wohnte, ist bis heute nicht mit letzter Sicherheit zu sagen. War man bis vor einigen Jahrzehnten noch der Auffassung, dass er in der Georgenburse gewohnt habe – eine Nachricht eines Verwandten Dietrich Lindemann aus dem Jahre 1526 schien dies zu bestätigen[8] –, so

---

[5] Ebd., 604.

[6] Vgl. M. Brecht, Martin Luther, Band I: Sein Weg zur Reformation 1483-1521, Stuttgart ^{2}1983, 36.

[7] Vgl. E. Kleineidam, Universitas Studii Erffordensis. Überblick über die Geschichte der Universität Erfurt, Teil II: Spätscholastik, Humanismus und Reformation 1461-1521, Leipzig ^{2}1992 (EThSt 22), 163.

[8] Vgl. J. Biereye, Die Erfurter Lutherstätten nach ihrer geschichtlichen Beglaubigung, a.a.O., 7.

treten heute wieder eine Reihe von Indizien stärker in den Vordergrund, die auf das Kollegium zur Himmelspforte hinweisen könnten.[9] Letzte Klarheit ist nicht mehr zu gewinnen.
Das nächste gesicherte Datum ist der Tag seines Ordenseintrittes, der 17. Juli 1505, an dem er um Aufnahme in den Orden der Augustinereremiten bat. Von allen Erfurter Lutherstätten ist das Kloster mit seiner Kirche, den Gebäuden und Räumen die wichtigste.[10] Vielfach zwar beschrieben, ist aber auch hier die Zuordnung einzelner Bereiche und Räumlichkeiten zum Mönch Martin Luther nicht eindeutig quellenmäßig zu belegen.[11] Dass im Erfurter Kloster für ihn entscheidende geistliche und geistige Weichenstellungen erfolgten, gehört zu den wenigen sicher festzuhaltenden Erkenntnissen über Luthers Erfurter Zeit.[12] In welchem Grad er aber bereits in Erfurt mit Augustinus, der Mystik und Bernhard von Clairvaux vertraut wurde und welche Rolle Staupitz für ihn im Erfurter Konvent spielte, ist in der heutigen Forschung umstritten.[13] Der Zeitpunkt seiner Priesterweihe ist nicht bekannt. Luther selbst hat den Tag nie erwähnt; als für ihn entscheidendes Datum nannte er nur den 18. Oktober 1512, den Tag seiner Doktorpromotion. Dass ausschließlich Johannes Bonemilch von Laasphe als Weihbischof in Frage kommt, ist evident, weil er zu dieser Zeit der einzige Mainzer Weihbischof in partibus Thuringiae war. Da das Weihebuch des Marienstiftes für den entsprechenden Zeitraum nicht (mehr) vorhanden ist, lässt sich auch die Weihekirche nur vermuten. Als Ort der Weihe wird zumeist – nicht ganz zu Unrecht – die Erfurter Marienkirche, also der heutige Dom genannt. Falsch ist es aber, dabei an den heutigen Hochchor des Domes zu denken. Dieser war den Stiftsmitgliedern des Kollegiatstiftes St. Marien vorbehalten und für andere Anlässe für gewöhnlich schwer zugänglich.[14] 53 Altäre einschließlich Kapellen

[9] Vgl. M. Brecht, Luther I, a.a.O., 40.
[10] Vgl. R. Schwarz, Unterwegs zu neuem Bild vom Christentum, in: Große Denker Erfurts. 15 Vorlesungen zur Geistesgeschichte Erfurts, hg. v. W. Bergsdorf/ H. Hoffmeister, Arnstadt – Weimar 2001, 95-105.
[11] Vgl. Reformations-Almanach für Luthers Verehrer auf das evangelische Jubeljahr 1817, hg. v. F. Keyser, Erfurt ^{2}1817, LXXXIX-XCVIII; vgl. R. Scheibe, Die Lutherstätten in Erfurt, in: Erfurter Lutherfest-Almanach, hg. v. O. Lorenz, Erfurt 1883, 81-99; vgl. J. Biereye, Die Erfurter Lutherstätten nach ihrer geschichtlichen Beglaubigung, a.a.O., 31-57; vgl. Luther und Erfurt, hg. v. H. Tümmler, Erfurt 1943, 4-17.
[12] Vgl. J. Rogge, Der junge Luther 1483-1521. Der junge Zwingli 1484-1523, in: Anfänge der Reformation, hg. v. G. Haendler u.a., Berlin 1983 (KGE II/3 u. 4), 74-94.
[13] Vgl. B. Lohse, Luthers Theologie, Göttingen 1995, 35-40.
[14] Vgl. J. Klapper, Die Blutkapelle im Erfurter Dom, in: Miscellanea Erfordiana, hg. v. E. Kleineidam / H. Schürmann, Leipzig 1962 (EThSt 12), 273.

zählte man 1489 am Marienstift.[15] Davon waren die größten die Blutkapelle, die Klemenskapelle und die Kilianikapelle am südlichen Kreuzgang gelegen. Überblickt man die vorhandenen Weihebücher vor und nach 1507, so zeigt sich, dass die weitaus größte Zahl aller Weihen in der Kilianikapelle stattfand. So darf diese mit großer Wahrscheinlichkeit auch als Weiheort Martin Luthers angesehen werden.

Historisch gesichert ist dagegen der Primiztag, der 2. Mai 1507[16], der Sonntag Cantate, zu dem er u.a. seinen geistlichen Freund Johannes Braun aus Eisenach eingeladen hatte. Kurze Zeit später dürfte er bereits zum dritten Lektor am Generalstudium der Augustiner ernannt worden sein, wie aus einem Ablassbrief vom 18. April 1508 hervorgeht. Hier wird er an 6. Stelle nach dem Prior, zwei Doktoren und zwei anderen Lektoren genannt, was auch auf sein hohes Ansehen im Konvent Rückschlüsse zulässt.

Für ein Jahr, vom Herbst 1508 bis zum Herbst 1509, war Luther nicht in Erfurt. Vermutlich hatte ihn sein früherer Lehrer Jodocus Trutfetter, der seit 1506 in Wittenberg war, als Lektor für Philosophie in Wittenberg vorgeschlagen.[17] Er las die Nikomachische Ethik des Aristoteles. Als er wieder nach Erfurt kam, war er bereits Bakkalaureus biblicus und hatte in Wittenberg die vorgeschriebene Disputation für den Grad des Bakkalaureus sententiarius abgelegt. Für seinen Studiengang brachte die Rückkehr nach Erfurt gewisse Komplikationen.[18] Da er schneller als in Erfurt üblich im Studium vorangekommen war, weigerte sich die theologische Fakultät, seine Wittenberger Examina anzuerkennen.[19] So stellte sich die Frage, ob man ihn in Erfurt schon zur Sentenzenvorlesung zulassen würde. Nach einigen Schwierigkeiten gelang dies wohl vor allem durch die Intervention von Johannes Nathin, und so musste er noch nicht einmal den Eid nachholen, mit dem in Erfurt die Bakkalaurei biblici versprechen mussten, an keiner anderen Universität als Erfurt den Doktorgrad zu erwerben. Dies sollte bei seiner Doktorpromotion in Wittenberg 1512 zu einem unerfreulichen Nachspiel führen, weil die Erfurter entgegen dem tatsächlichem Sachverhalt der Meinung waren, Luther sei eidbrüchig geworden, weil er nicht in Erfurt promoviert habe.[20] Das gespannte Verhältnis zur Erfurter Universität und zu Teilen des Augustinerkonventes, das aus diesem

---

[15] Vgl. J. Pilvousek, Die Prälaten des Kollegiatstiftes St. Marien in Erfurt von 1400-1555, Leipzig 1988 (EThSt 55), 60f.

[16] Vgl. M. Brecht, Luther I, a.a.O., 78; vgl. WA.B 1, 10f., Nr. 3; vgl. ebd., 15-17, Nr. 5.

[17] Vgl. J. Pilvousek, Jodocus Trutfetter (1460-1519) und der Erfurter Nominalismus (Manuskript 2001).

[18] Vgl. M. Brecht, Luther I, a.a.O., 98.

[19] Vgl. H. Boehmer, Der junge Luther, Leipzig ^{5}1952, 56.

[20] Vgl. M. Brecht, Luther I, a.a.O., 128f.

Missverständnis entstand, hielt bis 1514 an. Obwohl Luther fest davon überzeugt war, er habe keinen Eid zu leisten gehabt, bat er die Fakultät, die Angelegenheit zu begleichen,[21] was wohl auch geschah. Festzuhalten bleibt: diese Streitigkeiten haben seine Hinneigung zu Erfurt noch nicht ernsthaft trüben können.[22]

Leider ist nicht zu eruieren, wann Martin Luther in Erfurt seine Sentenzenvorlesungen hielt, weil sowohl das Dekanatsbuch der Theologischen Fakultät fehlt als auch eine Verzeichnung im Liber receptorum der Erfurter Rektoren nicht vorhanden ist.[23] Es ist lediglich eine legitime Annahme, dass er in der Zeit zwischen seiner Rückkehr aus Wittenberg bis zu seiner Romreise seine Vorlesungen über die Sentenzen des Petrus Lombardus las. Laut Statuten der theologischen Fakultät der Universität Erfurt dauerten die Vorlesungen mindestens zwei Jahre mit wenigstens drei Wochenstunden.[24] Las ein Kandidat nur ein Jahr, so musste er an jedem Vorlesungstag lesen. Die erste Vorlesung eines jeden der vier Bücher der Sentenzen, das sogenannte Principium, musste in einer feierlichen Form absolviert werden. Nach dem dritten Principium, also als er das 3. Buch der Sentenzen begann, wurde er eo ipso baccalaurius formatus. Aller Wahrscheinlichkeit nach wurde das solemne principium im Coelicum in Gegenwart der theologischen Fakultät gehalten.[25] Denn das Coelicum war das Auditorium der theologischen Fakultät, was vor allem für feierliche Anlässe genutzt wurde. Luther wird diese Eröffnungsvorlesungen im Coelicum gehalten haben, während er sonst üblicherweise im Augustinerkloster vor einem kleinen Zuhörerkreis lehrte. Anscheinend ist er sogar vor seiner Romreise nicht ganz mit seiner Sentenzenvorlesung fertig geworden, denn in dem von ihm ursprünglich benutzten Exemplar des Petrus Lombardus ist das vierte Buch nicht behandelt, was sich aus den fehlenden Randglossen Luthers erschließen lässt.[26] Es darf angenommen werden, dass er nach seiner Rückkehr aus Rom die Vorlesungen zu Ende gebracht hat. Auch für die Romreise Luthers fehlen gesicherte Daten. Wahrscheinlich ist, dass er im November 1510 mit seinem Ordensbruder aufbrach und im Frühjahr 1511 nach Erfurt zurückkehrte. Im Spätsommer

---

[21] Vgl. WA.B 1, 24-27, Nr. 8, vom 16.6.1514 an den Erfurter Konvent; vgl. ebd., 29-32, Nr. 10, vom 21.12.1514 an die theologische Fakultät.

[22] Vgl. H. A. Obermann, Luther. Mensch zwischen Gott und Teufel, Berlin 1982, 129.

[23] Vgl. E. Kleineidam, Universitas II, a.a.O., 163.

[24] Vgl. E. Kleineidam, Universitas Studii Erffordensis. Überblick über die Geschichte der Universität Erfurt, Teil I: Spätmittelalter 1392-1460, Leipzig [2]1985 (EThSt 14), 267f.

[25] Vgl. J. Meisner, Das Auditorium Coelicum am Dom zu Erfurt. Ein Beitrag zur Universitätsgeschichte Erfurts, Leipzig 1962 (EThS 6), 49f.

[26] Vgl. M. Brecht, Luther I, a.a.O., 99.

1511 wurde er endgültig nach Wittenberg versetzt, wo zwei Wochen vor seiner Promotion zum Doktor der Theologie seine Lizentiatspromotion erfolgte. Martin Luther hat also an der Erfurter Universität wenigstens 16 Semester studiert: acht Semester Philosophie, ein „kurzes" Semester Jura und wenigstens sieben Semester Theologie.[27] Dieser Abschied von Erfurt sollte, bis auf einzelne noch zu erwähnende Besuche, das Ende der Erfurter Zeit sein. Geradezu klassisch zu nennen sind die fast ausschließlich von der älteren Erfurter Regionalgeschichte immer wieder unternommenen Aufzählungen der acht bzw. neun Lutherbesuche in Erfurt seit 1511.[28] Sie werden in den folgenden Abschnitten kursorisch mitbehandelt werden.

2. Ambivalente Nähe. Luther und Erfurt 1512 bis 1521

Dass Luther von Erfurt nach Wittenberg versetzt wurde, hatte vor allem mit Differenzen innerhalb des Augustinerordens zu tun, näherhin mit der Auseinandersetzung zwischen Johannes Nathin und Johannes Staupitz. Das Interesse Luthers an Erfurt wurde durch diese Translation aber nicht berührt. Die nächsten Jahre sollten für Luther und den ebenfalls nach Wittenberg versetzten Johannes Lang wenig intensive Kontakte zum Erfurter Kloster und damit zu Erfurt bringen. Ob dabei auch die politische Konstellation – in Erfurt hatte seit 1509 die Mainzer Partei die Oberhand gewonnen, die antisächsisch eingestellt war – eine Rolle spielte, ist nicht gänzlich auszuschließen. Das änderte sich, als Luther 1515 für drei Jahre zum Distriktvikar über zehn Konvente der Augustinereremiten in Meißen und Thüringen gewählt worden war,[29] und so für das Erfurter Kloster verantwortlich zeichnete. Als 1516 Johannes Lang wieder nach Erfurt versetzt wurde, war eine Verbindung hergestellt, die regelmäßig und dauerhaft Informationen von Erfurt nach Wittenberg und zurück fließen ließ. Ende Mai 1516 auf einer Visitationsreise, die Luther von Gotha nach Erfurt führte, visitierte er den Augustinerkonvent und führte seinen Freund, Johannes Lang, feierlich in das neue Amt als Prior des Erfurter

[27] Vgl. E. Kleineidam, Universitas II, a.a.O., 163.

[28] Vgl. R. Scheibe, Die Lutherstätten in Erfurt, in: Erfurter Lutherfest-Almanach, hg. v. O. Lorenz, Erfurt 1883, 99-102; vgl. J. Biereye, Erfurt als Lutherstadt, in: Erfurter Lutherbuch 1917, hg. v. A. Kurz, Erfurt 1917, 50-55; vgl. J. Biereye, Die Erfurter Lutherstätten nach ihrer geschichtlichen Beglaubigung, a.a.O. (siehe Anm. 2), 58-75; vgl. Luther und Erfurt, hg. v. H. Tümmler, Erfurt 1943, 17-19. Zuletzt wurde in Anlehnung an die älteren Arbeiten von Heidemarie Schirmer das Heft „Martin Luther bei uns in Erfurt. Erfurter Lutherstätten und Altstadtplan, Erfurt 1996." herausgegeben.

[29] Vgl. M. Brecht, Luther I, a.a.O., 155.

Konventes ein. Der politische Umschwung Erfurts im Oktober 1516, als sich Erfurt eng an Sachsen als Schutzherrn anschloss,[30] dürfte zusätzlich günstige Rahmenbedingungen der Kontaktnahme und des Gedankenaustausches mit den Erfurtern geschaffen haben. Vor allem nach der Verhängung der Reichsacht 1521 war Erfurt für Luther trotz eines politisch ständig zwischen Mainz und Kursachsen lavierenden Stadtrates ein Ort geworden, wo er sich bei Aufenthalten zumindest relativ sicher fühlen konnte.

Mit dem Ablassstreit wurde Luther in ein Ereignisgeflecht verwickelt, das weit über Kursachsen, Erfurt und Nürnberg, seinem bisherigen Beziehungsraum, hinausreichte.[31] Wann die Ablassthesen nach Erfurt gekommen sind, ist nicht exakt festzustellen.[32] Man vermutet, dass sie schon am 11. November 1517 an Johannes Lang gesendet wurden.[33] In Erfurt war die Diskussion um die Ablassthesen zunächst wohl eher gering, denn hier herrschte die Pest, und Professoren und Studenten hatten die Stadt in großer Zahl verlassen. Möglicherweise hatten auch dem Lehrer Luthers, Jodocus Trutfetter, die Thesen vorgelegen. Im März 1518 schrieb Trutfetter Martin Luther einen Brief, in dem er zu dessen Thesen gegen die scholastische Theologie, den Ablassthesen und den Vorgängen darum Stellung nahm.[34] Der Brief ist, wie alle Briefe Trutfetters, verloren. Aber aus Luthers Antwort und seinen Brief an Spalatin kann ungefähr sein Inhalt rekonstruiert werden. Am 26. April 1518 fand in Heidelberg das Kongregationskapitel der Augustiner statt. Luther hatte auf seiner Rückreise von Heidelberg in Erfurt bei Trutfetter am 9. Mai 1518 vorgesprochen, war aber nicht vorgelassen worden, weil Trutfetter sich nicht wohl fühlte.[35] Daraufhin schrieb Luther ihm in Erfurt einen ausführlichen Brief, um darzulegen, was er ihm mündlich hatte eingehender sagen wollen. Trutfetter kannte das heftige Temperament Luthers. Er hatte daher seine Befürchtungen ausgesprochen, Luther würde ihn einmal mit bissigen und schmähenden Briefen angreifen. Luther verwahrte sich dagegen, das würde er nicht einmal gegen die Leute tun, die ihn vor aller Öffentlichkeit als Häretiker und Verführer beschimpften, „um so viel weniger würde ich Dir Böses wiedergeben, wo ich Dir alles Gute verdanke". Er bedauert, dass bei Trutfetter überhaupt ein solcher Verdacht entstehen konnte.

---

[30] Vgl. J. Pilvousek, Prälaten, a.a.O., 12.

[31] Vgl. M. Brecht, Luther I, a.a.O., 173.

[32] Vgl. E. Kleineidam, Universitas II, a.a.O., 222f.

[33] Vgl. WA.B 1, 121-123, Nr. 52.

[34] Zum folgenden vgl. E. Kleineidam, Universitas II, S. 222-226; vgl. J. Pilvousek, Trutfetter, a.a.O.

[35] Vgl. M. Brecht, Luther I, a.a.O., 211 f.

Luther weiß genau, was Trutfetter ihm vorwirft; er sei unwissend in der Dialektik, also in jener philosophischen Arbeitsmethode, die durch Infragestellung gegensätzlicher Ausgangspositionen und deren Synthese eine höhere Erkenntnis gewinnt; die Dialektik aber ist für Trutfetter der Schlüssel zur rechten begrifflichen Erfassung sowohl der Philosophie als auch der Theologie. Denn nur sie lehre eine klare Unterscheidung der Begriffe und führe durch ihre Sprachkritik zur Eigentlichkeit des Redens von Gott und den Heilsgeheimnissen. Für einen Mann wie Trutfetter ist nach Meinung Luthers seine neue Theologie ein Greuel. Trutfetter war mit der Dialektik aufgewachsen und hatte durch sie Ansehen und Ruhm erworben; ohne sie musste er den Untergang der wissenschaftlichen Theologie befürchten.
Luther hat offensichtlich am 9. Mai 1518 Trutfetter doch noch persönlich sprechen können. Er versuchte ihm wenigstens klarzulegen, dass er, Trutfetter, seine Position nicht beweisen noch die von Luther widerlegen könne. Aber Luther hatte den Eindruck, dass er wie zu einem Tauben rede. Zwischen beiden gab es keine Verständigung mehr. Offensichtlich war sowohl für Luther als auch für Trutfetter die grundsätzliche Einstellung, was Theologie sei, das Wichtigste. Die Frage der Ablässe wird im Brief Luthers an Trutfetter erst an zweiter Stelle erwähnt. Luther argumentiert hier nicht, sondern fragt Trutfetter, ob er nicht selbst, aus seelsorglichen Motiven, Anstoß am jetzigen Ablasswesen nehme. Ohne Zweifel wird Trutfetter dies getan haben. Luther kommt noch einmal auf seine grundsätzliche theologische Einstellung zu sprechen; eigentlich sei er darin nur der gehorsamste Schüler Trutfetters, denn von diesem habe er zuerst gelernt, dass allein den kanonischen Schriften Glaube gebühre, alles andere aber einem kritischen Urteil zu unterwerfen sei. Von dieser Überzeugung wolle er sich weder durch Trutfetters Autorität – die bei ihm, wie er ausdrücklich hinzufügt, sehr schwerwiegend sei – noch viel weniger irgendwelcher anderer abschrecken lassen; das sei sein fester Vorsatz. Für Luther wird die klare Ablehnung durch seinen verehrten Lehrer Trutfetter – er ist wohl der erste, der in aller Entschiedenheit ein klares Nein sagt, und auch der erste, auf den Luther mit Aufmerksamkeit gehört haben wird – ein schmerzlicher Abschied von einem Manne gewesen sein, den er trotz aller gegensätzlichen Meinung verehrte und schätzte und von dem er eine ebenso scharfe wie kritische Schule des Geistes erhalten hatte. Er wusste auch, dass Trutfetter trotz allen Grolls an seinem Schüler mit Liebe hing. Der Brief, den Trutfetter im März an ihn geschrieben hatte, ging Luther lange Zeit durch den Kopf. Einst war Luther Trutfetters begeisterter Schüler, als er von 1501-1505 in der philosophischen Fakultät zu Erfurt unter ihm studierte. Als Luther die Nachricht vom Tode Trutfetters bekam, schrieb er am 24. Mai 1519 an Spalatin: „Ich fürchte, dass auch ich Ursache

seines vorschnellen Todes gewesen bin; soviel Kummer war in ihm wegen meiner sogenannten Entweihungen und Verwegenheiten, durch die die scholastische Theologie zu seinem Schmerz in eine unglaubliche Verachtung geraten sei. Der Herr erbarme sich seiner Seele, Amen!"[36]
Trotz seines Studiums in Erfurt und vieler Freunde konnten sich Luthers Lehren und Theologie in Erfurt nicht sofort durchsetzen. Zwar hatte sich auch in Erfurt um 1517 die geistige Situation gewaltig verändert, doch mehr im Sinne des Humanismus. Luther hatte in Erfurt eine solide Bildung in der klassischen Antike erhalten, so dass er noch später ihre Autoren auswendig zitieren konnte. Aber als eigentlicher Vertreter des Humanismus kann er weder in Erfurt noch in seinen Wittenberger Jahren bezeichnet werden.[37] Desungeachtet fanden Luthers Ideen und Lehren über den Humanismus Zugang zur Universität; seit dem Sommersemester 1518 begann sich die humanistische Richtung an der Universität durchzusetzen. Zwei angebliche Stellungnahmen des Erasmus von Rotterdam aus den Jahren 1518 und 1519, in denen er für Luther Stellung ergriff, waren für die Verbreitung und Anerkennung von Luthers Gedanken unter den Humanisten bedeutsam.[38] Seitdem war es für einen Humanisten selbstverständlich, für Martin Luther einzutreten. Einer der ersten war sein Mitbruder Johannes Lang, der 1518 versucht hatte, Erasmus für Luther zu gewinnen. Größer und lebendiger wurde das Interesse für Martin Luther in der Öffentlichkeit, als Johannes Eck die Bannandrohungsbulle gegen Luther und seine Anhänger 1520 veröffentlichen wollte.[39] Dem Drucker, der in Erfurt die Bulle druckte, wurden die Exemplare entrissen, zerfetzt und in Wasser geworfen. Dieses aufsehenerregende Ereignis hatte natürlich zur Folge, dass Luther nur umso stärker in der Öffentlichkeit bekannt wurde. Die akademische Jugend war ohnehin für die neue Theologie Martin Luthers eingenommen. Die Zahl der Sympathisanten auch außerhalb der Universität stieg stetig. In Erfurt war man um 1520 über Martin Luther bestens informiert, und hier hatte er schon sehr früh eine große Zahl von Anhängern. Auch Luther ließ die Verbindung zu Erfurt nicht abreißen.[40]
Am 6. April 1521 wurde Luther – er befand sich damals auf der Reise von Wittenberg nach Worms, wohin er vor den dort zusammentretenden Reichstag geladen war – in der Nähe von Nohra von einer großen Menschenmenge begeistert empfangen und vom Rektor der Universität, Johannes Crotus Rubeanus, an der Spitze einer stattlichen Schar Hoch-

---

[36] E. Kleineidam, Universitas II, a.a.O., 226; vgl. H. Boehmer, Luther, a.a.O. (siehe Anm. 19), 176.
[37] Vgl. B. Lohse, Luthers Theologie, Göttingen 1995, 37f.
[38] Vgl. E. Kleineidam, Universitas II, a.a.O., 245f.
[39] Vgl. ebd., 250.
[40] Vgl. ebd., 256.

schullehrer und Studenten feierlich begrüßt und anschließend unter dem Jubel der Bevölkerung in die Stadt begleitet. Er wohnte auch diesmal – wohl letztmalig – im Augustinerkloster, in dessen Kirche er am folgenden Tag, einem Sonntag, predigte. Als im Juni 1521 im sogenannten Pfaffenstürmen die Geistlichkeit der Stadt ausgeplündert und drangsaliert wurde, missbilligte dies Martin Luther heftigst.[41] Seit Mitte des Jahres 1521 traten Mönche und Nonnen aus ihren Klöstern aus und heirateten. Seit Mai 1521 gab es bereits den ersten Pfarrgeistlichen, der die lutherische Lehre predigte, 1522 kamen drei weitere dazu, 1523 waren es bereits acht.

3. „Allen frumen Christen zu Erfurt" – die Zeit von 1522 bis 1540

Auf das Jahr 1660 geht eine legendäre Erzählung zurück,[42] die sinngemäß folgenden Inhalt hat. Auf dem Weg von der Wartburg nach Wittenberg am 2. März 1522 sei Luther mit seinem Knecht inkognito als Junker Jörg im Gasthaus „Hohe Lilie" eingekehrt. Dabei wäre es zum Disput zwischen einem katholischem Geistlichen und Luther gekommen. 100 Irrtümer Luthers wollte der Kleriker aufzählen, kam aber nur auf wenige, die von Luther ad absurdum geführt wurden. Angesichts der entstandenen Spannungen musste aber der gebannte Luther schleunigst das Gasthaus und die Stadt verlassen, um nicht erkannt zu werden. Wenig wahrscheinlich ist diese Geschichte nicht zuletzt deshalb, weil die „Hohe Lilie" erst 1538 erbaut wurde. Auch wenn es einen Vorgängerbau gegeben haben sollte, wie ein Erfurter Historiker vermutet, den Namen „Hohe Lilie" trug er nicht.[43] Auffallend ist weiterhin, dass Luther gerade in der Nähe der beiden Kollegiatstifte St. Marien und St. Severi Quartier genommen haben soll, wo ein Zusammentreffen mit den Stiftsangehörigen mehr als wahrscheinlich war. Und schließlich: warum stieg er nicht im „Schlehendorn" ab, einem Gasthaus, das er später nutzte. Was diese Erzählung aber richtig aufzeigt, ist eine Entwicklung, die sich in Erfurt seit 1522 allmählich sowohl politisch als auch kirchlich vollzog. Deutlich lassen sich zwei Tendenzen erkennen: Die Verbindung Luthers zur Stadt Erfurt und ein Hineinwirken in ihre kirchliche Situation wird deutlich schwieriger. Das Erfurter Stadtregiment und die Universität stehen Luther und der neuen Lehre nicht mehr nur uneingeschränkt zustimmend gegenüber. Vor allem wird man Luther für tagespolitische und apologetische Zielsetzungen instrumentalisieren wollen.

---

[41] Vgl. WA.B 2, 331f, Nr. 406; ebd., 336-441, Nr. 410.
[42] Vgl. J. Biereye, Die Erfurter Lutherstätten, a.a.O., 65.
[43] Vgl. ebd., 69.

Die an alle Erfurter Christen oder den Erfurter Rat gerichteten vier Briefe bzw. Einleitungsschreiben Luthers seit 1522 lassen dies deutlich erkennen. Es handelt sich um Schreiben in die Erfurter Situation der 20er und 30er Jahre hinein. Sie setzten jeweils eine bestimmte kirchliche und politische Situation voraus, die Luther provoziert und deren Abstellung er fordert. Aber Luthers Ermahnungen entsprechen nur selten den Erwartungshaltungen der Erfurter, ja oft nicht einmal denen, die als Prädikanten in Erfurt wirken. Die Fülle und den Reichtum des Wortes Gottes dankbar anzunehmen und danach zu handeln, ist nach seinen eigenen Worten, einziges Ziel. Wo dies nicht im Vordergrund steht, wird man mit ihm nicht rechnen können.

Ende März 1522 hatte Johannes Lang einen Besuch Luthers und eine Ermunterung für die Gemeinden erbeten.[44] Ende Mai stand für Luther der Inhalt fest. Es sollte das Thema „Heiligenverehrung" sein, um das in Erfurt gestritten wurde und das er zum „Einschlafen" bringen wollte, weil es zu den Gegenständen gehöre, die von den Hauptsachen ablenkten. Dabei sollte man aber um der Schwachen willen die Heiligen nicht total verwerfen.[45] „Epistel oder Unterricht von den Heiligen an die Kirche zu Erfurt" heißt dieses Schreiben vom 10. Juli 1522.[46] Paulinisch klingt es, wenn er den Brief mit folgender Einleitungsformel beginnt: „Martinus Luther, Ecclesiastes zu Wittembergk, allen Christen tzu Erffurdt sampt den predigern und dienern gnad und fridt ynn Jhesu unßerem herrnn." Neben dem Thema Heiligenverehrung mahnt er, keinen Aufruhr zu erregen. Klage führt er zudem über „ehrgeizige Sonderlinge", die über das eigentliche Anliegen einer Predigt hinausgingen. Deutlich ist herauszulesen, dass er nicht nur die Altgläubigen, sondern auch einige seiner Erfurter Anhänger treffen wollte.

Ein Besuch in Erfurt vom 20. bis 22. Oktober 1522, der auf eine Einladung Erfurter Freunde zurückging, lässt fühlbar die veränderte Situation erkennen. Von Weimar aus war Luther u.a. mit Melanchthon in Erfurt eingezogen, war aber eher kühl von Rat und Universität empfangen worden. In seinen drei Predigten in der Michaeliskirche am 21. Oktober und den zwei Predigten in der Kaufmännerkirche am 22. Oktober kritisierte er Zustände an der Universität und die Ereignisse des Jahres 1521.

Von einem weiteren Schreiben erfahren wir 1525. Im Zusammenhang mit dem Bauernkrieg Ende April 1525 in Erfurt, war es zu erneuten Übergriffen auf den katholischen Klerus und zu Plünderungen und Zerstörungen ihrer Kirchen und Wohnungen gekommen. Der Erfurter Stadtrat hatte diese

---

[44] Vgl. WA.B 2, 488f., Nr. 469.

[45] Vgl. WA.B 2, 547f., Nr. 501.

[46] Epistel oder Unterricht von den Heiligen an die Kirche zu Erfurt. 10. Juli 1522, in: WA 10 II, 164-168.

schwierige Zeit mit Glück überstanden und schickte sich kompromissbereit an, der Bürgerschaft Zugeständnisse zu machen. Augenscheinlich um Luther für den eigenen Machterhalt zu instrumentalisieren, nahm man nach der Restitution Kontakt zu ihm auf. Man lud Luther und Melanchthon zur Beratung der von der Bürgerschaft vorgelegten 28 Artikel ein, die ganz im Sinne der Bürger mehr Mitbestimmung im weltlichen und kirchlichen Bereich postulierten. Da beide nicht kommen konnten, bat der Rat im September 1525 Luther um eine Stellungnahme. Nachträglich war Luther froh, nicht nach Erfurt gereist zu sein. Der Antwortbrief „An den Rat zu Erfurt. Gutachten über die 28 Artikel der Gemeinde" stammt vom 21. September 1525.[47] Ein Begleitbrief zu den Anmerkungen der Artikel ist alles andere als höflich. „Es ist mir nun lieb, dass Gott meine Reise zu Euch nicht gestattet hat, denn es sind zum größten Teil solche ungeschickten Artikel, dass ich wenig Gutes hätte schaffen können oder die Sache vielleicht nur ärger gemacht hätte."[48], beginnt er den Brief. Er sprach sich u.a. für eine Stärkung der Macht des Rates aus, lehnte ein Wahlrecht der Pfarreien ab, die Niederschlagung von Verfahren gegen unschuldige Bürger wegen Beteiligung am Bauernkrieg hielt er für angebracht und die geplante Unterstützung der Universität lobte er. Alles in allem ist dieser Brief eine Option für eine von oben machtvoll geführte Stadt ohne Aufruhr und Tumult. Für einen nach allen Seiten taktierenden und lavierenden Erfurter Stadtrat dürfte dieses Schreiben mehr Kritik als Ratschlag gewesen sein. Aber auch einige evangelische Pfarrer dürften dieses Schriftstück mit wenig Freude zur Kenntnis genommen haben, denn ein Teil von ihnen hatte sich für einen von der Gemeinde zu kontrollierenden Stadtrat ausgesprochen.[49]

Nach dem Bauernaufstand durfte auf Veranlassung des Stadtrates nur noch durch den Franziskaner Konrad Klinge katholischer Gottesdienst in der Hospitalkirche gehalten werden.[50] Ende des Jahres 1525 war durch den Magistrat wieder in vier Pfarrkirchen katholischer Gottesdienst zugelassen worden. Erst zu Pfingsten 1526 erlaubte man katholischen Gottesdienst im Dom, wobei die Kanoniker den Frühgottesdienst halten durften und Johannes Lang um 9.00 Uhr den evangelischen Gottesdienst feierte.[51] Klinge, der bald nach Wiedereinführung des katholischen Gottesdienstes

---

[47] An den Rat zu Erfurt. Gutachten über die 28 Artikel der Gemeinde. 21. September 1525, in: WA 18, 534-540.

[48] Luther Deutsch. Die Werke Luthers in Auswahl, hg. v. K. Aland, Bd. 10: Die Briefe, Göttingen 1991, 164-165.

[49] Vgl. T. Eitner, Erfurt und die Baueraufstände im XVI. Jahrhundert, in: Mitteilungen des Vereins für die Geschichte und Alterthumskunde von Erfurt 24, 2 (1903) 85f.

[50] H.-C. Rickauer, Rechtfertigung und Heil, Leipzig 1986 (EThSt 53), 16.

[51] Vgl. J. Pilvousek, Prälaten, a.a.O., 18f.

im Dom predigte, wurde zum führenden Kopf der katholischen Partei in Erfurt. Seine Predigten sparten zwar nicht mit Kritik an den Zuständen in der „alten" Kirche, dennoch versuchte er die vom Rat der Stadt eingeleitete rückläufige Bewegung für die katholische Sache zu nutzen.
Gegen Klinge veröffentlichte der evangelische Prediger von St. Thomas, Justus Menius Anfang 1527 die Schrift: „Wider den Hochberühmten Barfüßer zu Erfurt D. Konrad Kling. Schutzred und gründliche Erklärung etlicher Hauptartikel christlicher Lehre durch Justus Menius"[52]. Luther hatte dazu die Vorrede „Allen frumen Christen zu Erffurt"[53] verfasst. Anders als zu seinen Studienzeiten, sei nun Erfurt voll mit dem Reichtum des Evangeliums, aber die Hörer seien faul geworden und manche verachteten es samt den Predigern. Eher verhalten ist seine Kritik an Klinge; ihn erwähnt er nur nebenbei. Dass das eine Evangelium in seiner Glaubwürdigkeit beeinträchtig wird, ist für ihn Anlass zur Kritik. Die zwiespältige Predigt in der Stadt gibt Ärgernis, und so wäre es das Beste, dass es ähnlich wie in Nürnberg, wo eine Partei hätte weichen müssen, es auch für Erfurt würde. Dem Rat der Stadt warf er mangelnden Mut vor, nicht gegen die Zwietracht der Prediger vorzugehen. Gegen diese „Schutzrede" verfasste nun Konrad Klinge eine Flugschrift „Von den abtrünnigen Gliedern der römischen Kirche" und verteidigte darin die Messe.[54] Menius reagierte seinerseits mit einer Predigt, die unter dem Titel „Etlicher Gottlosen und widerchristlichen Lehre von der papistischen Messe Verlegung durch Justus Jonas" erschien.[55] Wieder hatte Luther ein Vorwort verfasst: „Martinus Luther allen lieben herren und freunden ynn Christo". Angesichts der offenbaren Wahrheit des Evangeliums kann man nicht im Irrtum beharren, sonst macht man sich gegen den Heiligen Geist schuldig und das muss in die Verdammnis führen, warnt er. Aus dieser kurzen, nur theologisch argumentierenden Vorrede kann man wohl schließen, dass Luther, abgesehen von Menius, keinen direkten Einfluss mehr auf Erfurt gehabt zu haben scheint. Als er sich 1528 in Weimar aufhielt, war er enttäuscht, dass ihn die Erfurter Freunde nicht besuchten. Seine Reaktion darauf lautet: „Erfurt ist unverbesserlich!"[56]. Mit dem weiteren Erstarken der katholischen Partei wurde die Stellung von Menius in Erfurt unhaltbar und Luther wollte

---

[52] Wider den hochberühmten Barfüßer zu Erfurt, D. Konrad Kling, Schutzred ... durch Justus Menius. Vorrede Luthers 1527, in: WA 23, 15f.
[53] Ebd.
[54] Vgl. M. Brecht, Martin Luther, Band II: Ordnung und Abgrenzung der Reformation 1521-1532, Stuttgart 1986, 333.
[55] Etlicher Gottlosen und Widerchristlichen Lehre von der papistischen Messe ... durch Justus Menius. Luthers Vorrede 1527, in: WA 23, 322.
[56] WA.B 4, 446, Nr. 1256.

ihn „aus dieser Wildnis grausamer und undankbarer Bestien", gemeint war Erfurt, herausholen.[57]
Auf dem Rückweg von Marburg, wo er mit Zwingli verhandelt hatte, machte Luther am 11. Oktober 1529 nach langer Zeit wieder einmal in Erfurt Rast. Zwar predigte er in der Barfüßerkirche, eben jener Kirche, in der Klinge als Franziskaner gewirkt hatte. Aber es war nur eine Durchreise, kein Aufenthalt. Ob Martin Luther überhaupt in Erfurt übernachtet hat, ist nicht sicher.
Am 4. März 1530 kam es nach Vermittlung des Schwäbischen Bundes zwischen Mainz und Erfurt zum Abschluss des Hammelburger Vertrages.[58] Bezüglich der religiösen Verhältnisse wurde der status quo festgeschrieben. Beide Stiftskirchen und die Peterskirche wurden den Katholiken zurückgegeben und sollten in Zukunft dem katholischen Gottesdienst vorbehalten sein. Die Religionsparteien standen sich nun in rechtlich festgeschriebenen Positionen gegenüber und rangen um die Vorherrschaft. Dieser Zustand führte zu latenten Spannungen, die sich beispielweise dadurch äußerten, dass Katholiken bei katholisch gesinnten Ratsmitgliedern durchzusetzen suchten, die Einkünfte der Prädikanten zu schmälern. Außerdem behauptete man, die Prädikanten seien nicht ordnungsgemäß von der Obrigkeit berufen, hätten sich eingedrängt und griffen so in fremde Ernten ein. Die Zustände waren dermaßen unerfreulich geworden, dass evangelische Prediger daran dachten, Erfurt zu verlassen.[59] Luther, Melanchthon und Jonas schrieben daraufhin am 30. September 1533 einen Brief an Johannes Lang, Peter Geltner und die übrigen Prediger zu Erfurt[60]. Nach Meinung der Wittenberger gab es an der rechtmäßigen Stellung der Erfurter Prediger keinen Zweifel. Sie waren von ihren Gemeinden gewählt worden. Hier in Erfurt hatten die Wittenberger Theologen angesichts der kaum zu kalkulierenden, ständig wechselnden Positionen des Stadtrates und der kirchenpolitischen Situation das Wahlrecht der Gemeinde über die Berufung durch den Rat gestellt. Im Übrigen hätte der Rat den Predigern bisher auch ihre Tätigkeit nicht verboten, argumentierte man weiter. Der Appell an die Prediger, auszuharren und die Ankündigung, den sächsischen Kurfürsten als Schutzmacht Erfurts zu bitten, sich dieser Sache anzunehmen, beschließen den Brief. Damit sollten die Erfurter Schwierigkeiten aber nicht behoben sein.[61]

---

[57] WA.B 4, 469, Nr. 1274.
[58] Vgl. J. Pilvousek, Prälaten, a.a.O., 19f.
[59] Vgl. M. Brecht, Martin Luther, Band 3: Die Erhaltung der Kirche 1532-1546, Stuttgart 1987, 38f.
[60] WA.B 6, 521-524, Nr. 2049; WA.B 7, 148, Nr. 2168.
[61] 1536 schreiben Luther und andere Wittenberger Theologen aus ähnlichem Anlass ein Gutachten über die wahre Kirche zu Erfurt, in dem sie als Kriterium für die wah-

Luther spürte es vier Jahre später hautnah. Der in Schmalkalden erkrankte Luther wurde vom befreundeten Arzt Georg Sturz, der zu Hilfe geholt worden war, nach Erfurt begleitet, wo er vom 4. bis 5. März 1537 in dessen Wohnung, hinter Allerheiligen, auf dem Gelände der Engelsburg, untergebracht und behandelt wurde. Immerhin hatte er wie der mit ihm angekommene päpstliche Legat Peter van der Vorst vom Rat die gleiche Menge Bier geschenkt bekommen,[62] am nächsten Tag aber musste er bereits nach Weimar weiterreisen, um möglichen „Unannehmlichkeiten" aus dem Weg zu gehen. Zu Erfurt hatte Luther seitdem nur noch gelegentlich Kontakt.[63] Als er auf der Hinreise nach Eisenach am 4. Juli 1540 im Gasthof zum Schlehendorn mit seinen Begleitern Station machte, wurde er wieder ehrenhalber vom Rat mit Getränken beschenkt und führte sogar eine Unterhaltung mit dem Oberratsmeister. Das Verhältnis Erfurts zu Sachsen soll Gegenstand des Gespräches gewesen sein; möglicherweise wählte man diese diplomatische Materie, die niemandem gar zu weh tat. Denkwürdig ist, dass der letzte Besuch Luthers in Erfurt am 27. Juli 1540 auf der Rückreise von Eisenach – er stieg erneut im „Schlehendorn" ab – wiederum mit einer Legende verbunden wird.[64] Luther und seine Begleiter seien beim Gang über den Anger von der Witwe des 1510 gehenkten Obervierherrn Kellner mit folgenden Worten geschmäht worden: „Seht, da bringen die lutherischen Ketzer ihren Abgott! Ei wie große Ehre werden sie mit ihm einlegen, wenn sie ihn heimbegleiten!" Der Wirt des „Schlehendorn" soll geantwortet haben: „Wir haben des Mannes größere Ehre, dass wir ihn geleiten und ihm nachfolgen, als da wir deinem Manne, dem Diebe, nachfolgten bis an den Galgen."

4. Erfurt und die Scherflein der armen Witwe

In der Zeitschrift des Vereins für Kirchengeschichte in der Provinz Sachsen, Heft 1, veröffentlichte 1913 der damalige Stadtarchivar Alfred Overmann einen Artikel mit der Überschrift: „Die Erfurter Scherfe und das Wort

---

re Kirche „wahres Wort" und „wahre Sakramente" nennen. Das Recht der Prediger gehe nicht auf den Rat der Stadt zurück. Ihre Legitimation gehe auf den „höchsten Magistrat" zurück, auf den heiligen Geist; WA.B 7, 508ff., Nr. 3070; vgl. A. Kurz, Luther als Thüringer, in: Erfurter Lutherbuch 1917, hg. v. A. Kurz, Erfurt 1917, 105f.

[62] Vgl. J. Pilvousek, Prälaten, a.a.O., 129f., 132.

[63] Vgl. M. Brecht, Luther III, a.a.O., 304.

[64] Vgl. J. Biereye, Die Erfurter Lutherstätten, a.a.O., 104.

‚Scherflein' in Luthers Bibelübersetzung. Eine These."[65] Eine Diskussion über diese These oder deren Rezeption hat m.E. bis heute nur selten stattgefunden.

In den Schriftstellen Mk 12,42 und Lk 21,2 hat Martin Luther das griechische Wort λεπτόν (von λεπτός – klein gering, das ist die kleinste jüdische Münze) mit Scherflein übersetzt. In der Markusstelle erläutert Luther sogar den Wert der Münze: „Und es kam eine arme Witwe und legte zwei Scherflein ein (λεπτά δύο); das macht einen Pfennig." Das Wort Scherflein ist durch diese Übersetzung Gemeingut der deutschen Sprache geworden, wovon die Redewendung „ein Scherflein beitragen" Zeugnis ablegt. Leider gibt es weder eine Predigt noch sonst einen Text aus der Feder Luthers, wo er die beiden Stellen auslegt.

Was behauptet nun Overmann? Am Ende des 15. und am Beginn des 16. Jahrhunderts wurde von der Stadt Erfurt eine Münze geprägt, die den Namen „Scherf" führte. Das Wort, so meint Overmann, sei von „scharf" abzuleiten, weil die dünne Münze einen besonders scharfen Rand besaß. Der Scherf war die kleinste und geringwertigste von allen Erfurter Münzen; er galt als ein halber Pfennig. Mit der Prägung von Scherfen begann man um 1480, als die Stadt in immer größere finanzielle Schwierigkeiten geraten war. Die älteste Münze ist ein sehr dünnes, nach Art der Brakteaten und Hohlpfennige nur auf einer Seite geprägtes Silberblech von 1 cm Durchmesser.

Abb. 1: Erfurter Scherf

[65] A. Overmann, Die Erfurter Scherfe und das Wort „Scherflein" in Luthers Bibelübersetzung. Eine These, in: Zeitschrift des Vereins für Kirchengeschichte in der Provinz Sachsen 10/1 (1913) 116-117.

Die Prägung zeigt das Wappen der Stadt, das sechsspeichige Rad. Die alten Münzen sind ohne Angabe des Jahres in der Prägung. Luther, so Overmann weiter, hatte diesen Erfurter Scherf im Auge, als er in seiner Bibelübersetzung als Ausdruck für die geringste Münze das Wort Scherflein einsetzte. Sowohl als Student als auch als Mönch eines Bettelordens dürfte er genügend Gelegenheit gehabt haben, die kleinste aller damaligen Erfurter Münzen kennenzulernen.
Was hat die Stadt Erfurt für Luther bedeutet, oder konkreter, was hat sie ihm – abgesehen von Studien- und Klosterzeit – vermittelt? Sicher könnte man nicht ganz zu Unrecht behaupten, dass sich Luther mehr um Erfurt mühte als die Stadt um ihn. Die wirtschaftlich und finanziell geschwächte Kommune, der politisch von einer in die andere Abhängigkeit lavierende Magistrat, die miteinander um die Vorherrschaft ringenden konfessionellen Parteien und eine Universität, die ihre Blütezeit hinter sich hatte; das alles zeichnet das Bild einer Stadt, der, wie es einmal ein Mainzer Erzbischof sarkastisch sagte, der Pfennig an der Mark fehle. Die Witwe hatte mit ihren zwei Scherflein, d.h. einem Pfennig, alles gegeben, was sie hatte. Manchmal scheint es, als habe die Stadt Erfurt vor allem in den 20er und 30er Jahren des 16. Jahrhunderts eben auch nur das gewähren können, was sie hatte, und das war eben nicht mehr als ein Scherflein.

Mittwoch
24. September 2014

„Das Notwendigste für die Ökumene ist zunächst einmal, dass wir nicht unter dem Säkularisierungsdruck die großen Gemeinsamkeiten fast unvermerkt verlieren, die uns überhaupt zu Christen machen und die uns als Gabe und Auftrag geblieben sind. Es war der Fehler des konfessionellen Zeitalters, dass wir weithin nur das Trennende gesehen und gar nicht existentiell wahrgenommen haben, was uns mit den großen Vorgaben der Heiligen Schrift und der altchristlichen Bekenntnisse gemeinsam ist. Es ist für mich der große ökumenische Fortschritt der letzten Jahrzehnte, dass uns diese Gemeinsamkeit bewusst geworden ist, dass wir sie im gemeinsamen Beten und Singen, im gemeinsamen Eintreten für das christliche Ethos der Welt gegenüber, im gemeinsamen Zeugnis für den Gott Jesu Christi in dieser Welt als unsere gemeinsame, unverlierbare Grundlage erkennen."

Aus der Rede Papst Benedikts XVI. im Kapitelsaal des Erfurter Augustinerklosters am 23. September 2011

Erfurter Perspektiven: Katholizität *und* Reform

Von der Wittenberger Reformation zum Luthertum

Konfessionelle Transformationen

Irene Dingel

Die Forschungsliteratur zu den reformatorischen Entwicklungen zu Beginn des 16. Jahrhunderts rekurriert oft ganz selbstverständlich auf Begrifflichkeiten, deren Bedeutung in mancher Hinsicht uneindeutig ist und eigentlich einer problembewussten Reflexion und klarer Definition bedürfte. So wird z. B. oft von der „lutherischen Reformation" oder vom „Luthertum" gesprochen, wenn man die Gesamtheit der von Wittenberg ausgehenden reformatorischen Bewegung meint, in der Luther zwar zweifellos im Zentrum stand, aber keineswegs allein agierte[1]. Selbst wenn Luther – wie Albrecht Beutel kürzlich gezeigt hat – nach dem Augsburger Reichstag seine anfängliche Abneigung gegen die von seinem Namen abgeleitete Gruppenbezeichnung überwand und sich und seine Gesinnungsgenossen als „wir Lutherischen" titulierte, darf dies nicht darüber hinwegtäuschen, dass sich weder ein konfessionell-lutherisches Lager noch eine konfessionell-lutherische Theologie herausgebildet hatte, die im Gegensatz zu Positionen Melanchthons und anderer Reformatoren stand[2]. In der Rede

[1] Bereits die Zeitgenossen Luthers brachten die von Wittenberg ausgehende frühe Reformation undifferenziert mit ihm in Verbindung. So wurden z.B. die ersten reformatorisch Gesinnten in Frankreich, die sich um den humanistisch gesinnten Bischof Guillaume Briçonnet in Meaux scharten, als „luthériens" bezeichnet. Vgl. I. Dingel, Luther und Europa, in: Luther Handbuch, hg. v. A. Beutel, Tübingen 2005, 206-217, bes. 213f. Luther selbst mahnte, Abstand von dieser Gruppenbezeichnung zu nehmen. In seiner Treuen Vermahnung zu allen Christen schrieb er: „Tzum ersten bitt ich, man wolt meynes namen geschweygen und sich nit lutherisch, sondern Christen heyssen. Was ist Luther? ist doch die lere nitt meyn. Szo byn ich auch fur niemant gecreutzigt. S. Paulus i. Corint. iij. wolt nit leyden, das die Christen sich solten heyssen Paulisch oder Petersch, sondernn Christen. Wie keme denn ich armer stinckender madensack datzu, das man die kynder Christi solt mit meynem heyloszen namen nennen?" Eine treue Vermahnung M. Luthers zu allen Christen, sich zu hüten vor Aufruhr und Empörung. 1522, in: WA 8, 676-687, hier 685, 4-10.

[2] Beutel dagegen folgert aus dem auf Abgrenzung von gegnerischen Positionen zielenden Sprachgebrauch des Reformators, dass „Luther spätestens zur Mitte der 1530er Jahre" ein „konfessionelle[s] Identitätsbewusstsein" entwickelt habe. Vgl.

vom Luthertum schwingt – wenn man sie auf die erste Hälfte des 16. Jahrhunderts bezieht – nicht nur eine m. E. unzulässige Fokussierung auf nur eine einzige Person, nämlich diejenige Martin Luthers mit, sondern auch eine – wahrscheinlich unbeabsichtigte – Betonung konfessioneller Aspekte, die in der Frühzeit der Reformation noch keineswegs vorhanden waren. Zwar wurde schon im Abendmahlsstreit zwischen Luther und Zwingli und insbesondere beim Marburger Religionsgespräch von 1529 deutlich, dass sich die von Wittenberg ausgehende Reformation dezidiert von der Zürcher unterschied und sich hier mittelfristig eine unterschiedliche Bekenntnisbildung anbahnte. Aber erst in der zweiten Hälfte des 16. Jahrhunderts setzte jener umfassende Differenzierungsprozess ein, der nicht nur in die Herausbildung der großen christlichen Konfessionen mündete, sondern auch dazu führte, dass sich die unterschiedlichen theologischen Positionen des Wittenberger Kreises – man könnte auch von einem Reformatorenkollektiv sprechen – voneinander abgrenzten. Nun begann man auch die Positionen Luthers und Melanchthons theologisch voneinander zu unterscheiden, während beide zu Lebzeiten stets ihre Übereinstimmung und ihr Einvernehmen betont hatten. Kleinere Unstimmigkeiten zwischen beiden fallen da kaum ins Gewicht. Dieser Differenzierungsprozess, besonders innerhalb der Wittenberger Theologie, ist für die Entwicklung eines konfessionellen Luthertums von entscheidender Bedeutung. Denn alle Versuche, die Lehre der beiden als reformatorische Autoritäten allseits anerkannten Persönlichkeiten Luther und Melanchthon zusammenzuhalten und als Einheit zu bewahren, scheiterten langfristig. Die langwierigen innerprotestantischen Streitigkeiten, die nach dem Tod Luthers im Jahre 1546 und vor allem ausgelöst durch das Augsburger Interim von 1548 einsetzten und die dezidierten Lutheranhänger von den überzeugten Nachfolgern Melanchthons trennten, sind ein deutlicher Beleg dafür. Die mit den Kontroversen verbundenen Klärungsprozesse ebneten den Weg zu konfessioneller Identitätsbildung, d.h. zu einem konfessionellen Luthertum ebenso wie zu einem konfessionellen Calvinismus, der manche melanchthonische bzw. philippistische Positionen „aufsaugte". Auch der Katholizismus ging in der zweiten Hälfte des 16. Jahrhunderts einen ähnlichen Weg zu konfessioneller Identitätsbildung. Diese Entwicklung zur Konfessionalität gilt für das Luthertum im Allgemeinen mit Konkordienformel und Konkordienbuch von 1577/1580 als abgeschlossen; für den Calvinismus wird – mit Recht – auf die Confessio Helvetica posterior von 1566 als entscheidenden Meilenstein und die Dordrechter Synode als Ende dieses Prozesses verwiesen.

A. Beutel, „Wir Lutherischen". Zur Ausbildung eines konfessionellen Identitätsbewusstseins bei Martin Luther, in: ZThK 110 (2013) 158-186; die Zitate 185.

Die Confessio Helvetica posterior jedenfalls wurde zum Referenzbekenntnis der reformierten Kirchen in Europa, auch wenn sie ihre jeweiligen Partikularbekenntnisse wie z.B. die Confessio Gallica, die Confessio Belgica oder die Confessio Hungarica behielten. Der Katholizismus hingegen konsolidierte sich unter der Professio fidei Tridentina von 1563 und entwickelte in den Dekreten des Konzils von Trient eine maßgebliche konfessionsbildende Kraft. Die Einführung dieser Bekenntnisse durch politische Autoritäten und die Verpflichtung von Kirchen- und Staatsdienern auf Bekenntnisse und Corpora Doctrinae garantierte die konfessionelle Homogenität in den jeweiligen politischen Gemeinwesen der Frühen Neuzeit, selbst wenn sich unterschwellig oft die Diskussionen um Lehr- und Bekenntnisbildungen fortsetzten und de facto so lange theologische Pluralität bestand, wie die Landesherren nicht den Dissent durch Ausweisungen zum Schweigen brachten. Und das war gar nicht so einfach.
Demgegenüber kann man die erste Hälfte des 16. Jahrhunderts noch als „vorkonfessionelle Phase" werten. Vereinzelte kirchengeschichtliche Darstellungen, die die „Konfessionalität" und damit die auf konfessionelle Abgrenzung ausgerichtete Phase in der von Wittenberg ausgegangenen Reformation schon bei der Confessio Augustana von 1530 oder früher ansetzen[3], übersehen das hohe Integrationspotential, das dieses Bekenntnis nicht nur in seiner ersten Fassung aufwies, sondern auch durch die kontinuierlichen Fortschreibungen Melanchthons im Rhythmus der Konsens- und Religionsgespräche zumindest innerprotestantisch noch erhielt[4]. Übersehen wird dabei auch, dass die innerprotestantischen Entwicklungen noch weit davon entfernt waren, bekenntnismäßige Positionen herauszubilden.
Daher ist es dem Sachverhalt adäquat und deshalb vorzuziehen, bezogen auf die erste Hälfte des Reformationsjahrhunderts die konfessionellen Festschreibungen zu vermeiden und eher von der Wittenberger als von der lutherischen Reformation zu sprechen. Denn die reformatorische Theologie, die zu Lebzeiten Luthers und der ihn umgebenden Gruppe von Kollegen und Freunden in Wittenberg Konturen gewann, war noch eine vorkonfessionelle, die die Kraft hatte, verschiedene theologische Ausprägungen zusammenzuhalten oder nebeneinander zu dulden. Luther z.B. nahm keinen Anstoß an der Art und Weise, wie Melanchthon seine Theologie etwa in den verschiedenen Fassungen der Loci communes weiterentwickelte. Der Praeceptor seinerseits sah sich meist im Einklang mit

---

[3] Vgl. H. Klueting, Das Konfessionelle Zeitalter 1525-1648, Stuttgart 1989.

[4] Zu den Überarbeitungen Melanchthons am Beispiel des Abendmahlsartikels der Confessio Augustana vgl. G. Seebaß, Der Abendmahlsartikel der Confessio Augustana Variata von 1540, in: Dona Melanchthoniana. Festgabe für Heinz Scheible zum 70. Geburtstag, hg. v. J. Loehr, Stuttgart-Bad Cannstatt ^{2}2005, 411-424.

Luther. Beide stritten heftig mit Johannes Agricola über das Verständnis von Gesetz und Evangelium bzw. über die Rolle des Gesetzes im Leben des Christen, ohne ihren Kontrahenten Agricola definitiv auszugrenzen[5]. Erst aus der rückblickenden Perspektive treten die theologischen Gegensätze schärfer hervor. Hinzu kommt, dass auch die Breitenwirkung der von Wittenberg ausgehenden Reformation keineswegs auf Luther allein zurückzuführen ist. Vielmehr haben wir es mit einer Gruppe verschiedener und in unterschiedlichen Kontexten handelnder Akteure zu tun[6]. Die Mitglieder dieses Wittenberger Reformatorenkollektivs[7] trugen jeweils das Ihre zur theologischen, gesellschaftlichen und politischen Profilbildung der Reformation bei. Sie waren beteiligt daran, dass die Reformation über die Grenzen der Stadt Wittenberg und des damaligen Kurfürstentums Sachsen hinaus ausstrahlte, auch wenn Luther und Melanchthon die beiden zentralen Orientierungsfiguren blieben, wobei im Blick auf die europäische Wirkung der von Wittenberg ausgehenden Reformation Melanchthon Luthers Einfluss bei weitem überragte. Weitere Akteure dieses Kollegiums waren Johannes Bugenhagen, Nikolaus von Amsdorf, Justus Jonas, Johann Agricola, Caspar Cruciger, Georg Rörer und Georg Major, die als Kirchenorganisatoren, als Gehilfen bei der Bibelübersetzung, als Übersetzer lateinischer Lutherschriften, als Mitglied des neu geschaffenen Konsistoriums, als Pfarrer, Lehrer oder Schulrektoren für die Verbreitung und Konsolidierung der Reformation sorgten und die Art ihrer Wirkung auf Politik und Gesellschaft mitbestimmten. Selbst einen Künstler wie Lucas Cranach d. Ä. kann man in jene Gruppe einordnen; jedenfalls stellte er sich auf seinen Gemälden gelegentlich selbst als Teil dieses Teams dar. Nicht zu vergessen wäre auch die musikalische Komponente der Reformation, die in Johann Walter, Kantor in Torgau, einen bedeuten-

---

[5] Vgl. I. Dingel, Philipp Melanchthon – Freunde und Feinde, in: ThLZ 135 (2010) 775-804, bes. 787-790.

[6] Unter diesem Aspekt haben die seit 2000 stattfindenden Frühjahrstagungen zur Wittenberger Reformation die verschiedenen Akteure des Wittenberger Reformatorenkreises systematisch untersucht. Die Tagungen sind in der Reihe Leucorea-Studien zur Geschichte der Reformation und der Lutherischen Orthodoxie dokumentiert. Vgl. darüber hinaus H.-G. Leder, Luthers Beziehungen zu seinen Wittenberger Freunden, in: Leben und Werk Martin Luthers von 1526 bis 1546, hg. v. H. Junghans, Göttingen 1983, Bd. I, 419-440; Bd. II, 863-870.

[7] Wolgast spricht sogar von einer Wittenberger Kollektivautorität, vgl. E. Wolgast, Luther, Jonas und die Wittenberger Kollektivautorität, in: Justus Jonas (1493-1555) und seine Bedeutung für die Wittenberger Reformation, hg. v. I. Dingel, Leipzig 2009 (Leucorea-Studien zur Geschichte der Reformation und der Lutherischen Orthodoxie 11), 87-100.

den Repräsentanten findet[8]. Diese Vielfalt der jeweils eigenen theologischen Ansätze und spezifischen Aktivitäten war charakteristisch für die vorkonfessionelle Phase der Wittenberger Reformation in der ersten Jahrhunderthälfte.

In diesem Beitrag soll es nun darum gehen, den Weg von dieser vorkonfessionellen Phase zur konfessionellen Konsolidierung der Wittenberger Reformation in einem bekenntnisorientierten Luthertum abzuschreiten. Dabei sollen jene historischen Knotenpunkte, jene Ereignisse oder Phänomene in den Blick kommen, die diese Entwicklung befördert haben oder als Meilensteine in diesem Prozess gelten können[9]. Dadurch ergeben sich zugleich unterschiedliche Perspektiven auf diesen Prozess der konfessionellen Konsolidierung bzw. auf den zu beschreibenden Weg zum Luthertum. Die erste Perspektive richtet sich auf die Religionsgespräche und ihr Scheitern; die zweite auf die theologische Normierung durch Bekenntnisbildung und Autoritätskonstruktion.

1. Religionsgespräche und ihr Scheitern

Im Zeitalter der Reformation gewann das Religionsgespräch als innerchristliches Phänomen eine neue Dimension[10]. Nie zuvor wurden in einer so kurzen Zeitspanne so viele (innerchristliche) Religionsgespräche veranstaltet, und nie zuvor setzte man so große Erwartungen und Hoffnungen in diese Form von disputativem Meinungsaustausch und Wahrheitssuche. Dies hing mit den historischen Bedingungen zusammen, unter denen die großen Religionsgespräche des 16. Jahrhunderts stattfanden, von denen als Meilensteine für den Weg von der Wittenberger Reformation zum Luthertum drei herausgegriffen werden sollen: Das Religionsgespräch von Hagenau, Worms und Regensburg 1540/41, das Regensburger Religionsgespräch von 1546 und dasjenige von Worms 1557. Ihre religionsgeschichtliche Prominenz verdanken sie nicht zuletzt der Tatsache, dass sie in eine Funktion einrückten, die man eigentlich dem seit dem Spätmittelalter immer wieder vergebens geforderten Generalkonzil zuschrieb, nämlich in die Aufgabe, eine gemeinschaftliche Lösung der mit der

---

[8] Vgl. Johann Walter, Torgau und die evangelische Kirchenmusik, hg. v. M. Herrmann, Altenburg 2013.

[9] Dies ist natürlich nur in Auswahl und in Beschränkung auf das Wesentliche möglich.

[10] Zu den mittelalterlichen Religionsgesprächen zwischen Islam und Christentum, sowie Judentum und Christentum und deren spezifisch andere Ausrichtung vgl. J. Waardenburg, Art. Religionsgespräche II. Muslimisch-christlich; O. Limor, Art. Religionsgespräche III. Jüdisch-christlich, in: TRE 28 (1997) 640-648; 649-654.

Reformation drängend aufgebrochenen Religionsfrage zu finden[11]. Hinzu kam, dass kein geringerer als der Kaiser des Heiligen Römischen Reichs deutscher Nation als Initiator dieser Veranstaltungen in Erscheinung trat und damit den auf die theologische Lehre zielenden Reichsreligionsgesprächen weltliche Autorität verlieh[12]. Für den Prozess der allmählichen konfessionellen Abgrenzung auf dem Weg zum Luthertum wurden sie insofern langfristig ausschlaggebend, als sie das, worauf sie eigentlich zielten, nämlich die Überwindung bestehender Dissense, nicht erreichten. Im Gegenteil: Sie trugen zur Zementierung der divergenten theologischen Positionen bei und damit auch zu konfessioneller Selbstbesinnung.

Dies trifft auch auf das Religionsgespräch von Hagenau, Worms und Regensburg zu, obwohl es im Vergleich mit den folgenden Reichsreligionsgesprächen einen erstaunlich weitgehenden Konsens vorschlagen konnte. In Hagenau ging es zunächst lediglich um Verfahrensfragen, die aber insofern nicht unbedeutend waren, als sie die Verhandlungsgrundlage und die Entscheidungsnormen des Religionsgesprächs betrafen. Die Evangelischen bestanden auf der eigens von Melanchthon für das Religionsgespräch überarbeiteten Confessio Augustana als Gesprächsgrundlage sowie darauf, dass einzig und allein die Heilige Schrift als Autorität für die zu verhandelnde Lehre herangezogen werden dürfe, während die altgläubige Seite im Allgemeinen auch Kirchenväter und Konzilien neben der Heiligen Schrift geltend machte. Beide Seiten hatten damit Grundsätze zu offiziellen Richtwerten erhoben, die für die spätere unterschiedliche Konfessionalität prägend blieben, nämlich die normative Festlegung auf die Heilige Schrift als primäre und die Confessio Augustana als sekundäre Norm im Luthertum, auf Schrift und Tradition im Katholizismus. Alle späteren Bekenntnisse des werdenden Luthertums verstanden sich demgemäß als Auslegungen der Confessio Augustana, nicht als neue Bekenntnisse[13]. Für das Verfahren des Religionsgesprächs wurde wichtig,

---

[11] Schon 1533 war Erasmus von Rotterdam mit seinem „Liber de sarcienda ecclesiae concordia" für eine Überwindung der Gegensätze, die sich mit der Reformation ergeben hatten, eingetreten. Eine Digitalisierung des Exemplars Basel 1537 findet sich im Internet unter: digitale.bibliothek.uni-halle.de/vd16/content/thumbview/1173625 (Stand: 13.11.2015).

[12] Zum Typus der Reichsreligionsgespräche vgl. I. Dingel, Art. Religionsgespräche IV. Altgläubig – protestantisch und innerprotestantisch, in: TRE 28 (1997) 654-681, bes. 658-663.

[13] Dies lässt sich an verschiedenen Beispielen zeigen. Häufig herangezogenes Referenzbekenntnis war eine Zeit lang die Confessio Saxonica, die Melanchthon 1551 auf Veranlassung des Kurfürsten Moritz von Sachsen zur Vorlage auf dem Konzil von Trient erstellt hatte und die auch Repetitio Confessionis Augustanae genannt wurde. Vgl. CR 28, 369-468 (lat.) und 481-568 (dt.), bes. 369f., 481f. Ausschlaggebend für das konfessionelle Luthertum wurde die Konkordienformel

dass das Augsburger Bekenntnis und seine Apologie tatsächlich als Verhandlungsgrundlage akzeptiert und die Beteiligten auf die Heilige Schrift verpflichtet wurden. Zugleich wurde – gegen den Einspruch der Evangelischen – festgelegt, dass die Ergebnisse des Religionsgesprächs die Anerkennung durch Kaiser und Papst erforderten. Das nach einer Vertagung am 25. November 1540 in Worms fortgesetzte Gespräch konnte durch den Einsatz von Johannes Gropper und Martin Bucer dann tatsächlich einen Vergleichsentwurf erarbeiten, das sogenannte Wormser Buch[14]. Der Verhandlungsverlauf und die weiteren Teilnehmer brauchen an dieser Stelle nicht weiter zu interessieren. Wichtig für unsere Fragestellung ist lediglich, an welchen Punkten eine Konvergenz in der Lehre formuliert wurde, und an welchen Fragen man sich – dauerhaft und die Konfessionalität befördernd – voneinander abgrenzte. Der Vergleich signalisierte Annäherung im Verständnis der Erbsünde und der Rechtfertigung sowie in Fragen von Schrift und Tradition. Ungeklärt blieb die Abendmahlslehre bzw. das Verständnis der Messe, denn der von Gropper und Bucer erarbeitete Abendmahlsartikel, der das altgläubige mit dem reformatorischen Verständnis dieses Sakraments zu kombinieren versuchte, bot keine wirkliche Lösung[15]. Als am 18. Januar 1541 das Wormser Religionsgespräch abgebrochen und auf den bereits ausgeschriebenen Reichstag nach Regensburg vertagt wurde, bedeutete dies auch eine neue Sichtung des Vergleichs. Das Wormser Buch wurde zum Regensburger Buch umgearbeitet[16]. Und auf Veranlassung des Kardinals Gasparo Contarini und des päpstlichen Nuntius Giovanni Morone, beide gute Kenner der reformatorischen Theologie, korrigierte man vor allem den Abendmahlsartikel und betonte die von den Evangelischen beharrlich zurückgewiesene Transsubstantiationslehre[17]. Auch der Rechtfertigungsartikel geriet wieder in die Diskussion sowie die Frage der Auslegungsautorität der

von 1577, die sich ebenfalls nicht als neues Bekenntnis, sondern als Auslegung der Confessio Augustana verstand, vgl. Die Bekenntnisschriften der Evangelisch-Lutherischen Kirche. Vollständige Neuedition, hg. v. I. Dingel im Auftrag der Evangelischen Kirche in Deutschland [=BSELK], Göttingen 2014, 1306, 2-1308, 14.

[14] Es lag am 31. Dezember 1540 vor. Eine kritische Edition findet sich in: Martin Bucers Deutsche Schriften [=BDS], Bd. 9/1: Religionsgespräche (1539-1541), bearb. v. C. Augustijn unter Mitarb. v. M. de Kroon, Gütersloh 1995, 323-483.

[15] Vgl. Wormser Buch, in: BDS 9/1, 436-438.

[16] Es ist aus den textkritischen Anmerkungen zur Edition des Wormser Buchs zu rekonstruieren. Weiter ausgreifende Veränderungen sind in Petitdruck eingeschoben. Vgl. BDS 9/1, 323-483.

[17] Vgl. zum Abendmahlsartikel sowohl des Wormser als auch des Regensburger Buchs J. Mehlhausen, Die Abendmahlsformel des Regensburger Buches, in: Studien zur Geschichte und Theologie der Reformation. Festschrift für Ernst Bizer, hg. v. L. Abramowski / J. F. G. Goeters, Neukirchen 1969, 189-211.

Kirche. In der Rechtfertigungslehre fand man immerhin zunächst insofern eine weitreichende Übereinkunft, als man sie im Sinne einer „duplex iustificatio"[18] entfaltete, die eine evangelische Lektüre der Rechtfertigung als Gerechtmachung des Sünders „sola gratia" mit daraus hervorgehenden Früchten des Glaubens ebenso ermöglichte wie das altgläubige Verständnis von einer durch den Heiligen Geist im Menschen gewirkten „iustitia inhaerens", die ihn zum Wachstum in der Gerechtigkeit und zu guten Werken befähige. Dies schien zunächst dazu geeignet, den theologischen Gegensatz zu überbrücken, aber die das Regensburger Buch konstituierende Überarbeitung des Artikels, die auf den Terminus „duplex iustificatio" und damit auch auf das damit verbundene Konzept verzichtete, erneuerte die Schwierigkeiten und erschwerte den Konsens[19]. Als der Kaiser am 22. Mai 1541 das Ergebnis der Beratungen einforderte, wurde offenbar, dass man sich nur in wenigen Artikeln wirklich geeinigt hatte. Das so vielversprechend begonnene Religionsgespräch hatte zwar Ansätze zur Verständigung erarbeitet, aber zugleich auch die Grenzen gezogen und damit einen wichtigen Schritt hin zu konfessioneller Identitätsbildung auf beiden Seiten getan. Fortbestehende Differenzen traten vor allem am Abendmahlsverständnis, am Kirchenbegriff und außerdem am Verständnis der Buße hervor. Im Endeffekt lehnten beide Seiten das Regensburger Buch ab, Luther ebenso wie die Kurie[20].

Keinem der folgenden Reichsreligionsgespräche gelang es, die konsensualen Elemente von Worms und Regensburg 1540/41 zu revitalisieren. Denn nur vier/fünf Jahre später, als Kaiser Karl auf dem Reichstag zu Worms 1545 ein neues Religionsgespräch in Aussicht stellte, hatte sich die Situation bereits grundlegend verändert. Dies war durch drei Faktoren bestimmt: Zum einen fiel die Vorbereitung und Veranstaltung des Regensburger Religionsgesprächs von 1546 in die Zeit der ersten Tagungsperiode des Konzils von Trient[21], das allerdings von den Evangelischen abgelehnt wurde, wobei auch der ihnen zugebilligte Friedstand im Speyerer Reichsabschied vom 10. Juni 1544 eine große Rolle spielte[22]. Die

---

[18] Vgl. BDS 9/1, 355, 10.

[19] Vgl. den vollkommen umgearbeiteten Rechtfertigungsartikel des Regensburger Buchs in: BDS 9/1, 397-401.

[20] Luther lehnte diesen Kompromiss im Ganzen ab, selbst wenn er sich gelegentlich etwas milder dazu geäußert hatte. Calvin akzeptierte ihn. Auch die altgläubige Seite beurteilte den Kompromiss negativ.

[21] Dessen Beginn hatte Papst Paul III. durch eine Bulle vom 30.11.1544 auf Mitte März 1545 festgesetzt.

[22] Die Evangelischen forderten eine Zusicherung darüber, dass durch die Veranstaltung des Konzils der ihnen in Speyer 1544 gewährte Friede nicht angetastet werde. Davon wollten sie ihre weitere Mitarbeit abhängig machen. Vgl. zu diesen

altgläubigen Reichsstände wiederum hatten an einem Religionsgespräch, das parallel zum Konzil ablaufen würde und in ihren Augen nur den Anliegen des Kaisers diente, kein Interesse und ließen dies auch im Wormser Reichsabschied von 1545 festhalten. Hinzu kam – zum zweiten –, dass die kaiserliche Politik bereits darauf zielte, die Religionsfrage auf kriegerischem Wege zu lösen. Das Regensburger Religionsgespräch stand eindeutig im Schatten des wenig später ausbrechenden Schmalkaldischen Kriegs und hatte im Grunde nur aufschiebende Wirkung. Und schließlich – zum dritten – wurde allein schon durch die personelle Besetzung des Gesprächs[23] die Perspektive auf einen Konsens eher verstellt als eröffnet. Man kann sagen: Das Religionsgespräch arbeitete die bleibenden und grundlegenden Differenzen heraus. Das wurde vor allem daran deutlich, dass die Frage der Rechtfertigungslehre in den Mittelpunkt rückte[24]. Die außerdem zur Disputation vorgesehenen Artikel: Glaube, Gesetz, gute Werke, Sakramente, Zeremonien und Ekklesiologie wurden – freilich auch wegen der vorzeitigen, ihren Protest ausdrückenden Abreise der Evangelischen – gar nicht mehr angesprochen[25]. Die von Petrus de Malvenda, dem

---

Zusammenhängen I. Dingel, Die Rolle Georg Majors auf dem Regensburger Religionsgespräch von 1546, in: Georg Major (1502-1574). Ein Theologe der Wittenberger Reformation, hg. v. I. Dingel / G. Wartenberg, Leipzig 2005 (Leucorea-Studien zur Geschichte der Reformation und der Lutherischen Orthodoxie 7), 189-206, bes. 190-194; zum Religionsgespräch insgesamt L. Vogel, Das zweite Regensburger Religionsgespräch von 1546. Politik und Theologie zwischen Konsensdruck und Selbstbehauptung, Gütersloh 2009 (QFRG 82).

[23] Mit Eberhard Billick, Johannes Hoffmeister, Johannes Cochlaeus und Petrus de Malvenda standen den vier Kolloquenten von evangelischer Seite, Georg Major, Martin Bucer, Erhard Schnepf und Johannes Brenz, ausgesprochen strenge Verfechter des alten Glaubens gegenüber.

[24] Die kaiserliche Relation hatte vorgesehen, die Artikel des Augsburger Bekenntnisses als Grundlage des Kolloquiums zu wählen, wobei die ersten drei Artikel „De Deo", „De peccato originis" und „De filio Dei" nicht mehr in die Diskussion kommen sollten, da hier keine Uneinigkeit herrsche bzw. sie bereits ausgiebig behandelt worden seien. Schon in der Confutatio von 1530 galten sie als im Wesentlichen verglichen. Einspruch von der altgläubigen Seite gab es allerdings zur Definition der Erbsünde in Confessio Augustana Artikel 2 „De peccato originis", den Melanchthon in seiner Apologie ausführlich aufnahm. Vgl. Die Confutatio der Confessio Augustana vom 3. August 1530, hg. v. H. Immenkötter, Münster [2]1981 (CCath 33), 78-83. In Worms 1541 wurde dann noch einmal darüber disputiert, vgl. H. Scheible, Melanchthon. Eine Biographie, München 1997, 131f.

[25] Darüber berichtete Georg Major in seinem Kurtzen und warhafftigen bericht folgendes: „Nachmals / do die handlung auff den 27. tag Januarij / angangen / ist vns ein Keyserlicher beuehl vorgelesen / wie / vnd von welchen Artickeln das Colloquium sollte gehalten werden / Nemlich / das man die Augspurgische Confessio / vor die hand nehmen / vnd von dem Artickel / der Justification vnd

kaiserlichen Hofkaplan, vorgelegten „propositiones" zur Rechtfertigungslehre stellten einen Rückschritt hinter das in Worms und Regensburg Erreichte dar, insofern sie die „iustificatio" nicht nur an die Vergebung der Sünden durch Christus, sondern zugleich auch an die zu meritorischen Werken befähigende „gratia infusa" gebunden sahen. Dies nahm die Interpretationsoffenheit des Regensburger Buchs[26] zurück und bildete im Kern bereits den Inhalt des Rechtfertigungsartikels des späteren Augsburger Interims von 1548 ab[27], das die Evangelischen als Rückführung zum alten Glauben werteten und dezidiert ablehnten. Das Regensburger Religionsgespräch von 1546 hatte also der lehrmäßigen Abgrenzung voneinander in einem zentralen Lehrartikel Vorschub geleistet.

Nicht viel anders verhielt es sich mit dem letzten der großen Reichsreligionsgespräche 1557 in Worms[28]. Auch hier waren es die historischen Bedingungen, die das Erreichen eines Konsenses von vornherein unwahrscheinlich machten. Denn der kurz zuvor geschlossene Augsburger Religionsfrieden, der den Augsburger Konfessionsverwandten reichsrecht-

---

rechtfertigung des menschen / anfangen / vnd volgent nach der ordnung / von einem Artickel zu dem andern Disputiren / vnd erwegen / welcher anzunemen oder nicht anzunemen / vnd dauon Keyser. Maiestat vnd den Stenden des Reichs / Relation thun solt / welches dann vns verwundert / das man wider von dem Artickel der Justification disputiren solt / dieweil der selbige / im vorigen Colloquio zu Regenspurg / vorglichen were / Wie dann hernach sol angezeigt werden / Derhalben wir bald gedacht / das die Sophisten / die vorige disputation vnd vorgleichung / von diesem / vnd andern Artickeln / wider auffs newe streitten / anfechten vnd vmb zustossen / sich vnterstehen wu(e)rden / wie dan hernachmals von jnen geschehen". Vgl. Kurtzer vnd warhafftiger bericht / Von dem Colloquio: So in diesem xlvj. Jar / zu Regenspurg / der Religion halben gehalten / Durch D: Georg: Maior [...] Wittemberg 1546, C1b. Zu Ablauf und Ausgang des Religionsgesprächs vgl. H. von Caemmerer, Das Regensburger Religionsgespräch im Jahre 1546, Berlin 1901, 46-60, 61-70; L. Vogel, Das zweite Regensburger Religionsgespräch von 1546, Gütersloh 2009 (QFRG 82), 269-479.

[26] Im Regensburger Buch hatte man sich auf die Rede von einer eingegossenen „*charitas* sanans voluntatem" verständigt, die als notwendige Ergänzung zur Rechtfertigung „per fidem uiuam et efficacem" hinzugehöre. Vgl. den Artikel „De iustificatione hominis" im Regensburger Buch, in: BDS 9/1, 399, 12-14: „id quod tamen nulli obtingit, nisi etiam simul infundatur charitas sanans voluntatem, vt voluntas sanata [...] incipiat implere legem".

[27] Vgl. die Artikel 3-8 des Augsburger Interims, in: Das Augsburger Interim von 1548, dt. und lat. hg. v. J. Mehlhausen, Neukirchen-Vluyn ^{2}1996 (TGET 3), 40-59.

[28] Vgl. dazu B. Slenczka, Das Schisma der Augsburger Konfessionsverwandten von 1557. Protestantische Konfessionspolitik und Theologie im Zusammenhang des zweiten Wormser Religionsgesprächs, Tübingen 2010 (BHTh 155); B. von Bundschuh, Das Wormser Religionsgespräch von 1557. Unter besonderer Berücksichtigung der kaiserlichen Religionspolitik, Münster 1988 (RST 124).

liche Duldung garantierte, machte im Grunde eine von politischer Seite initiierte Konsenssuche überflüssig. Hinzu kam, dass sich die evangelische Seite seit den Auseinandersetzungen um das Interim und den unter Beteiligung der Wittenberger Theologen erarbeiteten Leipziger Alternativvorschlag in zahlreichen theologischen Auseinandersetzungen entzweit hatte und nicht mehr mit einer Stimme sprach[29]. Der Gegensatz zwischen den sog. Gnesiolutheranern, die sich streng an Luthers Theologie orientierten, und denjenigen, die Melanchthon folgten, brach auf dem für Worms 1557 anberaumten Religionsgespräch in voller Schärfe auf und wurde von den Repräsentanten der altgläubigen, römischen Theologie, insbesondere von Petrus Canisius, gezielt für eine antiprotestantische Stimmung genutzt. Es war die sonst zwischen römischer und Wittenberger Seite nicht eigentlich strittige Frage der Erbsünde, die Canisius dazu diente, den innerprotestantischen Dissens deutlich zu machen, denn in der Erbsündenlehre bildeten sich innerevangelische Fronten, vor allem zwischen dem streng lutherisch gesinnten Matthias Flacius Illyricus[30] einerseits und der Mehrzahl seiner Kollegen andererseits. Aber auch andere Fragen, die innerhalb der Gruppe der Augsburger Konfessionsverwandten diskutiert wurden, wie die im Majoristischen Streit debattierte Rolle der guten Werke oder die durch Osiander eigenwillig formulierte und spiritualistisch eingefärbte Rechtfertigungslehre, zog Canisius heran und forderte eine eindeutige Positionierung des evangelischen Lagers mit Hilfe von klaren Verwerfungen. Genau dies aber – die Entscheidung für bzw. gegen personenbezogene bzw. lehrbezogene Anathematismen – hatte die Evangelischen schon zuvor entzweit. Diese „Strategie" des Canisius, die darauf zielte, die innere Uneinigkeit des Verhandlungspartners zu entlarven, machten weitere Konsensverhandlungen unmöglich, so dass das Religionsgespräch ergebnislos abgebrochen wurde, nachdem die gnesiolutherisch gesinnte ernestinisch-sächsische Delegation den altgläubigen Assessoren des Religionsgesprächs eine Protestationsschrift übergeben hatte und vorzeitig abgereist war. Das Wormser Religionsgespräch hatte die unter den Evangelischen herrschende theologische Vielfalt schmerzhaft vorgeführt; es hatte aber auch – angestoßen durch den altgläubigen Verhandlungspartner – die Notwendigkeit konfessioneller Einheit deutlich gemacht. Die Fähigkeit, die eigene Theologie auch in

[29] Zu den innerprotestantischen Kontroversen vgl. den knappen Überblick in der Historischen Einleitung zu Controversia et Confessio Bd. 1: Reaktionen auf das Augsburger Interim. Der Interimistische Streit (1548-1549), hg. v. I. Dingel, Göttingen 2010, 3-32.

[30] Eine neue biographische Sichtung hat Luka Ilić vorgelegt, vgl. ders., Theologian of sin and grace. The process of radicalization in the theology of Matthias Flacius Illyricus, Göttingen 2014 (VIEG 225. Abt. Abendländische Religionsgeschichte).

Abgrenzung von falscher Lehre im eigenen Lager klar und eindeutig zu umreißen, war das erste Mal offen als Voraussetzung für Konsensverhandlungen thematisiert worden.

2. Theologische Normierung durch Bekenntnisbildung und Autoritätskonstruktion

Dass es dabei nicht nur um eine Fähigkeit, sondern auch um eine theologische und religionspolitische Notwendigkeit ging, zeigte sich in der durch das Augsburger Interim von 1548 bestimmten Phase der Wittenberger Reformation. Das Interim, dieses kaiserliche Religionsgesetz, versuchte nämlich nach der Niederlage der Evangelischen im Schmalkaldischen Krieg, die kirchliche Einheit durch eine Rückführung der reformatorisch gesinnten Territorien zu einem im Großen und Ganzen vorreformatorischen Stand wiederherzustellen. Nur Priesterehe und Laienkelch sollten gestattet sein[31]. Vor allem im Süden des Reichs, wo die kaiserliche Präsenz auch militärisch bedrohlicher und effektiver war als im Norden, mussten viele Pfarrer, die sich dem nicht beugen wollten, ihre Gemeinden verlassen und ins Exil gehen. Diese Entwicklungen nährten das vor allem in streng lutherisch gesinnten Gruppen kultivierte apokalyptisch gefärbte Geschichtsbewusstsein, die nun das endzeitliche Ringen zwischen Christus und Belial, zwischen Christ und Antichrist, angebrochen sahen[32]. Sie werteten die Ereignisse, vor allem den Eingriff einer sich in ihren Augen offenbar als gottlos erweisenden kaiserlichen Obrigkeit in Angelegenheiten von Glauben und Lehre, als Krise, in der ein klares Bekenntnis zur Wahrheit unabdingbar sei. Diese Vorstellungen prägten die Haltung der strengen Luther-Anhänger[33], wann immer sie zu den theologischen und kirchenpolitischen Entwicklungen Stellung nahmen. Die Tatsache, dass sich eine Gruppe von Wittenberger Theologen um Philipp Melanchthon bereitgefunden hatte, im Auftrag des zu den Kriegsgewinnern gehörenden neuen sächsischen Kurfürsten Moritz aus der albertinischen Dynastie einen Alternativentwurf zum kaiserlichen Interim auszuarbeiten, pranger-

---

[31] Vgl. Augsburger Interim Art. 26, in: Das Augsburger Interim von 1548, a.a.O., 142f.

[32] Vgl. dazu I. Dingel, „Der rechten lehr zuwider" – Die Beurteilung des Interims in ausgewählten theologischen Reaktionen, in: Das Interim 1548/50: Herrschaftskrise und Glaubenskonflikt, hg. v. L. Schorn-Schütte, Gütersloh 2005 (SVRG 203), 292-311, bes. 303-310. Vgl. zur Apokalyptik in der Interimszeit generell A. Moritz, Interim und Apokalypse. Die religiösen Vereinheitlichungsversuche Karls V. im Spiegel der magdeburgischen Publizistik 1548-1551/52, Tübingen 2009 (SMHR 47).

[33] Zu ihnen gehörten z. B. Nikolaus von Amsdorf, Matthias Flacius Illyricus, Nikolaus Gallus, Johannes Wigand, Tilemann Heshusius und Matthaeus Judex.

ten sie als Verrat an der Reformation Martin Luthers an, selbst wenn dieser Entwurf – die von ihnen als Leipziger Interim bezeichnete Landtagsvorlage[34] – die reformatorische Lehre nicht nur in ihren Kernanliegen, sondern umfassend wahrte. Allerdings kombinierte dieser Entwurf die reformatorische Lehre mit altgläubigen Riten und Zeremonien und versuchte so, einen Kompromiss zu gewährleisten, ohne die Reformation in Kursachsen zu gefährden oder gar in Frage zu stellen. Dennoch entzündeten sich an den theologischen Inhalten dieses Alternativentwurfs eine Fülle von Streitigkeiten, deren Schärfe sich daher erklärt, dass es in jedem einzelnen Fall, so unterschiedlich die theologischen Fragestellungen auch immer sein mochten, darum ging, das reformatorische Erbe Martin Luthers möglichst rein und authentisch zu bewahren und durch die schwierigen Konstellationen hindurchzuretten. Dies erwies sich insofern als Problem, als an diesem sog. Leipziger Interim deutlich zu Tage trat, dass sich die hier präsente Theologie Melanchthons und diejenige Luthers in durchaus unterschiedliche Richtungen entwickelt hatten. Angesichts der als Bekenntnissituation empfundenen Krise stand also nicht nur die Frage theologischer und bekenntnismäßiger Integrität zur Debatte, sondern auch jene nach der in Zukunft maßgeblichen reformatorischen Autorität. Während man bisher noch in der Lage gewesen war, die Autorität des bereits 1546 verstorbenen Martin Luthers und diejenige Philipp Melanchthons in ihrer Komplementarität zusammenzudenken und dadurch auch unterschiedliche Akzentsetzungen in der Lehre der Wittenberger Reformation auszuhalten, setzte nun ein Differenzierungsprozess ein, der langfristig in die lutherische Konfessionalität mündete und das „Luthertum" im eigentlichen, konfessionellen Sinne begründete[35]. Bemerkenswert ist, dass fast alle der für diese Entwicklung verantwortlichen Akteure – mit der Ausnahme Nikolaus von Amsdorfs – bei Melanchthon studiert hatten und im weitesten Sinne seine Schüler gewesen waren. Das führte dazu, dass sie – selbst wenn sie sich allmählich von ihm abwandten – Elemente seiner Theologie und vor allem von ihm erlernte methodische Fähigkeiten in die lutherische Bekenntnis- und Lehrbildung eintrugen. Andere Melanchthonschüler entwickelten Positionen ihres Lehrers, besonders in der

[34] Kritisch ediert in: Politische Korrespondenz des Herzogs und Kurfürsten Moritz von Sachsen Bd. 4, bearb. v. J. Herrmann / G. Wartenberg, Berlin 1992 (ASAW.PH 72), Nr. 212, 254-260. Vgl. dazu auch G. Wartenberg, Das Augsburger Interim und die Leipziger Landtagsvorlage zum Interim, in: Politik und Bekenntnis. Die Reaktionen auf das Interim von 1548, hg. v. I. Dingel / G. Wartenberg, Leipzig 2007 (Leucorea-Studien zur Geschichte der Reformation und der Lutherischen Orthodoxie 8), 15-32.

[35] Vgl. dazu die Historischen Einleitungen zu Controversia et Confessio Bd. 1, a.a.O. (siehe Anm. 29), 3-32.

Abendmahlslehre und Christologie, eigenständig weiter, was sie in die Nähe des Calvinismus brachte, dem sie sich nicht selten später anschlossen[36]. Einen konfessionellen Melanchthonianismus hat es dagegen nie gegeben, obwohl das überwiegend aus Schriften Melanchthons bestehende Corpus Doctrinae Philippicum eine Zeitlang maßgebenden Einfluss ausübte und große Verbreitung errang.

Lutherische Konfessionsbildung und die Autoritätenfrage hängen also eng miteinander zusammen, wobei für das Luthertum nach dem Tod Luthers und der Diskreditierung Melanchthons im Zuge der nachinterimistischen Kontroversen immer mehr die Bekenntnisse in die Funktion einer normgebenden Autorität einrückten, allerdings lediglich als sekundäre Autoritäten nach der primären „norma normans" der Heiligen Schrift. Grundgelegt war dies in der frühen Reformation, die schon in den Konsensverhandlungen mit den Altgläubigen auf der Heiligen Schrift und der Confessio Augustana als normativen Grundlagen von Glaube und Lehre bestanden hatte. Die Confessio Augustana war seit ihrer Übergabe an den Kaiser auf dem Augsburger Reichstag von 1530 sogar zur Grundlage politischer Bündnisse geworden, wie z.B. des Schmalkaldischen Bundes, in dem sich die evangelischen Reichsstände zur Verteidigung gegen mögliche militärische Übergriffe des Kaisers zusammengeschlossen hatten. „Kein Bündnis ohne gemeinsames Bekenntnis" – dies hatte sich zu einem regelrechten Grundsatz entwickelt[37]. Aber mehr noch galt die Confessio Augustana als theologisch identitätsstiftendes Grundsatzbekenntnis der aus der Wittenberger Reformation hervorgegangenen evangelischen Kirchen. Im Zuge der weiteren theologischen Entwicklungen und Diskussionen reichte sie allerdings für das werdende Luthertum als Orientierung gebende Norm insofern nicht mehr aus, als Melanchthon sie, einerseits um der Rechtfertigungslehre klareren Ausdruck zu verleihen, andererseits als Reflex auf die innerprotestantischen Konsensverhandlungen kontinuierlich fortgeschrieben und so auch auf die von der Theologie Martin Bucers beeinflussten Oberdeutschen hin geöffnet hatte[38]. Die kurzen Artikel des Augsburger Bekenntnisses, die evangelischen Glauben und Lehre präg-

---

[36] Diese Entwicklung und die Auseinandersetzungen in diesem Zusammenhang dokumentiert Controversia et Confessio Bd. 8: Die Debatte um die Wittenberger Abendmahlslehre und Christologie (1570-1574), hg. v. I. Dingel, Göttingen 2008.

[37] Vgl. dazu G. Müller, Bündnis und Bekenntnis. Zum Verhältnis von Glaube und Politik im deutschen Luthertum des 16. Jahrhunderts, in: ders., Causa Reformationis. Beiträge zur Reformationsgeschichte und zur Theologie Martin Luthers, hg. v. G. Maron / G. Seebaß, Gütersloh 1989, 25-45.

[38] Dies zeigt G. Seebaß, Der Abendmahlsartikel der Confessio Augustana Variata von 1540, in: Dona Melanchthoniana. Festgabe für Heinz Scheible zum 70. Geburtstag, hg. v. J. Loehr, Stuttgart-Bad Cannstatt ^{2}2005, 411-424.

nant formulierten, gingen aus der Perspektive der nachinterimistischen Kontroversen theologisch nicht weit genug ins Detail, um Antworten auf die vielen Fragen zu bieten, die in jenem Autoritätenvakuum Anlass zu Diskussionen gegeben hatten. Sowohl von theologischer als auch von politischer Seite gab es deshalb verschiedene Initiativen, um die Zerrissenheit des Protestantismus durch erneuerte Verpflichtungen auf die Confessio Augustana zu überwinden, indem man dem Bekenntnis erklärende Artikel zur Seite stellte, wie z. B. den auf dem Frankfurter Fürstentag von 1558 erarbeiteten Frankfurter Rezess[39]. Und auch auf dem Fürstentag von Naumburg 1561 versuchte man einen ähnlichen Weg zu gehen[40]. Denn nicht nur die Kontroversen, sondern auch das bereits erwähnte Scheitern des Wormser Religionsgesprächs von 1557 hatten die Notwendigkeit einer überterritorialen Einigung sichtbar gemacht. Ein entschiedener Förderer dieses Anliegens war Herzog Christoph von Württemberg. Ihm traten damals noch Landgraf Wilhelm von Hessen, außerdem Herzog Julius von Braunschweig-Wolfenbüttel sowie später auch Kurfürst August von Sachsen zur Seite. Mit den Aktivitäten des Tübinger Propstes und Universitätskanzlers Jakob Andreae begann so ein sich über ca. zehn Jahre erstreckender konfessioneller Konsolidierungsprozess, der schließlich in die Erstellung der Konkordienformel von 1577 mündete und das konfessionelle Luthertum begründete[41]. Insgesamt sechs Textvorstufen hatte es gegeben, die unter Einbeziehung von Stellungnahmen und Gegenentwürfen immer wieder überarbeitet wurden[42]. An ihnen wird das intensive Ringen um theologische Einheit unter den Anhängern der Confessio Augustana deutlich. Sie belegen aber auch das innerevangelisch integrative Potenzial des Endprodukts, nämlich der 1580 publizierten Concordia[43]. Auch wenn Jakob Andreae zu Recht als Architekt des Konkordienwerks

---

[39] Der Frankfurter Rezess – Abscheid der evangelischen Chur= und Fürsten in Religionssachen zu Frankfurt am Mayn aufgerichtet, anno 1558 – ist abgedruckt in: CR 9, Nr. 6483, 489-507. Vgl. dazu I. Dingel, Melanchthons Einigungsbemühungen zwischen den Fronten: der Frankfurter Rezeß, in: Philipp Melanchthon. Ein Wegbereiter für die Ökumene, hg. v. J. Haustein, Göttingen ^{2}1997 (BenshH 82), 121-143.

[40] Vgl. R. Calinich, Der Naumburger Fürstentag 1561. Ein Beitrag zur Geschichte des Luthertums und des Melanchthonismus aus den Quellen des Königlichen Hauptstaatsarchivs zu Dresden, Gotha 1870.

[41] Genaueres ist der Einleitung zur Konkordienfomel in BSELK, 1165-1178, zu entnehmen.

[42] Diese Vorstufen der Konkordienformel liegen neuerdings kritisch ediert vor: BSELK, Quellen und Materialien, Bd. 2, hg. v. I. Dingel zusammen mit M. Bechtold-Mayer / H.-C. Brandy, Göttingen 2014.

[43] Vgl. auch E. Koch, Ökumenische Aspekte im Entstehungsprozess der Konkordienformel, in: ders., Aufbruch und Weg. Studien zur lutherischen Bekenntnisbildung im 16. Jahrhundert, Stuttgart 1983 (AzTh 68), 34-47.

und eigentlicher Motor der theologischen Einigungsbemühungen gelten kann[44], so zeigt der Entstehungsprozess der Konkordienformel, dass eine personell und theologisch vielfältige Gruppe von Gelehrten involviert war. Die Zusammensetzung dieser Gruppe spiegelt nicht nur die Beteiligung einflussreicher Reichsstände wider, als deren theologische Repräsentanten die Gelehrten auftraten, sondern auch die Integration verschiedener, von Luther und Melanchthon beeinflusster theologischer Richtungen[45]. Die Entwicklung von der Wittenberger Reformation zum Luthertum war also keineswegs nur ein konfessioneller Identitätsfindungs- und Abgrenzungsprozess, sondern durchaus auch eine Konsensfindung mit integrativem Potenzial: dies freilich in den von der Confessio Augustana gesteckten Grenzen, als deren lutherische Interpretation sich die Konkordienformel verstand[46], d.h. unter Ausschluss von Katholizismus und Calvinismus. Die „Concordia" oder Konkordienformel propagierte Martin Luther fortan als den „fürnemsten Lerer[s] der Augspurgischen Confeßion"[47]. Die Kehrseite dessen war die Zurückdrängung der Autorität Melanchthons, die bisher, vor allem durch das weit verbreitete Corpus Doctrinae Philippicum, eine gar nicht hoch genug einzuschätzende Rolle gespielt hatte. Aber es war Martin Luther, dem die Funktion einer auslegenden Autorität zugeschrieben wurde. Selbstverständlich blieb die Heilige Schrift, deren Inhalt man in den altkirchlichen Symbola zusammengefasst sah und in der Confessio Augustana und deren Apologie aufs Neue bekannt hatte, maßgebend. Aber die auslegende Autorität Luthers kam dadurch zur Geltung, dass das als Corpus Doctrinae angelegte Konkordienbuch dem grundlegenden Textbestand von altkirchlichen Bekenntnissen, Confessio Augustana und

---

[44] Vgl. J. Ebel, Jakob Andreae (1528-1590) als Verfasser der Konkordienformel, in: ZThK 89 (1978) 78-119.

[45] Die das Luthertum entscheidend prägenden Theologen Martin Chemnitz, Nikolaus Selnecker und David Chytraeus gehörten zu den bedeutendsten Schülern Melanchthons jener Zeit. Vgl. im Übrigen E. Koch, Der Weg zur Konkordienformel, in: ders., Vom Dissensus zum Konsensus. Die Formula Concordiae von 1577, Hamburg 1980 (FuH 24), 10-46.

[46] Ziel der Formula Concordiae [= FC] war nicht, als neues Bekenntnis die Confessio Augustana zu überhöhen, sondern lediglich eine klärende und präzisierende Wiederholung der Inhalte des Augsburger Bekenntnisses zu bieten. Dies erfolgte unter Bezugnahme auf die beizulegenden Kontroversen, unter größtmöglicher Integration der bestehenden theologischen Strömungen und unter Ausschluss jener „Extrempositionen", die sich am Rande des lutherischen Konfessionsbildungsprozesses bewegten, nämlich der Flacianer mit ihrer spezifischen Erbsündenlehre einerseits und der Calvinisten im Blick auf deren Abendmahlslehre und Christologie andererseits.

[47] Formula Concordiae, Solida Declaratio [= FC SD] Art. VII, in: BSELK, 1468, 17f. Vgl. auch ebd., 1468, 5-9.

deren Apologie die Katechismen Luthers und die von ihm abgefassten Schmalkaldischen Artikel als weitere, Glauben und Lehre explizierende Schriften zur Seite stellte[48]. Die als Abschluss des Konkordienbuchs geführte Konkordienformel argumentierte in ihren einzelnen Lehrartikeln unter Bezugnahme auf diese Schriften und zog, darüber hinausgehend, auch weitere Lutherschriften heran. Der Rekurs auf die Lehrautorität Luthers diente den Konkordienvätern dazu, ihren Anspruch auf die reine, schriftkonforme Wahrheit evangelischen Glaubens zu untermauern sowie die in der Konkordienformel kodifizierte lutherische Lehre zu legitimieren. Denn die Theologen der Konkordienformel sahen, wie viele andere Zeitgenossen auch, in dem Wittenberger Reformator ein auserwähltes Werkzeug Gottes, das das jahrhundertelang verschüttete Evangelium wiederentdeckt und wieder zugänglich gemacht habe. Man sah Gott selbst am Werk, der durch Luther sein Wort wieder hatte ans Licht bringen lassen. In den Schriften des Reformators fand man deshalb – wie es die Konkordienformel ausdrückte – die „vornehmsten Artikel unserer christlichen Religion neu aus Gottes Wort erläutert und von allem Beiwerk gereinigt"[49]. Diese in der Lehre des „Gottesmanns" Luther zu Wort kommende Wahrheit des Evangeliums sah man schon in der 1530 übergebenen Confessio Augustana verbürgt[50]. Diese Wahrheit des Evangeliums wurde nun in Konkordienformel und Konkordienbuch, den Herzstücken des konfessionellen Luthertums, ein für alle Mal kodifiziert[51].

Diese Überhöhung der Person Martin Luthers im Zuge der lutherischen Bekenntnisbildung war kein neues Phänomen. Vielmehr liegen die Wurzeln dafür zum einen bei dem Reformator selbst, zum zweiten in seiner Beurteilung durch seine Zeitgenossen und zum dritten in der schon früh einsetzenden Verbreitung von Schriften, die das prophetische Ansehen

[48] Vgl. zu diesem Prozess der Bekenntnisbildung I. Dingel, Melanchthon und die Normierung des Bekenntnisses, in: Der Theologe Melanchthon, hg. v. G. Frank, Stuttgart 2000 (Melanchthon-Schriften der Stadt Bretten 5), 195-211 = dies., Melanchthon and the Establishment of Confessional Norms, in: I. Dingel u.a., Philip Melanchthon. Theologian in Classroom, Confession, and Controversy, Göttingen 2012 (Refo 500 Academic Studies 7), 161-179.

[49] Luther habe die Irrtümer, Missbräuche und Abgötterei der alten Kirche des Mittelalters als Fehlentwicklungen entlarvt. Vgl. FC SD, Vorspruch, in: BSELK, 1304, 9-15.

[50] Vgl. FC SD, Von dem summarischen Begriff, in: BSELK, 1310, 18-35.

[51] Vgl. dazu auch I. Dingel, Ablehnung und Aneignung. Die Bewertung der Autorität Martin Luthers in den Auseinandersetzungen um die Konkordienformel, in: ZThK 105 (1994) 35-57.

Luthers in der Öffentlichkeit priesen und propagierten[52]. Der Wittenberger selbst hatte eine Art prophetisches Selbstverständnis entwickelt, das sich nur vor dem Hintergrund seines Geschichtsbildes und seiner Gegenwartsdeutung adäquat erklären lässt. Nicht nur er, sondern auch seine Zeitgenossen ordneten sich nämlich in ein Geschichtskontinuum ein, von dem man glaubte, dass es sich auf ein baldiges apokalyptisches Ende zubewegte. Luther konnte die reformatorischen Aufbrüche in Wittenberg und anderswo sogar als Indiz für das nahe Ende der Zeiten begreifen und verstand sich selbst als Akteur in einem umfassenden, göttlichen Heilsplan, dessen Vollendung man unmittelbar erwartete. Vor dem Hintergrund dieser zeitgenössischen Vorstellungen entwickelte die von Wittenberg ausgehende reformatorische Verkündigung von der Wiederentdeckung des Evangeliums nachhaltige Strahlkraft. Luther selbst trat nicht nur als Verkündiger, sondern auch – wie die alttestamentlichen Propheten – als endzeitlicher Rufer zu Buße und Umkehr auf den Plan. Und seine sprachlich und inhaltlich beeindruckende Verkündigung von der Rechtfertigung des Menschen sola gratia und sola fide machten ihn tatsächlich zu einer Führungspersönlichkeit, dessen Rat man suchte und an dessen Wort man sich orientierte. Apostelgleicher Verkündiger von Heil und Erlösung einerseits und Unheilsprophet andererseits – das waren die beiden Seiten von Luthers Selbstverständnis. Bereits in seinen frühen Schriften ist die Selbstbezeichnung als „Prophet" oder „propheta Germaniae" nachzuweisen. Darin Selbststilisierung und Überheblichkeit entdecken zu wollen, täte dem Reformator aber Unrecht. Vielmehr steckt in diesen Selbstbezeichnungen die Überzeugung Luthers, einen besonderen, gottgegebenen Auftrag erfüllen zu müssen, der auch stets von Gefahr und Not begleitet sein konnte. Luthers prophetisches Selbstbewusstsein war in diesem Sinne ein „Werkzeug-Bewusstsein", d. h. ein Wissen darum, als göttlicher Diener oder Knecht unter schwierigen Bedingungen einen schwierigen Auftrag erfüllen zu müssen, nämlich die verschüttete, heilbringende Glaubenswahrheit wieder ans Licht zu befördern. Sein Auftreten und Handeln stand damit in Parallele zu demjenigen des am Ende der Zeiten wieder erwarteten Propheten Elia[53], zu dem sich Luther durchaus in Analogie sehen konnte, wenn er auch eine direkte Identifizierung mit Elia und überhaupt den Glauben an die Wiederkehr eines leibhaftigen Elia ablehnte. Dieses prophetische Deutungsmuster wurde von den Zeitgenossen Luthers

---

[52] Vgl. dazu und zu dem Folgenden I. Dingel, Luther's Authority in the Late Reformation and Protestant Orthodoxy, in: The Oxford Handbook of Martin Luther's Theology, hg. v. R. Kolb / I. Dingel / L. Batka, Oxford 2014, 525-539.

[53] Dessen göttliche Sendung vor dem Jüngsten Tag hatte der Prophet Maleachi (Mal 3,23) angekündigt.

aufgegriffen[54]. In ihrer Perspektive auf den Reformator wurde die noch von Luther abgelehnte Identifikation mit Elia vollzogen. Sie erkannten in ihm einen zweiten Elia, oder – nach Johannes dem Täufer – den dritten Elia, der wie der erste, alttestamentlich bezeugte Prophet gegen falsche Lehre und Zeremonien predigte und den Zorn Gottes über alle Unbußfertigen ankündigte. Erstaunlicherweise war wahrscheinlich der Zürcher Reformator Huldrych Zwingli der erste, der dieser Überzeugung unter dem Eindruck der Leipziger Disputation von 1519 Ausdruck verlieh. Auch bei Melanchthon sind ähnliche Äußerungen über Luther zu finden. Sie blieben bis in die zweite und dritte Reformatorengeneration hinein präsent und prägten auch all diejenigen, die für die Entwicklung zu einem konfessionellen Luthertum eine herausragende Rolle spielten. So wies z. B. Nikolaus Selnecker, Mitverfasser der Konkordienformel (1577), darauf hin, dass Melanchthon Luther als Vater, Praeceptor und Elia der letzten Zeiten bezeichnet habe[55]. Auch in volkstümlichem Schrifttum, in Flugblättern und Liedern, wurde Luther als zweiter bzw. dritter Elia und Prophet der letzten Zeiten stilisiert. Diese Vorstellung hatte selbstverständlich Rückwirkungen auf den Umgang mit Luthers mündlichen und schriftlichen Äußerungen nach seinem Tod im Jahre 1546. Schon Ende der vierziger und Anfang der fünfziger Jahre des 16. Jahrhunderts wurden zahlreiche Sammlungen von sogenannten Weissagungen Luthers gedruckt. Es handelte sich dabei um gezielt zusammengestellte Äußerungen des Reformators, die dazu dienen sollten, in Krisenzeiten stärkend und tröstend zu wirken bzw. angesichts des erwarteten apokalyptischen Endes zu Buße und Umkehr zu rufen. Häufige Nachdrucke belegen den Erfolg dieses Genres[56], das erheblich

[54] Dies hat Robert Kolb untersucht. Vgl. ders., Martin Luther as Prophet, Teacher, and Hero. Images of the Reformer, 1520-1620, Grand Rapids MI 1999 (TSRPT).

[55] „Philippus Lutherum agnouit & nominauit patrem, praeceptorem, postremae aetatis Eliam, currum & aurigam Israëlis, & de eo versum crebrò repetijt: Nulla ferent talem secla futura virum. Et cùm dona collegarum considerans exprimeret, dixit, D. Pomeranus est grammaticus, & textus verba perpendit: ego sum dialecticus, & ordinem, contextum, membra, consequentias considero: D. Ionas est Rhetor, & potest oratorio lepore & splendore verborum ornare & illustrare res, sed Doctor Lutherus est omnia, cui conferri nemo nostrûm potest."; RECITATIONES ALIQVOT 1. DE CONSILIO SCRIPTI LIBRI CONCORDIAE, ET MODO AGENDI, qui in subscriptionibus seruatus est: [...] 5. DE CONTROVERSIS NONNVLlis articulis: Lipsiae publicè pronunciatae ad iuuentutem veritatis coelestis et pietatis studiosam, et oppositae cùm NASI Pontificii, tùm Sacramentariorum clamoribus et calumnijs, vno impetu simul et semel puriores Ecclesias praegrauantibus, Scriptae à Nicolao Selneccero D. [...] LIPSIAE [o.Dr. o.J.: Georg Defner, 1581], 265.

[56] Im Jahre 1557 z.B. hatte der Dresdner Prediger Petrus Glaser eine Sammlung von Hundertundzwanzig Prophezeiungen Luthers herausgebracht, die er 1574 in ergänzter Auflage (Zweihundert Prophezeiungen) und in erschwinglichem Oktav-

dazu beitrug, die autoritative Position des Reformators zu festigen. Man war überzeugt davon, „das eben der rechte Gottliche Prophetische Geist / welcher durch die heiligen Propheten selbst geredt / auch durch D. Martinum Lutherum seligen / in diesen letzten Zeiten geredt habe"[57]. Aber auch in Fragen von Lehre und Bekenntnis, insbesondere während der theologischen Auseinandersetzungen und der Konkordienverhandlungen, entstanden solche Lutherflorilegien. Situationsbezogen zusammegestellte und neu abgedruckte Briefe Luthers oder andere Verlautbarungen konnten dazu dienen, auf nicht-akademischer, volkstümlicher Ebene theologische Orientierung und Deutung zu vermitteln. Flacius z.B. veröffentlichte im Zuge des Adiaphoristischen Streits eine Sammlung von Briefen Luthers an Melanchthon[58] und die auf dem Augsburger Reichstag von 1530 anwesenden Theologen, um die Standhaftigkeit des Reformators gegen die Kompromissbereitschaft der Autoren der Leipziger Alternative zum Interim auszuspielen. Auch Joachim Westphal veranstaltete eine Zusammenstellung von Lutherzitaten, die unter dem Titel: „Des Ehrwirdigen vnd tewren Mans Doct. Marti. Luthers seliger gedechtnis meinung / von den Mitteldingen"[59] zu belegen versuchte, dass der Wittenberger, würde er noch leben, die Position Melanchthons, altgläubige Zeremonien als

---

format erneut publizierte. Die erste Auflage sei – wie er in der Vorrede ausführte – restlos vergriffen gewesen. Mindestens zwei weitere Ausgaben (1592 und 1628) sind nachweisbar. Im Jahre 1578, direkt nach Abschluss der Konkordienformel, kam ein weiterer Band mit Prophezeiungen Martin Luthers heraus, den der Herausgeber Johannes Lapaeus als dritten Elia bezeichnete. Lapaeus, gebürtiger Einbecker und Kollege Anton Othos in Nordhausen, hatte unter dem Titel Wahrhaftige Prophezeiungen des teuren Propheten und heiligen Manns Gottes D. Martini Lutheri aus den Schriften des Reformators sogenannte „Weissagungen" herausgezogen und in sechs Kapiteln thematisch geordnet zusammengestellt. Damit lag ein Kompendium von „dicta Lutheri" vor, dessen Breitenwirkung nicht zu unterschätzen ist. Vgl. I. Dingel, Luther's Authority, a.a.O., 530f.

[57] Zitiert nach E. Koch, Lutherflorilegien zwischen 1550 und 1600. Zum Lutherbild der ersten nachreformatorischen Generation, in: ThV 16 (1986) 105f.

[58] Etliche Brieffe / des Ehrwirdigen Herrn D. Martini Luthers seliger gedechtnis / an die Theologos auff den Reichstag zu Augspurg geschrieben / Anno M. D. XXX. Von der vereinigung Christi vnd Belials / Auss welchen man viel nuetzlicher Lehr in gegenwertiger gefahr der Kirchen nemen kann / Verdeutscht. Jtem etliche andere schrifften / nuetzlich vnd troestlich zu Lesen. [...] [o.O., o.J.]

[59] Des Ehrwirdigen vnd tewren Mans Doct. Marti. Luthers seliger gedechtnis meinung / von den Mitteldingen / durch M. Joachimu(m) Westphalum Pfarhern zu Hamburgk zusamen gelesen. Magdeburg: Michael Lotther, 1550; SENTENTIA REVERENDI Viri D.M. Luth. sanctae memoriae de Adiaphoris ex scriptis illius collecta per M. Iochimum Vvestphalum, Pastorem in Ecclesia Hambur. 1549. [o.O., o.Dr.]. Diese ist allerdings nur eine aus den ca. 12 weiteren Schriften Westphals gegen das Interim und die Adiaphora aus der Zeit nach 1549.

freigelassene Mitteldinge bzw. Adiaphora mit der evangelischen Lehre zu kombinieren, nie geteilt hätte. Die Schrift erschien im Jahre 1549 auf Latein und 1550 auf Deutsch. Im Jahre 1575, kurz nach dem Sturz des sogenannten Kryptocalvinismus in Kursachsen und mitten in den Debatten um das Verständnis von Abendmahl und Christologie, kam unter dem Titel „Die furnemsten vnd besten Schrifften des hocherleuchten und geistreichen Mannes Gottes / Herrn Doctoris Martini Lutheri“[60] eine weitere Sammlung von Schriften des Reformators heraus, die wiederum darauf zielte, theologische Orientierung zu vermitteln. Auf diese Weise verliehen die Zeitgenossen Luther, dem „wahrhaftigen Elia der letzten Welt“ eine die Zeiten überspannende Stimme und zeitlose theologische Autorität, auch wenn sich langfristig die Autorität des Bekenntnisses vor derjenigen der Person Luthers als sekundärer Autorität nach der Heiligen Schrift behauptete.

Der Weg von der konfessionell noch unbestimmten und offenen Wittenberger Reformation, die in der Lage war, die Vielfalt theologischer Strömungen zusammenzuhalten und damit einhergehende theologische Heterogenität auszuhalten, zu einem konfessionell gefestigten Luthertum war damit am Ziel.

3. Conclusio

a) Der Weg von einer als vorkonfessionell zu betrachtenden Wittenberger Reformation zum Luthertum war ein allmählicher Prozess, in dem verschiedene Faktoren eine Schrittmacherfunktion hatten: historische Ereignisse ebenso wie geistesgeschichtlich-theologiegeschichtliche Entwicklungen. Dieser Prozess der konfessionellen Konsolidierung – in diesem Fall die Formierung des Luthertums – wurde oft, vor allem im Zeichen der Unionen des 19. Jahrhunderts, als Verfallsgeschichte beschrieben. Dies aber wird dem Phänomen der Konfessionsbildung nicht gerecht, das eher als ein Klärungs- und theologischer Identitätsbildungsvorgang zu werten ist. Die hier vorgeschlagene Interpretation ermöglicht, die in der zweiten

---

[60] Die fu(e)rnemsten vnd besten Schrifften des Hocherleuchten vnd Geistreichen Mannes Gottes / Herrn Doctoris Martini Lutheri / Von den beiden Sacramenten des Newen Testaments / Nemlich von der heiligen Tauff / vnd dem Abendmal des Herrn. [...] Durch die Theologen der Vniuersitet Witteberg / vnd darselbst Gedruckt durch Hans Lufft. Anno 1575. Digitalisat unter reader.digitale-sammlungen.de/de/fs1/object/display/bsb10206284_00002.html (Stand: 13.11.2015). Vgl. dazu E. Koch, Auseinandersetzungen um die Autorität von Philipp Melanchthon und Martin Luther in Kursachsen im Vorfeld der Konkordienformel, in: LuJ 59 (1992) 128-159, bes. 147-149.

Hälfte des 16. Jahrhunderts entstehenden Denominationen in ihrer schätzenswerten konfessionellen Vielfalt zu tolerieren und zu würdigen.

b) Ein wichtiger Meilenstein auf dem Weg zur Ausprägung eines konfessionellen Luthertums waren die großen Religionsgespräche. Auch wenn ihr eigentliches Ziel war, theologischen Konsens herbeizuführen, trugen sie im Endeffekt mehr dazu bei, dass sich die verhandelnden Parteien ihrer Differenzen erst recht bewusst wurden und sich in entscheidenden Punkten voneinander abgrenzten. Dies bezog sich auf unterschiedliche Normsetzungen und die Betonung unaufgebbarer Glaubens- und Lehrentscheidungen.

c) Ein entscheidender Schub zur konfessionellen Ausprägung des Luthertums ergab sich darüber hinaus aus der geschichtstheologischen Interpretation von als einschneidend erlebten historischen Ereignissen, wie z.B. der mit dem Augsburger Interim einhergehende Versuch der Wiederherstellung des alten Glaubens. Dies erlebte man nicht nur als endzeitliches Ringen um die Wahrheit, sondern auch als eine Rückbesinnung auf das reformatorische Erbe Martin Luthers.

d) Damit stellte sich zugleich die Frage nach den maßgeblichen persönlichen Autoritäten der Wittenberger Reformation neu. Martin Luther trat als Wiederentdecker des Evangeliums und Mann Gottes in den Vordergrund. Der Weg zum Luthertum verlief über das Bestreben, die persönliche Autorität des Wittenberger Reformators mit derjenigen der Bekenntnisse, speziell der Confessio Augustana, zu kombinieren.

e) Im Endeffekt aber war es das Bekenntnis, das dauerhaft in die Funktion der sekundären Autorität neben der Heiligen Schrift einrückte, nicht die Person Martin Luthers. Denn nach dem Tod Luthers 1546 und dem Tod Melanchthons 1560 hatte sich ein Autoritätenvakuum ergeben, das dauerhaft nur durch die Bekenntnisse gefüllt werden konnte.

Das glaubende Subjekt und die Ökumene: Wege der finnischen Lutherforschung

Risto Saarinen

Seit etwa 25 Jahren haben die finnischen Lutherforscher, vor allem die Schüler von Tuomo Mannermaa, an der internationalen Diskussion aktiv teilgenommen. Neue Forschungsberichte sind auf Englisch und Deutsch erhältlich. Der folgende Beitrag wird aber neue Wege beschreiten, indem er die Frage nach dem glaubenden Subjekt bei Luther erläutert. Bekanntlich hat Tuomo Mannermaa die sogenannte real-ontische Dimension der Theologie Luthers betont, bei der der Gegenstand des Glaubens ausführlich zu Worte kommt.[1]

Die Kritiker von Mannermaa, zum Beispiel Notger Slenczka, haben bisweilen bemerkt, dass das glaubende Bewusstsein bei Luther eine theologische Rolle einnimmt, die mit Mannermaas real-ontischer Dimension ähnlich ist. Wegen dieser funktionalen Ähnlichkeit bedarf man eigentlich nicht einer ausführlichen Ontologie, um Luthers Glaubenswelt angemessen zu beschreiben. Anstatt von einer realen Gegenwart Christi im Glauben reiche es, vom neuen Selbstverständnis des Christen zu reden.[2] Diese Kritik werde ich im Folgenden berücksichtigen, aber darüber hinaus denke ich, dass die katholisch-lutherische Ökumene von einer genaueren Berücksichtigung der Subjektfrage generell profitieren kann.

Ein subjektiver Geist? Pinomaa und Hacker

Seit dem kritischen Buch von Paul Hacker aus dem Jahre 1966 behaupten einige konservative Katholiken, dass Luther einen ichhaften Subjektivismus vertritt, der mit dem katholischen Glauben unvereinbar ist. Da Joseph Ratzinger diese These oft erwähnt und sogar ein Vorwort zu einer Neuauf-

---

[1] Vgl. R. Saarinen, Justification by Faith: the View of the Mannermaa School, in: The Oxford Handbook of Martin Luther, hg. v. R. Kolb u.a., Oxford 2014, 254-263. Vgl. R. Saarinen, Partizipation als Gabe: zwanzig Jahre neue finnische Lutherforschung, in: ÖR 57 (2008) 131-143. Vgl. T. Mannermaa, Der im Glauben gegenwärtige Christus, Hannover 1989.

[2] Vgl. N. Slenczka, Luther's Anthropology, in: The Oxford Handbook of Martin Luther, a.a.O., 212-232. Vgl. N. Slenczka, In ipsa fide Christus adest – im Glauben selbst ist Christus da, in: Abendmahl, hg. v. H. Löhrt, Tübingen 2012, 137-193.

lage von Hackers Buch geschrieben hat, hat sie in der neueren katholischen Theologie eine gewisse Rezeption gefunden.[3] Die ökumenisch gesinnte katholische Lutherforschung hat meistens zu Hackers These Distanz genommen, aber eine ausführliche Auseinandersetzung mit seinen Einsichten hat nicht stattgefunden. Otto Hermann Pesch beklagt diesen Mangel schon 1982.[4] Weil Hackers Einsicht auch in der Enzyklika *Spe salvi* des Papstes Benedikt XVI. (2007, siehe unten) gebraucht wird, ist eine Auseinandersetzung mit ihr erneut eine ökumenische Aufgabe geworden.

Nicht nur konservative Katholiken, sondern auch viele Protestanten haben in Luther einen neuzeitlichen Denker gesehen, der neue theologische Einsichten vom Subjekt und Bewusstsein entwickelt hat. Diese Geschichte werde ich anhand eines Beispiels beleuchten. Die erste finnische Lutherstudie, die eine breite internationale Rezeption gefunden hat, war Lennart Pinomaas Buch *Der existenzielle Charakter der Theologie Luthers* (1940). Diese Studie eröffnet sich mit der folgenden Feststellung:

„Fragt man sich, warum eine unüberbrückbare Kluft sich auftut zwischen einem Paulus und einem Aristoteles, einem Luther und einem Thomas von Aquino, einem Kierkegaard und einem Hegel, so lautet die Antwort, ... dass die Gesamtschau auf der einen Seite subjektiv, auf der anderen objektiv ist."[5]

Pinomaa bezeichnet Luthers Betonung des Subjekts als den existenziellen Charakter seiner Theologie – eine Wendung, die später von Otto Hermann Pesch übernommen wird[6] – und fragt nach den Wurzeln dieses Charakters. Als historische Wurzeln identifiziert Pinomaa die Demutstheologie des späten Mittelalters sowie Luthers Auseinandersetzung mit dem scholastischen Gewissensbegriff. Als Ergebnis dieser Einflüsse entsteht bei Luther etwa zur Zeit der Römerbriefvorlesung eine eigenständige „Theologie des angefochtenen Gewissens", die als subjektive Voraussetzung des gesamten Denkens des Reformators zu betrachten ist.[7]

Obwohl Pinomaa die mittelalterlichen Einflüsse berücksichtigt, betont er die Eigenart der Theologie Luthers und konstatiert, dass Luthers eigene, persönliche Gefühle sowie seine unmittelbare Erfahrung ihn zu dieser Einsicht führen. Die praktische Erfahrung Luthers ereignet sich im Gewis-

---

[3] Vgl. P. Hacker, Das Ich im Glauben bei Martin Luther, mit Vorwort von Papst Benedikt XVI., Bonn 2009 (1. Aufl. 1966).

[4] Vgl. O. H. Pesch, Hinführung zu Luther, Mainz 1982, 287.

[5] L. Pinomaa, Der existenzielle Charakter der Theologie Luthers, Helsinki 1940, 7.

[6] Vgl. O. H. Pesch, Die Theologie der Rechtfertigung bei Martin Luther und Thomas von Aquin, Mainz 1967.

[7] Vgl. L. Pinomaa, Luther, a.a.O., 130-142.

sen; sie ist eine Sache des Glaubens, mit Trost und Gewissheit verbunden.[8] „Nur das angefochtene Gewissen versteht das Evangelium richtig", konstatiert Pinomaa am Ende seiner Studie. Das wahre Sein des Christen ist „nicht rational, sondern letztens nur irrational bestimmbar".[9] In diesem Sinne ist die subjektive und zugleich existenzielle Erfahrung ein bleibendes Merkmal der Theologie Luthers.

Pinomaa war ein typischer Lutherforscher seiner Zeit. Von Karl Holl bis zu Jaroslav Pelikan haben die Theologen in Luther einen Geistesverwandten von Kierkegaard gesehen.[10] Der Einfluss der dialektischen Theologie leitete viele Forscher, z. B. Gerhard Ebeling, zur Betonung der Rolle des Gewissens und der Erfahrung.[11] So gestaltete sich die Theologie Luthers als eine existentielle Theologie, die das glaubende Subjekt betont.

Die subjektive Prägung Luthers, die die evangelischen Theologen für besonders wertvoll halten, hat allerdings dem konservativen Katholiken Paul Hacker den Anlass geboten, Luther als problematischen Subjektivisten zu bezeichnen, der die objektive und gemeinschaftliche Wirklichkeit der christlichen Religion verdrängt. Hacker behauptet, in Luthers Subjektivismus sei „im Bereich der Religion und Theologie ... ein Cartesianismus ... schon 123 Jahre vor dem Erscheinen der Meditationes des Descartes aufgetreten."[12] Hacker macht den Leser darauf aufmerksam, dass Luther z. B. im *Kleinen Katechismus* „alles Geglaubte mit ständigem Rückblick auf das Ich des Glaubenden aussagt".[13] Im Grunde genommen glaubt ein solcher Glaubender nur sich selbst:

„Die Ichbezogenheit ist hier nicht eine Betrachtung neben dem eigentlichen Glaubensakt, sondern sie ist ein Teil, und zwar der wesentlichste Teil, des Glaubensaktes selbst. Das Ich beugt sich im Glaubensakt auf sich selbst zurück. Dieser Glaube ist reflexiv."[14]

Nach dieser Interpretation sei ein Glaubender im Sinne Luthers *incurvatus in se ipso*, also ein Egozentriker. Hacker will zeigen, dass Luther stets vom sogenannten reflexiven Glauben spricht. Gnadenspendung geschieht nach Hacker „dadurch, dass geglaubt wird". Wenn Jesus sagt, „wie ihr geglaubt

[8] Vgl. ebd., 182-183.

[9] Ebd., 195.

[10] Vgl. H. Bornkamm, Luther im Spiegel der deutschen Geistesgeschichte, Göttingen 1970, 114-117, 156.

[11] Vgl. z.B. Gerhard Ebeling, Kap. Das Gewissen in Luthers Verständnis, in: Lutherstudien III, Tübingen 1985, 108-125.

[12] Hacker, Ich, a.a.O. (siehe Anm. 3), 12.

[13] Ebd., 27.

[14] Ebd., 28.

habt, so geschehe euch", versteht Luther diesen Vers nach Hacker so, dass der Glaube allein alles bewirkt.[15]

Bekanntlich erklärt Luther das Glaubensbekenntnis im *Kleinen Katechismus* so, dass der Leser in der ersten Person zu denken beginnt: „*Ich* glaube, dass mich Gott geschaffen hat, ... dass Jesus Christus *mein* Herr [sei], der *mich* verlorenen und verdammten Menschen erlöset hat" usw. Hacker beurteilt diese Erklärung sehr kritisch:

„Alle Inhalte des Glaubens sind also primär oder gar ausschließlich auf das Ich des Glaubenden bezogen. Durch diese Ichbezogenheit unterscheidet sich die Auslegung total von dem überlieferten Text des Glaubensbekenntnisses ... Zuerst kommt, den Inhalt des ganzen Bekenntnisses beherrschend, das Verhältnis zum Ich des Bekennenden."[16]

Durch den reflexiven Glauben geschieht nach Hacker eine Wandlung des Kirchenverständnisses.[17] Die wahre Lehre sei für Luther nicht die Lehre der Kirche, sondern „die Form der Lehre, die mir so einleuchtet, dass sie in der Reflexion das Heilsbewusstsein erzeugt".[18] „Die Gewissheit des Einzelnen bleibt das Entscheidende."[19] Weil Luther die Liebe von der Spiritualität ausschließt, gehört auch seine Rede vom im Glauben gegenwärtigen Christus zum Bereich des reflexiven Glaubens, der eigentlich nur seine eigene Gewissheit als Gegenstand hat.[20]

Interessanterweise werden solche Themen, die die evangelischen Theologen für besonders wertvoll halten – Glaube, Gewissheit, subjektive Erfahrung – von Hacker als die größten Fehler des lutherischen Denkens bezeichnet. Dabei denken beide Seiten, dass Luther ein Vorbote des neuzeitlichen Subjektverständnisses sei. Ich werde keinen weiteren Vergleich zwischen Hacker und der evangelischen Theologie machen, sondern frage, inwieweit Hackers Behauptungen als historisch und sachlich richtig bezeichnet werden können. Meine Frage richtet sich an drei thematischen Dimensionen: (1) die historische, (2) die ökumenische und (3) die systematisch-theologische.

Auch wenn Hackers Thesen übertrieben und oft schlecht begründet sind, bleibt die Frage nach dem angeblichen Subjektivismus Luthers an sich eine wertvolle Frage, die einer gründlichen Analyse bedarf. Erst nach einer solchen Studie können wir beurteilen, ob an dieser Stelle ein konfessioneller Unterschied besteht, sowie ob Luthers Anthropologie mit Kierkegaard oder Schleiermacher geistesverwandt ist, wie früher Pinomaa und heute

---

[15] Vgl. ebd., 77-80.

[16] Ebd., 23-24.

[17] Vgl. ebd., 251.

[18] Ebd., 267.

[19] Ebd., 270.

[20] Vgl. ebd., 305-309.

Notger Slenczka argumentieren. Die bisherige finnische Lutherforschung kann für eine solche Analyse einige Ansätze bieten, aber diese Ansätze müssen auch erheblich erweitert werden.

1. Historischer Vergleich

Zuerst soll historisch gefragt werden, ob Luthers Gebrauch des glaubenden Ich so dramatisch von seinen Zeitgenossen und der Tradition der Kirche abweicht wie Hacker behauptet. Im Allgemeinen enthalten die Theologie Augustins und die spätere augustinische Tradition reichlich Texte, die von der ersten Person ausgehend das religiöse Leben darstellen. Die Theologie Bernhards von Clairvaux, die mystische Tradition sowie die Devotio moderna betonen ebenfalls die Introspektion des glaubenden Subjekts.[21] Bekanntlich eröffnet Luthers Zeitgenosse Ignatius von Loyola seine *Geistlichen Übungen* mit dem spätmittelalterlichen Gebet Anima Christi, das diese erste Person der katholischen Frömmigkeit paradigmatisch darstellt.

Schon ein kurzer Vergleich mit der augustinischen Theologie und der spätmittelalterlichen Frömmigkeit zeigt, dass Luthers Gebrauch der ersten Person nicht sehr dramatisch von der theologischen Tradition abweicht. Wenn man die neuere evangelische Fachforschung zum Thema „das religiöse Subjekt bei Luther" durchschaut, kommt eher eine Gegenthese zu Hackers Meinung zum Vorschein. Diese Gegenthese formuliert Berndt Hamm treffend, wenn er konstatiert, dass im spätmittelalterlichen Heilsverständnis der Mensch etwas „als beteiligtes Subjekt selbst zum Erlangen der Seligkeit beitragen" muss. Luthers Rechtfertigungsverständnis bedeutet aber, so Hamm, „den religiösen Quantensprung vom Minimum zum Nichts, die Entdeckung des Nichts: Ich kann und muss gar nichts zu meinem Heil beitragen, und schon gar nicht ein Minimum."[22]

Ähnlich argumentieren Philipp Stoellger in seiner ausführlichen Geschichte des PassioBegriffes und Sammeli Juntunen in seinem Buch vom Begriff des Nichts bei Luther.[23] Ich halte diese historischen Ergebnisse für überzeugend, frage aber darüber hinaus als Systematiker, ob eine völlige Subjektlosigkeit als Gegenthese möglich ist. Hat man in der neuesten evangelischen Lutherforschung Pinomaas alte These von der subjektiven Gesamtschau Luthers durch eine Gegenthese von der Subjektlosigkeit des

[21] Zu diesen Traditionen vgl. z.B. Gottes Nähe unmittelbar erfahren: Mystik im Mittelalter und bei Martin Luther, hg. v. B. Hamm / V. Leppin, Tübingen 2007.

[22] B. Hamm, Der frühe Luther, Tübingen 2010, 264.

[23] Vgl. P. Stoellger, Passivität aus Passion, Tübingen 2010. Vgl. S. Juntunen, Der Begriff des Nichts bei Luther, Helsinki 1996.

Christen bei Luther ersetzt? Zu diesem systematischen Problem komme ich noch zurück.

2. Die Verurteilungen des katholischen Lehramts

Wenn die historische Fragestellung mit der ökumenischen verbunden wird, entsteht die Frage: Wie haben die katholischen Väter des Konzils von Trient das glaubende Subjekt verstanden? Wenn Paul Hacker recht hat, wäre zu erwarten, dass das Konzil den Subjektivismus Luthers verwirft. Wenn aber Berndt Hamm recht hat, wäre eher zu erwarten, dass die Behauptung der Subjektlosigkeit für die katholischen Theologen als problematisch erscheint. Es ist historisch einigermaßen gewagt, eine derartig moderne Frage an dem frühneuzeitlichen Konzilstext zu stellen, aber systematisch und ökumenisch kann diese Frage trotzdem einleuchtend sein.

Der Kanon 11 im *Dekret über die Rechtfertigung* konstatiert wie folgt:

„Wer sagt, die Menschen würden entweder allein durch die Anrechnung der Gerechtigkeit Christi oder allein durch die Vergebung der Sünden ohne die Gnade und Liebe gerechtfertigt, die *in ihren Herzen* durch den Heiligen Geist ausgegossen wird und *ihnen* einwohnt: oder auch, die Gnade, durch die *wir* gerechtfertigt werden, sei nur die Gunst Gottes: der sei mit dem Anathema belegt."[24]

Hier verlangt das Konzil, dass der Mensch in seinem Herzen beteiligt sein muss, oder dass durch die Einwohnung des Geistes eine solche Beteiligung stattfindet. Wenn man aber die Vergebung nur als solche Amnestie oder Gunst versteht, der gegenüber der Christ unbeteiligt bleibt, ist man mit dem Anathema belegt. Das Konzil verlangt also mehr subjektive Beteiligung von dem Christen als die Evangelischen angeblich lehren.

Einen ähnlichen Duktus kann man in den Formulierungen finden, die die sogenannte Formalursache der Rechtfertigung betreffen. Der Schlussteil von Kanon 10 verwirft die Auffassung, der gemäß die Menschen schon durch die objektive Gerechtigkeit Christi formal gerecht sind. Die katholische Lehre wird in Kap. 7 wie folgt formuliert:

„Schließlich ist die einzige Formalursache die Gerechtigkeit Gottes, nicht jene, durch die er selbst gerecht ist, sondern die, durch die er *uns* gerecht macht, mit der von ihm beschenkt *wir nämlich im Geiste unseres Gemütes*

---

[24] Hier und im Folgenden alle Hervorhebungen von mir: die Hervorhebungen sollen die Rolle des glaubenden Subjekts verdeutlichen. Alle Übersetzungen von Trient sind aus: Kompendium der Glaubensbekenntnisse und kirchlichen Lehrentscheidungen, hg.v. H. Denzinger / P. Hünermann, Freiburg [37]1991.

erneuert werden und nicht nur gelten (reputamur), sondern wahrhaft gerecht heißen und sind, indem *wir* die Gerechtigkeit, *ein jeder die seine, in uns aufnehmen* nach dem Maß, das der Heilige Geist *den einzelnen zuteilt,* wie er will."

An dieser Stelle geht es darum, dass eine Aneignung des Heils in der formalen Rechtfertigung mitgedacht werden muss. Die Gerechtigkeit Gottes oder Christi ist nicht an sich genug, sondern die Christen müssen sich an dieser Gerechtigkeit beteiligen. Diese Beteiligung oder Aneignung ist nicht mit guten Werken oder Verdiensten identisch, sondern die Wendungen weisen auf die personale Dimension, die unabhängig von den Werken in der Seele besteht: unser Gemüt, in uns aufnehmen, den einzelnen zuteilen. Die Monergie Gottes begründet alles, aber als bloß externale Größe ist sie nicht alles: auch der Mensch muss an diesem Heilswirken beteiligt sein.

Auch hier verlangt das Konzil nicht weniger, sondern mehr personale Beteiligung von Luthers Anhängern. Es sieht so aus, dass die Konzilsväter die evangelische Lehre überhaupt nicht als Subjektivismus verstehen, sondern auf die umgekehrten Gefahr aufmerksam machen: wenn die Rechtfertigung nur als remissio, favor oder iustitia Christi verstanden wird, entsteht der Eindruck von einer generellen Amnestie, bei der der Christ nur durch seine Abwesenheit gekennzeichnet ist. Die Konzilsväter lehren, dass eine gewisse Aneignung oder Beteiligung des Christen auch dann mitgedacht werden muss, wenn der Heilige Geist als Gabe in ihren Herzen kommt. In diesen Kanones erscheinen die Evangelischen für die Konzilsväter nicht als personale Subjektivisten, sondern als unpersönliche Externalisten.

Wenn das Konzil die Lehre „allein aus Glauben" sowie das Verständnis des Glaubens als fiducia verurteilt, geht es den Konzilsvätern überhaupt nicht um die Verurteilung des Subjektivismus. Die Kanones 9 und 12 formulieren wie folgt:

„Wer sagt, der Gottlose werde allein durch den Glauben gerechtfertigt, so dass er darunter versteht, es werde nichts anderes erfordert, wodurch *er* zur Erlangung der Rechtfertigungsgnade *mitwirke,* und es sei keineswegs notwendig, dass *er sich* durch *seine eigene* Willensregung (eum suae voluntatis motu) vorbereite und zurüste: der sei mit dem Anathema belegt ..."

„Wer sagt, der rechtfertigende Glaube sei nichts anderes als das Vertrauen (fiducia) in die göttliche Barmherzigkeit, die um Christi willen die Sünden vergibt; oder es sei allein dieses Vertrauen, durch das wir gerechtfertigt werden sollen: der sei mit dem Anathema belegt."

Nach diesen Lehrsätzen liege das Problem von *sola fide* und *fiducia* darin, dass diese Ausdrücke eine hinreichende personale Beteiligung nicht zulassen. Das Konzil fordert sogar eine „reflexive" Seelenbewegung, mit der sich der Wille zu sich selbst verhält. Das lutherische Problem ist nicht

als Subjektivismus oder allzu reflexives Selbstverhältnis bestimmbar, sondern es geht auch hier um das Gegenteil: den Externalismus und die fehlende Selbstbeteiligung.
Es sieht also ganz deutlich so aus, dass Berndt Hamm und die neuere Lutherforschung recht haben: die Lutheraner lehren eine radikale Passivität. Für die Konzilsväter impliziert diese theologische Position die Gefahr, dass das glaubende Subjekt vom Prozess der Rechtfertigung abwesend bleibt; um diese Gefahr zu vermeiden, lehrt das Konzil, dass eine personale Beteiligung notwendig ist. Diese Beteiligung bedeutet in den zitierten Texten nicht in erster Linie gute Werke oder Verdienste (obwohl diese als Folgen der Beteiligung mitgedacht werden können), sondern einfach die personale Aneignung der Rechtfertigung im antipelagianischen Sinn.
Dieses Ergebnis ist theologisch bedeutsam, denn es bedeutet, dass die antiökumenischen Katholiken nicht zugleich Paul Hacker und das Konzil von Trient auf ihre Seite haben können. Wenn Hacker recht hat, haben die Trienter Väter die Lutheraner falsch verstanden und hätten ganz andere Verurteilungen formulieren müssen. Wenn aber das Konzil sachgemäß die katholische und die reformatorische Lehre formuliert, liegt das theologische Problem der Lutheraner überhaupt nicht dort, wo Hacker es lokalisiert.
An dieser Stelle möchte ich die finnische Mannermaa-Schule erwähnen, und zwar im Hinblick auf die Weise, wie Papst Benedikt XVI. im Anschluss an Hacker Luther versteht. In *Spe salvi 7* schreibt Benedikt:
„Luther, dem der Hebräer-Brief an sich nicht besonders sympathisch war, konnte mit dem Begriff ‚Substanz' im Zusammenhang seiner Sicht von Glauben nichts anfangen. Er hat daher das Wort Hypostase/Substanz nicht im objektiven Sinn (anwesende Realität in uns), sondern im subjektiven Sinn, als Ausdruck einer Haltung verstanden und dann natürlich auch das Wort argumentum als Haltung des Subjekts verstehen müssen."
Der Papst argumentiert im weiteren, dass Luther und neuere Exegeten den Glaubensbegriff von Hebr 11,1 als subjektive Haltung verstehen, während die katholische Theologie den objektiven Sinn betont und somit die Substanz des Glaubens als anwesende Realität in uns richtig versteht. Interessanterweise ist diese Stelle nicht nur mit Paul Hacker ähnlich, sondern auch mit einigen evangelischen Lutherdeutungen, vor allem mit Gerhard Ebelings Interpretation von Luthers Substanzbegriff.[25]
In der finnischen Lutherforschung hat Simo Peura sich mit Ebelings Lutherdeutung auseinandergesetzt. Nach Peura bedeutet Luthers Formulierung, der gemäß der Glaube die Substanz des gehofften Heils ist, dass die Christen schon in diesem Leben auf eine unvollendete, aber durchaus reale, obwohl partiale und verborgene Weise geheilt sind. Deswegen kann

[25] Vgl. z. B. G. Ebeling, Lutherstudien, Tübingen 1971, 34-35.

Luther Hebr 11,1 mit Hilfe eines objektiv-realen Substanzbegriffes verstehen.[26] Die folgende Stelle aus Luthers *Operationes in Psalmos* belegt diese Einsicht:

„Dass im Allerheiligsten kein Licht ist, bedeutet, dass Gott in der Kirche durch den Glauben von Christus ist, *in den Herzen* der Menschen. Dieser Glaube versteht nicht und ist nicht verstanden, sieht nicht und ist nicht sichtbar, aber sieht trotzdem alles. Es ist ein kräftiger Beweis (argumentum) von gegenwärtigen, aber nicht sichtbaren Sachen (Hebr 11,1). Ähnlicher Weise war die Bundeslade gegenwärtig im Allerheiligsten, aber nicht sichtbar, weil innerhalb des Tabernakels; dort, wo der Sitz Gottes im Zentrum des Allerheiligsten war. So wird im Psalm 46 und anderen ähnlichen Prophetien gesagt: ‚Gott ist gegenwärtig in der Mitte seiner Gemeinde, darum werden sie festbleiben.'"[27]

Bemerkenswert ist erstens, dass Benedikt Luthers faktische Auslegungen von Hebr 11,1 nicht nachgeprüft hat. Zweitens ist es signifikant, dass die von Trient geforderten Charakterisierungen der Beteiligung in diesem Luthertext zu finden sind: Gott ist in den Herzen des Menschen, der Glaube richtet sich auf ein verborgenes, aber doch gegenwärtiges Objekt. Luthers Glaubensbegriff ist also weder reflexiv im Sinne Hackers noch subjektiv im Sinne Benedikts, sondern er bleibt mit Trient vereinbar.

Diese historische Widerlegung der These von Luthers übertriebenem Subjektivismus löst allerdings die systematisch-theologische Sachfrage noch nicht. Wie ist der Subjektbegriff bei Luther zu verstehen, wenn er einerseits durch die reine Passivität gekennzeichnet ist, aber andererseits auch für die personale Beteiligung oder intrinsische Aneignung offen bleibt? Ein erstes Problem liegt darin, dass viele Begriffe allzu modern sind, um die Sachfrage angemessen zu behandeln. So kann ich nicht von Luthers Subjektbegriff als einen historischen Begriff sprechen, sondern höchstens als Interpretament von historischen Sachverhalten.

3. Aneignung

Lutherische Orthodoxie

Um die systematisch-theologische Sachfrage zu beantworten, werde ich zuerst einen anderen Begriff, nämlich den Begriff der Aneignung oder Zueignung, näher erläutern. Auch dieser Begriff ist nicht unproblematisch.

---

[26] Vgl. S. Peura, Mehr als ein Mensch, Mainz 1994, 81-82.

[27] [Zweite Psalmenvorlesung:] Operationes in psalmos. (Ps. 1-21(22)). 1518-1521, in: WA 5, 19-673, hier 506, 12-20, meine Übersetzung.

Normalerweise versteht man Aneignung als einen typisch modernen Begriff, der spätestens ab Hegel und Kierkegaard zum Subjektbegriff gehört. Die Nachschlagewerke betonen die Rolle des protestantischen Pietismus in der Entstehung der Idee der Aneignung. Bekanntlich lehren die Pietisten seit Spener, dass der Glaube persönlich angeeignet oder empfangen werden muss.[28] Weniger bekannt ist aber, dass schon die lutherische Orthodoxie die lateinischen Begriffe applicatio, appropriatio und apprehensio ähnlich verwendet. Diese Tatsache ist für uns bedeutsam, weil die lutherischen Väter mit dieser Begrifflichkeit den Glaubensbegriff so darlegen, dass er Luthers Intention entspricht und zugleich auch die Kritik des Trienter Konzils beantworten kann.

Diese Thematik ist sehr umfangreich. Ich werde nur ein repräsentatives Beispiel geben, nämlich die *Theologia positiva acroamatica* von Johann Friedrich König aus dem Jahre 1664. Dieses Textbuch wurde in den lutherischen Universitäten von Deutschland bis Finnland als Standarddogmatik gebraucht.[29]

Nach König geschieht die Rechtfertigung forensisch; gleichzeitig ereignet sich aber eine mystische Einwohnung Christi. Die Rechtfertigung geschieht allein aus Glauben. Für König hat der Glaube „im Geschehen der Rechtfertigung seine gänzlich eigene Ursächlichkeit, und zwar keine andere als eine werkzeugliche, soweit er nämlich durch die Annahme (apprehendendo) von Christi Verdienst rechtfertigt". Es geht dabei allerdings nicht um unser annehmendes Handeln, sondern diese Kausalität kommt dem Glauben „allein aufgrund des angenommenen rechtfertigenden Gegenstands zu".[30] Schon hier sieht man Königs Position zwischen den Konfessionen: einerseits will er die reine Passivität als apprehensio darstellen; andererseits will er aber sagen, dass mit einer kausalen Beteiligung des Glaubenden zu rechnen ist.

König spricht von der applikativen, zueignenden Gnade des Heiligen Geistes (gratia Spiritus Sancti applicatrix) als dem Geber des Heils. Der Glaube ist das empfangende Mittel der Gnade, der im Sinne der werkzeuglichen (organica) Kausalität tätig ist. Neben des kognitiven und des gutheißenden Urteils ist der Glaube zutiefst Vertrauen (fiducia). König definiert das Vertrauen als „das den einzelnen Menschen betreffende, *mir und dir persönlich aneignende* Empfangen und Annehmen des Verdiensts des Gottmenschen" (receptio seu apprehensio meriti theanthropou appropriativa ad me et te in individuo). Er fügt hinzu: „Wenn wir das

---

[28] Vgl. M. Franz, Aneignung, in: Ästhetische Grundbegriffe 1, Stuttgart 2000, 153-193. Vgl. C. Horn, Zueignung (Oikeiosis), in: HWP 12, Basel 2009, 1403-1408.

[29] Vgl. J. F. König, Theologia positiva acroamatica (Rostock 1664), hg. v. A. Stegmann, Tübingen 2006, xlii-xlviii (Editionsgeschichte).

[30] Ebd., 309, §550.

rechtfertigende Vertrauen Annahme nennen, meinen wir nicht eine theoretische Annahme, ... sondern ... eine praktische Annahme, die *ein Sich-Einlassen des ganzen Herzens und Willens* auf das Verdienst Christi miteinschließt."[31]

Die lutherische Standarddogmatik der Orthodoxie hat also eine Lehre von Zueignung und Aneignung, die eine gewisse Beteiligung des Glaubenden bei bleibender Passivität lehrt. Die werkzeugliche oder organische Kausalität ist kein Werk oder Verdienst, aber sie ermöglicht die Aneignung der zugeeigneten Gnade bzw. eine persönliche Beteiligung bei bleibender Passivität im Empfangen der Rechtfertigung. Ökumenisch höchst bedeutsam ist die Art, wie König sich zu den Lehrverurteilungen des Trienter Konzils verhält. Er betont sehr deutlich, dass die Lutheraner durchaus eine persönliche Beteiligung im Glauben lehren; sogar sein Sprachgebrauch – die Gnade des Geistes, das Herz des Menschen sowie die individuelle, persönliche Zuteilung – kommt den Formulierungen des Trienter Konzils auffallend nahe.

Anhand dieser Beobachtung können wir ein erstes systematisches Zwischenergebnis formulieren: in der frühen Neuzeit wollen sowohl Katholiken als auch Lutheraner ein Subjektverständnis bejahen, das einerseits antipelagianisch bleibt und den Glauben nicht als Leistung versteht, das aber zugleich andererseits eine persönliche Beteiligung des glaubenden Subjekts im Geschehen der Rechtfertigung ermöglicht. Ein übertriebener Externalismus oder Monergismus Gottes ist also von beiden Seiten widerlegt: das Heil geht uns an und soll von uns ergriffen werden. König benutzt schon den Begriff Aneignung (appropriatio), um diese Beteiligung zu charakterisieren; zugleich verwendet er den älteren Begriff apprehensio, der schon bei Luther ähnliche Aufgaben erfüllt (siehe unten). Inwieweit auch die katholische Position als Aneignung charakterisiert werden kann, ist eine hermeneutische Frage, die eigens erläutert werden muss. Wenn wir die Ich-Formen der spätmittelalterlichen Frömmigkeit betrachten, liegt es nahe, auch von einer katholischen Aneignungs-Spiritualität als hermeneutische Charakterisierung der historischen Ich-Formen zu sprechen.

Das Zwischenergebnis bedeutet, dass der Christ von „meinem Glauben" bzw. von Jesus Christus als „meinem Herr" so sprechen kann, dass weder Subjektivismus noch Verdienstgedanke postuliert werden braucht. Diese Feststellung scheint trivial zu sein, da solche biblische Wendungen in allen Konfessionen reichlich gebraucht werden. Wenn man aber lutherische und katholische Kontroverstheologie treibt, können wir nicht selten sehen, dass Wörter wie „ich" und „mein" nicht einfach harmlos sind. Paul Hacker kann in diesen Wörtern einen häretischen Subjektivismus sehen; ein

---

[31] Ebd., 387, §898. Hervorhebungen von mir.

übertriebener Protestant könnte als Gegenthese vermuten, das Wort „mein" bedeute fast notwendigerweise eine Leistung oder ein bleibendes Proprium, das die göttliche Monergie vermindert.[32]

Von Cicero zu Luther

Um dieses Zwischenergebnis zu vertiefen, müssen wir der Geschichte des Aneignungsgedankens noch weiter folgen. Die Standardlexika gehen davon aus, dass der stoische Gedanke von oikeiosis die Urform der Aneignung darstellt. Cicero hat diesen Gedanken in die lateinische Philosophie und Theologie vermittelt. Die Lexika beachten allerdings die christliche Ideengeschichte nur wenig und präsentieren das Material so, dass der Aneignungsgedanke erst während des Neostoizismus, also etwa in der Zeit von König und Spener, wieder in Mode kommt.[33] Die frühere christliche Rezeption des Aneignungsgedankens von Stoa und Cicero ist nur unbefriedigend untersucht worden. Die Erste-Person-Perspektive bei Augustin, Bernhard oder Luther wäre ergiebig in dieser Hinsicht und würde auch unser Wissen vom Subjektgedanken erheblich erweitern.

Für die christliche Rezeption des stoischen Aneignungsgedankens sind die Schriften Ciceros ausschlaggebend, weil sie durch die gesamte lateinische Theologiegeschichte bekannt waren. Cicero lehrt, dass das Privateigentum nicht von Natur aus existiert, sondern erst durch eine Eroberung zustande kommt. Auf analoge Weise beginnen alle Lebewesen nach der Geburt zu ihrem Körper und zu sich selbst ein Aneignungsverhältnis zu entwickeln. Ein solches Verhältnis dient der Selbsterhaltung und kann als Grund der Liebe verstanden werden. Gegen die Epikureer behauptet Cicero, unsere allererste Aneignung sei nicht generelles Lustgefühl (voluptas), sondern eben die Selbsterhaltung, durch die die Säuglinge ihre eigene Konstitution lieben. So ist die Selbstliebe der Grund aller Aneignung; die epikureische Lust nach Objekten folgt dieser primären Aneignung (prima commendatio).[34]

Für Cicero ist die primäre Aneignung allerdings nicht nur egoistisch, sondern als natürliche Aneignung oder Zueignung (commendatio naturalis) richtet sie sich auf andere Menschen, die ähnlich mit mir selbst sind. So ist der Mensch von Natur aus ein soziales Wesen, weil die grundlegende Aneignung ihn mit anderen Menschen verbindet. In bestimmten Fällen

---

[32] Diese systematische Sachfrage hat V. Hoffmann, Skizzen zur Theologie der Gabe, Freiburg i. Br. 2013, 285-346 einleuchtend erläutert.

[33] Vgl. M. Franz, Aneignung, a.a.O. (siehe Anm. 28). Vgl. C. Horn, Zueignung, a.a.O. (siehe Anm. 28).

[34] Vgl. Cicero, De officiis 1, 7 und 21. Vgl. ders., De finibus 3, 16 und 2, 35.

kann der Mensch deswegen das Gemeinwohl bevorzugen.[35] Die lateinischen Begriffe commendatio und appropriatio sind Relationswörter, die die heteronome Entstehung und Bestimmung des Mensch-Seins unterstreichen: durch Aneignungsverhältnisse werden die Menschen fähig, sich selbst und anderen zu lieben. Darum kann man eigentlich nicht scharf zwischen „Aneignung" und „Zueignung" unterscheiden: es geht in beiden Bezeichnungen um das eine, relationale und heteronome Konstitutionsgeschehen des Subjekts.

Im Neostoizismus des 17. und 18. Jahrhunderts ist das Aneignungsmodell prominent geworden. Nach John Locke werden wir durch die Arbeit als beteiligte Subjekte bestimmt, nach Herder durch die Bildung. Seit Karl Marx wird die Entfremdung als philosophische Antithese von Aneignung prominent. Die Pietisten haben bekanntlich für eine bewusste, individuelle und voluntarische Aneignung der Religion plädiert.[36] Für Luther ist aber die patristische und mittelalterliche Rezeption des Aneignungsgedankens relevant. Diese Rezeption kennen wir nicht ausreichend. In der lateinischen Bibel kommt der Begriff commendatio häufig vor. Zum Beispiel 2Kor 10,12-18 ist hier relevant, vor allem weil die Vulgata dem sogenannten westlichen Text folgt und so zwischen einer philosophischen Selbstbeurteilung und einer heteronomen, von Gott vollzogenen *commendatio* unterscheidet.

Dieser Tradition der Heteronomie folgend spricht Bernhard von Clairvaux in seinen *Predigten zum Hohen Lied* davon, wie die Liebe zwischen der Braut und dem Bräutigam durch verschiedene heteronome Akte der Zueignung und Aneignung entsteht. Für einen modernen Leser schwer verständlich redet er ausführlich davon, wie etwa die Brüste der Braut und des Bräutigams durch verschiedene „Zueignungen" (commendationes) gekennzeichnet sind, die das Liebesverhältnis des Paares bestimmen und die Eigenschaften der Liebe wechselseitig vermitteln.[37] Relevant für unser Thema ist die Einsicht, dass die Zueignung bzw. Aneignung stets heteronom bestimmt wird. Es geht nicht um eine eigene Leistung der Person, aber auch nicht einfach um eine passio, sondern um die Konstitution des Braut-Seins, die durch die Akte der Aneignung, des Sich-Gebens und der Anerkennung entsteht. So entsteht ein beteiligtes religiöses Subjekt.

Die spätmittelalterliche Frömmigkeit, zum Beispiel das erwähnte Gebet Anima Christi, kann auch als Aneignungsübung aufgefasst werden. Wenn ich wiederholt bete, dass etwas mir geschehe, kann der Gebetsakt meine Beteiligung reflexiv stärken. Dabei muss natürlich im Sinne von Berndt

---

[35] Vgl. Cicero, De finibus 3, 63-65.

[36] Vgl. M. Franz, Aneignung, a.a.O., 157-171, 182-184.

[37] So in den Sermones 9-13, in: Sancti Bernardi Opera 1, Roma 1957.

Hamm gefragt werden, inwieweit das entstehende Subjekt dabei einen suggestiven Eigenbeitrag leistet. Rein philosophisch könnte aber bemerkt werden, die Entstehung eines Subjektes in einem solchen Geschehen sei ein sprachlich-geistiges Faktum, das an sich noch keinen Leistungsgedanken enthält. Somit ist „Selbst" nicht etwa eine frühneuzeitliche Konstruktion, sondern ein Begriff, der durch die gesamte Geschichte des westlichen Denkens verschiedentlich – heteronom und autonom – formuliert worden ist.[38]

In seiner *Römerbriefvorlesung* diskutiert Luther ausführlich den Begriff *commendatio*. Der Glaube erscheint ihn dort als „wahre Aneignung" (vera commendatio), anhand derer der Mensch im Rechtfertigungsgeschehen beteiligt ist.[39] Unter seinen späteren Texten bietet der bekannte Anfang von *De libertate christiana* interessante Parallelen mit Ciceros Aneignungsgedanken. Als „freier Herr" sei der Christ „nulli subiectus", niemandem Untertan. In der Liebe sei er aber „omnibus subiectus", jedermann Untertan.[40] Dieser Abschnitt kann so ausgelegt werden, dass der heteronome Subjektgedanke des Mittelalters Luther zu einer neuartigen Einsicht von der Aneignung des Glaubens bzw. des geistlichen Lebens führt, während die soziale Welt der Liebe den Gesetzen des weltlichen Lebens folgt. Sowohl Bernhard als auch Luther verbinden commendatio mit der römischen und feudalen Vorstellung von Herren und Untertanen, die ihren Status gegenseitig und heteronom bestimmen lassen.[41] Auf diese Weise ist auch der Subjektbegriff historisch bedingt.

In Bezug auf das systematisch-theologische Sachproblem denkt Luther also, dass Glaube ein angemessener Begriff für die Erhellung des theologischen Subjekt-Seins ist.[42] Die Aneignung des Glaubens kann als Alternative zum Verdienstgedanken gedacht werden. Diese Aneignung ist eine intensive Beteiligung, wie Luther in seiner späten Disputation *De fide* mit dem Ausdruck fides apprehensiva verdeutlicht.[43] Zugleich ist aber auch verständlich, warum die katholischen Theologen in Trient die Lehre verurteilen, der gemäß der Glaube ohne subjektive Beteiligung zum Heil genügt. Wir können vielleicht das systematische und konfessionelle

---

[38] Vgl. R. Sorabji, Self: Ancient and Modern Insights about Individuality, Life and Death, Oxford 2006.

[39] Vgl. Vorlesung über den Römerbrief. 1515-1516, in: WA 56, 3-528, hier 220, 2-15.

[40] Vgl. Studienausgabe 2, 264, 17-18.

[41] Zu diesem Phänomen vgl. F. L. Ganshof, Feudalism, London 1979.

[42] Vgl. R. Saarinen, Glaube, in: Das Luther-Lexikon, hg. v. V. Leppin / G. Schneider-Ludorff, Regensburg 2014, 259-261.

[43] Vgl. Propositiones disputatae Wittembergae pro doctorate D. Hieron. Weller et M. Nik. Medler. 11. und 14. September 1535, in: WA 39 I, 44-62, hier 45-46.

Sachproblem mit einer Distinktion zwischen *primärer und sekundärer Aneignung des Glaubens* beleuchten. Diese Distinktion braucht Erhellung. Im Kap. 8 des *Rechtfertigungsdekretes* lehren die Trienter Väter, dass „der Glaube der Anfang des menschlichen Heiles ist, die Grundlage und Wurzel jeder Rechtfertigung, ohne den es unmöglich ist, Gott zu gefallen". Auf diese Weise ist der Glaube die *primäre Aneignung* des Subjektes, die sich an Gott richtet. Luther aber geht davon aus, dass der Mensch in der Rechtfertigung passiv bleibt und so keine Wurzel oder Grundlage der Rechtfertigung in sich selbst, in seinem Subjekt-Sein, hat. In Luthers theologischer Heteronomie wird der Glaube aber als Ergreifen, apprehensio, aufgefasst, dass das apriorische Heil a posteriori oder sekundär ergreift. So bietet der Glaube für Luther die Möglichkeit der Beteiligung, aber nicht als Wurzel, sondern als Organ des Ergreifens, der apprehensio: „Der Glaube rechtfertigt also, weil er diesen Schatz, den anwesenden Christus nämlich, ergreift und besitzt (apprehendit et possidet)".[44]
In diesem Satz begegnen wir der *sekundären Aneignung des Glaubens*. Der Glaubende wird ein Subjekt dadurch, dass er glaubt, weil das Ergreifen und das Haben durch den Glauben sich ereignen. Luther beleuchtet die katholisch-primäre und die evangelisch-sekundäre Aneignung in der Disputation *De fide* anhand der Unterscheidung zwischen dem erworbenen (acquisita) und ergreifenden (apprehensiva) Glauben. Er kritisiert den scholastischen Glaubensbegriff: der mit menschlichen Kräften erworbene Glaube sei nur zur theoretischen Spekulation geeignet; sonst sagt dieser Glaube: das geht mich nichts an.[45] Dagegen spricht der apprehensive Glaube in der ersten Person: das ist für mich geschehen.[46] Für Luther fehlt also die Aneignungsdimension von dem erworbenen Glauben. Er stellt paradoxerweise fest, dass nur derjenige Glaube, der nicht aus menschlichen Kräften entsteht, eine reale Aneignung hervorbringen kann.
Beide Seiten bejahen also die Aneignungsdimension und kritisieren einander wegen des angeblichen Fehlens dieser Aneignung. Luthers Formulierung der Aneignung ist eigenartig, weil er das Subjekt-Sein des Menschen so radikal heteronom bestimmt. Die apprehensio des Glaubens kann für Luther nur als sekundärer Gebrauch der apriorischen Gabe geschehen. Die katholische Rede von der Grundlage des Glaubens unterläuft nach ihm der Gefahr, einen erworbenen und somit falschen theoretischen Glauben zu postulieren. Luther will letzten Endes den Aneignungsgedanken aber nicht preisgeben, sondern ihn möglichst radikal formulieren. Darum treffen ihn diejenigen Trienter Lehrverurteilungen nicht, die

---

[44] In epistolam S. Pauli ad Galatas commentaries, ex praelectione D. M. Lutheri collectus. 1535 (Nach Luthers Vorlesung 1531), in: WA 40 I, 15-688, hier 229, 22-23.
[45] Vgl. WA 39 I, 44-62, hier 46, 2: „ista nihil ad me".
[46] Vgl. Ebd., 45, 34 und 46, 7: „pro me".

eine Rechtfertigungslehre ohne Beteiligung des menschlichen Herzens verwerfen. Zugleich ist die reformatorische Einsicht von der sekundären Aneignung des Glaubens dermaßen kompliziert, dass die Trienter Vermutung, hier gehe es letzten Endes doch um einen Externalismus, einigermaßen verständlich ist.
Wenn die lutherische Orthodoxie, hier am Beispiel Königs dargestellt, diese komplizierte Aneignung mit dem Schema der unterschiedlichen causae beleuchten will, bleibt das Ergebnis immer noch relativ schwierig. Trotzdem hat König mit seinem neuzeitlichen Begriff von appropriatio, Aneignung, Luthers Idee treffend beschrieben. Der Glaube soll nicht als fundamentum und radix (so Trient), sondern als causa organica (so König) der Rechtfertigung verstanden werden; im Rahmen dieser werkzeuglichen Kausalität kann die Appropriation als sekundäre Aneignung stattfinden.

Ergebnisse

Durch die systematische Aufarbeitung des Sachproblems hat sich das Folgende ergeben: zwischen dem Subjektivismus einerseits und dem subjektlosen, externalen Monergismus Gottes andererseits kann eine theologische Begrifflichkeit formuliert werden, die die sachgemäße Aneignung des Glaubens charakterisiert. Diese Begrifflichkeit ist nicht nur neuzeitlich, sondern hat ihren klassischen Hintergrund im commendatio-Gedanken von Cicero. Zugleich ist aber auch wahr, dass der Aneignungsgedanke ein typischer neuzeitlicher Gedanke ist. Das neuzeitliche Subjekt ist durch seine Aneignung charakterisiert; es kommt zu Wort als Besitzer, als Arbeiter, als Gebildeter, aber auch als ein berufener Christ. Ökumenisch können Katholiken und Lutheraner diese Subjektposition gemeinsam formulieren, wenn sie den übertriebenen Subjektivismus einerseits und den übertriebenen externalen Monergismus andererseits vermeiden.
Mit Hilfe dieses Ergebnisses komme ich noch zu der Diskussion zwischen Notger Slenczka und Tuomo Mannermaa zurück. Slenczka kritisiert Mannermaa wegen der real-ontischen Lutherdeutung. Stattdessen liege das zentrale theologische Anliegen Luthers in einer Anthropologie, die ein neues Selbstverständnis ermöglicht. Für Slenczka, „the presence of Jesus' person in faith is therefore realized by the human being appropriating another person in that he understands himself in a new and different way".[47] Hier haben wir zwei genuin unterschiedliche Lutherdeutungen. Mannermaa will Luther mit patristischer Theologie verbinden; Slenczka formuliert eine Anthropologie des Selbstbewusstseins, die Luther mit

[47] N. Slenczka, Anthropology, a.a.O. (siehe Anm. 2), 221.

Schleiermacher versöhnt, ihn aber zugleich in die Nähe des von Paul Hacker kritisierten reflexiven Glaubensbegriffs rückt.
Trotz tiefer Unterschiede in der Ontologie kann vielleicht behauptet werden, das Subjektverständnis der finnischen Lutherdeutung sei an einigen Stellen mit Notger Slenczkas Anthropologie überraschend ähnlich. Oben ist das Aneignungsverständnis als solches klassisches Thema präsentiert, das Luthers Rechtfertigungslehre und sein Glaubensverständnis im Einklang mit der Mannermaa-Schule ökumenisch erhellen kann. Slenczka betont ebenfalls den Aneignungsgedanken. Wir beide denken, dass der Glaube das christliche Subjekt neu definiert und den Christen nicht als Täter, sondern im Rahmen der sekundären Aneignung als empfangendes und zugleich ergreifendes Subjekt auffasst. Wenn Slenczka von dem externalen Glaubensgrund spricht, scheint er ebenfalls den Gedanken von primärer Aneignung abzulehnen.[48]
Ökumenisch können wir die evangelischen Positionen von Mannermaa und Slenczka wie folgt erläutern. Traditionell hat man die Trienter Verurteilungen *so gelesen*, dass die Katholiken die effektive Seite der Rechtfertigung als integralen Teil des Heils bejahen und sich zu einer einseitig forensischen Rechtfertigung kritisch verhalten. Mannermaa will zeigen, dass der im Glauben gegenwärtige Christus in der lutherischen Lehre als effektive Rechtfertigung gedacht werden kann und so diese Einseitigkeit ökumenisch balanciert. Ich habe oben die Trienter Väter *so gelesen*, dass sie eine Beteiligung des Christen bzw. eine Aneignung des Heils verlangen und darum eine bloß externale Deutung der Rechtfertigung ablehnen. Slenczka will zeigen, dass die Aneignung des Heils einen grundsätzlichen Aspekt der lutherischen Rechtfertigungslehre und Anthropologie darstellt. So verstanden haben sowohl Mannermaa als auch Slenczka ein ökumenisches Interesse, das bei Slenczka vorwiegend das glaubende Subjekt, bei Mannermaa den Gegenstand des Glaubens hervorhebt. Beide wollen das angemessene Heilsempfangen betonen und somit gegen Trienter Verwerfungen eine ökumenische Lösung vorschlagen.
Trotz der Betonung des reflexiven Bewusstseins will Slenczka, wie ich ihn lese, seine Theologie nicht als Subjektivismus gestalten; er spricht viel davon, wie Christus außer uns ist, auch wenn er im Glauben als Inbegriff der Aneignung erscheint.[49] Trotz der Betonung der Ontologie wollen die Finnen, so denke ich, die Subjektfrage nicht vernachlässigen. Wenn die Aneignungsthematik nicht nur als neuzeitliches Thema, sondern als klassisches Thema der Theologie aufgefasst wird, können die Engführungen der bisherigen Lutherforschung vermieden werden. Den sogenannten

[48] Vgl. ebd.
[49] Vgl. ebd., 220-222. Vgl. Slenczka, In ipsa, a.a.O. (siehe Anm. 2).

existentiellen Charakter der Theologie Luthers, von Lennart Pinomaa und Otto Hermann Pesch entdeckt, können die heutigen Forscher in der Aneignungsthematik wiederfinden. Wenn wir den patristischen und mittelalterlichen Hintergrund dieser Thematik besser verstehen, können wir auch die lutherische Position theologisch und ökumenisch genauer bestimmen.

Stundengebetsordnungen bei Luther und im gegenwärtigen Protestantismus

Irene Mildenberger

Das Seminar hatte zwei Teile, im ersten Teil sprachen wir, ausgehend von den Gottesdienstordnungen Luthers, über die Frage des Gedächtnisses der Heiligen im Luthertum und überhaupt im Protestantismus. Der zweite Teil des Seminars war neuen Formen gewidmet, die sich in verschiedensten aktuellen liturgischen Büchern protestantischer Kirchen finden.

1. Stundengebet und Gedächtnis der Heiligen im Protestantismus

Ausgehend von den negativen Äußerungen Luthers zum proprium de sanctis in seinen Gottesdienstschriften von 1523 und 1526[1] wurde über die Rolle der Heiligen überhaupt im Protestantismus gesprochen. Grundsätzlich lässt sich sagen: Das Luthertum hat in seinen liturgischen Kalendern Heiligenfeste beibehalten, die eine biblische Grundlage haben. Das gilt insbesondere für die drei als Christusfeste verstandenen Marientage Verkündigung, Heimsuchung und Lichtmess, aber z. B. auch für Aposteltage und den Tag Maria Magdalenas sowie für Johannis und Michaelis.[2]
Diese grundsätzliche Einstellung lässt sich bis heute in liturgischen Büchern ablesen. Im Proprium des Evangelischen Gottesdienstbuches finden sich im Teil „Die unbeweglichen Feste und Gedenktage der Kirche" die „Tage der Apostel und Evangelisten", Stephanus (26.12.), der Evangelist Johannes (27.12.), die Unschuldigen Kinder (28.12.), die genannten Marientage, Geburt Johannes des Täufers (24.6.), Michaelis (29.9.) und der Gedenktag der Heiligen (1.11.).[3] Im Entwurf der Neuordnung der gottesdienstlichen Lesungen und Predigttexte von 2014 sind sogar als zusätzli-

[1] Vgl. dazu meinen Beitrag „Last und Lust des täglichen Gebets bei Martin Luther" in diesem Band, insbesondere Teil 2.1.

[2] Vgl. F. Schulz, Die Ordnung der liturgischen Zeit in den Kirchen der Reformation, in: ders., Synaxis. Beiträge zur Liturgik, Göttingen 1997, 359-383, hier 365-368. Zuerst in LJ 32 (1982) 1-24.

[3] Evangelisches Gottesdienstbuch. Agende für die Evangelische Kirche der Union und für die Vereinigte Evangelisch-Lutherische Kirche Deutschlands, Berlin – Bielefeld – Hannover 1999, hier 411-439.

che Tage Maria Magdalena (22.7.) und der Tag der Enthauptung Johannes des Täufers (29.8.) aufgenommen.[4] All diese Proprien sind für einen Gottesdienst mit Predigt (und Abendmahl) bestimmt.

Wieweit diese Tage begangen werden, das ist eine ganz andere Frage. Das geschieht vermutlich am ehesten da, wo täglich oder doch zwischen den Sonntagen auch am Werktag Gottesdienst gefeiert wird. Nur wenige dieser Tage, vor allem Johannestag und Michaelis, können auch auf den Sonntag und damit in den normalen Gemeindegottesdienst verlegt und da gefeiert werden, bzw. sie werden zumindest dann gefeiert, wenn sie auf einen Sonntag fallen.

Neben diesen Proprien für die Tage „biblischer Heiliger" gibt es aber auch evangelische Namenskalender für das Gedächtnis verschiedenster Glaubenszeugen. In anglikanischen Büchern sind solche Kalender in die Liturgischen Bücher aufgenommen, ebenso auch z. B. bei den amerikanischen Lutheranern. Bei uns in Deutschland sind diese Tage tatsächlich nur in Kalendarien abgedruckt.[5]

Ein Gedächtnis all dieser „Glaubenszeugen", bzw. doch der bekannteren von ihnen, wird am ehesten da passieren, wo tägliches Gebet stattfindet. Vor allem aus der Berneuchener Tradition stammen kurze Viten all dieser Zeugen, die auch in Gebetszeiten verlesen werden können. Diese Tradition habe ich im Berneuchener Haus Kloster Kirchberg kennengelernt, wo im Mittagsgebet der Raum für solches Gedenken ist.[6]

Hingewiesen sei in diesem Zusammenhang des Gedächtnisses der Glaubenszeugen auch auf evangelische Varianten der Allerheiligenlitanei, die vor allem für den Gebrauch in der Osternacht bestimmt sind. Einige von ihnen – zum Teil Übersetzungen aus dem Englischen und Niederländischen – finden sich im Anhang der Lutherischen Agende Passion und Ostern.[7] Verwiesen sei auch auf die Benennung von Kirchen nach biblischen und anderen Heiligen bzw. Glaubenszeugen. In Gemeinden mit

---

[4] Neuordnung der gottesdienstlichen Lesungen und Predigttexte. Entwurf zur Erprobung im Auftrag von EKD, UEK und VELKD, o. J. (2014). Der Band ist auch im Netz zu finden: www.velkd.de/downloads/Perikopenrevision-Neuordnung_2014.pdf (Stand: 16.5.2015).

[5] Vgl. dazu F. Schulz, Liturgische Zeit, a.a.O. (siehe Anm. 2), 373-376; ders.: Das Gedächtnis der Zeugen. Vorgeschichte, Gestaltung und Bedeutung des Evangelischen Namenkalenders, in: ders., Synaxis. Beiträge zur Liturgik, Göttingen 1997, 384-425.

[6] www.klosterkirchberg.de (Stand: 16.5.2015). Bei Schulz, Liturgische Zeit, a.a.O. finden sich in Anmerkung 71 Literaturhinweise für solche Viten-Sammlungen.

[7] Passion und Ostern. Agende für evangelisch-lutherische Kirchen und Gemeinden, Bd. II/1, hg. v. d. Kirchenleitung der VELKD, Hannover 2011, 318-328.

entsprechenden „Patrozinien" wird dann vermutlich auch der dazugehörige Gedenktag eine besondere Rolle spielen.
All das zeigt, dass prinzipiell das Gedenken an biblische und andere Heilige und Glaubenszeugen im Protestantismus Raum hat. So ist es ja schon im Artikel 21 der Confessio Augustana festgehalten.[8]

2. Neue Elemente im protestantischen Stundengebet

Die Ordnungen für das Stundengebet, die sich in den aktuellen liturgischen Büchern verschiedener protestantischer Kirchen finden,[9] teilen miteinander die grundlegenden Elemente und die gemeinsame Grundstruktur, wie sie sich im Stundengebet der westlichen Kirchen entwickelt haben: eine Eröffnung, meist mit Hymnus oder Lied (der Hymnus kann auch an anderen Stellen stehen), Psalmen und gegebenenfalls andere biblische Cantica, eine oder mehrere biblische Lesungen, gegebenenfalls eines der Cantica aus den Evangelien, schließlich ein Gebetsteil und der Abschluss des Gebets. Auffällig sind zusätzliche Elemente, die in vielen der Bücher enthalten sind. Teilweise gehen diese Elemente auf altkirchliche Formen zurück.

2.1 Luzernar in der Vesper

In allen Büchern findet sich die Möglichkeit, die Vesper mit einem Luzernar, einer Lichtfeier, zu eröffnen. Elemente, die dazu gehören können, sind: das Hereinbringen einer großen Kerze, das Anzünden der Kerzen im Gottesdienstraum, ein Lichthymnus – oft wird hier auch eine Nachdichtung des altkirchlichen orthodoxen Vesperhymnus Phos Hilaron angeboten – und eine Lichtdanksagung.

---

[8] Der 25.6. als Gedenktag der CA hat übrigens auch seinen Platz im Lutherischen Fest-Kalender, er steht auch unter den Unbeweglichen Festen und Gedenktagen im Evangelischen Gottesdienstbuch, a.a.O. (siehe Anm. 3).

[9] Diese Bücher werden im Folgenden betrachtet: Evangelical Lutheran Worship [=ELW], Minneapolis 2006; Lutheran Service Book [=LSB], prepared by the Commission on Worship of the Lutheran Church-Missouri Synod, Saint Louis 2006; Book of Common Worship [=BCW], prepared by the Theology and Worship Ministry Unit for the Presbyterian Church (U.S.A.) and the Cumberland Presbyterian Church, Lousville, Kentucky 1993; Dienstboek een proeve. Deel I, Schrift – maaltijd – gebed, Zoetermeer 1998; The United Methodist Book of Worship [=UMBW], Nashville 1992; Common Worship. Services and Prayers for the Church of England [=CW], London 2000; Common Worship: Daily Prayer [=CW:DP], London 2005; Evangelisches Tagzeitenbuch, hg. v. d. Evangelischen Michaelsbruderschaft, Münsterschwarzach – Göttingen ^{4}1998.

Im Abendgebet, wenn das Licht des Tages schwindet, Christus als das Licht der Welt zu preisen, das ist ein Gedanke, der sich auch in vielen Abendliedern wiederfindet. Dass das Kerzenanzünden rituell gestaltet und mit einem Gebet verbunden wird, ist ein schon in der alten Kirche geübter Brauch.[10]

In den Büchern der Church of England findet sich auch das Gegenstück zu diesem abendlichen Lichtritus: „The Acclamation of Christ at the Dawning of the Day" als mögliche Eröffnung des Morgengebets. Auch hier wird Christus als der Morgenstern und das Licht der Welt gepriesen.[11]

2.2 Gedächtnis der Auferstehung und Danksagung für die Taufe

Vor allem für den Sonntag und die Osterzeit sind zwei weitere Elemente gedacht, die oft in Verbindung miteinander vorkommen, einmal ein Gedächtnis der Auferstehung und zum anderen eine Danksagung für die Taufe oder ein Taufgedächtnis.

Bei den Presbyterianern findet sich eine „Vigil of the Resurrection. For Saturday Evening, the Eve of the Lord's Day". Sie soll am späteren Samstagabend am mit Wasser gefüllten Taufstein stattfinden und beginnt mit Lichthymnus und Lichtdanksagung. Es folgt als Psalmgebet Psalm 118, dann als Lesung ein Auferstehungsevangelium, dem Psalm 115 vorausgeht. Eine Danksagung für die Taufe folgt, danach besteht die Möglichkeit, sich mit dem Wasser im Taufbecken zu bekreuzigen. Das Moselied aus Ex 15 oder das Te Deum, ein Gebet und die Sendung schließen die Feier ab.[12]

Ganz ähnlich ist auch „A Commemoration of the Resurrection" der Church of England aufgebaut, allerdings ist diese Feier für den frühen Sonntagmorgen gedacht. Das Benedicite, der Gesang der drei Männer im Feuerofen in einer Kurzfassung eröffnet die Feier, es folgt Psalm 118,14-29, eine erste Schriftlesung – 1 Mose 1,1-5; 2 Mose 14,21-31; 1 Kor 15,1-8 oder Kol 3,1-4 – und das Moselied, dann eines der Auferstehungsevangelien, die sogenannten „Easter Anthems", eine Zusammenstellung von österlichen Epistelversen, Schlusskollekte – mit Taufbezug – Vaterunser und Segen.[13]

---

[10] A. Budde, Art. Lucernarium, in: RAC 23 (2010) 570-596.

[11] CW:DP 108f.

[12] BCW 562-572.

[13] CW:DP 319-324.

Im Evangelischen Tagzeitenbuch heißt die entsprechende Feier „Auferstehungsfeier als Taufgedächtnis".[14]
In der Ordnung für das Morgengebet in Evangelical Lutheran Worship finden sich zwei Formen der „Thanksgiving for Baptism", die besonders für den Sonntagmorgen und die Osterzeit bestimmt sind. Während die eine der Formen – eine Danksagung, das Te Deum oder ein Taufgesang und eine Zeichenhandlung mit dem Wasser – ohne ausdrücklichen Auferstehungsbezug auskommt, gehört zur anderen Form, „paschal blessing" genannt, auch eine Auferstehungslesung, das Schlussgebet verbindet Jesu Auferstehung und unser neues Leben durch die Taufe, wobei die Formulierung an Luthers kleinen Katechismus erinnert.[15]
In Common Worship findet sich auch eine eigenständige Form „Thanksgiving for Baptism", die als Schluss für Morgen- wie Abendgebet verwendet werden kann. Hier folgt auf das Danksagungsgebet das Apostolikum und ein Fürbittgebet, eine Kollekte und eine Zeichenhandlung mit Wasser.[16]

2.3 Weitere Elemente

Common Worship bietet auch noch weitere Danksagungen und Gebete, die jeweils den Abschluss einer Gebetszeit dienen können: „Thanksgiving for the Word"; „Thanksgiving for the Healing Ministry of the Church"; „Thanksgiving for the Mission of the Church"; „Prayers for the Unity of the Church"; „Prayers at the Foot of the Cross".[17]
Der altkirchliche Abendpsalm 141 wird fast immer im Rahmen des Abendgebetes vorgeschlagen, in einigen Büchern wird in diesem Zusammenhang auch auf die Möglichkeit hingewiesen, Psalm 141,2 mit einem Weihrauchritus zu verbinden.[18]
Die Einführung solcher anschaulicher und oft mit Zeichenhandlungen verbundener Formen kann dazu helfen, das Stundengebet in den Gemeinden heimisch zu machen. Vergleichbare Formen finden sich auch in der deutschen katholischen Tradition überall da, wo Formen des Stundengebets entwickelt werden, die nicht an die Ordnung des offiziellen

[14] Evangelisches Tagzeitenbuch, a.a.O. (siehe Anm. 9), 246-247 (Nr. 197).
[15] ELW 307+308, der Abschluss mit Paschal Blessing wird auch in LSB genannt, findet sich allerdings in dem Gemeindebuch nicht ausgeführt.
[16] CW:DP 306f, CW 48f.
[17] CW:DP 304-318, die Danksagungen auch in CW 46-56.
[18] CW:DP 111; UMBW 574.

Stundenbuchs gebunden sind, meist – so jetzt auch im neuen Gotteslob – unter dem Namen Morgenlob und Abendlob.[19]

[19] Vgl. hierzu insbesondere P. Ringseisen, Morgen- und Abendlob mit der Gemeinde. Geistliche Erschließung, Erfahrungen und Modelle, Freiburg i.Br. 1994 (Neuausgabe 2002). Dazu sind 2000-2004 zweimal drei Bände mit Gottesdienst-Entwürfen erschienen, jeweils als Gemeindebuch und Dienstebuch mit zusätzlichem Material für Vorsänger/-in und Vorbeter/-in: P. Ringseisen u. a., Morgenlob – Abend-lob: Mit der Gemeinde feiern, Planegg 2000-2004.

Bekenntnisbildung und konfessionelle Abgrenzung

Irene Dingel

Das Seminar diente der Vertiefung dessen, was in dem vorangegangenen Vortrag „Von der Wittenberger Reformation zum Luthertum – Konfessionelle Transformationen" entfaltet worden war. Daher standen die Diskussion des Vortrags und der Meinungsaustausch zum Thema der Bekenntnisbildung und der konfessionellen Abgrenzung, wie sie im 16. Jahrhundert einsetzten und sich entfalteten, im Vordergrund. Die Aussprache kreiste nicht nur um die sechs Thesen, die im Schlussteil des Vortrags formuliert worden waren, sondern auch um spezifische, von den Teilnehmern und Teilnehmerinnen selbst eingebrachte Fragestellungen. Spuren von Bekenntnisbildung und konfessioneller Abgrenzung konnten zudem an den Titelblättern von zeitgenössischen Schriften und kleineren Quellenabschnitten, die in Reproduktionen vorlagen, nachvollzogen werden.

Das diözesane Bischofsamt im frühen Luthertum

Vortrag und Kolloquium

Augustinus Sander OSB

I. Vorüberlegungen
   1. Katholizität und Reform
   2. Unterscheidung von Ursprungsgeschichte und Wirkungsgeschichte
   3. Innerkatholische Verortung versus Konfessionelle und Protestantische Rezeption
   4. Konfessorische Katholizität als Interpretationsansatz

II. Exemplarische Aussagen zum „diözesanen" Bischofsamt im frühen „Luthertum"
   1. CA 28 (1530), in: BSLK 120-134
   2. „Non opto ruinam Episcopatuum, sed reformationem" (Luther an Georg von Anhalt, 20. Mai 1539), in: WA.B 8, 430-433, hier 432, 21f.
   3. Reformatio Wittebergensis (1545), in: CR 5, 595-603 (dt.)

III. Georg III. (1507-1553), Fürst von Anhalt, Dompropst von Magdeburg und bischöflicher „Coadiutor in spiritualibus" von Merseburg
   1. Der Briefwechsel zwischen Georg von Anhalt und Bischof Matthias von Jagow (1539/40)
   2. Das Gutachten Luthers zu theologischen Einzelfragen im Vorfeld der Merseburger Bischofsweihe (1544)
   3. Die Merseburger Bischofsordination (2. August 1545)
   4. Die reformatorische Presbyterordination im Bistum Merseburg (1545-1548)
   5. Der Traktat über die Ordination (1552)

IV. Ausblick

V. Zusammenfassung

Luther und das frühe Luthertum verstehen die Ordination als theologisch qualifizierte Bestellung zum konkreten geistlichen Hirtenamt. Die in apostolischer Identität und Kontinuität gefeierte Ordination stellt ein effektives, pfingstlich-eschatologisch bestimmtes, anamnetisch-applikatives Wort-, Gebets- und Zeichenhandeln dar.
In positiv-integrierender Aufnahme der besonders durch Gratian vermittelten presbyteralen Anschauungen des heiligen Hieronymus bestätigen Luther und das frühe Luthertum die Ausdifferenzierung des ursprünglich identischen Presbyterepiskopen-Amtes in einen diözesan-oberhirtlichen Episkopat und einem diesen zu- und untergeordneten Presbyterat als historisch bedingte, aber zugleich theologisch fundierte und verantwortete sowie gesamtkirchlich rezipierte amtliche Grundstruktur von bleibender Bedeutung.
Angesichts der in der zeitgenössischen katholischen Theologie nicht eindeutig geklärten Begründung und Verhältnisbestimmung von Episkopat und Presbyterat bzw. von Bischofs- und Presbyterweihe ist es bemerkenswert, dass Luther und das frühe Luthertum die mehrheitlich presbyteral-jurisdiktionell bestimmte Lehrmeinung immer wieder auch überschreiten. So gibt es distinkte Formulare für die (unwiederholbare) Ordination sowohl zum parochialen wie zum diözesanen Hirtenamt.
Die von Luther vollzogene Weihe Georgs III. von Anhalt zum Bischof von Merseburg wird ausdrücklich als „ordinationis mysterium" interpretiert. Auch die ersten pommerschen *General*-Superintendenten werden bewusst ordiniert und nicht nur eingeführt.
Im Unterschied zu diesem amtstheologischen Konzept wird – entgegen der Intention Luthers und des frühen Luthertums – in den sich ausbildenden Landeskirchen das rein jurisdiktionell interpretierte Superintendentenamt bestimmend. Anders als in Pommern handelt es sich dabei um ein presbyterales Aufsichtsamt nach Art eines Dekans/Dechanten. Diese Sichtweise des ephoralen Dienstes überhaupt (vom Superintendenten bis zum Landesbischof) hat in den liturgischen *Einführungs*-Formularen des derzeitigen deutschen Luthertums seinen Ausdruck gefunden. In der Perspektive des Weltluthertums zeichnet sich jedoch eine theologische Neubesinnung auf die Bedeutung des diözesanen Bischofsamtes und der Ordination zu diesem Amt ab.

Vertiefende Literatur

A. Sander, Ordinatio Apostolica. Studien zur Ordinationstheologie im Luthertum des 16. Jahrhunderts, Band I: Georg III. von Anhalt (1507-1553), Innsbruck 2004 (IThS 65).

Ders., Erstrittene Ordination. Georg III. von Anhalt (1507-1553): ein Beispiel für die Ordinationstheologie im Luthertum des 16. Jahrhunderts, in: Cath(M) 60 (2006) 23-52.
Ders., Die Ordination im Luthertum. Bedenkenswertes und Bedenkliches, in: HlD 61 (2007) 249-261.
Ders., Die Ordinationstheologie Georgs III. von Anhalt. Ein Beispiel konfessorischer Katholizität, in: Mitteilungen des Vereins für Anhaltische Landeskunde 17 (2008) [Sonderband 500 Jahre Georg III.] 163-181.
Ders., Die konfessorische Katholizität Georgs von Anhalt, in: Die Reformation und ihr Mittelalter, hg. v. G. Frank / V. Leppin, Stuttgart – Bad Cannstatt 2016 (Melanchthon-Schriften der Stadt Bretten 14), 41-54.

Donnerstag
25. September 2014

Die Abwesenheit Gottes in unserer Gesellschaft wird drückender, die Geschichte seiner Offenbarung, von der uns die Schrift erzählt, scheint in einer immer weiter sich entfernenden Vergangenheit angesiedelt. Muss man dem Säkularisierungsdruck nachgeben, modern werden durch Verdünnung des Glaubens? Natürlich muss der Glaube heute neu gedacht und vor allem neu gelebt werden, damit er Gegenwart wird. Aber nicht Verdünnung des Glaubens hilft, sondern nur ihn ganz zu leben in unserem Heute. Dies ist eine zentrale ökumenische Aufgabe, in der wir uns gegenseitig helfen müssen: tiefer und lebendiger zu glauben. Nicht Taktiken retten uns, retten das Christentum, sondern neu gedachter und neu gelebter Glaube, durch den Christus und mit ihm der lebendige Gott in diese unsere Welt hineintritt. Wie uns die Märtyrer der Nazizeit zueinander geführt und die große erste ökumenische Öffnung bewirkt haben, so ist auch heute der in einer säkularisierten Welt von innen gelebte Glaube die stärkste ökumenische Kraft, die uns zueinander führt, der Einheit in dem einen Herrn entgegen. Und darum bitten wir Ihn, dass wir neu den Glauben zu leben lernen und dass wir so dann eins werden.

Aus der Rede Papst Benedikts XVI. im Kapitelsaal des Erfurter Augustinerklosters am 23. September 2011

Ökumenisches Podium: Katholische und lutherische Theologen im Dialog (von l. n. r.: Bischof Dr. Gerhard Feige, Prof. Dr. Werner Klän, Bischof Dr. Simo Peura, Prof. Dr. Josef Freitag, Landesbischof Dr. Karl-Hinrich Manzke, Prof. Dr. Theodor Dieter, Bischof em. Dr. Joachim Wanke)

Luther: Katholizität und Reform

Wolfgang Thönissen

1. Annäherungen an Martin Luther

1.1 Die Entdeckung eines katholischen Luther

Für Jahrhunderte war Luther in den Augen von Katholiken Häretiker und Kirchenspalter. Zu keinem Zeitpunkt nach dem Konflikt von 1521 galt er noch als Katholik.[1] Erstmals am Ende des 19. Jahrhunderts begannen katholische Theologen eine vorsichtige Annäherung an die Person Martin Luthers. Durch sorgfältiges historisches Arbeiten konnte sich die katholische Forschung von der jahrhundertelang geübten einseitigen Herangehensweise an Person und Werk Luthers allmählich frei machen.[2] Aus dem Interesse von Katholiken an der Reformationsgeschichte, das in der zweiten Hälfte des 19. Jahrhunderts durch vielfältige Anstrengungen der katholischen Bevölkerung im protestantisch dominierten Deutschen Reich erwacht war, konnten sich katholische Theologen zu einer Grundthese durchringen, nach der Luther in sich einen Katholizismus überwand, der nicht katholisch war.[3] „Luther wurde auf neue Art und Weise als ernster religiöser Mensch und gewissenhafter Mann des Gebets beschrieben."[4] Nachdem Jahrzehnte später Johannes Kardinal Willebrands Martin Luther in gewisser Weise Gerechtigkeit widerfahren ließ, indem er die tiefe Religiösität Luthers würdigte[5], waren es vor allem Papst Johannes Paul II. und dann in jüngster Zeit Papst Benedikt XVI., die das Bild Martin Luthers vervollständigten. Papst Johannes Paul II. hob 1996 den Willen Luthers zur

---

[1] Martin Luther – Zeuge Jesu Christi. Wort der Gemeinsamen Römisch-katholischen/Evangelisch-lutherischen Kommission anläßlich des 500. Geburtstages Martin Luthers 1983, Nr. 2 (DWÜ 2, 444f).

[2] Das ist das Lebenswerk von A. Herte. Vgl. J. Ernesti, Art. Herte, Adolf, in: J. Ernesti / W. Thönissen, Personenlexikon Ökumene, Freiburg i. Br. 2010, 90f.

[3] So die These von J. Lortz, Die Reformation in Deutschland, Bd. 1, Freiburg i. Br. 1940, 176.

[4] Vom Konflikt zur Gemeinschaft. Gemeinsames lutherisch-katholisches Reformationsgedenken im Jahr 2017, Leipzig – Paderborn 2013, Nr. 22. Original Englisch: From Conflict to Communion [=FCC].

[5] J. Kardinal Willebrands, Martin Luther und die Reformation aus heutiger Sicht, in: Mandatum Unitatis. Beiträge zur Ökumene, Paderborn1989, 265.

Erneuerung der Kirche hervor[6]; Benedikt XVI. würdigte in Luther die tiefe Leidenschaft und Triebfeder seines ganzen Lebens auf der Suche nach Gott.[7] Es war nicht die Absicht Luthers, die Kirche zu spalten. Taucht hier nicht schon Luthers wahre Katholizität auf?

In einem weiteren Schritt ist es der katholischen Lutherforschung gelungen, durch einen systematischen Vergleich zweier exemplarischer Theologen der beiden Konfessionen, Thomas von Aquin und Martin Luther, analoge theologische Inhalte in unterschiedlichen theologischen Gedankenstrukturen und systemen, Denkformen genannt, zu entdecken. Beide Theologen sind sehr unterschiedliche Wege im Denken gegangen, die sich nicht gegenseitig ausschließen müssen, die sich in manchen Fällen sogar komplementär zueinander verhalten. „Gleichzeitig untersuchte die katholische Forschung die Bedeutung der Rechtfertigungslehre innerhalb des Augsburger Bekenntnisses. Dabei wurden Luthers reformatorische Anliegen in den weiteren Kontext der lutherischen Bekenntnisbildung gestellt. So konnte man erkennen, dass es die Intention des Augsburger Bekenntnisses war, grundlegende reformatorische Anliegen zum Ausdruck zu bringen und die Einheit der Kirche zu bewahren."[8] Anlässlich des 450. Jahrestages der Übergabe des Augsburger Bekenntnisses konnte gemeinsam von lutherischen und katholischen Theologen gezeigt werden, dass die Confessio Augustana nicht das Dokument der Spaltung, nicht das Gründungsdokument einer neuen Kirche ist, sondern Zeichen und Ausdruck für die Wahrung der Einheit in der Kirche.[9] In diesem Sinn ist die Confessio Augustana in Wahrheit ein katholisches Dokument.

Das nach dem ersten Papstbesuch Johannes Pauls II. in Deutschland anfangs der Achtzigerjahre begonnene Projekt des Ökumenischen Arbeitskreises evangelischer und katholischer Theologen unter dem Titel „Lehrverurteilungen – kirchentrennend?"[10] hat auf den Spuren der katholischen Lutherforschung dazu beigetragen, die einstmals ausgesprochenen Verurteilungen und Verdammungen, die sich in den Aussagen Luthers und evangelisch-lutherischer Bekenntnisschriften ebenso finden wie in

---

[6] Predigten und Ansprachen von Papst Johannes Paul II. bei seinem dritten Pastoralbesuch in Deutschland 1996 (VApS 126, 32).

[7] Apostolische Reise Seiner Heiligkeit Papst Benedikt XVI. nach Berlin, Erfurt und Freiburg 22.-25. September 2011 (VApS 189, 71).

[8] FCC Nr. 23.

[9] Alle unter einem Christus. Stellungnahme der Gemeinsamen Römisch-katholischen/Evangelisch-lutherischen Kommission zum Augsburgischen Bekenntnis, 1980, Nr. 10 (DWÜ 1, 325).

[10] K. Lehmann / W. Pannenberg (Hg.), Lehrverurteilungen – kirchentrennend? I: Rechtfertigung, Sakramente und Amt im Zeitalter der Reformation und heute, Freiburg i. Br. – Göttingen 1986.

den Entscheidungen des Konzils von Trient, auf ihre historische Tragfähigkeit hin zu überprüfen. So konnte durch mühevolle historisch-kritische Detailarbeit festgestellt werden, dass die wechselseitigen Verurteilungen weithin auf Missverständnissen der Gegenposition, auf einseitigen Auslegungen oder falschen Akzentsetzungen beruhten, so dass diese heute nicht mehr mit kirchentrennender Wirkung einhergehen müssen. Diese hermeneutisch-historisch-kritische Methode konnte zuletzt vom Lutherischen Weltbund wie der Römisch-katholischen Kirche in ihrer gemeinsamen „Erklärung zur Rechtfertigungslehre" von 1999 angewandt werden mit dem Ergebnis, dass zwischen Lutheranern und Katholiken ein Konsens in den grundlegenden Wahrheiten der Rechtfertigungslehre festgestellt werden konnte.[11] In der für die Reformatoren so zentralen Frage nach der Rechtfertigung ist der Grund zur gegenseitigen Verurteilung entfallen.

Die katholische Lutherforschung hat den Weg für eine sachgemäße Auseinandersetzung mit der Person und der Theologie Martin Luthers geebnet. Vor uns taucht der tief im Denken der mittelalterlichen Theologie und des Mönchtums eingebettete Theologe und Professor auf, der sich in seiner theologischen Arbeit auf die Auslegung der biblischen Schriften konzentrierte, dabei die Kirchenväter von Augustinus bis hin zu Bernhard von Clairvaux schätzte und berücksichtigte, gegenüber der scholastischen Theologie und der vor allem durch scholastische Theologen rezipierten Philosophie des Aristoteles eine kritische Haltung einnahm und so eine neue Art der Frömmigkeitstheologie vorantrieb, die vorrangig für Laien gedacht war.[12] In der Reflexion auf Luthers Lebensleistung hielt Melanchthon im Todesjahr Martin Luthers fest, dass dieser im „Ringen um Frömmigkeit" das Denken der Menschen zu Christus zurückrief. Ansonsten ließ Luther, der Diktion Melanchthons zufolge, das apostolische, nizänische und athanasianische Glaubensbekenntnis völlig unangetastet.[13]

Ist damit nun endgültig erwiesen, dass Luther katholisch war, dass er katholisch geblieben ist? Hat sich Luther aber nicht doch im Lauf der Zeit ganz von seiner Katholizität gelöst? Ist der Reformator nicht eher evangelisch, am Ende gar Protestant? In welchem Verhältnis also stehen Katholizität und Reformation zueinander? Schließen sich beide nicht kategorisch aus?

---

[11] Gemeinsame Erklärung zur Rechtfertigungslehre des Lutherischen Weltbundes und der Katholischen Kirche, 1999, Nr. 14-18 (DWÜ 3, 423f).

[12] FCC Nr. 101.

[13] Ph. Melanchthon, Historia Lutheri, 1546 (CR 6, 155-170).

1.2 Die Katholizität der Kirche in der Spaltung der abendländischen Kirche

Wenden wir uns zunächst der Frage nach der Katholizität zu.[14] Der Begriff der Katholizität taucht in der Bibel nicht auf. Im Profangriechischen heißt katholisch zweierlei: sich auf ein Ganzes beziehend, ein Ganzes umfassend und vollkommen, integral, in Fülle bestehend[15]. Ignatius von Antiochien bezieht das Wort katholisch erstmals auf die Kirche; sie ist da, wo Jesus Christus ist, so wie dort die Gemeinde ist, wo der Bischof ist.[16] Die Parallelität von Christus/Kirche und von Bischof/lokaler Kirche nimmt damit die beiden Aspekte der Totalität und der Authentizität auf.[17] Eine Idee der Katholizität scheint damit schon in der Antike auf, geht aber über diese beiden Aspekte nicht prinzipiell hinaus. Die Vorstellung von der geographischen Universalität wächst allmählich hinzu. Im Laufe des vierten Jahrhunderts wird der formelhafte Ausdruck von der einen, heiligen, katholischen und apostolischen Kirche allmählich in die Symbola aufgenommen. Im Mittelalter fügt sich, von der Trinitätslehre herkommend, die Idee der in Christus vorhandenen Fülle ein. Der Begriff der Katholizität spielt dann erst in der neueren Kirchengeschichte eine herausragende Rolle. Nach der Zeit der Reformation wird die Wesenseigenschaft der Katholizität schließlich in der virulenter werdenden apologetischen Ekklesiologie ausgeprägt. Die Frage nach der wahren Kirche wird zum Ausgangspunkt der demonstratio catholica. Die wahre Kirche ist die unter Papst und Bischöfen im katholischen Glauben festgefügte und in den Sakramenten lebendige Gemeinschaft der Menschen, wie dies Robert Kardinal Bellarmin in seiner kontroverstheologischen Diktion bis in unsere Zeit hinein festgeschrieben hat. Ein qualitatives Verständnis von Katholizität wird dann erst wieder im 20. Jahrhundert wirksam. Zum Verständnis der Katholizität wird der Begriff der Fülle herangezogen. Diesen Begriff findet man im Corpus Paulinum. Hier erscheint die Kirche unter dem Pleroma Christi.[18] Gemeint ist damit die von Christus ausgehende Fülle der göttlichen Gnade, die sich auf die Kirche ausdehnt. In der Kirche Christi ist die ganze Fülle der Heilsmittel versammelt. Die Enzyklika „Mystici Corporis" spitzt diese biblischen Aussagen ekklesiologisch zu, die Mitteilung der Gnadengaben durch den Heiligen Geist an die Kirche

---

[14] Y. Congar, Die Katholizität der Kirche, in: MySal Bd. 4/1, 478-502.

[15] W. Beinert, Art. Katholisch, Katholizität, in HWPH, Bd. 4, 787.

[16] Ign. Smyrn. 8,2.

[17] Y. Congar, Die Katholizität der Kirche, in: MySal Bd. 4/1, 479.

[18] W. Beinert / U. Kühn, Ökumenische Dogmatik, Leipzig – Regensburg 2013, 514f. mit Verweis auf Kol 1,19; 2, 9f.; Eph 1,22f.

bewirkt das Pleroma und die Integrität der Kirche selbst. Die Kirche wird gleichsam zur Fülle und zur Ergänzung des Erlösers.[19]
Das Zweite Vatikanische Konzil nimmt genau diese Vorstellung von der Katholizität in den Blick. Christus erfüllt die Kirche mit seinen göttlichen Gaben, damit sie sich ausweite und zur ganzen Fülle Gottes gelange.[20] Eingespannt erscheint die Kirche hier zwischen ihrem Grund in Christus und der in Gott vollendeten eschatologischen Fülle. Die Kirche ist darin Instrument und Zeichen der göttlichen Heilsmitteilung.[21] Der katholischen Kirche Christi ist die Fülle der Heilsmittel anvertraut (concredita est).[22] Worin besteht also die wahre Katholizität der Kirche? In der Fülle der ihr anvertrauten Heilsmittel, sagt das Konzil. In der integralen Bewahrung der Heilsmittel vollzieht sich die Sendung der Kirche. Die Katholizität der Kirche zeigt sich in der Verkündigung des Evangeliums, und das heißt: sie ist eben keine Eigenschaft, über die die Kirche verfügt, keine Eigenschaft, die sie auszeichnet, sondern ein Gut, das ihr von Christus im Heiligen Geist zur Bewahrung und zur Mehrung anvertraut wurde. Die Kirche besitzt diese Heilsmittel nicht, weil es ihre eigenen sind, sondern sie besitzt sie, weil sie ihr von Christus im Heiligen Geist zur Mehrung anvertraut wurden. In der Sendung der Heilsverkündigung liegt die Aufgabe, „die Fülle der Katholizität unter jedem Aspekt in der Wirklichkeit des Lebens auszuprägen"[23]. Zugleich kommt hiermit auch die ökumenische Problematik in den Blick. Die Spaltungen sind nämlich ein Hindernis für die Kirche, die ihr von Christus anvertraute Fülle der Katholizität in den Gläubigen wirksam werden zu lassen und, so muss man ergänzen, voll auszuprägen. Die Spaltungen legen einen Schatten auf die Fülle, ja sie verdunkeln das Kreuz Christi. Die Kirche kann die ihr von Christus anvertraute Sendung nicht voll erfüllen, gerade weil es Spaltungen unter den Christen gibt. Und dazu gehört auch die Aussage des Konzils, dass die von Rom getrennten Kirchen und Gemeinschaften Mittel des Heils sind.[24] Auch in ihnen findet Heilsvermittlung statt, auch in ihnen sind Elemente und Güter des Heils gegenwärtig, von Christus anvertraut. In der Suche nach der Einheit unter den Christen muss die wahre Katholizität zum Ausdruck kommen. Die wahre Katholizität der Kirche vollzieht sich gerade in ihrer Ökumenizität. Noch einmal zugespitzt gesagt: Die katholische Kirche kann die ihr anver-

---

[19] DH 3813. Vgl. zum Ganzen E.-M. Faber, Vokabular des Überschwangs und der Abgrenzung. Eine Studie zur ekklesiologischen Terminologie der Fülle in „Unitatis redintegratio", in Cath(M) 68 (2014) 104-125.
[20] LG 7.
[21] LG 1.
[22] UR 3.
[23] UR 4.
[24] UR 3.

traute Katholizität nur verwirklichen und ausprägen, wenn sie die von ihr getrennten Kirchen und Gemeinschaften auf diesen Weg der Katholizität mitnimmt und sie zugleich darin anerkennt. Denn durch die ökumenischen Klärungen ist es notwendig geworden, die Frage nach der Katholizität nicht auf die römisch-katholische Kirche in ihrer sichtbaren Gestalt allein zu beschränken. Katholizität erweist sich in dieser Bestimmung als dynamisch und offen. Offen auch für einen Begriff der Reform oder der Reformation?

1.3 Die Rehabilitierung des Reformbegriffs durch das Zweite Vaticanum

Nach Jahrhunderten der polemischen Beschäftigung mit Leben und Werk Martin Luthers konnte das Lutherbild in der katholischen Theologie nachhaltig korrigiert werden.[25] In Abwendung von einem einseitig verstandenen Begriff der Gegenreformation hat Hubert Jedin den Begriff der katholischen Reform als Hinweis auf die Erneuerungsbemühungen der katholischen Kirche im Zeitalter der Konfessionsbildung und der Konfessionalisierung geprägt.[26] In diesem historischen Zusammenhang erscheint Luther durchaus glaubwürdig als Reformkatholik. Damit suchte man die legitime Reform von einer illegitimen Reformation als Bruch mit der Tradition der Kirche zu unterscheiden.[27] Der Reformator als Reformkatholik? Wie weit kommen wir mit diesen Begriffen und Vorstellungen?
Während das Konzil von Trient mit dem Reformbegriff noch sehr vorsichtig umging, ohne ihn auszublenden, finden wir in Texten des Zweiten Vaticanums eine deutliche Rehabilitierung des Reformbegriffs. Hier sind zwei Aussagen von Bedeutung. Um ihrer eigenen Berufung treu zu bleiben, bedarf die Kirche der Erneuerung. In diesem Sinne ist die Kirche zu einer dauernden Reformatio gerufen, soweit sie eine menschliche und irdische Einrichtung ist. Das Zweite Vaticanum verhilft damit dem alten katholischen Grundsatz von der perennis reformatio zu einer neuen Blüte. Damit kommen diese Erkenntnisse dem reformatorischen Grundsatz von der Ecclesia semper reformanda ziemlich nahe. Freilich darf man die signifikanten Unterschiede nicht ausblenden. Diese dürften sicher darin liegen, dass der katholische Grundsatz von der dauernden Reform die

---

[25] J. Wanke, War Luther ein Reformkatholik? Nach-Gedanken zu Werk und Wirkung Martin Luthers aus heutiger Perspektive, in: Luther zwischen den Kulturen. Zeitgenossenschaft – Weltwirkung, hg. v. H. Medick / P. Schmidt, Göttingen 2004, 519.

[26] K. Ganzer, Art. Katholische Reform, in: LRZ, Freiburg i. Br. 2002, 385f.

[27] D. Wendebourg, War Luther ein Reformkatholik? Evangelische Antwort auf eine römisch-katholische Frage, in: Luther zwischen den Kulturen. Zeitgenossenschaft – Weltwirkung, hg. v. H. Medick / P. Schmidt, Göttingen 2004, 524f.

Tatsache des Bruches mit der kirchlichen Tradition zu umgehen sucht. Die jüngsten Auseinandersetzungen um einen legitimen Reformbegriff in der katholischen Kirche haben jedenfalls gezeigt, dass bei der Bestimmung des Reformbegriffs das Zusammenspiel von Kontinuität und Diskontinuität in der Rezeption der kirchlichen Tradition nicht vermieden werden kann.[28] Insoweit beherbergt der Reformbegriff immer auch einen gewissen Umgang mit Diskontinuitäten in den vielfältigen kirchlichen Traditionen. So betrachtet bleibt der positiv bestimmte Reformbegriff auf ein Verständnis der Reformation immer bezogen, auch wenn er sich von ihm unterscheidet, ohne ihn ganz auszuscheiden. Somit stellt sich heute die Aufgabe, Katholizität und Reform in einem dynamischen Zusammenhang auszuloten, nicht aber, sie gegeneinander auszuspielen. Freilich können Diskontinuitäten in der Rezeption der Geschichte nie ausgeschlossen werden. Katholizität schließt demnach immer einen offenen Reformbegriff mit ein. Damit ist klar geworden, dass der so bestimmte Begriff der Katholizität den Begriff der Reform oder gar der Reformation nicht prinzipiell ausschließt.

2. Luthers Katholizität, die sich in seinen Reformanliegen zeigt

Wer Luthers Katholizität begreifen will, muss sich intensiver mit seinen Reformanliegen beschäftigen.[29] Im Besonderen geht es darum, die Eigenart und die Argumentationsweise seiner Theologie zu erkennen. Der Blick fällt zunächst auf die Argumentation Luthers: Worauf richtet er seine Kritik? Woran übt er Kritik? Welche Argumente benutzt er dabei? Wie sieht sein theologisches Anliegen aus? Erst wenn wir erkennen, was Luther kritisiert, verstehen wir auch seine Argumente und die seiner Gegner, insbesondere die Argumentation des Konzils von Trient. Indem wir beides aufeinander beziehen, wird der Gegenstand der Kontroverse klarer. In der Beschreibung der Argumente werden dann in einem zweiten Schritt die jeweiligen Anliegen deutlicher. Indem die Anliegen mit den Argumenten der je anderen Seite verglichen werden, wird sich herausstellen, ob die Anliegen einer

---

[28] Ansprache von Papst Benedikt XVI. an das Kardinalskollegium und die Mitglieder der Römischen Kurie beim Weihnachtsempfang, 22. Dezember 2005 (VApS 172, 16).

[29] Das tut der neue Bericht der lutherisch-katholischen Kommission für die Einheit zum Reformationsgedenken im Jahr 2017 „Vom Konflikt zur Gemeinschaft". Das Dokument greift vier Themen heraus: Rechtfertigung, Eucharistie, Amt und Schrift/Tradition, allesamt Hauptthemen der Theologie Martin Luthers, aber deswegen auch Haupthemen des lutherisch-katholischen Dialogs der vergangenen fünfzig Jahre.

Sache treffend mit der Argumentationsweise des Gegners verbunden sind oder nicht. Der ökumenische Dialog hat in der Gegenüberstellung und Bezugnahme von Argumenten und Argumentationsweisen herausarbeiten können, dass die unterschiedlichen Denkweisen und Denkformen nicht übereinstimmen, was in der Vergangenheit oft zu Missverständnissen und nicht selten zu gegenseitigen Verurteilungen geführt hat. So lässt sich heute deutlicher erkennen, dass Kardinal Cajetan nach dem Studium der Schriften Luthers zu dem Schluss kam, dass Luthers Verständnis der Glaubensgewissheit die Gründung einer neuen Kirche impliziere.[30] Dieses Urteil ist aber nur innerhalb seines eigenen theologischen Systems schlüssig. Verlässt man dieses und wendet sich der Denkweise Luthers zu, verändern sich Anliegen und Intentionen in einem signifikanten Maße. Lassen sich diese in der unterschiedlichen Zuordnung von Anliegen und Aussagen wurzelnden Missverständnisse ausräumen? Indem man Luther selbst in seinem historischen und denkformabhängigen Zusammenhang darstellt und dann, in einem zweiten Schritt, zeigt, wie man ökumenisch mit diesen Themen umgegangen ist, wird das Proprium der Theologie Martin Luthers klarer erkennbar. Zugleich kann erörtert werden, ob und wie es sich ökumenisch rezipieren lässt. Dabei kann man sich der inzwischen gewonnenen Erkenntnisse in der Lutherforschung bedienen. So zeigt sich schließlich, wo und wie sich Konvergenzen oder sogar Konsense eröffnen, die den Weg zur Überwindung der Kontroversen ermöglichen. Das kann hier nur exemplarisch an den vier genannten Beispielen exerziert werden. Dabei kann nicht die ganze Tiefe der einzelnen Fragestellungen ausgelotet werden. Entsprechend der hier verfolgten Leitlinie werden die Ausgangspunkte der Kontroverse bestimmt, um von dorther die inzwischen erfolgten Verständigungen auszuloten und darzustellen.

2.1 Zur Frage der Rechtfertigung

Der Streit um die Theologie Martin Luthers konzentrierte sich sehr früh auf das Verständnis der Rechtfertigung. Er nahm seinen Ausgangspunkt bei einer neuen Besinnung Luthers über das Bußsakrament.[31] Das ist Thema der 95 Thesen über die Wirkung des Ablasses und zahlreicher zur selben Zeit verfasster Schriften.[32] Luthers Widerspruch zielte nicht auf die

---

[30] FCC Nr. 137.

[31] Die wahre Buße kann nur von der Liebe Gottes ausgehen: Dies führt Luther in seinem Brief an Staupitz vom 30. Mai 1518 aus. Resolutiones disputationum de indulgentiarum virtute. 1518, in: WA 1, 525-628, 525ff.

[32] Vgl. hierzu den Sermo de poenitentia. 1518, in: WA 1, 319-324. Dazu gehört auch der Sermon von Ablass und Gnade. 1517 (1518), in: WA 1, 243-246. Entstanden sind

Abschaffung des Bußsakraments.[33] Seine zentrale Frage war vielmehr: Wie erlange ich die Vergebung der Sünden? Der Theologie seiner Zeit hat Luther entnehmen können, dass Gott dem Menschen seine Sünde vergibt, wenn dieser nur in einem aufrichtigen Akt der Liebe seine Sünden bereut. Es ist die Aufgabe des Priesters, die durch die vollständige Reue bereits erfolgte Sündenvergebung durch die Absolution anzuzeigen und zu erklären. Die Vergebung der Sünden ist die Wirkung der Reue.[34] Dahinter lässt sich die nominalistische Theorie ausmachen, dass Gott dem, der tut, was in seinen Möglichkeiten steckt, die Gnade nicht verweigert.[35] Danach erscheint die Rechtfertigung des Sünders als Folge der in der Sündenvergabe bereits vollzogenen, allerdings von Gott geschenkten Reue des Menschen. Luther begann in seiner intensiven Auseinandersetzung mit der spätmittelalterlichen Bußlehre zu begreifen, dass die Reue umgekehrt auf einer Zusage Gottes beruht, die der Mensch im Glauben annimmt und ergreift. Staupitz hat mit dieser Lehre angefangen, versichert Luther; wesentliche Impulse erhält er durch Bernhard von Clairvaux von Augustinus.[36] Der Glaube ist die allein angemessene Antwort auf die im Wort erfolgte Zusage Gottes. Rechtfertigung des Menschen geschieht allein aus Gnade im Glauben an die Heilstat Jesu Christi.

Zwar gab es auch noch „im 16. Jahrhundert eine beachtliche Konvergenz zwischen den lutherischen und katholischen Auffassungen hinsichtlich der Notwendigkeit von Gottes Gnade und der Unfähigkeit, das Heil aus eigenen Kräften zu erlangen[37]. Allerdings fanden katholische Theologen Luthers Auffassungen beunruhigend. „Einiges an Luthers Sprache weckte in ihnen die Sorge, dass er die personale Verantwortung des Menschen

---

sie nicht zur selben Zeit, sicher aber vor Ostern 1518. In unmittelbaren Zusammenhang mit den Ablassthesen scheint ein immer schon wenig beachteter Text zu stehen, den Luther mit seinen Ablassthesen an Erzbischof Albrecht sandte. Es handelt sich um den Traktat über die Ablässe (Tractatus de indulgentiis) aus dem unmittelbaren Vorfeld des Ablassstreites. Erzbischof Albrecht weist auf diesen Tractatus hin und auch Luther selbst gibt einen Hinweis in den „Resolutionen".

[33] Ausdrücklich zählt Luther die Buße zu den Sakramenten. De captivitate Babylonica ecclesiae praeludium. 1520, in: WA 6, 497-573, 501.

[34] H. Vorgrimler, Buße und Krankensalbung Freiburg i. Br. ^{2}1978 (HDG IV/3), 149.

[35] „Facienti quod in se est, Deus non denegat gratiam" (FCC Nr. 102). Der Satz stammt von Gabriel Biel. Vgl. hierzu Th. Dieter, Der junge Luther und Aristoteles. Eine historisch-systematische Untersuchung zum Verhältnis von Theologie und Philosophie, Berlin – New York 2001 (TBT 105), 183-193.

[36] Vgl. W. Thönissen, Luthers 95 Thesen gegen den Ablass (1517) – Ihre Bedeutung für die Durchsetzung und Wirkung der Reformation, in: Meilensteine der Reformation. Schlüsseldokumente der frühen Wirksamkeit Martin Luthers, hg. v. I. Dingel / H. P. Jürgens, Gütersloh 2014, 95.

[37] FCC Nr. 119.

für seine Handlungen leugnete. Das erklärt, warum das Konzil von Trient die Verantwortung der menschlichen Person und ihre Fähigkeit zum Mitwirken mit der göttlichen Gnade betonte. Katholiken unterstrichen, dass der Gerechtfertigte in die Entfaltung der Gnade in seinem Leben mit einbezogen werden sollte. Darum tragen menschliche Anstrengungen im Gerechtfertigten zu einem intensiveren Wachstum in der Gnade und in der Gemeinschaft mit Gott bei."[38] Das Konzil von Trient stellte einerseits klar heraus, dass der Mensch nicht durch seine Werke oder Kräfte seiner Natur ohne die göttliche Gnade gerechtfertigt werden könne.[39] Die einzige Ursache unserer Rechtfertigung ist die Gerechtigkeit Gottes, durch die er uns gerecht macht.[40] Mit dieser Formel hat das Konzil von Trient implizit auf Luthers theologischen Reformvorschlag reagiert; bis in den Wortlaut hinein ist die Diktion Luthers zu hören.[41] Andererseits betonte das Konzil, obwohl weder Glaube noch Werke die Gnade der Rechtfertigung verdienen könnten, dass der Mensch durch freien Willen und Zustimmung mitwirke, um sich auf den Empfang der Rechtfertigungsgnade vorzubereiten und die Gnade durch gute Werken zu mehren.[42] Zusammen mit der Vergebung der Sünden erhält der Mensch die durch die Gnade eingegossenen Tugenden: Glaube, Liebe und Hoffnung.[43]
Der Streit über diese Fragen eskalierte endgültig, als Luther und die anderen Reformatoren die Lehre von der Rechtfertigung des Sünders als den „ersten und Hauptartikel"[44] und „Lenker und Richter über alle Teile der christlichen Lehre"[45] zu lehren begannen. „Das ist der Grund, warum die Trennung in dieser Frage so einschneidend war und warum die Arbeit an ihrer Überwindung ein Gegenstand von höchster Priorität für die katholisch-lutherischen Beziehungen war."[46] Nachdem in der zweiten Hälfte des 20. Jahrhunderts diese Kontroverse Gegenstand umfangreicher Untersuchungen durch einzelne Theologen und zahlreiche nationale oder internationale lutherisch-katholische Dialoge wurde, konnten die Ergebnisse dieser Untersuchungen und Dialoge schließlich in der „Gemeinsamen Erklärung zur Rechtfertigungslehre" von 1999 offiziell durch die

[38] Ebd.
[39] DH 1551.
[40] DH 1529.
[41] So in seinem Brief an Staupitz vom 30. Mai 1518. Resolutiones disputationum de indulgentiarum virtute. 1518, in: WA 1, 525-628.
[42] DH 1554.
[43] DH 1530.
[44] Schmalkaldische Artikel II,1 (BSLK 415,6)
[45] Die Promotionsdisputation von Palladius und Tilemann. 1. Juni 1537, in: WA 39/I, 202-257, 205,2f.
[46] FCC Nr. 122.

Römisch-katholische Kirche und den Lutherischen Weltbund rezipiert werden.[47] Der darin erzielte Konsens in Grundwahrheiten der Rechtfertigungslehre besagt: „Allein aus Gnade im Glauben an die Heilstat Christi, nicht auf Grund unseres Verdienstes werden wir von Gott angenommen und empfangen den Heiligen Geist, der unsere Herzen erneuert und uns befähigt und aufruft zu guten Werken"[48]. Der Ausdruck „allein aus Gnade" wird so erklärt: „die Botschaft von der Rechtfertigung [...] sagt uns, dass wir Sünder unser neues Leben allein der vergebenden und neuschaffenden Barmherzigkeit Gottes verdanken, die wir uns nur schenken lassen und im Glauben empfangen, aber nie – in welcher Form auch immer – verdienen können"[49]. Nur in diesem Rahmen können dann die Grenzen und die Würde der menschlichen Freiheit bestimmt werden. Der Ausdruck „allein aus Gnade" wird mit Bezug auf die Bewegung des Menschen zum Heil so ausgelegt, „dass der Mensch im Blick auf sein Heil völlig auf die rettende Gnade Gottes angewiesen ist. Die Freiheit, die er gegenüber den Menschen und Dingen der Welt besitzt, ist keine Freiheit auf sein Heil hin"[50]. Im Blick auf das Heil des Menschen ist das Grund-Folge-Verhältnis von Gerechtigkeit und Gnade Gottes, Rechtfertigung und Heiligung des Menschen also klar festgelegt. Nur in dieser von Gott gesetzten Ordnung können dann die Freiheit und das Mitwirken des Menschen angemessen bestimmt werden. Der so festgehaltene Grundkonsens umfasst das Urteil, dass die einstmals ausgesprochenen Verurteilungen nicht mehr die Lehre der je anderen Konfession treffen. Es ist ein Konsens in Grundwahrheiten, der die unterschiedlichen Anliegen und Schwerpunktsetzungen trägt.

2.2 Zur Frage der Eucharistie

In der spätmittelalterlichen Theologie hatte sich allgemein die Überzeugung durchgesetzt, dass die Realpräsenz Christi unabdingbar an die vom Vierten Laterankonzil festgeschriebene Transsubstantiationslehre gebunden sei, freilich konzentrierten sich die Theologen in der Folgezeit auf die Erklärung dieser Lehre[51], in der man keine letzte Übereinstimmung fand. Auch Luther hielt an der Realpräsenz von Leib und Blut Jesu Christi im Sakrament fest[52]. Sein Widerspruch bezog sich nicht auf die Leugnung der

---

[47] FCC Nr. 123.
[48] Gemeinsame Erklärung, Nr. 15 (DWÜ 3, 423).
[49] Ebd., Nr. 17 (DWÜ 3, 424).
[50] Ebd., Nr. 19 (DWÜ 3, 424).
[51] DH 802.
[52] B. Neunheuser, Eucharistie in Mittelalter und Neuzeit Freiburg i. Br. 1963 (HDG IV/4), 44-53.

Realpräsenz. Er hielt vielmehr fest: Es ist Christus, der sich in seinem Leib und seinem Blut den Kommunikanten gibt. Luther hatte allerdings Fragen zur Art und Weise, wie die kirchliche Lehre das Geheimnis der Gegenwart Christi zum Ausdruck brachte.[53] Dabei teilte er die Skepsis vieler Theologen, ob die philosophische Deutung nur mit Hilfe der aristotelischen Unterscheidung von Substanz und Akzidenz geleistet werden könne. Seine Zurückweisung der Idee der Transsubstantiation deuteten katholische Theologen so, als wolle Luther die Realpräsenz aufgeben. Aber auch das Konzil von Trient unterschied zwischen der Überzeugung von der Wandlung der Elemente und ihrer begrifflichen Erfassung und erklärte: „Diese Wandlung [conversio] wurde von der heiligen katholischen Kirche treffend und im eigentlichen Sinne Wesensverwandlung [transsubstantiatio] genannt."[54] Noch klarer fasst das Konzil dies im Can. 2 des Dekretes über das Sakrament der Eucharistie auf: Die katholische Kirche nennt „diese Wandlung sehr treffend Wesensverwandlung"[55]. In katholischer Sicht schien die reale Gegenwart Jesu Christi in den Gestalten von Brot und Wein und die Gegenwart der ganzen Wirklichkeit Jesu Christi in jeder der Gestalten durch das begriffliche Konzept der Transsubstantiation gewährleistet zu sein. Freilich war man sich auf kirchlicher Seite nicht der Schwierigkeiten bewusst, die dieses Konzept mit sich führte. Gerade in der Opferfrage kam es zu einer klaren gegenseitigen Verurteilung. Luther stellte fest, dass angesichts der Opferfrage keine Annäherung mehr möglich sei.

Nach Jahrhunderten kontroverstheologischer Auseinandersetzungen und inzwischen erfolgter Klärungen hat sich die Überzeugung durchgesetzt: „Im Sakrament des Abendmahls ist Jesus Christus, wahrer Gott und wahrer Mensch, voll und ganz mit seinem Leib und seinem Blut unter dem Zeichen von Brot und Wein gegenwärtig."[56] Diese gemeinsame Feststellung macht sich die Einsicht zueigen, dass man die Wesensverwandlung auch ohne die Übernahme der Begriffssprache der Transsubstantiation festhalten kann. „Gegenwärtig wird der erhöhte Herr im Abendmahl in seinem dahingegebenen Leib und Blut mit Gottheit und Menschheit durch das Verheißungswort in den Mahlgaben von Brot und Wein in der Kraft des Heiligen Geistes zum Empfang durch die Gemeinde."[57] Heute können

---

[53] FCC Nr. 141.

[54] DH 1642 (Dekret über das Sakrament der Eucharistie, 13. Sitzung, 11. Oktober 1551).

[55] DH 1652.

[56] Das Herrenmahl. Bericht der Gemeinsamen Römisch-katholischen/Evangelisch-lutherischen Kommission, 1978, Nr. 16 (DWÜ 1, 276).

[57] K. Lehmann / W. Pannenberg, Lehrverurteilungen – kirchentrennend? Bd. I, a.a.O. (siehe Anm. 10), 122.

Lutheraner und Katholiken das Geheimnis der Gegenwart Jesu Christi gemeinsam hervorheben, wenn sie dies auch auf unterschiedliche Weise tun.

Ähnlich verhielt es sich mit der Frage nach dem Opfercharakter der Eucharistie. Luthers Widerspruch bezog sich nicht auf die Frage, ob die Eucharistie als Opfer verstanden werden konnte, sondern wie die kirchliche Lehre dieses Geheimnis zu verstehen lehrte. Im späten Mittelalter war das eine und ein für allemal genügsame Opfer Christi nicht mehr voll verstanden worden; viele Theologen sahen in der Messe ein weiteres Opfer, das zu dem einen Opfer Christi hinzukam: „Entsprechend einer von Duns Scotus stammenden Theorie erwartete man von einer Vervielfältigung der Messen eine Vervielfältigung der Gnade, die dann einzelnen Personen zugewandt werden könnte. Das ist der Grund, warum zur Zeit Luthers zum Beispiel in der Schlosskirche von Wittenberg jährlich Tausende von Privatmessen gefeiert wurden."[58] Auch hier suchte Luther eine theologische Lösung. Um der Annahme zu entgehen, dass das Opfer ein gutes Werk der Menschen ist, band Luther den Opfergedanken an die Idee vom Gedächtnis. Es ist Christus selbst, der sich denen gibt, die ihn empfangen. Das Geschenk Christi selbst kann nur im Glauben empfangen werden, war seine Grundüberzeugung. Daher konnte Luther am Opfercharakter der Eucharistie festhalten, wenn er es als Dankopfer verstand. Auch das Konzil von Trient benutzte den Leitbegriff des Gedächtnisses und verstand das eine Opfer Jesu Christi, das in der Feier der Eucharistie als wahres und wirkliches Opfer den Gläubigen vergegenwärtigt, zugewandt und dargereicht wird. Dem lutherisch-katholischen Dialog ist es gelungen, diesen Widerspruch weithin zu lösen. „Gemeinsam bekennen katholische und lutherische Christen, dass Jesus Christus im Herrenmahl ‚als der Gekreuzigte gegenwärtig ist, der für unsere Sünden gestorben und für unsere Rechtfertigung wieder auferstanden ist, als das Opfer, das ein für allemal für die Sünden der Welt dargebracht wurde'. Dieses Opfer kann weder fortgesetzt noch wiederholt, noch ersetzt, noch ergänzt werden; wohl aber kann und soll es je neu in der Mitte der Gemeinde wirksam werden. Über Art und Maß dieser Wirkung gibt es unter uns unterschiedliche Deutungen."[59] Der entscheidende Fortschritt liegt in der Überwindung der Trennung von Opfer und Sakrament: Das eine Geschehen des Selbstopfers Jesu Christi ist auf sakramentale Weise gegenwärtig. Im Vollzug der Eucharistie wird das Kreuzesgeschehen gegenwärtig in Brot und Wein, der Gegenwartsweise seines Leibes und seines Blutes in der Mahlfeier selbst. Gedächtnis und Gegenwart sind nicht zwei voneinander

---

[58] FCC Nr. 146.

[59] Das Herrenmahl, Nr. 56 (DWÜ 1, 288).

getrennte Weisen seiner Realpräsenz, sondern zwei miteinander verbundene Seiten ein und desselben Geschehens. Wenn das klar geworden ist, dann liegt die Überwindung der Kontroverse darin, unterschiedliche Denkformen miteinander zu verbinden, indem man die Grundüberzeugung von der heilbringenden Gegenwart Christi teilt.

2.3 Über das Amt

Luthers Widerspruch gegen das Verständnis des Amtes in der spätmittelalterlichen Kirche bezog sich nicht vorrangig auf die Leugnung des geweihten Priestertums, sondern auf eine im Mittelalter populäre Deutung, die einen wirklichen Unterschied, ja einen Dissens zwischen Amt und Christsein behauptete: „Luthers theologische Vorstellung vom Christen als Priester widersprach der Ordnung der Gesellschaft, die sich im Mittelalter weit verbreitet hatte. Nach Gratian gab es zwei Arten von Christen, Kleriker und Laien. Mit seiner Lehre vom allgemeinen Priestertum wollte Luther dieser Unterscheidung die Grundlage wegnehmen. Was ein Christ als Priester ist, ergibt sich aus der Teilhabe am Priestertum Christi: Er oder sie bringt die Anliegen der Menschen im Gebet vor Gott und die Anliegen Gottes zu den Menschen durch die Weitergabe des Evangeliums."[60] Die Kritik Luthers richtete sich auf den bei dieser Vorstellung vorherrschenden Unterschied im Gnadenstand von Priester und Christ. Alle Christen sind wahrhaft geistlichen Standes. Das ordinationsgebundene Amt verstand Luther als öffentlichen Dienst für die ganze Kirche. „Pfarrer sind ministri (Diener). Dieses Amt steht nicht in Konkurrenz zum allgemeinen Priestertum aller Getauften; es dient ihm vielmehr, damit alle Christenmenschen einander Priester sein können."[61] Luther hat in seiner Schrift an die Böhmen die Frage erörtert, ob eine Einsetzung eines Pfarrers in das geistliche Amt auch ohne den Akt eines Bischofs möglich ist, also in einer Notsituation auch eine Gemeinde aus ihrer Versammlung heraus geeignete Personen zum Pfarramt empfehlen und bestätigen kann. Dabei hat Luther selbstverständlich vorausgesetzt, dass das ordinationsgebundene Amt für die Kirche notwendig sei.[62] Melanchthon hat noch nach dem Tode Luthers an der Überzeugung festgehalten, dass die Ordination Sakrament genannt werden könne.[63]

---

[60] FCC Nr. 164. Vgl. Decretum Gratiani 2.12.1.7 (Corpus Iuris Canonici, Bd. I, hg. v. E. Friedberg, Graz 1955, 678).
[61] FCC Nr. 165.
[62] Die Apostolizität der Kirche. Studiendokument der Lutherisch/Römisch-katholischen Kommission für die Einheit, 2006, Nr. 202 (DWÜ 4, 593f).
[63] Confessio Saxonica 1551, 409 (MWA VI, 1219).

Während das Konzil von Trient von einem heiligen (sacerdotii ministerium)[64], einem sichtbaren und äußeren Priestertum[65] sprach, ist es erst dem Zweiten Vatikanischen Konzil gelungen, diesen Widerspruch weithin aufzulösen: „Das gemeinsame Priestertum der Gläubigen aber und das Priestertum des Dienstes, das heißt das hierarchische Priestertum, unterscheiden sich zwar dem Wesen und nicht bloß dem Grade nach. Dennoch sind sie einander zugeordnet: das eine wie das andere nämlich nimmt je auf besondere Weise am Priestertum Christi teil."[66] Der lutherisch-katholische Dialog hat diese Lösung des Konzils voll anerkannt und aufgenommen. Gemeinsam ist man der Überzeugung, dass das ordinationsgebundene Amt göttlichen Ursprungs ist.[67] „Ordinierte Amtsträger haben eine besondere Aufgabe innerhalb der Sendung der ganzen Kirche."[68] Das Amt ist Dienst am Wort Gottes, der Verkündigung des Evangeliums. Es schließt die Verwaltung, die Spendung der Sakramente ein. Freilich sind in der Amtsthematik noch viele Fragen ungeklärt. Das betrifft das dreigestufte Amt, die Ordination als sakramentale Weihehandlung, das Bischofsamt insbesondere, das universale Dienstamt und auch die Frage nach dem Priestertum der Frau.

2.4 Zur Frage von Schrift und Tradition

Luthers Auffassung über die Stellung der Heiligen Schrift in der Lehre der Kirche entwickelte sich aus seiner Auseinandersetzung mit der Lehre vom Ablass und der Buße. Seine frühen Gegner Johannes Eck und Silvester Prierias legten Luthers Verständnis von der Heiligen Schrift als Widerspruch zur Autorität von Lehramt und Kirche aus. Luther betonte jedoch die „alleinige" Autorität der Heiligen Schrift nicht gegen die Autorität der Kirche, sondern im Zusammenhang mit ihr. „Luther selbst hat den Ausdruck ‚allein die Schrift' (sola scriptura) selten gebraucht. Sein Hauptanliegen war, dass nichts eine höhere Autorität beanspruchen kann als die Schrift. Er wandte sich mit größter Schärfe gegen jeden und jedes, das die Aussagen der Schrift veränderte oder verdrängte. Aber obgleich er die Autorität der Schrift allein betonte, las er die Schrift nicht allein, sondern mit Bezug auf bestimmte Kontexte und in Bezug auf das christologische und trinitarische Bekenntnis der frühen Kirche, das für ihn die Absicht und Meinung der Schrift zum Ausdruck brachte. Er hörte nicht auf, die Schrift

---

[64] DH 1765.
[65] DH 1771.
[66] LG 10.
[67] FCC Nr. 178.
[68] Die Apostolizität der Kirche, Nr. 274 (DWÜ 4, 618).

durch den Kleinen und Großen Katechismus zu lernen, die er als kurze Summarien der Schrift verstand. Er vollzog seine Auslegung mit Bezug auf die Kirchenväter, vor allem Augustin; er machte intensiven Gebrauch von früheren Auslegungen, und er benutzte alle verfügbaren Hilfsmittel der humanistischen Philologie. Er vollzog seine Auslegung der Schrift in direkter Auseinandersetzung mit den theologischen Konzeptionen seiner Zeit und denen früherer Generationen. Seine Leseweise der Bibel war erfahrungsgestützt, und er praktizierte sie konsequent in der Gemeinschaft der Glaubenden."[69]

Das Konzil von Trient entschied in dieser Debatte um Schrift und Tradition, dass die Verkündigung des Evangeliums die „Quelle aller heilsamen Wahrheit"[70] ist. Diese Wahrheit ist in geschriebenen Büchern und in ungeschriebenen Überlieferungen enthalten. „In einer Zeit, in der neue Fragen der Unterscheidung von Traditionen und der Autorität, die die Schrift interpretieren kann, aufkamen, versuchten das Konzil von Trient wie auch Theologen in jener Zeit, eine ausgewogene Antwort zu geben. ... Trient hielt die Schrift und ungeschriebene apostolische Traditionen für zwei Mittel, um das Evangelium weiterzugeben. Das erfordert, dass man apostolische Traditionen von kirchlichen Traditionen, die wertvoll, aber zweitrangig und veränderbar sind, unterscheidet. Katholiken waren auch besorgt über die mögliche Gefahr, dass aus privaten Auslegungen der Schrift lehrmäßige Schlüsse gezogen würden. In diesem Licht betonte das Konzil von Trient, dass die Auslegung der Schrift von der Lehrautorität in der Kirche geleitet werden sollte."[71] Das Zweite Vatikanische Konzil hat dann weiterhin geklärt, dass die Heilige Schrift Gottes Rede ist, während die Tradition das Wort Gottes an die Nachfolger der Apostel weitergibt, damit sie es in der Verkündigung bewahren, ausbreiten und erklären.[72] Im Dialog konnte dann weiter geklärt werden, dass Schrift und Tradition nicht in gleicher Weise Quellen der Offenbarung sind, beide wohl aus dem Wort Gottes hervorgehen, aber das kirchliche Lehramt steht nicht über dem Wort Gottes, sondern dient ihm. „Die Schrift hat sich selbst in der Tradition gegenwärtig gemacht, die deshalb eine wesentliche hermeneutische Rolle zu spielen vermag. Das Zweite Vatikanische Konzil sagt nicht, dass die Tradition neue Wahrheiten über die Schrift hinaus hervorruft, aber dass sie Gewissheit über die von der Schrift beglaubigte Wahrheit vermittelt."[73] Gemeinsam können Lutheraner und Katholiken festhalten: „Deshalb befinden sich Lutheraner und Katholiken mit Blick auf Schrift

---

[69] FCC Nr. 199.

[70] DH 1501.

[71] FCC Nr. 201.

[72] DV 9.

[73] Die Apostolizität der Kirchen, Nr. 410 (DWÜ 4, 662).

und Tradition in einer so weitgehenden Übereinstimmung, dass ihre unterschiedlichen Akzentsetzungen nicht aus sich selbst heraus die gegenwärtige Trennung der Kirchen rechtfertigen. Auf diesem Gebiet gibt es eine Einheit in versöhnter Verschiedenheit."[74]

2.5 Ergebnis: Implizite Rezeption durch die katholische Theologie

Wohin haben uns die vier Diskurse geführt? In den Fragen der Rechtfertigung, der Eucharistie, des Amtes, von Schrift und Tradition haben sich in der Zeit von 1517 bis 1521 sehr rasch Kontroversen entwickelt, die zu Spaltungen und letztlich der Spaltung der abendländischen Kirche geführt haben. Die genauere Analyse der Reformimpulse Martin Luthers und ihrer Rezeption durch die katholische Theologie, insbesondere durch das Lehramt, zeigt auf, dass die reformerischen Vorschläge Luthers nicht einfach durch das kirchliche Lehramt abgewiesen wurden, wie es Jahrhunderte hinweg verstanden wurde, sondern in einer spezifischen Weise, wenn auch implizit, im Laufe der Zeit berücksichtigt wurden. Darauf hat der lutherisch-katholische Bericht „Vom Konflikt zur Gemeinschaft" aufmerksam gemacht. In einer ganzen Reihe von Fragen, insbesondere im Zusammenhang der Rechtfertigungslehre, des Eucharistieverständnisses, der Amts- und der Schriftfrage, lässt sich genauer bestimmen, wie das Konzil von Trient und später das Zweite Vatikanische Konzil auf die kritischen Reformimpulse Luthers eingegangen sind, ohne sich direkt mit ihm auseinander zu setzen oder ihn auch nur zu nennen. Dabei haben die Konzile nicht in allgemeiner Weise auf die Reformforderungen reagiert, sondern in einer bestimmten Hinsicht, die sich in einer weiteren Differenzierung der kirchlichen Lehre und der Lehrtradition findet. Insoweit könnte man heute davon ausgehen, dass die „konfessorische Katholizität", wie sie zumindest noch auf dem Augsburger Reichstag von 1530, aber auch später noch zum Ausdruck gebracht wurde, in den späteren Entscheidungen des Konzils von Trient und des Zweiten Vatikanischen Konzils Berücksichtigung erfahren hat.[75]

---

[74] Ebd, Nr. 448 (DWÜ 4, 673).

[75] Vgl. zur Frage der „konfessorischen Katholizität": A. Sander, Erstrittene Ordination. Georg III. von Anhalt (1507-1553): ein Beispiel für die Ordinationstheologie im Luthertum des 16. Jahrhunderts, in: Cath(M) 60 (2006) 25ff.

3. Katholizität und Reform im lutherisch-katholischen Dialog

Der lutherisch-katholische Dialog hat in den letzten Jahrzehnten viel dazu beigetragen, die Kontroversen des 16. Jahrhunderts besser zu verstehen und sie neu zu beurteilen. In vielen Fragen konnten Verständigungen erzielt werden. In einigen Fragen sind Konsense erzielt worden. Der Dialog kann jedenfalls aufzeigen, dass die von Luther damals erhobenen Reformforderungen im Zusammenhang seines eigenen theologischen Denkens, bezogen auf die vier grundsätzlichen theologischen Fragestellungen, von Lutheranern und Katholiken gemeinsam rezipiert werden können. Damit steht fest, dass nicht nur Luthers persönliche Haltung, die Art und Weise seiner theologischen Argumentation, sondern seine Theologie selbst Ausdruck dieser gemeinsamen lutherisch-katholischen Position ist. Damit ist nicht gesagt, dass die katholische Kirche die Theologie Luthers rehabilitiert hätte. Damit ist auch nicht gesagt, dass die Person des Reformators vollständig rehabilitiert wäre. Soviel ist aber jedenfalls gesagt: Die aufgezeigten Verständigungen zwischen Lutheranern und Katholiken schließen heute implizit ein Urteil über Luthers Theologie mit ein. Der Dialog hat eine Verständigung über Luthers Theologie möglich gemacht. „Katholiken können Anliegen der Reformatoren teilen."[76] Der lutherisch-katholische Bericht zum Reformationsgedenken im Jahr 2017 „Vom Konflikt zur Gemeinschaft" legt im Zusammenhang des Dialogs erstmals eine solche gemeinsame Verständigung über Luther vor. Verstanden werden kann nun, warum Luther so argumentierte, wie er argumentierte, und zugleich kann gezeigt werden, dass die katholische Kirche auf eine bestimmte Weise auf Luther implizit reagierte, ohne auf ihn explizit einzugehen oder ihn wörtlich zu zitieren. Das tat sie nicht nur in den Verurteilungen, womit Luthers Theologie letztlich nur abgewiesen wäre, sondern auch in den positiven Darlegungen der kirchlichen Lehre. Das sieht man aber erst dann, wenn man Argument auf Argument bezieht und miteinander vergleicht, wie das hier exemplarisch vorgeführt wurde.

Der internationale Dialog auf dem Weg zur Verständigung über Rechtfertigung, Sakramente und Amt umfasst annähernd alle relevanten kontroverstheologischen Fragestellungen, die im 16. Jahrhundert virulent waren. Doch sind nicht alle Fragen als bereits erledigt zu betrachten, es zeichnet sich aber eine grundlegende Verständigung ab: Die Botschaft von der Rechtfertigung ist zentraler theologischer Ausgangspunkt aller gemeinsamen theologischen Erörterungen.[77] So zeichnet sich weiter die Überzeugung ab,

---

[76] FCC Nr. 137.

[77] Das Evangelium und die Kirche. Bericht der Evangelisch-lutherischen/Römisch-katholischen Studienkommission, 1972 (DWÜ 1, 255f.).

dass die wahrhafte Gegenwart des Herrn im Mahl gefeiert wird.[78] Im Dienst an der Verkündigung des Evangeliums und in der Feier des Herrenmahles ist ein von Christus gestiftetes Amt grundlegend für die Kirche.[79] Eine Verständigung über die Bedeutung der apostolischen Sukzession erscheint möglich; nicht das Ob, sondern das Wie erscheint immer noch problematisch.[80] Insofern ist auch in historischer Betrachtung verheißungsvoll: Die CA ist nicht das Dokument der Spaltung, sie ist ein Dokument der Katholizität der Reformatoren.[81] Der Reformator Martin Luther ist Zeuge Jesu Christi und des Evangeliums.[82] Diese Aufarbeitung der Geschichte durch Bereinigung der Verurteilungen führt zu dem Ergebnis: Die einstmaligen Urteile übereinander lassen sich nicht mehr halten. Lehrverurteilungen sind damit nicht immer mehr kirchentrennend. Der Weg zu einer weiter führenden Verständigung ist frei. Kirchengemeinschaft wird als möglich erachtet.
Die „Gemeinsame Erklärung zur Rechtfertigungslehre" erbringt schließlich eine grundlegende Verständigung zwischen Lutheranern und Katholiken: Ein differenzierender Konsens in grundlegenden Fragen des christlichen Glaubens ist möglich.[83] Ob diese Verständigung in der Rechtfertigungsfrage allerdings auch einen Konsens in der Amtsfrage impliziert, muss noch eigens bedacht werden. Für die Kirche und ihre Sendung konstitutiv sind: das ihr überlieferte Wort Gottes, die Sakramente des Glaubens und das Amt der Verkündigung. Schließlich bilden diese drei grundlegenden Elemente und Güter der Heiligung und Wahrheit die Grundlage für das Wesen und die Sendung der Kirche und ihrer Ämter. Über diese drei Grunddimensionen der Kirche ist Konsens zu erzielen. Insofern impliziert der Grundkonsens in der Rechtfertigungslehre die notwendige Aufgabe, einen Grundkonsens in den Sakramenten und im kirchlichen Amt zu finden. Diese drei Konsensbildungen bilden zusammen die Grundlage für die gegenseitige Anerkennung der Ämter.

4. Luthers Katholizität und Reformanliegen ökumenisch würdigen

Im Licht der Rezeption der Ergebnisse des lutherisch-katholischen Dialogs lässt sich die Frage nach Luthers Katholizität heute neu beantworten.

[78] Das Herrenmahl (DWÜ 1, 290f).
[79] Das geistliche Amt in der Kirche. Bericht der Gemeinsamen Römisch-katholischen/Evangelisch-lutherischen Kommission, 1981 (DWÜ 1, 334-343).
[80] Die Apostolizität der Kirche (DWÜ 4, 617ff).
[81] Alle unter einem Christus (DWÜ 1, 325f).
[82] Martin Luther – Zeuge Jesu Christi (DWÜ 2, 444ff).
[83] DWÜ 3, 423f.

Luther hat durch eine Reform des theologischen Denkens die kirchliche Praxis und das kirchliche Leben reformieren wollen. Die Spaltung der abendländischen Kirche war nicht seine Intention. Die Reform der Kirche an Haupt und Gliedern war zwar immer ein Anliegen der Kirche selbst, vor allem im 15. Jahrhundert, kam aber nicht immer angemessen oder gar nicht mehr zur Geltung. Das fünfte Laterankonzil von 1517 ist daran gescheitert. Um der Missbräuche zu wehren, hat das Konzil von Trient seine Reformanliegen zur Erneuerung des kirchlichen Lebens – Decretum de reformatione genannt – gebündelt vorgetragen. Das Trienter Reformwerk bildete die Grundlage für eine Formung der katholischen Identität im Zeitalter der Konfessionalisierung. Mit dem Zweiten Vatikanischen Konzil hat die katholische Kirche schließlich die Reform des theologischen Denkens realisiert und einen Weg aus der kontroverstheologischen Abgrenzung des Katholischen gefunden. Ist so das Anliegen der Reform der Kirche von jeher mit der katholischen Tradition verbunden, so muss die Frage erlaubt sein, ob die von Luther intendierten Reformbemühungen in Theologie und Kirche prinzipiell zur Spaltung der Kirche und damit zur Preisgabe der Katholizität seiner Reformbemühungen führen mussten. Sowohl die katholische Lutherforschung wie schon eine in den Achtzigerjahren des zwanzigsten Jahrhunderts vorgenommene historisch-theologische Prüfung haben zu dem Urteil geführt, dass die damals ausgesprochenen Verurteilungen von Person und Werk Luthers wie der Lehre der Bekenntnisschriften nicht immer sachgerecht erfolgten und teilweise auf Missverständnissen, Irrtümern und falschen Akzentsetzungen beruhten. So erlaubt das heutige Urteil zu sagen, dass der Streit des 16. Jahrhunderts beendet ist und die Gründe für die wechselseitigen Verurteilungen entfallen sind.[84] Daraus erwächst die Erkenntnis, dass Martin Luther bleibend in der, allerdings sehr vielfältige Traditionen wie theologische Schulmeinungen und unterschiedliche Lehrentwicklungen umfassenden, katholischen Tradition verwurzelt war und ist, aus der er seine Reformanliegen bezog und in der er sie zur Geltung bringen wollte. Die eine Tradition der Kirche verwirklicht sich freilich immer zugleich in und aus den einzelnen theologischen und liturgischen Traditionen. Insoweit schließen sich Luthers Reformanliegen und seine Katholizität nicht gegenseitig aus, sondern ein. Das wiederum hat zur Folge, dass die so wiedergewonnene Einsicht in die Katholizität Luthers eine echte Herausforderung für die Katholizität der ganzen Kirche darstellt. Wenn die Katholizität Luthers nicht zu leugnen ist, so bleibt sie für die Katholizität der Kirche eine ständige Herausforderung. Dass Luther mit seinen Reformforderungen eigene Wege gegangen ist und schließlich eine lutherische Konfessions-

[84] FCC Nr. 238.

kirche entstanden ist, ist wirkungsgeschichtlich nicht zu leugnen. Der Reformator stand daher lange Zeit abseits und außerhalb der Kirche. Aber auch dieses Urteil muss nicht für alle Zeiten Bestand haben. Erst wenn wir begreifen, dass Luthers Katholizität wirklich katholisch ist, stellt sie eine erstrangige ökumenische Herausforderung dar, die nicht mehr umgangen werden kann. Diese besteht heute in der Frage, ob der schon erzielte Konsens in Grundwahrheiten der Rechtfertigungslehre nicht auch einen Konsens im Amts- und Kirchenverständnis nach sich ziehen müsste, so dass Kirchengemeinschaft künftig möglich werden könnte.

Wenn für die Kirche und ihre Sendung konstitutiv sind: das ihr überlieferte Wort Gottes, die Sakramente des Glaubens und das Amt der Verkündigung, dann bilden diese drei Elemente und Güter der Heiligung und Wahrheit die Grundlage für eine weiterführende Verständigung. Wenn ich meine Ausführungen hier zusammenfasse, so zeigen sie: Die Frage nach der Katholizität ist die Frage nach dem, was Christus der Kirche als Heilsgüter anvertraut hat: das Wort des Evangeliums im Zeugnis der Heiligen Schrift, die Feier des Evangeliums in den Sakramenten, die Verkündigung des Evangeliums durch das von Christus eingesetzte Amt. Hier geht es um das Ineinander von Wort Gottes, Glaube, Sakramente und Amt. In allem aber geht es um den Primat des Wortes Gottes im Leben der Kirche.[85] In der Frage nach der Katholizität zeigt sich das Ringen um die gemeinsame Gestalt der Kirche als Ort der Gegenwart des Wortes Gottes in der Welt. In dieser Frage kann Martin Luther der katholischen Kirche heute einen Weg weisen. Das ist wenigstens noch kurz anzudeuten.

Wenn wir uns knapp die Frage nach Luthers Reformansatz stellen, der Bedeutung für die Katholizität der Kirche hat, so lässt er sich auf den Grundgedanken einer Erneuerung der ganzen Theologie aus dem Geist der Heiligen Schrift beziehen. Das bedeutet nicht nur, dass die Bibel für Luthers Theologie eine spezifische Rolle spielt, sondern dass er die Bibel in einer besonderen Weise erfasst und für die Theologie zur Geltung gebracht hat. Luther entfaltet die Theologie konsequent vom Worte Gottes her. Das „Wort Gottes ist das allererste“[86]. Diesem Wort gibt Luther nun eine spezifische Deutung. Im Wort bietet Gott den Menschen das Wort seiner Verheißung an. Gott wendet von sich aus sein Wort den Menschen zu und macht sie so, wie Luther sagt, gesund. An dieser Verheißung hängt das Heil des Menschen, seine Seligkeit, wie Luther betont.[87] Somit denkt Luther die ganze Dynamik im Verhältnis von Gott und Mensch dialogisch

[85] Vgl. Nachsynodales Apostolisches Schreiben Verbum Domini von Papst Benedikt XVI. über das Wort Gottes im Leben und in der Sendung der Kirche, 30. September 2010 (VApS 187), Nr. 121f.

[86] De captivitate Babylonica ecclesiae praeludium. 1520, in: WA 6, 497-573, 514.

[87] WA 6, 527.

als Zusage und Vertrauen. „Ohne Verheißung kann nichts geglaubt werden. Und ohne Glauben ist die Verheißung nichts nütze, weil sie durch den Glauben befestigt und erfüllt wird"[88]. Demnach ist der Glaube die angemessene Antwort auf das göttliche Wort der Zusage.[89] Verheißung und Glaube gehören nach Luther zusammen; beide sind nötig, keine ist ohne das andere kräftig. Ist der Glaube die Antwort auf das göttliche Wort der Heils-Zusage, so wird dieser Glaube in der Taufe vollzogen und vollendet. Die Taufe ist das Fundament unter allen Sakramenten. Auf die Taufe folgen die anderen Sakramente. Sie sind Worte und Zeichen der göttlichen Zusage. Sie sind eingesetzt, den Glauben zu stärken. Zwar kann die Kirche die Gnade nicht verheißen, aber ohne den Dienst am Wort Gottes ist das Wort nicht in der Kirche gegenwärtig. Den Dienst am Wort nennt auch Luther das Amt in der Kirche.

Was sagt uns diese kurze theologische Skizze der frühen Theologie Martin Luthers? Sie zeigt uns nicht nur auf, was Luther denkt, sondern vor allem, wie er denkt. Wenn alles an Gottes Zusage und Verheißung hängt, dann hängen auch Sakramente und Amt am Wort Gottes. Die Gegenwart und die Wirksamkeit des Wortes Gottes in der Kirche sind nicht ohne den Glauben und nicht ohne die Zeichen der im Wort enthaltenen Heils-Zusage zu haben. Der Verkündigung des Wortes und dem Vollzug des Wortes in den Sakramenten ist das Amt dienend zugeordnet. So gelesen und interpretiert hat Luther die Katholizität der Kirche in einer bestimmten Strukturform und Ordnung zur Geltung gebracht. Er hat sie keineswegs geleugnet, er hat sie soteriologisch zugespitzt. Das Wort Gottes ist immer Heils-Wort, den Menschen zugewendet. Das Wort ist dem Menschen nicht allgemein, sondern in spezifischer Weise jedem einzelnen zugesagt. Deshalb und nur deshalb spielt der Glaube hier eine so herausgehobene Rolle. Er ist die einzig angemessene Weise der Antwort des Menschen auf das im Wort des Evangeliums hin zugesprochene Heil. Dieses Heil kann nur in der Gemeinschaft der Kirche empfangen und gelebt werden. So führt uns Luther von der Zuspitzung der Heils-Zusage in die Gemeinschaft der Kirche. Die Zuspitzung auf den Glauben als Gewissheit des Heils schließt den Glauben der Kirche und den Glauben in der Kirche unbedingt ein. Ich möchte Luther daher nicht nur einen aufrichtigen Beter und religiösen Menschen, sondern auch einen wahrhaft katholischen Denker und Theologen, einen katholischen Konfessor und Reformator nennen.

---

[88] WA 6, 517.
[89] FCC Nr. 103.

Anhang

Neuer Blick auf Luther

Erfurter Symposium fragt nach dem katholischen Reformator

Norbert Zonker (KNA)

Der Bischof der Evangelisch-Lutherischen Kirche von Schaumburg-Lippe, Karl-Hinrich Manzke, bemühte einen Vergleich aus dem Sport. „Sie haben den Ball ganz weit nach vorn gespielt", lobte Manzke die katholischen Veranstalter. Es sei nun Aufgabe der Protestanten, ihn aufzunehmen und eine ebenso profilierte Antwort auf die katholische Sicht Luthers zu formulieren, wie sie in Erfurt vorgetragen worden sei, so der Catholica-Beauftragte der Vereinigten Evangelisch-Lutherischen Kirche Deutschlands (VELKD).

Fünf Tage lang hatten 150 Katholiken und Protestanten aus dem In- und Ausland in der thüringischen Landeshauptstadt, in der einst Martin Luther prägende Jahre verbracht hatte, eine neue Sicht auf den Reformator gewagt. „Luther. Katholizität und Reform. Wurzeln – Wege – Wirkungen" lautet der Titel des Symposiums, und dass Luther nach heutigen Maßstäben so etwas wie ein „Reformkatholik" sei, seine Grundthese. Diese brachte der Direktor des Johann-Adam-Möhler-Instituts für Ökumenik in Paderborn auf den Punkt: Luther sei ein „wahrhaft katholischer Denker", ein „katholischer Reformator" gewesen, so Wolfgang Thönissen.

Damit brachte er zwei Bestimmungen zusammen, die in der Vergangenheit als einander ausschließende Gegensätze verstanden wurden – nicht um Luther nun katholisch zu vereinnahmen, sondern um die „ständige Herausforderung" zu benennen, die Luthers Reformforderungen für die katholische Kirche darstellten. Sie besteht für Thönissen darin, dass Luther „die Bibel in einer besonderen Weise erfasst und für die Theologie zur Geltung gebracht hat".

Die vom Möhler-Institut und der Katholisch-Theologischen Fakultät der Universität Erfurt als Beitrag zum 500-Jahr-Gedenken der Reformation 2017 ausgerichtete Tagung führte katholische und lutherische Experten im Augustinerkloster zusammen, die mit den Ergebnissen ihrer Forschungen zeigten, dass zum Thema Luther noch längst nicht alles gesagt ist.

So machte der in den USA lebende katholische Theologe Franz Posset deutlich, wie stark Luthers Denken von dem Ordensreformer und Kirchenlehrer Bernhard von Clairvaux (1090-1153) geprägt war. Er sprach von einem regelrechten „Bernhardfaktor" bei Luther, den dieser in seiner

Erfurter Zeit für sich entdeckt habe und der für sein Leben und seine Werke von „grundlegender, entscheidender und lebenslanger Bedeutung" gewesen sei. Bei Bernhard habe er auch den entscheidenden Impuls für die Entwicklung seiner Rechtfertigungslehre gefunden.

Der Direktor des Straßburger Instituts für Ökumenische Forschung des Lutherischen Weltbunds, Theodor Dieter, zeichnete Luthers Auseinandersetzung mit der mittelalterlichen Philosophie nach. Die kritischen Äußerungen des Reformators hätten sich nicht gegen die Philosophie im Anschluss an Aristoteles als solche gerichtet, sondern gegen die von manchen Scholastikern vollzogene Verhältnisbestimmung von Theologie und Philosophie. Luther selbst habe etwa bei seiner Schriftauslegung keinen Biblizismus betrieben, sondern rational argumentiert und dabei Regeln der Logik auf theologische Sachverhalte angewendet. Allerdings habe er im Anschluss an den Apostel Paulus auch die Grenzen der Philosophie bei Heilsfragen und besonders angesichts der „Torheit des Kreuzes" betont.

Den Beter Martin Luther, dem zeit seines Lebens das tägliche Stundengebet wichtig blieb, stellte die Pfarrerin des Augustinerklosters, Irene Mildenberger, vor. Das Gebet sei für ihn in der Ausprägung, wie er es im Kloster kennengelernt hatte – etwa mit der Verpflichtung, versäumte Horen später im Block nachzuholen, womit er ganze Samstage verbracht habe – zwar auch eine Last gewesen. Vor allem habe er die Überwucherung des Stundengebets mit Heiligen-Offizien kritisiert, mit denen Gottes Wort zum Schweigen gebracht werde. In seinen eigenen Gebetsordnungen für Gemeinden und für Schüler habe er dann in elementarisierter Form die mönchische Tradition auf die Laienfrömmigkeit übertragen etwa als Morgen- und Abendsegen oder als Tischgebet.

Zum Verständnis von Amt und Ordination bei Luther machte der Innsbrucker katholische Liturgiewissenschaftler Reinhard Meßner darauf aufmerksam, dass der Reformator bewusst auf die altkirchliche Praxis zurückgegriffen habe. Wie diese habe er die Ordination als Bestellung zu einem bestimmten geistlichen Amt, besonders die Einsetzung in das Pfarramt, verstanden und nicht als die Herstellung eines bestimmten geistlichen Standes, der an die Person gebunden sei. Luthers Ordinationsauffassung ist derjenigen der Orthodoxie deutlich näher als der heutigen katholischen, so Meßner, die auf einen Umschwung im Kirchenrecht gegen Ende des 12. Jahrhunderts zurückgehe. Zudem gebe es bei Luther einen engen Zusammenhang zwischen dem Amt und der Feier der Eucharistie, was auch für den heutigen ökumenischen Dialog anschlussfähig sei.

Die Mainzer evangelische Kirchen- und Dogmenhistorikerin Irene Dingel beschrieb den Weg von der Wittenberger Reformation zum Luthertum und hob hervor, dass erst in der zweiten Hälfte des 16. Jahrhunderts ein umfassender Differenzierungsprozess eingesetzt habe. Nach dem Tod Luthers 1546 stritten seine Anhänger mit denen Melanchthons und Calvins um den rechten Weg, eine ähnliche konfessionelle Identitätsbildung erfolgte auf katholischer Seite. Dabei trugen laut Dingel ausgerechnet die verschiedenen vom Kaiser einberufenen Religionsgespräche, die eigentlich einen Konsens herbeiführen sollten, dazu bei, dass sich die Akteure ihrer Differenzen stärker bewusst wurden. Im Endeffekt seien die jeweiligen Bekenntnisse als Identifikationsmerkmal wichtiger gewesen als die Autorität der hinter ihnen stehenden Personen. Zudem sei die Entwicklung zur Konfessionalität in einem ganz hohen Maß von den jeweiligen politischen Umständen abhängig gewesen.

„Gemeinsamer kirchlicher Lehrer"

Über die finnische Lutherforschung, die in den vergangenen Jahrzehnten andere Wege als die der deutschen Protestanten einschlug, und ihre Bedeutung für die Ökumene informierten der finnische Theologe Risto Saarinen und der emeritierte Bischof von Helsinki, Eero Huovinen. Huovinen sprach in einem öffentlichen Vortrag des Symposiums über Luther als gemeinsamen kirchlichen Lehrer. Der lutherische Co-Vorsitzende der internationalen katholisch-lutherischen Dialogkommission schloss sich dabei der Bewertung Kardinal Johannes Willebrands, des früheren Vatikanischen „Ökumeneministers" (1969-89), an, der Luther als *doctor communis* bezeichnet hatte. Früher hätten sowohl Katholiken als auch Protestanten die Sicht geteilt, dass Luther von der bisherigen Tradition abgewichen sei; auf katholischer Seite sei er deshalb als Erzhäretiker und Zerstörer der Einheit angesehen worden, während die Protestanten dies als heroische Tat gewertet hätten, so Huovinen. Mittlerweile habe sich in beiden Konfessionen eine differenzierte Sicht auf den Reformator durchgesetzt. Luther wollte keine neue Kirche, sondern den gemeinsamen Glauben der einen Kirche neu zum Ausdruck bringen , so der finnische Theologe.
Vor allem die beiden von Luther geschriebenen Katechismen legen nach Einschätzung Huovinens eine ökumenische Lesart nahe. In ihnen betone der Reformator, was dem christlichen Glauben gemeinsam sei, ohne die kontroversen Lehren besonders herauszustellen. Zumal Luthers Lehre von der realen Präsenz Christi in der Eucharistie biete Möglichkeiten für neue ökumenische Annäherungen auch im Selbstverständnis der Kirche. „Mein glühender Wunsch ist es, dass die Christen an einem gemeinsamen Tisch zusammenkommen können", betonte Huovinen. Es gebe jedoch keinen kurzen Weg zur Einheit der Kirchen, da es keine Einheit ohne Wahrheit geben könne, fügte er hinzu.

Die Entwicklung einer eigenständigen finnischen Lutherforschung ist vor allem mit dem Namen Tuomo Mannermaa (Jahrgang 1937) verbunden, der von 1980 bis zu seiner Emeritierung Professor für Ökumenische Theologie an der Universität Helsinki war. Sein Nachfolger Saarinen stellte diesen Ansatz vor, der Luthers Verständnis der Rechtfertigung in einer engen Beziehung zum orthodoxen Verständnis der Theosis (Vergottung) sieht. Angestoßen wurde er nicht zuletzt durch den Dialog der finnischen Lutheraner mit der russisch-orthodoxen Kirche. Umso irritierender, dass das Moskauer Patriarchat vor wenigen Tagen diesen Dialog nach 44 Jahren offiziell stoppte, nachdem sich die Finnen geweigert hatten, eine ihnen ultimativ vorgelegte Erklärung zum Thema Frauenordination und Homo-Ehe zu unterzeichnen, wie ein Teilnehmer berichtete.

„Nicht zurückfallen"

Von solchen Verwerfungen ist der katholisch-lutherische Dialog weit entfernt, auch wenn es manchmal im Gebälk knirscht. So sorgte zuletzt der EKD-Grundlagentext zum Reformationsjubiläum „Rechtfertigung und Freiheit" für Verstimmung bei Katholiken. Manzke ging, ohne den Text direkt zu erwähnen, auf den Konflikt ein, indem er betonte: „Wir dürfen nicht zurückfallen hinter die bereits erreichte Verständigung etwa in der Rechtfertigungslehre." Auch Theodor Dieter hob hervor, die Rechtfertigungslehre dürfe nicht als Alleinstellungsmerkmal der Protestanten verstanden werden. Es kann doch nicht in unserem Interesse sein, dass die anderen das nicht teilen, sagte er.

Der emeritierte katholische Bischof von Erfurt, Joachim Wanke, warnte im Blick auf die Gestaltung des Reformationsgedenkens 2017 vor einem Rückfall hinter die bereits erreichte Verständigung. Er sei beunruhigt über Kirche im Plural, so Wanke. Es gibt Kirchentümer – wir müssen uns insofern auch anerkennen, aber es gibt nur *eine* Kirche. Statt von versöhnter Verschiedenheit spreche er lieber von der Einheit in Vielgestaltigkeit als Ziel.

Der Leitende Bischof der VELKD, Landesbischof Gerhard Ulrich (Schwerin), ging in seinem Grußwort ebenfalls auf den EKD-Grundlagentext ein, der von der Reformation als einer „offenen Lerngeschichte" spreche. „Jede Konfession für sich, aber auch alle gemeinsam sollten lernfähig sein, und ich bin überzeugt, dass wir es auch sind", betonte der Landesbischof. Lernen beginne mit der Wahrnehmung der eigenen Tradition und setze zugleich das Hinhören auf die anderen voraus. Darum greife „jedes Lernmaterial, das sich nach innen richtet, zu kurz, wenn es die Bewegung hin zum anderen und her vom anderen verschweigt".

Ulrich wertete es als „äußerst bemerkenswert", dass die katholische Theologie erstmals „eine solch hochkarätige Tagung zu Martin Luther organisiert hat und dies unter Beteiligung vieler evangelischer Wissenschaftler". Die von katholischer Seite erfolgte Annäherung an Luthers Anliegen habe „zu einer neuen Beurteilung seiner Katholizität geführt", sagte er. Für das ökumenische Miteinander stelle sich die Frage, wie Reformen innerhalb einer Konfessionskirche stets auf die Gesamtheit der einen Kirche bezogen werden könnten.

„Heute wissen wir, dass Luther die Spaltung der Kirche nicht wollte", erklärte der Vorsitzende der Ökumenekommission der Deutschen Bischofskonferenz, der Magdeburger Bischof Gerhard Feige. Im Blick auf die ökumenische Gestaltung der Feierlichkeiten 2017 meinte er, die gemeinsame Arbeitsgruppe der Bischofskonferenz und der EKD sei „auf einem guten Weg". Im Gespräch seien deutschlandweite Versöhnungs-gottesdienste von Katholiken und Protestanten am zweiten Fastensonntag 2017. Feige äußerte die Hoffnung, dass durch das Erfurter Symposium die katholische Lutherforschung eine Neubelebung erfahren möge, wovon auch die ökumenische Forschung profitieren könnte. Der Vizepräsident des Kirchenamts der EKD in Hannover, Thies Gundlach, nahm den Ball auf. Er wolle sich dafür stark machen, dass die EKD 2016 eine Studientagung auf ähnlich hohem Niveau und gleichfalls in ökumenischer Perspektive ausrichten werde.

Ablauf der Tagung „Luther: Katholizität und Reform: Wurzeln – Wege – Wirkungen"

Sonntag, 21.09.2014

19:30 Uhr	Abendlob im Dom
20:15 Uhr	Eröffnung des Symposiums im Dom Grußworte Empfang im Domkreuzgang

Montag, 22.09.2014

Wurzeln

08:30 Uhr	Morgengebet in der Augustinerkirche

Hauptvorträge:

09:15 Uhr	Luther und der letzte der Kirchenväter, Bernhard von Clairvaux *(Dr. Franz Posset)*
11:00 Uhr	Luther und die Philosophie *(Prof. Dr. Theodor Dieter)*

Einzelveranstaltungen:

15:00 Uhr	Der junge Luther und Athanasius *(Dr. Franz Posset)*
	Luther und Thomas von Aquin *(Prof. Dr. Theodor Dieter)*
	Kontinuität und Neuanfang in Luthers Biografie *(Prof. Dr. Volker Leppin)*
	Buße, Beichte, Ablass bei Luther *(Prof. Dr. Wolfgang Thönissen)*
	Luther and the Eucharist – Doctrine and Practice *(Bischof Dr. Jrai Jolkkonen)*
20:00 Uhr	Öffentlicher Vortrag in der Augustinerkirche Doctor communis? – Die ökumenische Bedeutung der Theologie Martin Luthers *(Bischof em. Prof. Dr. Eero Huovinen)*

Dienstag, 23.09.2014

Wege

08:30 Uhr	Morgengebet in der Augustinerkirche

Hauptvorträge:

09:15 Uhr	Last und Lust des täglichen Gebets bei Martin Luther *(Pfarrerin Dr. Irene Mildenberger)*
11:00 Uhr	Amt und Ordination bei Luther im Licht der Geschichte der Ordination *(Prof. Dr. Reinhard Meßner)*
15:00 Uhr	Martin Luther, Erfurt und die Scherflein der armen Witwe *(Prof. Dr. Josef Pilvousek)*

Kulturelles Nachmittagsprogramm

19:30 Uhr	Konzert in der Augustinerkirche Chor- und Orgelkonzert mit Werken von Mendelsohn, Peeters und Rutter

Mittwoch, 24.09.2014

Wirkungen

08:30 Uhr	Morgengebet in der Augustinerkirche

Hauptvorträge:

09:15 Uhr	Von der Wittenberger Reformation zum Luthertum. Konfessionelle Transformation *(Prof. Dr. Irene Dingel)*
11:00 Uhr	Die finnische Lutherforschung und ihre Bedeutung für die Ökumene *(Prof. Dr. Risto Saarinen)*

Einzelveranstaltungen:

15:00 Uhr	Stundengebetsordnungen bei Luther und im gegenwärtigen Protestantismus *(Pfarrerin Dr. Irene Mildenberger)*

Der Ordinationsgottesdienst im Mittelalter und in der lutherischen Reformation
(Prof. Dr. Reinhard Meßner)

Bekenntnisbildung und konfessionelle Abgrenzung
(Prof. Dr. Irene Dingel)

Die Rezeption der finnischen Lutherforschung
(Prof. Dr. Risto Saarinen)

Das diözesane Bischofsamt im frühen Luthertum
(P. Dr. Augustinus Sander OSB)

19:30 Uhr Konzert in der Predigerkirche
Ein neues Lied wir heben an.
Choralvariationen von Johann Sebastian Bach
zu Texten Martin Luthers

Donnerstag, 25.09.2014

Resümee

08:30 Uhr Morgengebet in der Augustinerkirche

Abschlussvortrag

09:15 Uhr Katholizität und Reform. Ökumenische Optionen
(Prof. Dr. Wolfgang Thönissen)

11:00 Uhr Podiumsdiskussion
(mit Bischof Dr. Gerhard Feige, Prof. Dr. Werner Klän, Bischof Dr. Simo Peura, Prof. Dr. Josef Freitag, Landesbischof Dr. Karl-Hinrich Manzke, Prof. Dr. Theodor Dieter, Bischof em. Dr. Joachim Wanke)

Autorenverzeichnis

Dr. Theodor Dieter	Forschungsprofessor am Institut für Ökumenische Forschung des Lutherischen Weltbundes in Strasbourg Direktor des Instituts
Dr. Irene Dingel	Professorin für Kirchen- und Dogmengeschichte an Evangelisch-Theologischen Fakultät der Universität Mainz Direktorin der Abteilung für Abendländische Religionsgeschichte, Leibniz-Institut für Europäische Geschichte (IEG), Mainz
Dr. Gerhard Feige	Bischof von Magdeburg Vorsitzender der Ökumenekommission der Deutschen Bischofskonferenz
Dr. Josef Freitag	Professor für Dogmatik an der Katholisch-Theologischen Fakultät der Universität Erfurt
Dr. Eero Huovinen	Bischof em. von Helsinki Evangelisch-Lutherische Kirche von Finnland
Dr. Jari Jolkkonen	Bischof von Kuopio Evangelisch-Lutherische Kirche von Finnland
Kurt Kardinal Koch	Präsident des Päpstlichen Rates zur Förderung der Einheit der Christen, Rom
Dr. Volker Leppin	Professor für Kirchengeschichte an der Evangelisch-Theologischen Fakultät der Universität Tübingen
Dr. Reinhard Meßner	Professor für Liturgiewissenschaft an der Katholisch-Theologischen Fakultät der Universität Innsbruck
Dr. Irene Mildenberger	Pfarrerin am Augustinerkloster in Erfurt
Dr. Josef Pilvousek	Professor für Kirchengeschichte des Mittelalters und der Neuzeit an der Katholisch-Theologischen Fakultät der Universität Erfurt
Dr. Franz Posset	Privatgelehrter, Beaver Dam, Wisconsin, USA
Dr. Risto Saarinen	Professor für Ökumenische Theologie an der Theologischen Fakultät der Universität Helsinki
P. Dr. Augustinus Sander OSB	Benediktiner der Abtei Maria Laach freier Mitarbeiter des Johann-Adam-Möhler-Instituts für Ökumenik, Paderborn

Dr. Wolfgang Thönissen	Professor für Ökumenische Theologie an der Theologischen Fakultät Paderborn Leitender Direktor des Johann-Adam-Möhler-Instituts für Ökumenik, Paderborn
Gerhard Ulrich	Leitender Bischof der Vereinigten Evangelisch-Lutherischen Kirche Deutschlands (VELKD) Landesbischof der Evangelisch-Lutherischen Kirche in Norddeutschland (Nordkirche)
Norbert Zonker	Redakteur, Ökumenische Information der Katholischen Nachrichtenagentur (KNA)

Abkürzungsverzeichnis

BCW	Book of Common Worship, prepared by the Theology and Worship Ministry Unit for the Presbyterian Church (U.S.A.) and the Cumberland Presbyterian Church, Kentucky 1993.
BDS	Martin Bucers Deutsche Schriften, hg. v. Robert Stupperich u.a., Gütersloh/Paris 1960ff.
BSELK	Bekenntnisschriften der Evangelisch-Lutherischen Kirche [Neuedition], hg. v. Irene Dingel, Göttingen 2014.
BSW	Bernhard von Clairvaux. Sämtliche Werke lateinisch / deutsch, hg. v. G. B. Winkler, Innsbruck 1990-1999.
CW	Common Worship. Sevice and Prayers for the Chruch of England, London 2000.
CW:DP	Common Worship: Daily Prayer, London 2005.
ELW	Evangelical Lutheran Worship, Minneapolis 2006.
FC	Formula Concordiae
FC SD	Formula Concordiae, Solida Declaratio
FCC	Vom Konflikt zur Gemeinschaft. Gemeinsames lutherisch-katholisches Reformationsgedenken im Jahr 2017, Leipzig – Paderborn 2013, Nr. 22 (Original Englisch: From Conflict to Communion).
LSB	Lutheran Service Book, prepared by the Commission on Worship of the Lutheran Church-Missouri Synod, Saint Louis 2006.
StA	Martin Luther Studienausgabe, hg. v. Hans-Ulrich Delius, Berlin 1979-1999.
UMBW	The United Methodists Book of Worship, Nashville 1992.

Jeweils im Artikel eingeführt: „[= ...]"!
Alle weiteren Abkürzungen sind vorgenommen nach:
IATG³ – Internationales Abkürzungsverzeichnis für Theologie und Grenzgebiete, hg. v. S. M. Schwertner, Berlin 2014.

Bildnachweise

Luther und der Letzte der Kirchenväter, Bernhard von Clairvaux

Abb. 1 *Luther mit Bibel, mit und ohne Aureole. Im Bild links: Acta et res gestae D. Martini Lutheri, in comitijs principum Vuormaciae (1521).*
© Bayerische Staatsbibliothek München, Signatur: Res/H.ref. 750k, urn:nbn:de:bvb: 12-bsb00027453-2.
Rechts, der ältere Holzschnitt: Von der Baylonischen gefengknuss der Kirchen (1520).
© Bayerische Staatsbibliothek München, Signatur: 12518801, Regensburg, Staatliche Bibliothek -- 999/4Theol.syst.758(133), Folio 5, urn:nbn:de:bvb:12-bsb11071957-0.

Abb. 2 *Bernhard mit offener Bibel. Polychrome Steinstatue, ca. 1470, Kirche von Fontaine-les-Dijons.*
© J. France, Photothek SC 26.

Abb. 3 *Bernhard mit Bibel als Zeichen des kirchlichen / monastischen Lehrers. Altarbild, Florenz, ca. 1430.*
© J. France, Photothek, PA114.

Abb. 4 *Bernhard mit Bibel als Zeichen des kirchlichen / monastischen Lehrers, Stundenbuch aus Flandern; ca. 1510-1515.*
© J. France, Photothek, MA009.

Abb. 5 *Bernhards Erste Predigt zum Fest Mariae Verkündigung, aus: Sermones de tempore et de sanctis et de diversis, Basel: Nikolaus Keßler, 1495. Diese Baseler Bernhardausgabe war in der Erfurter Klosterbibliothek vorhanden.*
© Universitäts- und Landesbibliothek Düsseldorf, Digitale Sammlungen: urn:nbn:de:hbz:061:1-102215, Bildseite [109].

Abb. 6 *S. Bernhards Betrachtung, mit Pfeil durchbohrtem Herz als Attribut. Holzschnitt von Lukas Cranach d. Ä., ca. 1515. Das durchbohrte Herz ist ein Hinweis auf Bernhards Sermon 29.7-8 zum Hohen Lied mit dem Vers 2, 5 („Ich bin krank vor Liebe"). Reprint in Johannes Ficker, Hortulus animae, Buch und Bucheinband (Leipzig: K.W. Hiersemann, 1923) 60.*
© The National Gallery of Art, Rosenwald Collection 1949.3.2859.B-5940, Washington.

Abb. 7 *S. Bernhards betrachtung, mit Pfeil durchbohrtem Herz als Attribut. Anonymer Holzschnitt aus der Mitte des 16. Jahrhunderts, Oberer linker Teil ist nach Albrecht Dürers Schmerzensmann stili-*

siert; aus Hortulus animae: Lustgertlin der Seelen (Wittenberg: Georg Rhaw, 1547). Reprint in: Hildegart Zimmermann: Lukas Cranach d.Ä. Folgen der Wittenberger Heiligtümer und die Illustrationen des Rhau'schen Hortulus animae. Halle 1929.
© Universität Erfurt, Forschungsbibliothek Gotha.

Abb. 8 *Initialminiatur „Bernhard und Augustinus flankieren den Schmerzensmann", wahrscheinlich aus dem Elsass, Anfang 14. Jahrhundert; französische Sammelhandschrift mit Text von Pseudo-Bernhard. Mit der Initiale S(ais) beginnt der Text: Sains bernais dist que la grace nostre signour. Dieses Bild ist ein schlagender Beweis, dass auch Bernhard mit durchbohrtem Herz dargestellt wurde. Vgl. auch G. Hammer, Bernhard von Clairvaux in der Buchmalerei: Darstellungen des Zisterzienserabtes in Handschriften von 1135-1630, Regensburg 2009, 310-311.*
© Bibliothèque nationale de France.

Abb. 9 *Ölgemälde von Paul Magar, 1986, OIKOUMENE: auf der legendären Szene des ‚Amplexus Bernardi' beruhend.*
© Mit freundlicher Genehmigung des Altenberger Domvereins und Dr. Orthen.

Abb. 10 *Skulptur von Werner Franzen, 1986 / 1987 auf der legendären Szene des ‚Amplexus Bernardi' beruhend.*
© Mit freundlicher Genehmigung des Altenberger Domvereins und Dr. Orthen.

Der junge Luther und Athanasius

Abb. 1 *S. Athanasius in Librum Psalmorum (Brief an Marcellinus), Reuchlins Übersetzung aus dem Griechischen ins Lateinische (1515).*
© Bayerische Staatsbibliothek München, Signatur: Res/4 P.lat. 1368#Beibd.19, urn:nbn:de:bvb:12-bsb00006183-8.

Abb. 2 *Athanasius, Büchlein über das haylig buch den Psalter (Augsburg: Sigmund Grimm, 1521); Spalatins deutsche Übersetzung von Reuchlins lateinischer Übersetzung aus dem Griechischen.*
© Bayerische Staatsbibliothek München, Signatur: Res/4 P.gr. 32#Beibd.6, urn:nbn:de:bvb:12-bsb00011617-8.

Abb. 3 *Titelseite von Johann Reuchlins Übersetzung des Liber S. Athanasii de variis quaestionibus (1519).*
© Bayerische Staatsbibliothek München, Signatur: Res/4 P.gr. 10, urn:nbn:de:bvb:12-bsb00025577-9.

Abb. 4 *Der Erstdruck der Ordenskonstitutionen, ca. 1505, von Johann von Staupitz in den Druck gegeben.*

© Thüringer Universitäts- und Landesbibliothek Jena, 8 Hist. eccl. VIII, 10.

Abb. 5 *Titelseite, Codex der Disputation zwischen Arius und Athanasius (Pseudo-Athanasius): [Incipit] DISPVTatio fidei INTER ARRIUM ET ATHANASIUM.*
© Stadtbibliothek Trier Signatur: Signatur HS 118/106 4°.

Abb. 6 *Athanasius-Ausgabe von Bugenhagen, 1532.*
© Österreichische Nationalbibliothek, Wien, Signatur: 4.Y.16.

Martin Luther, Erfurt und die Scherflein der armen Witwe

Abb. 1 *Erfurter Scherf*
© Stadtverwaltung Erfurt, Dirk Urban

Kapitelillustrationen

Abbildungen:
Haus der Versöhnung (S. 14),
Lutherzelle (S. 28),
Altar der Augustinerkirche (S. 174),
Codex Pauli (S. 190)
Übergang Alt-Neu (S. 238)

Fotos: Lutz Edelhoff, Erfurt.

Wir danken dem Evangelischen Augustinerkloster zu Erfurt für die Abdruckerlaubnis der Bilder auf den Seiten 14, 28, 174 & 238.

Ökumenisches Podium: Katholische und lutherische Theologen im Dialog (S. 297) © Johann-Adam-Möhler-Institut für Ökumenik, Paderborn.

Wir danken allen Inhabern der Bildrechte für die freundliche Druckgenehmigung.